全国旅游职业教育教学指导委员会旅游职业教育系列教材

景区开发与管理专业教学资源库配套教材

景区服务与管理

■顾　问：韩玉灵 王昆欣

■主　编：郎富平 陈　蔚

■成　员：许　萍 陈友军 陈添明 陈添珍 周慧颖 黄中黎 吴侃侃 霍　勇 吴佳尧 叶向卿 赵雪璎

旅游教育出版社

·北京·

责任编辑：陈　志

图书在版编目（CIP）数据

景区服务与管理 / 郎富平，陈蔚主编. -- 北京 : 旅游教育出版社，2021.6（2025.7）
全国旅游职业教育教学指导委员会旅游职业教育系列教材
ISBN 978-7-5637-4200-4

Ⅰ. ①景… Ⅱ. ①郎… ②陈… Ⅲ. ①旅游区－商业服务－高等职业教育－教材②旅游区－经济管理－高等职业教育－教材 Ⅳ. ①F590.654

中国版本图书馆CIP数据核字(2020)第267906号

全国旅游职业教育教学指导
委员会旅游职业教育系列教材
景区服务与管理
郎富平　陈　蔚　主编

出版单位	旅游教育出版社
地　　址	北京市朝阳区定福庄南里 1 号
邮　　编	100024
发行电话	（010）65778403　65728372　65767462（传真）
本社网址	www.tepcb.com
E - mail	tepfx@163.com
排版单位	北京旅教文化传播有限公司
印刷单位	北京市泰锐印刷有限责任公司
经销单位	新华书店
开　　本	787 毫米 ×1092 毫米　1/16
印　　张	21.5
字　　数	366 千字
版　　次	2021 年 6 月第 1 版
印　　次	2025 年 7 月第 6 次印刷
定　　价	58.00 元

（图书如有装订差错请与发行部联系）

全国旅游职业教育教学指导委员会
旅游职业教育系列教材
编委会

总序

教材是规范课程教学体系、体现教学内容和教学方法的知识载体，是进行教学、实现课程教学目标的基本保证，是学生课程学习的重要依据和指南，也是课程教学质量的一种反映。教材建设是专业教学基础建设的重要组成部分，是深化教学改革、全面推进素质教育和创新创业教育、提高教学质量、培养高素质技术技能型人才的重要保证。加强教材建设是实现人才培养、促进教学研究、提升教学水平、推动团队建设、扩大专业影响力的有效途径。

为积极推进我国旅游职业教育专业教学改革，建设优质教学资源，促进教学质量和人才培养质量的不断提高，使全国旅游职业教育教材建设工作更好地服务于现代旅游职教体系，更好地服务行业发展和人才培养的需要，在文化和旅游部科技教育司领导下，在全国旅游职业教育教学指导委员会（以下简称“旅游行指委”）组织下，坚持以立德树人为根本标准，遵循旅游接待业知识素质与技术技能传承规律、旅游人才成长规律和旅游职业教育教学规律，开展专业课程体系和课程标准研究，科学规划旅游各专业教材体系，按照“强素质，重应用，有创新”的教材建设基本要求，实施“规范化、品牌化、数字化”教材建设战略，以开发和建设一批体现我国旅游职业教育特色、反映行业最新科技发展、覆盖中高职相关专业主要课程、为国内职业教育领域广泛认可的精品系列教材为目标。

本系列教材主要依托旅游行指委的专业委员会组织团队进行编写，共出版5本教材：饭店运营与管理专业委员会编写的酒店实训系列教材（3本）、景区服务与管理专业委员会编写的《景区服务与管理》、旅游管理专业委员会编写的

《中国旅游客源国与目的地国概况》。每一本教材都由专业的团队成员共同编著，既包含了以往教材的精华部分，又增加了与时俱进的内容，并且利用现代化教学手段，对书本中的知识点进行数字化处理，既方便了教师教学，也利于学生对知识的消化和吸收，所以这是同时具备前瞻性和实用性双重属性的教材，是为旅游职业教育工作者量身打造的。

本系列教材的顺利出版，离不开所有编委和专家的倾情付出，在此感谢浙江旅游职业学院原党委书记王昆欣教授、浙江旅游职业学院旅游规划系主任郎富平副教授、郑州旅游职业学院原院长樊豫陇教授、郑州旅游职业学院办公室主任胡华教授、广东省旅游职业技术学校校长曾小力高级讲师、广州南沙大酒店总经理杨结专家等，他们对本教材的编写作出了巨大的贡献。

本教材的编写时间处于承接“十三五”、启动“十四五”的关键时期，加上旅游行业发展飞速，新生业态较多，很多的概念、理论、观点迭代更新很快，本教材在编写过程中尽力保证内容的全面性、前瞻性，但难免有考虑不周之处，还请广大读者不吝赐教，以臻完善。

全国旅游职业教育教学指导委员会

2021年1月

序 言

——为旅游景区高质量发展培养人才

旅游活动作为一种社会经济现象，是人类社会发展到一定阶段的产物，更是社会经济进步的一种表现。旅游景区作为旅游业发展的重要产业，在推动旅游业高质量发展中具有重要作用。

旅游景区作为一种旅游产品其本质是供游人游览、娱乐。我们通常将吃、住、行、游、购、娱作为旅游业的基本六要素，其中娱、游要素与旅游景区直接相关，而吃、住、行、购等要素与旅游景区也关系密切。旅游景区能较好地满足人们希望通过旅游活动增长知识、开阔视野、愉悦情感、探险猎奇、扩大交往、陶冶情操等需要。

旅游景区是旅游者产生旅游动机的直接因素之一。旅游景区是一个国家和地区人文资源、自然景观的精华，是展示民族文化和民族历史的窗口。对一个地区的认识往往是通过对当地一些文化历史、风土人情、自然景观的了解，进而了解该地区的政治、经济、社会、文化。旅游景区就像一个窗口，人们透过窗口认识一个国家和地区。因此，旅游景区通常是旅游目的地的标志之一。

随着我国旅游业的快速发展，旅游景区越来越受到重视。特别是旅游饭店、旅行社业、旅游交通等逐步得到改变和完善之后，人们对旅游景区的开发和利用给予了关注。旅游景区是我国旅游业中发展最快的一个产业，它已经成为中国旅游发展的主力军和国际旅游形象的重要组成部分。

目前，我国已经进入了大众旅游时代，每年出游的人次数十亿，人民群众对高品质的旅游需要越来越大。现在，我国拥有各级各类景区 3 万余家，从业人员数以百万。虽然基本满足了大众旅游的需求，但离人民群众对美好生活的向往仍有较大差距，特别是从业人员的短缺、素质技能较弱、优质服务缺乏等成为景区发展的瓶颈。

浙江旅游职业学院较早就开设了“景区开发与管理”专业（2001 年），在核心课程中设置了“景区服务与管理”。2001 年至今，3000 余名学生完成了该课程的学习。这是一门理论与实践紧密结合的课程，学完课程以后，所有学生都要到景区见习和实习。可以说，从教学的一开始我们就进行了一系列教学改革的探索和研究，几年来取得了令人瞩目的成绩，值得骄傲的是“景区开发与管理”专业教学团队获得教育部高等学校国家级教学团队（2010 年）称号，“景区开发与管理”专业教学资源库获得职业教育国家级教学资源库（2019 年）称号。教材的建设与课程的教学是紧密相关的，在浙江旅游职业学院实践的基础上，在旅游规划与设计学院院长、原国家旅游局旅游业青年专家郎富平带领下，本书是一群年轻教师共同努力的成果。

一个多月来，我阅读了全书，觉得本书有以下特点：

1. 以学生“必需、够用”为原则，把握本书的核心内容和基本要求。全书结构简洁、层次清晰、内容丰富，能够满足从事专业工作必需的知识和技能的学习和教学。

2. 以工作任务为导向，明确景区主要岗位的服务与管理知识与技能。本书对景区服务与管理主要岗位的主要知识点进行梳理和排序，基础知识以 3 项学习认知任务，岗位知识和技能以 9 项工作任务为线索，较好地展现了本书学习顺序和重点难点。

3. 以当前景区实际运营为基础，满足学生就业的需要。景区业发展较快，新业态、新产品、新技术、新方法层出不穷，本书较好地把当前景区主要的运营与管理模式融入书中，使学生毕业后可以较快地适应岗位需要。

当然，本书还有可以进一步提高的地方，比如智慧旅游技术在景区中的应用、生态和可持续旅游发展、个别案例的准确性和针对性等，期待在教学中不断完善。

王昆欣　教授

世界旅游联盟副秘书长

浙江旅游职业学院正校级领导

2021 年 1 月 于石函路一号

前 言

党的十九大明确指出，中国特色社会主义已经进入新时代，我国的社会主要矛盾已经转变为人民日益增长的美好生活需要与不平衡不充分的发展之间的矛盾。旅游休闲已经成为当代中国人民日常生活中的必要组成部分。旅游休闲生活质量的高低，直接影响到人民对所向往的美好生活是否实现的评判。应该说，优美的山水风光、浓郁的人文风情、丰富的产品业态、优质的服务质量，才能给游客营造最佳的旅游体验。尤其值得注意的是，在旅游目的地的旅游景区或旅游度假区内，优美的山水风光、浓郁的人文风情、丰富的产品业态以及优质的服务质量，都直接或间接和景区服务与管理水平相关。

旅游目的地的服务与管理水平，归根结底是地方旅游景区等行业企业人才的综合能力与水平。为此，2017 年 8 月 7 日，全国旅游职业教育教学指导委员会下发了《关于国家旅游局职业教育教材建设方案实施的通知》（旅指委【2017】15 号），明确指出要推进我国旅游职业教育专业教学改革，建设优质教学资源，提高教学质量和人才培养质量，使全国旅游职业教育教材建设工作更好地服务于现代旅游职业教育体系的建立，更好地服务行业发展和人才培养的需要。景区开发与管理专业委员会主要承担《景区服务与管理》教材的研发与编写工作，并及时做好了编写团队的组建工作及教材大纲、体例的研究与设计工作。

2019 年 4 月，全国旅游职业教育教学指导委员会景区开发与管理专业委员会的秘书长单位——浙江旅游职业学院，在孕育两年的基础上，正式决定在全国旅游职业教育教学指导委员会的指导下，联合太原旅游职业学院、云南旅游职业学院共同申报教育部职业教育国家级教学资源库项目，并正式将本教材所对应的“景区服务与管理”课程作为整个资源库的核心课程之一，实现了真正的校际共建共享。2019 年 11 月初，教育部正式下发通知，景区开发与管理专业教学资源库正式被立项，明确了“景区服务与管理”子项目课程由太原旅游职业学院和浙江旅游职业学院联合主持。

2019 年 10 月 27 日，国家文化和旅游部科技教育司组织召开了旅游职业教育教材建设研讨会，顺利通过了《景区服务与管理》的教材编写大纲。随后，本教材编写小组即着手展开教材的编写工作。虽然经历了突如其来的疫情考验，但是经过大半年的辛勤工作与反复思考，汇集了专业教师和多位行业专业人员的精华编写的《景区服务与管理》教材终于顺利出炉。其间，由浙江旅游职业学院和蜗牛（北京）景区管理有限公司牵头，联合国内各个高职院校、旅游行业企业联合进行了景区接待服务与管理职业技能X证书的研发。

高等职业教育必须紧跟行业发展的实际需求，高等职业教育的教材也必须贴近行业实践与操作流程，才能培养出符合时代发展与企业发展需要的高技能专业人才。本教材就是以此为指引，紧跟高等职业教育课程的改革步伐，针对旅游景区的实际岗位特征，基于岗位的认识，重点让学习者掌握服务与管理的流程、技巧，能够完成旅游景区各个岗位的服务工作与管理工作。

本教材内容编排科学、普适性强。在编写过程中，以高等职业教育的特性和学生的学习认知规律为基础，设置了基础篇和岗位篇。其中，基础篇是每一个学习者均需掌握的基础知识、素质与能力；岗位篇则在兼顾不同旅游景区类型的基础上，设计了旅游景区各个主要岗位的服务与管理知识、素质、流程及规范。因此，本教材不仅适合于所有旅游类专业，尤其是景区开发与管理专业、旅游管理专业、研学旅行管理与服务专业学生的专业课程学习使用，而且适用于旅游景区行业的岗位培训、景区运营与管理职业技能X证书的培训。

本教材设计框架新颖、学习性强。我们结合旅游景区服务与管理的实际工作任务和对专业技术技能人员的能力要求，结合景区开发与管理专业国家级教学资源库核心课程"景区服务与管理"教学改革所提出的要求，在内容上以专业学生将来要从事的相关工作内容和本专业教学要求的素质、知识、能力标准为依据，进行了必要的整合。教材采用情景案例、学习导引、学习目标、知识能力、任务小结、任务测验的结构模式，突出了素质的夯实、技能的训练、知识的运用及其要求，以求更加接近岗位的实际并及时做好复习总结。

作为景区开发与管理专业国家级教学资源库的核心课程，本教材还配备了丰富的网络在线教学资源，可以通过访问景区开发与管理专业教学资源库官方网站（http://www.icve.com.cn/jqkfygl）查询。在未来几年当中，教材编写组会持续对课程资源进行相关素材资源的在线更新。

本教材共两篇十二个任务及附件资料。由全国旅游职业教育教学指导委员会景区开发与管理专业委员会秘书长、浙江旅游职业学院郎富平统筹设计和编写体例并总纂、统稿，对部分章节内容进行了修改和增补，具体参加编写任务的有：浙江旅游职业学院郎富平（任务1）、陈蔚（任务3、任务8）、周慧颖（任务2）、陈添明（任务4、任务7）、陈添珍（任务5、任务9）、陈友军（任务10）、黄中黎（任务11）、吴侃侃（任务12），太原旅游职业学院许萍（任务6），宋城演艺发展股份有限公司赵雪瓔，蜗牛（北京）景区管理有限公司徐挺、霍勇、史云凡、张凯蒙等。浙江旅游职业学院原党委书记、全国旅游职业教育教学指导委员会景区开发与管理专业委员会主任委员王昆欣教授，北京第二外国语学院教授、全国旅游职业教育教学指导委员会秘书长韩玉灵对教材的编写进行了悉心的指导；书中的部分规章制度、流程规范、岗位职责及案例得到了宋城演艺发展股份有限公司、上海海昌极地海洋世界有限公司、上海华侨城投资发展有限公司、人民文旅·蜗牛集团等单位的支持。此外，全国旅游职业教育教学指导委员会秘书处严泽美老师和旅游教育出版社郭珍宏老师在教材的前期论证、沟通及编审、校对等环节给予了很大帮助。在此，一并表示衷心的感谢！

在编写过程中由于时间比较仓促，加之水平有限，书中的疏漏之处在所难免，恳请广大师生、读者不吝赐教，以便今后不断完善。

《景区服务与管理》教材组

2021 年 1 月

目录

第一部分　基础篇

任务 1　认识旅游景区 ………………………………………… 003
❖情景案例 ………………………………………… 003
❖学习导引 ………………………………………… 004
❖学习目标 ………………………………………… 004
1.1　认识旅游业与旅游景区的关系 ………………………………………… 005
1.2　认识旅游景区的概念、特征与类型 ………………………………………… 013
1.3　认识旅游景区的过往与未来 ………………………………………… 022
任务小结 ………………………………………… 027
任务测验 ………………………………………… 027
参考文献 ………………………………………… 029

任务 2　认识旅游景区服务与管理 ………………………………………… 030
❖情景案例 ………………………………………… 030
❖学习导引 ………………………………………… 030
❖学习目标 ………………………………………… 031
2.1　认识旅游景区服务与管理的关系 ………………………………………… 032
2.2　旅游景区服务质量管理 ………………………………………… 035
2.3　旅游景区智慧服务与管理 ………………………………………… 041
任务小结 ………………………………………… 046

任务测验……046
参考文献……047

任务 3　景区服务与管理的必备技能 ……048
❖情景案例……048
❖学习导引……049
❖学习目标……049
3.1　景区服务与管理的基本素养……050
3.2　景区服务与管理的基础技能……060
任务小结……065
任务测验……066
参考文献……067

第二部分　岗位篇

任务 4　景区交通服务与管理 ……071
❖情景案例……071
❖学习导引……071
❖学习目标……073
4.1　认识景区交通服务与管理……073
4.2　景区停车场的服务与管理……077
4.3　景区车船服务与管理……083
4.4　景区交通配套设施服务与管理……089
任务小结……094
任务测验……095
参考文献……095

任务 5　游客中心服务与管理 ……097
❖情景案例……097
❖学习导引……098
❖学习目标……099
5.1　认识游客中心服务与管理……099
5.2　票务岗位的服务与管理……101

5.3 咨询岗位的服务与管理……113
5.4 投诉岗位的服务与管理……120
5.5 寄存岗位的服务与管理……133
5.6 租赁岗位的服务与管理……136
5.7 广播岗位的服务与管理……138
任务小结……140
任务测验……140
参考文献……141

任务 6 景区解说系统管理……142
❖情景案例……142
❖学习导引……143
❖学习目标……144
6.1 认识景区解说系统……144
6.2 景区讲解接待岗位的服务与管理……150
6.3 自导（助）式解说服务系统管理……157
任务小结……163
任务测验……164
参考文献……165

任务 7 游乐设备管理……166
❖情景案例……166
❖学习导引……167
❖学习目标……167
7.1 认识游乐项目与游乐设备……168
7.2 游乐项目现场服务……172
7.3 游乐设备的操作管理……177
7.4 游乐设备的维护与保养……187
任务小结……190
任务测验……191
参考文献……192

任务 8 景区商铺管理……193
❖情景案例……193

❖学习导引…………193
❖学习目标…………194
8.1 认识景区商铺管理…………195
8.2 景区购物服务与管理…………198
8.3 景区餐饮服务与管理…………205
8.4 景区住宿服务与管理…………213
8.5 景区体验服务与管理…………217
任务小结…………222
任务测验…………222
参考文献…………223

任务9 景区卫生服务与管理…………224
❖情景案例…………224
❖学习导引…………225
❖学习目标…………226
9.1 认识景区卫生服务与管理…………226
9.2 景区厕所卫生服务与管理…………230
9.3 景区公共卫生服务与管理…………233
任务小结…………236
任务测验…………237
参考文献…………237

任务10 景区安全服务与管理…………238
❖情景案例…………238
❖学习导引…………239
❖学习目标…………240
10.1 认识旅游景区的安全服务与管理…………241
10.2 应急指挥中心管理…………255
10.3 景区现场安全服务与管理…………259
10.4 景区安全巡查管理…………266
任务小结…………270
任务测验…………270
参考文献…………271

任务 11 景区环境与绿化管理 …… 272
❖情景案例 …… 272
❖学习导引 …… 272
❖学习目标 …… 275
11.1 认识景区环境与绿化管理 …… 275
11.2 景区环境监测管理 …… 277
11.3 景区环境绿化管理 …… 285
任务小结 …… 295
任务测验 …… 295
参考文献 …… 297

任务 12 景区营销管理 …… 298
❖情景案例 …… 298
❖学习导引 …… 300
❖学习目标 …… 300
12.1 认识景区营销管理 …… 301
12.2 景区线下销售服务与管理 …… 305
12.3 景区 OTA 管理 …… 309
任务小结 …… 312
任务测验 …… 312
参考文献 …… 313

附 件 …… 314
附件 1：国家 5A 级景区名录（截止到 2020 年 1 月底）…… 314
附件 2：中国的世界文化遗产名录（截止到 2019 年 7 月底）…… 324

第一部分

基础篇

任务1　认识旅游景区

❖情景案例

《案例1-1》

2019年7月31日，国家文化和旅游部发布公告：为加强旅游景区质量管理，提升旅游景区品质，净化旅游消费环境，依照中华人民共和国国家标准《旅游景区质量等级的划分与评定》（GB/T 17775-2003）与《旅游景区质量等级管理办法》，根据5A级旅游景区年度复核结果，文化和旅游部决定，对复核检查严重不达标或存在严重问题的7家5A级旅游景区处理如下：

（一）给予山西省晋中市乔家大院景区取消旅游景区质量等级处理；

（二）给予辽宁省沈阳市沈阳植物园景区、浙江省温州市雁荡山景区、河南省焦作市云台山景区、广东省梅州市雁南飞茶田景区、四川省乐山市峨眉山景区、云南省昆明市石林景区等6家景区通报批评责令整改处理，限期3个月。

《案例1-2》

2020年01月07日，《文化和旅游部关于确定22家旅游景区为国家5A级旅游景区的公告》正式发布，依照中华人民共和国国家标准《旅游景区质量等级的划分与评定》和《旅游景区质量等级管理办法》，经有关省（区、市）文化和旅游行政部门推荐，文化和旅游部按程序组织综合评定并于2019年12月31日完成公示，确定北京市海淀区圆明园景区等22家旅游景区为国家5A级旅游景区。

想一想：比较分析案例1-1和案例1-2，请思考国家文化和旅游部为何既要通报处理既有国家5A级旅游景区，又要评定晋级新的国家5A级旅游景区？

❖学习导引

宋城演艺：聚力文旅深度融合，助力文化浙江建设

2020年1月8日，浙江省推进数字文化产业高质量发展暨省文化产业年会在杭州举行。会上，宋城演艺总裁张娴与浙数文化、横店影视、大丰实业、太湖龙之梦乐园、网易云音乐、华洋赛车6家领军文化企业负责人围绕“新形势下文化产业的挑战与机遇”的主题，分享成功经验、碰撞智慧火花，为推进文化产业高质量发展提振信心，作出示范。

宋城演艺深耕文化演艺领域20余年，坚持以“建筑为形，文化为魂”为经营理念，以“演艺”为核心竞争力，成功打造了“宋城”和“千古情”两大品牌，连续10届荣获“全国文化企业三十强”。宋城演艺旗下拥有74个各类型剧院、175 000个座位数；“千古情”系列演出每年演出8000余场，每年观众达3500余万人次，创造了世界演艺市场的五个“第一”：剧院数第一、座位数第一、年演出场次第一、年观众人次第一、年演出利润第一；并以绝对的票房占据行业2/3的市场份额。目前已建成和在建的有杭州、三亚、丽江、九寨、桂林、张家界、西安、上海、佛山、西塘、珠海、澳大利亚等数十个旅游区、30个主题公园、上百台“千古情”及演艺秀，并拥有宋城演艺公园等数十个文化娱乐项目。

营收效益方面，位于之江文化产业带的杭州宋城景区，一个不足百亩的景区一年收入达8.6亿元，年纳税2亿元，每亩年收入1500万元，每亩年纳税350万元，每亩年净利润800万元，毛利率81%，是中国文化产业项目“亩产效益论英雄”的典范。截至2019年12月31日，宋城演艺股价全年上涨45.58%，总市值攀升至449亿元。2019年，前3季度实现营业收入22.06亿元，实现利润总额15.45亿元。

想一想：结合实际案例，请思考当前国内旅游景区主要存在哪些问题？未来旅游景区的发展趋势是什么呢？

❖学习目标

素质目标

· 能认识到旅游景区中传统文化传承与创新的重要性；

· 能发现旅游景区中的“美”与品牌影响力；

· 能善于多途径分析、判断旅游景区的发展现状。

知识目标

· 了解旅游景区相关的法律法规、标准等相关知识；

· 理解旅游景区的概念、特征与类型；
· 了解旅游景区的发展历史与发展趋势。

技能目标

· 能有效辨析旅游景区的类型、内涵及核心竞争力；
· 能分析、诊断旅游景区存在的表面问题及其深层次原因；
· 能结合景区未来发展趋势，提出旅游景区提升、整改的对策与措施。

1.1　认识旅游业与旅游景区的关系

1.1.1　旅游业的发展现状

我国旅游业崛起于改革开放以后，尤其是20世纪90年代后，我国旅游业快速发展。在1998年，中国已经成为世界最大的国内旅行国；自此，旅游业的经济增长也得到了各级政府的广泛重视。随着我国市场经济的逐步发展，国民旅游和休闲的消费观念也发生了翻天覆地的变化，加之交通条件的不断完善与升级，使得国内旅游逐步盛行，并成为人民生活中的重要组成部分。2017年党的十九大明确指出，我国社会主要矛盾已经转化为人民日益增长的美好生活需要和不平衡不充分的发展之间的矛盾。为满足人民群众日益增长的美好生活需要，国务院于2019年初正式组建了国家文化和旅游部，掀开了文化和旅游全面融合的新时代。

1.1.1.1　旅游业发展的现状分析

一是旅游业发展总体规模不断壮大。截止到2019年底，全年国内旅游人数60.06亿人次，比上年同期增长8.4%；入境旅游人数14 531万人次，比上年同期增长2.9%；出境旅游人数15 463万人次，比上年同期增长3.3%；全年实现旅游总收入6.63万亿元，同比增长11.1%（具体见表1-1所示）。年末全国共有A级景区12 402个，全年接待总人数64.75亿人次，比上年末增长7.5%；实现旅游收入5065.72亿元，比上年末增长7.6%。

表1-1　2010—2019年旅游业主要发展指标

年份	国内旅游人次（亿人次）	国内旅游收入（亿元）	入境旅游人次（万人次）	入境旅游收入（亿美元）	出境旅游人次（万人次）	旅游总收入（万亿元）
2010年	21.03	12 580	13 376	458.14	5739	1.57
2011年	26.41	19 305	13 542	484.64	7025	2.25
2012年	29.57	22 706	13 241	500.28	8318	2.59

续表

年份	国内旅游人次（亿人次）	国内旅游收入（亿元）	入境旅游人次（万人次）	入境旅游收入（亿美元）	出境旅游人次（万人次）	旅游总收入（万亿元）
2013 年	32.62	26 276	12 908	516.64	9819	2.95
2014 年	36.11	30 312	12 850	1053.80	10 728	3.73
2015 年	39.90	34 195	13 382	1136.50	11 689	4.13
2016 年	44.35	39 390	13 844	1200.00	12 203	4.69
2017 年	50.01	45 661	13 948	1234.17	13 051	5.40
2018 年	55.39	51 278	14 120	1271.03	14 972	5.97
2019 年	60.06	57 251	14 531	1313.00	15 463	6.63

注：数据来自于《中华人民共和国文化和旅游部 2019 年文化和旅游发展统计公报》

二是旅游业发展环境不断优化。主要体现在三个方面：一是体制机制不断改革完善，促进文化和旅游资源的有效、科学开发与利用。从国家层面到各级地方政府，结合各自资源优势与特征，实现了旅游和文化、广电、影视、体育等相关职能部门的有机融合，实现了相应旅游资源的科学、有效开发与利用；同时，原有国土、环境、林业、建设等部门的高等级旅游资源也均实现了统一归口管理，为后续开发高品质、高资源依托型旅游产品提供了可能。二是相关政策法规日益完善。“十一五”以来，我国旅游业相关政策法规或条例相继出台。2006 年，《风景名胜区条例》（国务院令第 474 号）正式颁布实施，结束了我国风景名胜区管理暂行 20 余年的历史；2009 年，《国务院关于加快旅游业发展的意见》（国发〔2009〕41 号）正式颁布实施，旅游业发展进入新纪元；2013 年，《国民旅游休闲纲要》（国办发〔2013〕10 号）和《中华人民共和国旅游法》相继颁布实施；2014 年，《国务院关于促进旅游业改革发展的若干意见》（国发〔2014〕31 号）文件颁布实施，并明确了各部委的工作职责；2015 年，《国务院办公厅关于进一步促进旅游投资和消费的若干意见》（国办发〔2015〕62 号）颁布实施，重点关注通过改革创新促进旅游投资和消费；2016 年，《国务院关于印发“十三五”旅游业发展规划的通知》（国发〔2016〕70 号）首次实现了旅游业五年规划由国务院直接发布；2018 年，《国务院办公厅关于促进全域旅游发展的指导意见》（国办发〔2018〕15 号）颁布实施，是有效缓解我国旅游业有效供给不足的有力举措；2019 年，《国务院办公厅关于进一步激发文化和旅游消费潜力的意见》（国办发〔2019〕41 号）颁布实施，更加注重以高质量文化和旅游供给增强人民群众的获得感和幸福感。三是旅游业发展的基础设施不断提升优化。不仅是涵盖高速公路、高铁、机场等方面的外部大交通条件全面改善提升，而且城乡交通一体化、汽车租赁服务、公共自行车等快速布局以及以旅游厕所为代表的公共服务体系日益完善，均大大方便了游客的出行；不仅是城乡现代服务业的日益完善，而且是现代互联网技术的全面融入，使得游客真正实现了“一部手机玩遍中国”。

1.1.1.2 旅游业发展的诊断分析

在我国旅游业快速发展、壮大的同时，也依然存在诸多的短板或结构性矛盾，主要表现在如下几个方面：

一是旅游业政策法规相对滞后。虽然自“十二五”以来，原国家旅游局及国务院出台了一系列的相关政策、标准与文件，但随着开放、共享理念的提出和深入，共享经济模式在旅游业中的应用更加广泛，势必会对传统的旅游业造成一定的冲击。传统的酒店业、传统的出租车公司都或多或少受到影响，改革势在必行。共享经济、共享旅游的出现在很多领域带给我们新的命题，如税务的征收、就业模式和监管模式的创新等。同时，随着互联网经济的全面渗透与全域旅游的快速发展，旅游业新兴业态层出不穷。虽然共享经济和互联网已成为老百姓生活必不可少的一部分，但与之相关的法律法规、政策制度尚不完善，甚至仍是空白，旅游业各个领域的相关政策法规、标准、规范等亟须加紧落地。

二是在线旅游平台的监管挑战不断。近年来，随着旅游消费的不断升级，旅游市场的规模也不断增长，但是对于 OTA（Online Travel Agent，在线旅行）平台来说，挑战和竞争也加倍升级，“小而贵”的个性化定制游，正在成为在线旅游服务商下一个竞逐的战场。他们认为只有不断开发符合消费者需求的个性化产品，花式“引客留人”，才能抢占中高端旅游市场。这样的个性化定制旅游虽然吸引力十足，但是近几年在线旅游服务商不能按约定提供服务、相关提示环节不到位、旅游投诉渠道不畅通、问题解决不及时等问题仍然层出不穷，对 OTA 商家的监管仍是巨大挑战。此外，在线旅游平台对旅游景区、旅游度假区以及旅游酒店等旅游产品的直接供应商对接不畅、信息不对称或者情况不熟悉等，均对游客投诉产生了较大的影响。

三是旅游景区、度假区等供给侧的结构性矛盾明显。自 1999 年《旅游景区质量等级的划分与评定》（GB/T 17775-1999）等颁布实施以来，我国旅游景区和旅游度假区快速发展。2003 年，《旅游景区质量等级的划分与评定》（GB/T 17775-2003）颁布实施，旅游景区发展步入快车道和规范化阶段。但是，国内旅游景区或度假区发展，依然存在供给侧的结构性矛盾：一是存在两极分化现象，即以部分国家 5A 级景区为代表的高品级旅游景区门庭若市和大部分中低级景区门可罗雀并存；二是景区依然以传统的观光游览为主，休闲氛围营造缺失、体验产品培育不足等问题突出；三是多数景区、度假区的经营、管理等专业技能人才缺失，导致接待、经营、产品研发等过程不规范、不科学等问题频出，尤其是 2015 年 10 月 9 日，以山海关等为代表的景区首批被取消 5A 级景区资质或被通报批评等处理以来，旅游景区的经营管理水平日益进入游客的视野或成为关注点。

四是旅游项目规划及开发的系统性和全面性不足。自“十二五”以来，随着我国国民经济的转型，大量民营企业以及国有企业纷纷进入文化旅游产业，形成了文化旅游项目的投资及开发热潮。但是，对于如何理性、科学、系统、全面地进行投资与开发，大多数企业并没有遵循旅游业的发展规律与目标细分市场的消费规律。在建设一些主题特色明显的旅游景区、主题公园和大型游乐园等文化旅游项目时，部分项目在开发建设前期并未经过详细、系统、全面、专业的规划或策划，甚至还出现“边规划、边报批、边建设、边开放”的“四边现象”，严重违背了文化、旅游产业“统筹全局，和谐发展”的总体原则，导致很多旅游项目呈现出“粗制滥造”“简易山寨”等问题，不利于旅游业的可持续、健康发展。

五是旅游管理与市场监管不到位。原国家旅游局、国家文化和旅游部等主管部门一再强调的“不合理低价、强迫消费、虚假广告、欺客宰客”等问题依然不同程度存在；“一日游”不履约、个别景区或购物点高额回扣经营等现象严重扰乱了市场秩序，景区流量控制不严格等问题亦时有发生，迫切需要各级相关部门联合加强旅游业的市场监管，通过进一步完善管理机制及措施来加以解决。同时，旅游综合执法力度有待加强，旅游市场秩序涉及点多、面广，监管难度大，有些单位不同程度存在重投诉、轻处罚现象。此外，对于涉及跨部门、跨行业问题，存在协调联动不够积极主动、整治工作不够及时有效等问题。

1.1.2　旅游业发展的新趋势：机遇与挑战并存

1.1.2.1　旅游业发展的新机遇

一是以旅游休闲为代表的消费驱动经济发展机制基本形成。2019 年，我国人均 GDP 已经达到 70 892 元，折合 10 276 美元（按 1 美元 =6.8985 元人民币）；2019 年，全国居民恩格尔系数为 28.2%，全年最终消费支出对国内生产总值增长的贡献率达 57.8%；全年全国居民人均消费支出中，服务性消费支出占比为 45.9%，比上年提高 1.7 个百分点。因此，消费作为经济增长主动力的作用进一步巩固，人民群众对旅游休闲的消费需求日益强烈，以旅游景区为核心载体的现代文化和旅游发展迎来了崭新的机遇期。同时，随着人们生活水平的提高与收入的增加，其对旅游休闲消费的主题化、体验化、规范化、个性化及品质化的需求也越来越明显。在此情境下，能够满足游客此类消费需求特征的旅游产品必将迎来大发展。

二是各项利好政策加快旅游供给侧结构性改革。2018 年 3 月，《国务院办公厅关于促进全域旅游发展的指导意见》（国办发〔2018〕15 号）强调要牢固树立和贯彻落实新发展理念，按照“统筹协调，融合发展；因地制宜，绿色发展；改革创新，示范引导”三项基本原则，加快旅游供给侧结构性改革，以实现旅游发展全域化、旅游供给品质化、旅游效益最大化的重要目标。2019 年 8 月，《国务院办公厅关于进一步激发文化和旅游消费潜力的意见》（国办发〔2019〕41 号）提出要“顺应文化和旅游消费提质转型升级新趋势，深化文化和旅游领域供给侧结构性改革，从供需两端发力，不断激发文化和旅游消费潜力”，并提出了推出消费惠民措施、提高消费便捷程度、提升入境旅游环境、推进消费试点示范、着力丰富产品供给、推动旅游景区提质扩容、发展假日和夜间经济、促进产业融合发展、严格市场监管执法等九条路径任务和两条保障措施。

三是以高铁为代表的现代交通体系助力旅游交通升级。随着第三产业的浪潮席卷而来，旅游交通问题也一直是社会关注的一个热点，旅游交通是带动旅游业发展的关键“引擎”，是旅游客源地与目的地之间的桥梁。近年来，“高铁 + 租车”“飞机 + 租车”等新兴旅游交通组合方式日益流行，已经成为近程游客与中远程游客出行的重要选择方式。我国非常重视高铁方面的长期建设与规划。据中国经济网报道，2019 年底全国铁路营业里程达 13.9 万公里，其中高铁营业里程达到 3.5 万公里，稳居世界第一。目前，我国依托已经建成的高铁路网，形成了几条经典旅游线路：如在首都北京西北，张呼高铁与大张高铁、京张高铁同步通车，京津冀地区游客可实现内蒙古大草原“一日游”；在武陵山区，黔张常铁路开通运营，恩施、湘西、张家界等“诗与远方”不再遥远。另外，根据中国《新时代中长期铁路网规划（2020—2035 年）》（征求意见稿）报告，未来我国将在近期基本成形的“八纵八横”为骨架的高铁网的基础上，逐步调整为“十纵十横”或“十二纵十二横”高速铁路主通道，将实现我国高铁网络的全覆盖，这些均对旅游业的发展起着至关重要的作用。

四是文化和旅游的融合为旅游业发展赋予了新的内生动力。2018 年 3 月，根据国务院机构改革方案，对原文化部和原国家旅游局进行职责整合，不再保留文化部和国家旅游局，组建文化和旅游部作为国务院的组成部门，重点推进文化事业、文化产业和旅游业的发展。国家文化和旅游部的组建，努力推进文化与旅游工作更紧密的融合，既符合二者内在属性的关联，又把握了当下消费升级的内在需求，还能解决旅游开发过程中的痛点与短板，对发展优质旅游、全域旅游以及打造超级旅游 IP 具有重要意义。国家文化和旅游部的组建，预示着“文化 + 旅游”将成为国内文化和旅游产业发展的重要推动力，并将全面推动文化和旅游企业加大文化资源与内涵的挖掘力度，在打造旅游硬件设施与项目以及培育旅游产品的同时注入更多文化内涵或元素，从而助力旅游业的整体转型升级，解决其原生内动力问题。

1.1.2.2　旅游业发展的新挑战

一是旅游人数增速放缓成必然，旅游业未来更加依靠消费质量。我国的旅游业伴随着我国的经济发展已经在快速增长的道路上飞驰了 20 余年，尤其是近 10 年来，我国旅游业接待人数及旅游总收入两个指标的增速均明显高于 GDP 的增速（见图 1–1 所示）。但是，值得注意的是，我国国民经济已经明显进入转型升级的新常态，增速放缓是必然的。历来旅游发展与经济发展之间具有一定的滞后性，经济发展放缓，可支配收入减少，必然反映在消费上。因此，在这种情况下，只有高质量发展的旅游景区凭借吸引更多且高质量的游客，才能继续生存下去。

二是旅游业利润下降成必然，行业加速迭代。在旅游接待人数增速放缓的同时，旅游人均消费的下降也成趋势：2012 年全国旅游总人数 30.89 亿人次，旅游总收入 2.59 万亿元，旅游每人每次平均消费 838 元；2013 年全国旅游总人数 33.91 亿人次，旅游总收入 2.95 万亿元，旅游每人每次平均消费 870 元；2014 年全国旅游总人数 37.40 亿人次，旅游总收入 3.73 万亿元，旅游每人每次平均消费 997 元；2015 年全国旅游总人数 41.24 亿人次，旅游总收入 4.13 万亿元，旅游每人每次平均消费 1001 元；2016 年全国旅游总人数 45.73 亿人次，旅游总收入 4.69 万亿元，旅游每人每次平均消费 1026 元；2017 年全国旅游总人数 51.40 亿人次，旅游总收入 5.40 万亿元，旅游每人每次平均消费 1051 元；2018 年全国旅游总人数 56.80 亿人次，旅游总收入 5.97 万亿元，旅游每人每次平均消费 1051 元。因此，旅游每人每次平均消费的增长率明显低于物价上涨指数。尤其是 2018—2019 年的增速几乎为零的情况下，仍有大量新增或新建的旅游项目。此外，受国家发展和改革委鼓励景区门票价格下降等因素影响，已有景区本已微薄的利润再次降低。同时，酒店业受到民宿业的冲击，其利润下降已成定论。旅行社的利润受到进一步的挤压。因此，未来旅游业的发展，必然需要面临利润下降的挑战。

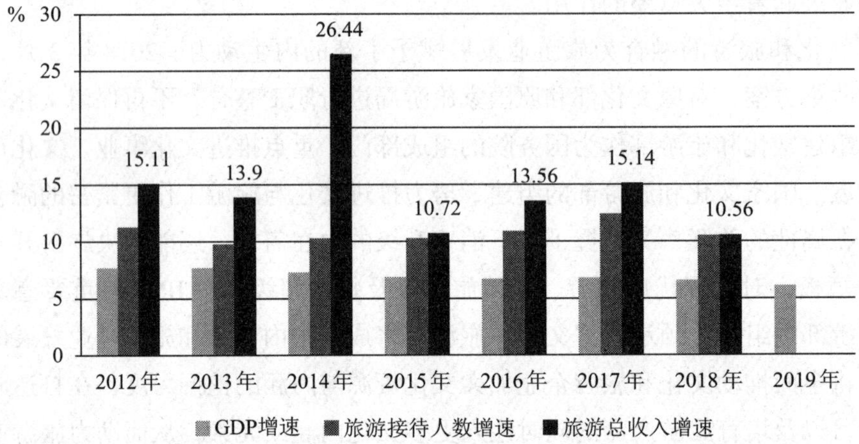

图 1-1　我国 2012—2019 年 GDP 与旅游业主要指标增速对比柱状图

三是旅游规划行业下行成必然，主题创意挑战渐成主流。近年来，随着全国各种类型的特色小镇、风情小镇、乡村振兴、全域旅游等概念或项目的兴起，大量的政策资金、政策优惠及社会资本涌向乡村振兴领域。与特色小镇可以选择不同产业并通过地产、文旅、产业等多种形式变现不同，乡村振兴的投资领域少，可变现的路径更少。在这种情况下，乡村旅游成为乡村振兴、实现变现为数不多的可选择路径。但是，乡村旅游项目的基本盘就是本地游客，本地客源群体总体没有大增长，甚至在经济大形势下还会有所萎缩。在这种情况下，乡村旅游的竞争必然加大，相关项目后续必然乏力。因此，未来旅游规划行业必须深入旅游运营本身，以运营前置或过程思维来整体思考项目的策划与空间落地；迎合企业发展主题与特色、紧扣未来旅游消费群体需求的策划与规划，需要旅游规划企业深耕行业、持续跟进，蜻蜓点水式的宏大叙事敌不过市场的精细考验。

四是刺激型的网红项目溢出效应降低成必然，主题与 IP 培育将是核心竞争力。近两年来，在诸多的网红景区中有一大批是依靠网红项目带火的，不仅包括诸如玻璃桥、玻璃滑道、摇摆桥、无边泳池、灯光秀、悬崖秋千等网红项目，而且也包括乡村民宿、亲子乐园等明星领域的项目。最火爆的当数玻璃桥项目，在某些景区中能够带来 6~10 倍的旅游人数增幅，有的景区甚至能达到 10 倍以上的旅游人数增幅。但是，到了 2019 年，大部分网红项目已经风光不再。原因主要有两个：一是同质化的项目与过度供给。以中国玻璃桥的发源地河南来说，驻马店地区拥有玻璃桥及滑道项目的景区不下 20 个，玻璃桥、玻璃滑道等几乎成为了山岳型景区的必备选择，在这种情况下，其作为网红项目的溢出效应归零；二是网红项目并非依托景区自有主题或 IP 设计而来，天生具有高仿性或可复制性，使其生命周期普遍偏短。虽然未来仍然会有网红项目的营造，但也仅仅只能作为点缀或辅助产品，其网红属性会进一步消退，网红项目会逐步回归项目本身。因此，未来旅游业的发展将更加注重主题特色的营造与 IP 的培育，具有核心主题内涵与 IP 的产品、项目才是真正具有生命力与竞争力的。

五是在线旅游营销渠道格局大变成必然，景区营销渠道建设挑战不断。可以说，在互联网的国度中，“消灭你，但与你无关”的跨界威胁从未停止。与之前“百家争鸣”情况完全不同的是，B（百度）A（阿里）T（腾讯）对整个互联网流量的收缴步伐日益加快。在未来几年内，除了携程去哪儿、美团点评和阿里飞猪三巨头在在线旅游市场中纵横捭阖、真枪实弹地比拼之外，位居第二梯队和第三梯队的同程艺龙、途牛、马蜂窝、驴妈妈、众信旅游等企业，则面临着更加残酷的生存市场。而作为旅游景区、酒店等旅游产品的终端供应商来说，如何调整未来营销渠道建设也将是非常重要的挑战之一。

六是境外旅游持续火爆已成必然，海外旅游及投资逐步挤压国内旅游。随着我国国际地位的不断上升、综合国力的增强及人们收入水平的提高，海外高品质旅游产品对国内旅游市场形成了极大的扰动力。可以说，出境旅游群体是一个稳定增长的市场，而且是一个高消费市场，这个是随着中国的中产阶级人群而壮大的，从某种程度上来说，中国的经济增长持续，中产阶级的增长就在继续，对海外旅游的需求就会继续增加。而正因为如此，反而对国内旅游业形成了新的竞争压力与倒逼机制。此外，“一带一路”倡议提出至今，中国同“一带一路”沿线国家的经济联系日益紧密，不仅输出了大量客流，而且也输出了旅游投资。这种背靠中国庞大的市场，合理利用“一带一路”国家便宜的劳动力、自然资源、土地、原材料等，享受当地及国际优惠的税务及其他政策，将成为众多出海投资企业的选择，使得国内旅游业相对减少了“输血”的机会。

七是旅游消费的主流趋势日渐清晰，旅游景区应紧抓不放。在我们为“两个一百年”努力奋斗过程中，旅游消费的主流趋势也日渐清晰：一是新生代的消费趋势。根据2018年的统计，90后人群1.74亿，00后人群1.47亿，新生代人群共同撑起了超3亿的大市场。他们对娱乐、动漫、美妆、旅游、美食等均非常敏感，且消费支出占比奇高、潜力非常大、兴趣点转移快。二是老龄化趋势。2016年我国65岁以上年龄的老人总数1.5亿，占人口比例10.8%，预计至2020年，我国65岁以上人口将达到2.5亿。因此，老龄化的趋势在中国是非常显著的，但我国依然是一个以家庭养老为主体的方式在维系运转，中国老龄化趋势对于社会养老的需求巨大，养老旅游供给缺口巨大，但产品及运营模式探索仍在进行。三是健康体育与养生消费趋势。经济发展水平越高，人们对于自身的健康养生就越重视，对于能够提升健康的康养、医疗、保健、运动、休闲方面就越愿意投入更多的精力与资金。对标欧、美、日，我国在这些方面的市场空间正在加快释放中，健康体育、休闲养生的潜在市场很大。面对这三大趋势，旅游景区该何去何从？都非常值得我们深思，也是未来旅游景区在围绕既定主题下转型升级的风向标。

八是跨界联合与抱团发展已成主流，单枪匹马已然落伍。在经济形势紧张、资本寒冬以及市场竞争激烈的时期，把握市场、精准营销是旅游企业持续发展的必备技能。对于旅游企业而言，针对目标市场进行精准营销，就不得不实行跨界联合，如旅行社、景区、酒店与新媒体结合的营销推广就是势在必行的手段。例如旅游景区在现有客群的基础上与新媒体合作，成就了诸多的网红景区，甚至很多旅游景区开辟了自己的OTA业务或旅行社；与研学或培训机构合作，衍生了研学实践项目与亲子教育项目；与无人机企业、动漫群体等合作，产生了诸多的小群体节庆活动。

九是资源导向阶段向创新运营导向阶段转变已成事实。可以说，旅游业发展总体呈现出“资源导向阶段”“资金导向阶段”和“创新导向阶段”等三个阶段。在旅游发展的初级阶段，必然是资源为王的，谁占有了优质旅游资源，拥有一定的交通条件就能够实现躺着挣钱的梦想，这一点在凤凰古城、香格里拉、黄山等一大批中国知名风景区都可以看到缩影。但是，优质的资源总是有限的，在旅游业发展浪潮中，依然有不少地区，尤其是东部发达地区，曾经涌现出一大批“无中生有”的景区，在大量资金投入运作之下，也成就了一批知名旅游景区或企业，尤其是以主题公园为代表的旅游企业。但是，随着整个国家经济逐步转向现代服务业的过程中，仅有资源和资本似乎也已经过时，通过规范的、高品质的运营管理及创新，才能在竞争热潮中占得一席之地。实际上，旅行社、酒店、旅游交通等旅游业态早就进入了运营为王的阶段，运营定生死。接下来，旅游景区也将全面进入运营定生死的阶段，而景区的高素质综合型运营管理人才必将奇缺。

1.1.3　旅游景区对旅游业发展的影响与作用

1.1.3.1　旅游景区是地方旅游业发展的核心依托

虽然国内外游客的旅游方式及游客选择的旅游产品等均发生了重大变化，但是游客在出游决策过程中，旅游景区的品质、数量、品牌以及聚集度等因素，都是不得不考虑的重要因素。虽然游客在外出旅游过程中，表面上存在部分游客仅仅为了美食、酒店或节庆活动等原因而出游，但是实际上也与旅游景区存在“藕断丝连”的关系，因为他们所喜爱的美食可能位于某旅游目的地的历史街区，他们所喜爱的酒店可能拥有了景区的功能。可以说，旅游景区的旅游资源是吸引游客外出旅游的重要动力。各地旅游业通过旅游景区对游客产生吸引力，促进其旅游消费，并同步带动了游客对住宿、餐饮、交通、购物、娱乐等旅游业要素的直接消费，也带动了游客对房地产、金融、商贸零售等相关要素的间接消费。因此，旅游景区是地方旅游业发展的核心依托，是获得综合经济效益的前提。

1.1.3.2　旅游景区是地方旅游业品牌形象的窗口

旅游景区是一个旅游目的地城市旅游形象乃至城市整体形象的代表或窗口，是旅游景区所在地的金名片，很多城市均因其拥有的高等级景区而驰名中外。对于很多旅游目的地而言，游客往往只知道旅游景区的名称而不知道其所在地的城市名称，如大家都知道浙江省有两个著名的国家5A级旅游景区——千岛湖和乌镇，但是很多中远程游客却并不知道其所在地——淳安县和桐乡市。对于很多旅游目的地而言，甚至因为其旅游景区的知名度极高，纷纷将原来的地名（城市名称）更名为景区的名称，如安徽的徽州因黄山出名，而改成黄山市；湖南的大庸市因有国家5A级旅游景区——张家界，而改名为张家界市。

1.2　认识旅游景区的概念、特征与类型

1.2.1　旅游景区的概念

1.2.1.1　旅游景区的直观概念

旅游景区，又可简称为景区、景点，是一个相对比较直观的概念。从地理学或资源学的角度来看，旅游景区更加突出“景”和“区”的概念，而所谓的“景”是指景致、景观、风景或旅游资源，也就是通俗的旅游吸引物；所谓的“区”即空间、区域、

地方或场所。因此，从直观角度或旅游地理学、旅游资源学角度来看，旅游景区就是旅游资源或旅游吸引物的集中之地。这也是为什么西方英语国家通常用 visitor attractions、attractions 或 tourist attractions 等词汇来描述旅游景区。而换个角度来说，一是假如从旅游学的角度来看，又或者与酒店、旅行社等概念横向比较，则旅游景区可视为旅游业中的一个子行业；二是假如从旅游经济学的角度来看，旅游景区又可以视为旅游产品或旅游商品。在本教材中，旅游景区主要是从旅游学的角度来看，是旅游业中的一个子行业，其直观英文翻译应为 scenic area 或 scenic spot。

1.2.1.2 旅游景区的常用概念

与其他常见的专业概念一样，各国在界定旅游景区的标准和管理体系方面存在诸多差异，至今还没有形成一个被普遍接受的定义。为了更好地加强行业管理，我国通常采用《旅游景区质量等级的划分和评定标准》（GB/T 17775-2003）对旅游景区术语的界定标准去解释旅游景区的概念。在该标准中，旅游景区（tourist attraction）是以旅游及其相关活动为主要功能或主要功能之一的空间或地域；是指具有参观游览、休闲度假、康乐健身等功能，具备相应旅游服务设施并提供相应旅游服务的独立管理区。该管理区应有统一的经营管理机构和明确的地域范围。包括风景区、文博院馆、寺庙观堂、旅游度假区、自然保护区、主题公园、森林公园、地质公园、游乐园、动物园、植物园及工业、农业、经贸、科教、军事、体育、文化艺术等各类旅游景区。因此，根据前述旅游景区的直观概念来看，《旅游景区质量等级的划分和评定标准》中规定的旅游景区概念，更多的是从旅游资源的角度来衡量，才有 tourist attraction 的配套英文翻译。

本教材为《景区服务与管理》，作为服务与管理的本体或对象，教材编写组亦采用《旅游景区质量等级的划分和评定标准》中规定的旅游景区概念，具体可以从以下五个方面来理解：

一是旅游景区具有相对明确的空间范围或红线范围。不论旅游景区的规模多大，也不论是何种类型的旅游景区，应该都有一个明确的空间范围或红线范围；这既是创建国家 A 级旅游景区的前提与基础，也是明确旅游景区责任主体的重要依据。

二是旅游景区具有明确的旅游及相关功能。旅游景区以吸引游客为主要目的，能为游客提供参观游览、休闲度假、康乐健身、文化体验、科普研学、商务会议、节庆娱乐、宗教朝拜、美食餐饮、特色购物等一种或若干种产品。

三是旅游景区具有主客共享的特征。无论是哪里的旅游景区，其所吸引的游客，既包括外埠（地）游客，也包括本地游客或居民。尤其是随着当下全域旅游的推进发展，主客共享理念日益深入人心，旅游景区的主客共享特征已经日益明显，本地游客或居民必然成为旅游景区的基础客源乃至重要客源。

想一想：目前，有哪些类型的旅游景区具有非常典型的主客共享特征？请举例说明。并指出此类旅游景区经营管理过程中的优势与短板。

四是旅游景区应该具有统一的管理机构或经营主体。作为旅游业的一个子行业，每个旅游景区应具有一个明确的管理主体或经营主体，对旅游景区内的资源开发、经营服务等进行统一的管理。它既是旅游景区经营与管理的主体，也是旅游产品或服务的供给方。这个管理机构或经营主体可以是政府机构，或是具有部分政府职能的事业单位，也可以是独立的法人企业。

想一想：目前国内大部分高等级旅游景区的经营管理主体均为具有部分政府职能的事业单位或国有企业吗？

五是旅游景区具有必要的基础服务设施，提供相应的旅游服务。资源、设施与服务是旅游景区产品的主体，也是旅游景区旅游功能得以发挥的基础。没有基础服务设施与配套服务，再好的旅游资源也还只是旅游资源，无法也不能成为可供旅游者消费的旅游产品，也无法实现旅游景区或旅游资源的价值。

1.2.1.3　与旅游景区相关的概念辨析

与旅游景区相关的概念主要有旅游地、旅游区、旅游点、旅游吸引物、旅游资源、旅游度假区、风景名胜区、风景旅游区以及地质公园、森林公园、湿地公园、自然保护区、国家公园等。按照概念的相似程度，下面分成三组进行辨析：

一是旅游地、旅游景点、旅游区与旅游景区。旅游地是旅游目的地的简称，是一个空间概念，相对比较宽泛。通常而言，旅游（目的）地不仅包含了不同数量的旅游景区，而且还拥有能够满足游客“吃、住、行、游、购、娱”等多种需求的配套设施。因此，旅游（目的）地在内容和范围上通常要比旅游景区大得多，一般都包含一个旅游中心城市（镇）。而旅游景点、旅游区和旅游景区实质上是一个概念。

二是旅游吸引物、旅游资源与旅游景区。西方学者习惯于使用旅游吸引物的概念。旅游吸引物是一个比较宽泛的概念，通常指旅游目的地中对旅游者具有吸引力的要素。国内学者习惯于使用旅游资源，被普遍使用的旅游资源定义是《旅游资源分类、调查与评价》（GB/T18972）和《旅游景区质量等级的划分与评定标准》（GB/T17775）中规定的“自然界和人类社会中凡能对旅游者产生吸引力，可以为旅游业开发利用，并可产生经济效益、社会效益和环境效益的各种事物和现象”。因此，旅游吸引物和旅游资源的概念相似。

三是旅游度假区、风景名胜（旅游）区、地质公园、森林公园、湿地公园、自然保护区、国家公园与旅游景区。这些概念实质上与其主管职能部门有关。其中：旅游度假区由国家文化和旅游部（原国家旅游局）主导，根据《国家级旅游度假区管理办法》（文旅资源发〔2019〕143 号），旅游度假区，是指为旅游者提供度假休闲服务、有明确的空间边界和独立管理机构的区域，通常可分为国家级旅游度假区和省级旅游度假区。风景名胜区由国家林业和草原局主导，根据《风景名胜区总体规划标准》（GB/T50298—2018），风景名胜区是指具有观赏、文化或科学价值，自然景观、人文景观比较集中，环境优美，可供人们游览或者进行科学、文化活动的区域；是由中央和地方政府设立和管理的自然和文化遗产保护区域，简称风景区。地质公园由国家自然资源部（原国土资源部）主导，是以具有特殊地质科学意义，稀有的自然属性、较高的美学观赏价值，具有一定规模和分布范围的地质遗迹景观为主体，并融合其他自然景观与人文景观而构成的一种独特的自然区域。森林公园由国家林业和草原局（原国家林业局）主导，是以森林自然环境为依托，具有优美的景色和科学教育、游览休息价值的一定规模的地域，经科学保护和适度建设，为人们提供旅游、观光、休闲和科学教育活动的特定场所。湿地公园由国家森林和草原局（原国家林业局）主导，根据《国家湿地公园管理办法（试行）》（林湿发〔2010〕1号）是指以保护湿地生态系统、合理利用湿地资源为目的，可供开展湿地保护、恢复、宣传、教育、科研、监测、生态旅游等活动的特定区域。自然保护区是指对有代表性的自然生态系统、珍稀濒危野生动植物物种的天然集中分布区、有特殊意义的自然遗迹等保护对象所在的陆地、陆地水体或者海域，依法划出一定面积予以特殊保护和管理的区域。国家公园由国家森林和草原局（原国家林业局）主导，是指国家为了保护一个或多个典型生态系统的完整性，为生态旅游、科学研究和环境教育提供场所，而划定的需要特殊保护、管理和利用的自然区域。它既不同于严格的自然保护区，也不同于一般的旅游景区。

旅游景区概述 PPT

1.2.2 旅游景区的特征

除了具有旅游业的普遍特征之外，根据旅游景区的定义与发展态势，可以得知其还具有要素综合性、资源聚集性、地域特色性、主客共享性等个性特征。

1.2.2.1 要素综合性

与旅游业的其他子行业不同，旅游景区具有典型的要素功能综合性。首先是从旅游产业要素的角度看，一个旅游景区通常可包括“吃、住、行、游、购、娱”等传统六要素，还可以包括“商、养、学、闲、情、奇”等新兴六要素。其次，是从旅游产业功能的角度看，旅游景区能满足游客的参观游览、休闲度假、康乐健身、文化体验、科普研学、商务会议、节庆娱乐、宗教朝拜、美食餐饮、特色购物等各个方面的需求，可以说具有典型的综合性。此外，旅游景区还拥有资源要素、环境要素、人力要素及基础设施要素等。

1.2.2.2　资源聚集性

旅游景区是各种资源的聚集场所，如自然资源、人文资源、资本资源、人力资源、智力资源、信息资源、政策资源等。从旅游景区的规划设计、开发建设到运营管理，都需要上述各种资源的综合运用。如旅游景区的开发是以自然资源和人文资源为基础的；而规划设计的实施与建设，尤其是涉及项目内容创新等又需要人力资源及其智力资源的有效支撑，还需要大量资本资源、政策资源的配合或保障；景区的有效管理和运营又需要优秀人力资源与信息资源的支持。因此，旅游景区的可持续发展不只依靠单一的资源基础，而且是资金、技术、人力等多资源要素的综合运用，发挥其综合效能。

1.2.2.3　地域特色性

旅游景区是以一定的地域空间为载体。每个旅游景区，无论其规模大小，都有一个相对明确的空间范围。俗话说："一方水土养一方人。"不同的地域空间，本来就会形成不同的自然地理环境、气候资源与生态环境，同时还能对地方经济、社会、文化等发展起到完全不一样的推动作用而形成典型的人文差异性。因此，不同地区的旅游景区必然受到地域性自然、历史、社会、文化、环境等因素的影响，进而导致旅游景区的地域特色性或差异性。

想一想：结合前述旅游业发展的趋势分析，讨论以玻璃桥为代表的诸多网红景区生命周期偏短的原因是什么。

1.2.2.4　主客共享性

与旅游交通、旅游餐饮等旅游要素类似，旅游景区亦具有典型的主客共享性。尤其是随着全域旅游时代的到来、泛旅游概念的提出，本地居民（游客）的家门口旅游休闲已经成为常态。同时，近年来，随着各种小镇旅游、乡村旅游的快速兴起，尤其是以特色小镇、风情小镇、景区城（镇、村）、历史文化街区等为代表的旅游景区，在促进主客共享方面更为突出。在我国带薪假期制度尚未完全推广实施的时代背景下，大部分社区居民依然会以双休日近距离出游作为首选，而中小型旅游景区或地方性景区自然成为主客共享的典范。

旅游景区的定义与特征 PPT

旅游景区的定义与特征视频

1.2.3 旅游景区的类型

不同的分类标准，可以将旅游景区划分为不同的类型。下面主要介绍四种分类方法：

1.2.3.1 旅游景区的景观分类

按照旅游景区所核心依托的景观资源进行分类，是旅游景区分类体系中最常见的一种分类方法，通常可以分为自然型旅游景区、人文型旅游景区、人造型旅游景区和综合型旅游景区。

一是自然型旅游景区。是指主要依托自然旅游资源而开发建设的旅游景区。我国历史悠久，文物古迹众多。因此，我国大多数自然型旅游景区都包含有一定的人文景观或人文旅游资源。但在自然型旅游景区中，其主体吸引物是自然风景，而不是人文景观。典型的自然型旅游景区如黄山、九寨沟、张家界等。根据自然旅游资源的类型，自然型旅游景区又可分为山岳型旅游景区（对应地文景观类旅游资源）、森林型旅游景区（对应生物景观类旅游资源）、江河湖海型旅游景区（对应水域景观类旅游资源）以及某些特殊类型的自然型旅游景区，如瀑布型旅游景区、泉水型旅游景区、洞穴型旅游景区等。一般而言，自然型旅游景区的自然旅游资源单体数量与人文旅游资源单体数量的比例应高于1∶2。

二是人文型旅游景区。是指主要依托人文旅游资源而开发建设的旅游景区，是由多处人文景点构成，以人文景观和人文资源为主要吸引物，并辅以一定自然景观的相对独立的旅游景区。典型的人文型旅游景区如北京故宫、丽江古城、山海关、龙门石窟、乌镇等。根据人文景观资源的不同，人文型旅游景区又可分为历史文化名城（镇、村或街区）、宗教文化、古典园林、博物馆、商业街区等多种类型。一般而言，人文型旅游景区的人文旅游资源单体数量与自然旅游资源单体数量的比例应高于2∶1。

三是人造型旅游景区。又指主题乐园或主题公园。这类景区是根据特定的主题，采用现代信息技术与方法，借助于人力、物力和财力，为游客设计的集诸多娱乐休闲活动于一体的活动空间。典型的人造型旅游景区如迪士尼乐园、环球影城、欢乐谷、方特、宋城、海昌、Hellokitty等。此类旅游景区大部分依托大中型城市，其内部或周边自然旅游资源或人文旅游资源一般或没有。因此，此类旅游景区属于资源脱离型的旅游产品，即完全依靠创新创意。

四是综合型旅游景区。是指同时依托自然旅游资源与人文旅游资源而开发建设的旅游景区。此类景区通常拥有多处自然旅游资源和人文旅游资源，两者单体比例一般为1∶2左右，二者相互映衬、相互依赖，共同吸引游客而形成相对独立的旅游景区。综合型旅游景区中的自然旅游资源和人文旅游资源的旅游价值都较高，二者复合在一起，形成复合型的旅游吸引物。典型的综合型旅游景区有泰山、峨眉山、普陀山、西湖等。

想一想：目前国内很多特色小镇景区、休闲农业类景区可能属于哪一种类型呢？

旅游景区的分类（一）

1.2.3.2 旅游景区的等级分类

为了加强旅游景区及其资源的保护，大部分国家或地区采用分级管理方式对旅游景区或旅游资源进行管理，由此形成了不同等级的旅游景区。值得注意的是，不同的分级管理是由不同行政主管部门来负责的，具体见表 1-2 所示。

表 1-2 我国旅游景区的等级分类及其主管单位一览表

<table>
<tr><th rowspan="2">景区主管部门</th><th colspan="2">分类结果</th></tr>
<tr><th>分类系统</th><th>分级系统</th></tr>
<tr><td rowspan="9">国家文化和旅游部</td><td rowspan="5">A 级旅游景区</td><td>5A 级旅游景区</td></tr>
<tr><td>4A 级旅游景区</td></tr>
<tr><td>3A 级旅游景区</td></tr>
<tr><td>2A 级旅游景区</td></tr>
<tr><td>1A 级旅游景区</td></tr>
<tr><td rowspan="2">旅游度假区</td><td>国家级旅游度假区</td></tr>
<tr><td>省级旅游度假区</td></tr>
<tr><td rowspan="2">历史文化名城（镇、村、街区）</td><td>国家级历史文化名城（镇、村、街区）</td></tr>
<tr><td>省级历史文化名城（镇、村、街区）</td></tr>
<tr><td rowspan="6">国家林业和草原局（隶属于自然资源部）</td><td rowspan="2">风景名胜区</td><td>国家级风景名胜区</td></tr>
<tr><td>省级风景名胜区</td></tr>
<tr><td rowspan="4">地质公园</td><td>世界级地质公园</td></tr>
<tr><td>国家级地质公园</td></tr>
<tr><td>省级地质公园</td></tr>
<tr><td>县级地质公园</td></tr>
</table>

续表

景区主管部门	分类结果	
	分类系统	分级系统
国家林业和草原局（隶属于自然资源部）	湿地公园	世界级湿地公园
		国家级湿地公园
		省级湿地公园
	森林公园	国家级森林公园
		省级森林公园
	自然保护区	国家级自然保护区
		省级自然保护区
	国家公园	国家级国家公园
国家水利部	水利风景区	国家水利风景区

旅游景区的分类（二）

1.2.3.3 旅游景区的功能分类

虽然说旅游景区的要素功能相对具有综合性，但每个旅游景区依然有其主导功能。一般来说，按照旅游景区的主导功能进行分类，可以分为观光型旅游景区、度假型旅游景区、生态型旅游景区、科考研学型旅游景区、游乐型旅游景区、产业型旅游景区等。

一是观光型旅游景区。此类旅游景区以观光游览为主导功能，旅游资源通常以观赏游憩价值较高的自然旅游资源和人文旅游资源为主，观光游览为其主要的旅游活动。观光型旅游景区一般都具有较高的审美价值，能够满足游客观赏游览的需求。通常旅游景区内的服务配套设施较少，主要以辅助游客观赏为目的而建设一些旅游设施。典型的观光型旅游景区如厦门鼓浪屿、安徽黄山等。

二是度假型旅游景区。此类旅游景区以休闲度假为主要功能，旅游资源单体的个体价值不高，主要依托其宜人的气候、安静的环境、高等级的服务质量、优美的景观和舒适的度假设施。根据其度假活动的内容又可分为海滨度假型、山地度假型、温泉度假型、滑雪度假型、运动度假型等。典型的度假型旅游景区如大连金石滩、昆明滇池、湖州太湖、三亚亚龙湾、美国夏威夷等。一般而言，度假型旅游景区相当于旅游度假区的概念。

三是生态型旅游景区。此类旅游景区以保护生态环境、珍稀物种和维护生态平衡为主要目的。事实上，我国各个行政主管部门负责保护建设的风景名胜区、地质公园、森林公园、湿地公园、自然保护区等局部或全部均有此特征。典型的如杭州西溪国家湿地公园、卧龙自然保护区、张家界森林公园等。

四是科考研学型旅游景区。此类旅游景区是以科学考察、普及科教知识与实践教育等为主要目的，旅游景区的旅游资源通常是以具有较高科学研究价值、科学教育价值的景观资源和具有历史文化传承价值的人文资源为主，提供的设施设备主要以满足游客求知或教学为目的。典型的科考研学型旅游景区如各种地质公园、文博场馆、研学实践教育基地等。

五是游乐型旅游景区。此类景区以满足游客游乐为主要功能，旅游景区的旅游资源主要是围绕特定主题下的各种现代化游乐设施。典型的游乐型旅游景区如深圳的欢乐谷、上海锦江乐园、美国迪士尼乐园、杭州 Hellokitty 乐园等。

六是产业型旅游景区。此类旅游景区以其生产为主要功能，同时兼顾游客的观赏游览、生产体验、主题购物、科普研学等消费需求。其旅游资源主要是围绕特定产业资源或发展历史而形成的系列产业设施、设备或产品。产业型旅游景区根据其产业门类的不同，又可以分为工业型旅游景区、农业型旅游景区、时尚型旅游景区、购物型旅游景区等。典型的产业型旅游景区有诸暨米果果小镇景区、义乌国际小商品城等。一般而言，产业型旅游景区的知名度相对都较低。

旅游景区的分类（三）

1.2.3.4 旅游景区的其他分类

根据旅游景区的其他属性特征，还可以将旅游景区划分为其他类型体系。一是根据旅游景区开发建设、经营管理的主体来分，可以分为政府事业型旅游景区、国有企业型旅游景区、民营企业型旅游景区、中外合资型旅游景区等；二是根据旅游景区是否封闭或收费，可以划分为封闭收费型旅游景区、开放免费型旅游景区及半开放部分免费型旅游景区等。

1.3 认识旅游景区的过往与未来

1.3.1 中国旅游景区的发展历程

1.3.1.1 中国古代旅游景区的发展

旅游景区是随着旅游与休闲活动的发展而出现的。由于旅游与休闲活动在古代就已存在，因此，古代那些能吸引人们的自然景观和人文景观所在地实际上就是当时的旅游景区，也是现代社会中旅游景区的最原始状态。

与现代旅游主流人群所不同的是，中国古代旅游的主流群体主要以帝王将相、达官贵族、文人僧侣等为主。因此，在中国古代历史上，出现了帝王巡游（如隋炀帝三下扬州、康熙帝六下江南等）、官吏宦游（如陆游的《入蜀记》、张骞的出使西域、郑和的下西洋等）、买卖商游（如春秋战国时期的陶朱公、吕不韦以及后期徽商、晋商等周游天下、负货贩运）、高僧云游（如东晋时期到古印度游学取经的高僧法显大师、唐代玄奘的西天取经等）、士人漫游（如中国古代的山水游记，最为典型的是浙东唐诗之路以及《徐霞客游记》等）等多种形式的旅游活动。其中，无论是古代帝王大兴土木以修建宫殿、园林和各种休闲娱乐场所供自己享乐，还是封建士大夫与商人、贵族集团修建私家园林，都促进了中国古代旅游景区的原始发展；尤其是文人骚客畅游山水，促进了隐逸文化传统和旅游文化的融合，推动了旅游文学和旅游审美文化的繁荣。

1.3.1.2 中国现代旅游景区的发展

现代旅游开始于第二次世界大战结束之后，在我国则始于中华人民共和国成立之后。具体又可以划分为事业发展期、起步发展期、快速发展期和新型发展期。

一是事业发展期。主要是改革开放前（即 1949—1978 年），也是我国现代旅游景区的发展萌芽时期。在该历史时期，我国旅游景区的雏形是传统园林，其功能与最初的囿和宫苑相似，均以自然观光为主，能真正享受园林生活的只是社会中的极少数人。除了传统园林之外，还出现了供大众游玩的公园，如 1968 年诞生于上海的“公花园”（即现在的黄浦公园）。此外，也有诸如北京故宫、长城、杭州西湖等一大批知名旅游景区。但当时旅游景区的主要功能以外事接待为主，旅游景区是接待广大海外侨胞、外籍华裔的集散地，其主要作用是对外宣传中国的发展建设成就，是加强国际友好往来的主要形象窗口。

二是起步发展期。主要是改革开放后的前 20 年（即 1979—1998 年），随着我国旅游业的迅速发展，旅游景区也逐步从外事接待、事业接待转型为创汇型。为了迎接国内外游客，我国许多旅游胜地都迅猛发展，尤其是以 1982 年、1988 年和 1994 年国务院公布的三批共 119 家国家重点风景名胜区为代表的旅游景区快速发展，竞相进行吃、住、行、游、购、娱等相关接待设施的建设，旅游接待条件已经基本具备。但是，此阶段由于旅游者消费能力比较薄弱，消费观念落后，大多数只对知名度较高的景区感兴趣，满足于“到此一游”的观念。因此，此阶段的旅游开发重点主要为自然型景区，旅游景区总体仍处于观光游览期。

三是快速发展期。主要是改革开放后的后 15 年（即 1999—2014 年）。随着国民旅游需求的个性化、多样化的发展，供给市场也在快速发展。尤其是在原国家旅游局的主导推动下，《旅游区（点）质量等级的划分与评定》（GB/T17775-1999）正式推出并启动了国家 A 级旅游景区的评定；2003 年又对其进行了修订，颁布实施了《旅游景区质量等级的划分与评定》（GB/T17775-2003），随后又出台了三个配套实施细则；同年，《旅游规划通则》（GB/T18971-2003）、《旅游资源分类、调查与评价》（GB/T18972-2003）和《旅游厕所质量等级的划分与评定》（GB/T18973-2003）颁布实施，使得旅游景区发展正式步入规范化的快车道。因此，本阶段旅游景区的发展主要表现出以下几个方面的特点：第一，在旅游资源科学评价与合理利用基础之上的旅游景区规划开发全面铺开，规范开发开始得到重视。第二，由于旅游需求多元化，经营者除了开发自然型旅游景区外，人文旅游资源也开始着手开发，大量人造景区尤其是主题公园的发展突飞猛进。第三，旅游景区的核心理念从单纯的经济目标转变为经济、社会和生态三大效益相结合，使得旅游景区环境优化，服务接待设施的发展更为完善。第四，可持续发展理念开始在我国的旅游开发中占据重要地位，尤其是世界遗产管理体系的引入，使我国旅游业的环境与文物保护意识得到了质的提升。

四是新型发展期。主要是“十三五”以来，其代表性事件就是原国家旅游局于 2015 年 10 月 9 日发布通告，以秦皇岛山海关国家 5A 级旅游景区为代表的一大批旅游景区被通报批评或处理，预示着我国旅游景区发展进入了动态调整、品质发展的转型升级新时期。尤其是党的十九大以来，我国城乡居民对以旅游休闲为代表的美好生活的需求日益明显，旅游景区的发展全面进入新阶段。

1.3.2 中国旅游景区的发展趋势

1.3.2.1 旅游景区的产业化

在我国旅游业发展过程中，与酒店住宿业、旅行社业等相比，作为“三驾马车”之一的旅游景区可谓“起步晚，规模小，发展弱”。但是，近年来旅游景区的发展大有后来居上之势，尤其是自全域旅游发展概念提出以来，加上文化和旅游融合的催化，使得旅游景区的产业化趋势日益明显，主要体现在以下五个方面：一是旅游景区的规模总量持续壮大。截止到 2019 年底，我国已有各类 A 级旅游景区 12 402 个，加上其他非A级旅游景区的总数逾3万个，且数量还在不断增加。二是旅游景区的产业链条日益延拓。旅游景区不再局限于过往的第三产业，不仅在现代服务业体系中向其他第三产业进行渗透、延拓，而且以第三产业为基，全面向第一产业和第二产业延拓，现代休闲农业、乡村旅游、工业旅游、旅游装备制造等均为例证。三是旅游景区的竞争核心逐渐明晰。核心高等级旅游资源、景区专业经营管理人才以及旅游景区的核心主题IP等观念日益深入人心，并日益成为旅游景区的核心竞争力。四是旅游景区的产业地位不断提升。旅游景区对地方旅游业发展的整体贡献度越来越大，促进国民经济发展、促进社会就业、传承文化、生态文明建设等作用越来越明显。尤其是国家5A级旅游景区的创建工作，已经成为很多地方县委县政府的“一把手”工程。五是旅游景区的开发经营逐步专业化。近年来，国内旅游教育尤其是旅游职业教育中，景区开发与管理专业或旅游管理专业的景区、规划方向学生培养规模日益壮大。

1.3.2.2 旅游景区的综合化

随着我国旅游业综合发展水平的提升，尤其是我国游客需求日益综合化、多元化，使得我国旅游景区的发展也逐步摆脱其以往以观光游览为主，配置简单的购物、餐饮、交通、娱乐等功能的发展局限性，而逐步形成了以观光游览为基础，全面培育“吃、住、行、游、购、娱”等传统六要素和“商、养、学、闲、情、奇”等新兴六要素。如浙江乌镇景区，作为国家5A级旅游景区，其在各种类型的业态培育上下足了功夫，其在传统乌镇景区的概念上，全面植入了度假乌镇、文化乌镇、会展乌镇、养生乌镇等概念，尤其是世界互联网大会也将乌镇景区作为永久会址，使其以休闲度假为主的住宿业和商务会议、餐饮等配套功能全面发展，使得旅游景区作为一个空间概念更加明显。

1.3.2.3 旅游景区的主流化

随着我国旅游业的发展，旅游产业的地位逐步提升、作用日益显现，尤其是旅游景区的地位和作用将进一步提升、扩大，主要体现在三个方面：一是以旅游景区为核心的旅游业已经成为很多县域经济发展的主流方向。尤其是很多老少边穷地区，受制于多方面因素的影响，农业发展没有耕地空间、工业发展没有区位条件，只能依赖于旅游业的发展，而旅游业发展的核心就是旅游景区。因此，建设高品质的旅游景区已经成为当地县委县政府的首要工作。二是旅游景区是统筹城乡发展的主流路径。通过旅游景区的开发建设，不仅可以提升地方整体品牌形象、改善投资环境，还可以吸引外地客流尤其是城镇居民到访，并带来先进的发展理念、技术人才等资源，从而带动地方的综合发展。三是到访旅游景区进行休闲旅游度假已经成为当下城乡居民品质生活的主流话题。每逢节假日，人们讨论最多的话题就是“去哪里玩？”“哪里好玩？”微信朋友圈最为火爆的话题也是如此，旅游景区已经成为享受品质生活的主流话题之一。

1.3.2.4　旅游景区的规范化

未来旅游景区的发展也将和整个旅游业标准化发展一致，无论从开发建设、资源保护还是运营管理等，都将越来越规范化，重点将体现在四个方面：一是关于旅游景区的安全管理。通过近年来国家通报批评、警告乃至摘牌的 A 级旅游景区来看，旅游安全都是其中非常重要的一个环节。尤其是 2014 年 12 月 31 日晚上上海外滩踩踏事件发生以来，国家各相关职能部门非常重视旅游景区的安全管理。原国家旅游局不仅出台了行业标准《景区最大承载量核定导则》（LB/T 034–2014），而且紧急要求全国 A 级旅游景区对景区的最大承载量、瞬时最大承载量进行测定并对外公布，同时要求各个景区主入口应公布景区实时游客量。《国务院办公厅关于进一步激发文化和旅游消费潜力的意见》（国办发〔2019〕41 号）也明确要求“推广景区门票预约制度，合理确定并严格执行最高日接待游客人数规模。到 2022 年，5A 级国有景区全面实行门票预约制度”。二是关于旅游景区的服务质量管理。无论是旅游景区的停车场管理、游客中心管理、服务设施管理，还是具体到每个岗位的服务接待流程与规范，都将越来越受到重视并可能成为未来旅游景区的核心竞争力。三是关于旅游景区的购物管理。随着文化和旅游的全面融合，旅游景区必然成为未来文化和旅游融合的主阵地，旅游购物也必然要告别之前“无品牌”的尴尬境地，围绕景区特定主题或 IP 的旅游购品或相应的文创产品必然流行，近两年来故宫文创产品的流行即为例证。四是关于旅游景区的公共服务管理。随着旅游景区散客群体规模日益扩大，旅行社导游在旅游景区游客接待体系中的作用越来越小，但游客对信息咨询、餐饮住宿、交通服务、商品购物、旅游厕所等公共服务的需求将不降反增，也就对旅游景区的公共服务管理提出了更高更有效的要求。

1.3.2.5　旅游景区的生态化

随着我国国民经济的快速发展，人们对生态环境以及居住环境的生态要求也全面提高。以旅游景区为核心的旅游业向来以“无烟工业”自居，导致人们对其生态质量的期望与要求更加高。因此，未来旅游景区在彰显生态化发展趋势的时候，应重点关注三个方面的内容：一是要充分认识到游客消费理念的生态化。游客消费理念的生态化，反映到游客现实消费行为习惯上，就是对旅游景区的生态环境质量（包括水环境质量、空气环境质量、声环境质量）、植被绿化覆盖率、环境卫生清洁度等方面的要求会越来越高。二是要不断重视旅游景区项目设施的生态化建设，即未来旅游景区新建或改建的旅游项目、配套设施都应体现生态、绿色、低碳的理念，尤其是旅游垃圾分类与回收处理、绿色可再生能源的使用等方面应率先取得突破。三是要实现旅游景区内外空间环境的生态化，即未来旅游景区至少应在游客视野范围之内，能够保证旅游环境本底的高品质维持和游览环境的清洁、卫生、整齐。

1.3.2.6 旅游景区的智慧化

5G 时代已经正式到来，互联网技术必然全面渗透到旅游景区的每个角落，全面打造智慧旅游景区是必然趋势。而所谓的智慧旅游景区，是指通过智能网络与信息技术手段，对旅游景区的地理事物、自然资源、游客行为、工作人员行迹、景区基础设施和服务设施等进行全面、透彻、及时的感知；对游客、工作人员实现可视化管理；并实现与旅游景区上下游企业形成战略联盟；实现旅游景区环境、社会和经济的全面、协调和可持续发展。简单而言，主要体现在三个方面：一是未来旅游景区应实现服务的智慧化。通过对旅游景区的咨询服务信息系统、票务预订售卖系统、出入口管理与检票信息系统、游乐设施设备管理系统等方面的互联互通，就能自动为每个游客提供一个最优的游览与休闲体验方案，且能最大限度地减轻旅游景区的人力成本。二是未来旅游景区应实现营销的精准化。在旅游景区自身数据与各大平台运营商的大数据分析支撑下，旅游景区不仅能对到访游客进行全程可逆化的数据分析，并为其后续购买决策提供精准有效的服务方案，而且能通过对潜在游客进行系统的分析整理而提出有针对性的营销套餐。三是未来旅游景区应实现管理的智慧化。即通过现代信息技术手段，旅游景区在办公自动化、人事管理、服务质量管理、资源与设施设备管理、财务管理、安全应急管理、商业运营管理等各个方面都能实现管理体系的重构、服务流程与规范的再造，以全面提升旅游景区的管理效率并全面降低管理成本。

1.3.2.7 旅游景区的国际化

随着我国综合国力的全面提升，旅游景区在彰显大国自信，尤其是文化自信方面应该更有作为。因此，旅游景区需要在以往扮演外事接待角色的同时，尤其应有效融入并传承我国优秀的传统文化，以增强或提升旅游景区的国际化水平。具体可以从三个方面予以重点关注：一是应进一步增强对外营销力度，逐步增加外埠客源比例，尤其是国家 4A 级和 5A 级旅游景区，其入境游客接待数量应有一定比例。二是应进一步提升旅游资源开发和利用的国际化水平，尤其是在传承中华优秀传统文化的同时，如何实现中西文化的交融与合作，如何让真正本土化的文化资源成为真正国际化的产品，是未来旅游景区尤其是高等级旅游景区必须解决的重大课题。三是应进一步提升旅游服务的国际化水平，即要求旅游景区不仅要用国际化旅游消费或体验的设施设备，而且要用国际化的服务理念与水平。

1.3.2.8 旅游景区的个性化

主题、品牌是未来产业竞争的核心。依托鲜明的地方特色或主题品牌，开展标准化基础之上的个性化服务，则是未来旅游景区的必由之路。具体可以从四个方面予以关注：一是旅游景区产品开发的主题化。如何确定一个本地具有比较优势的资源，确定一个能够为中外游客喜闻乐见的资源，并能够有效转换为旅游产品的主题或品牌是重中之重。围绕旅游景区的既定主题，如何提取与核心主题相关的配套元素，也是旅游景区个性化发展的关键所在。二是旅游景区产品消费的自由化。未来旅游景区应积极向高端酒店业学习，在标准化服务流程设计的基础之上，配套智慧旅游服务系统，能保证游客既能体验消费的自由化，又能保障游客随时呼叫并获得人工服务的支持。三是旅游景区产品体验的情景化。即旅游景区应围绕既定主题和文化内涵，并结合其真实或简化的生产、生活、生态过程，利用现代信息技术尤其是 VR/AR 技术，使游客能身临其境地感受到主题文化的魅力与内涵。四是旅游景区产品市场的细分化。应该说，未来旅游景区的发展必然是“细分为王”，包罗万象、主题缺失的旅游景区必然会迷失方向。因此，除极少数综合型或体量庞大的旅游景区之外，大部分旅游景区应根据自身主题及创新产品特色，瞄准具体细分市场，精准发力，才能稳操胜券。

我国景区发展趋势

任务小结

旅游景区的发展对地方旅游业尤其是全域旅游的发展具有至关重要的作用和意义。旅游景区的快速、健康、高质发展，不仅是地方旅游业保持自身的长久生命力与竞争力的核心与关键，而且也是旅游景区自身保持对游客的吸引力并维系较高回头率的关键所在。伴随着全域旅游的快速发展，新型旅游景区或新兴旅游业态不断涌现。当然，我国旅游景区目前发展依然面临着四大机遇与九大挑战。因此，在新形势下，我们必须重新理解旅游景区的概念与内涵，明确旅游景区具有要素综合性、资源聚集性、地域特色性和主客共享性等个性化特征，理解旅游景区的分类体系及其开发建设、运营管理规律。在接下来的 3~5 年时间里面，我们应充分把握旅游景区的产业化、综合化、主流化、规范化、生态化、智慧化、国际化和个性化的趋势，重构景区开发与管理专业技能人才的知识体系与技能体系。

任务测验

一、名词解释

1. 旅游景区

2. 旅游度假区

3. 风景名胜区

4. 智慧旅游景区

5. 地质公园

6. 森林公园
7. 湿地公园
8. 国家公园

二、填空题

1. 为满足人民群众日益增长的美好生活需要，国务院于2019年初正式组建了国家文化和旅游部，掀开了文化和旅游全面融合的新时代。

2. 2018年，国家住房和城乡建设部对原《风景名胜区规划规范》进行修编，并重新发布了两个推荐性标准，分别为《风景名胜区总体规划标准》（GB/T50298–2018）和《风景名胜区详细规划标准》（GB/T51294–2018）。

3. 我国首批国家重点风景名胜区由国务院在1982年发布。

三、选择题

1. 自2015年以来，我国已经受到摘牌处理的国家5A级旅游景区有哪些？（ABC）

A. 山海关　B. 橘子洲头　C. 乔家大院　D. 杭州西溪湿地

2. 下列哪些类型的旅游景区概念或品牌由国家文化和旅游部归口管理？（CDE）

A. 风景名胜区　B. 自然保护区　C. A级旅游景区　D. 旅游度假区

E. 历史文化名城　F. 地质公园

3. 旅游景区一般拥有哪些个性化特征？（ABCD）

A. 要素综合性　B. 资源聚集性　C. 地域特色性　D. 主客共享性

4. 下列哪些旅游景区属于自然型旅游景区？（BD）

A. 杭州西湖　B. 黄山风景区　C. 八达岭长城　D. 玉龙雪山

5. 下列哪些旅游景区属于人造型旅游景区？（BCD）

A. 中国良渚古城遗址景区　B. 上海迪士尼度假区

C. 深圳世界之窗　D. 宁波方特东方神画

E. 北京故宫

四、讨论题

1. 系统阅读分析2009—2019年国务院关于旅游业发展的相关政策文件，并分析讨论其对旅游景区发展的影响与意义。

2. 我国当前旅游业及旅游景区发展的短板或问题有哪些？该如何解决呢？

3. 各种网红型景区的跟风发展，可能会引起哪些问题？为什么？

4. 以某一个高等级景区为例，剖析其存在哪些主要功能，并以具体案例予以佐证说明。

5. 以某一个旅游景区为例，结合未来旅游景区的发展趋势，提出其整改提升的对策与措施。

参考文献

[1] 余子萍．现代景区职业经理人［M］．北京：化学工业出版社，2010.

[2] 陈才，黄丽．旅游景区管理（第二版）［M］．北京：中国旅游出版社，2016.

[3] 陈晓磬．旅游景区的概念及相关学术语境构建［J］．地理与地理信息科学，2012，28（1）：100-105.

任务2　认识旅游景区服务与管理

❖情景案例

《案例 2-1》

中国旅游研究院的数据显示，近年来游客数量暴增，特别是大散客时代的到来，让游览需求更加多样化：附近的停车场还有空车位吗？最近的洗手间在哪儿？特色餐厅距离当前位置有多远，排队状况如何？去往下一个景点的电瓶车、游船几点能来？……这些细微琐碎的服务需求已经难以再靠传统方式满足。

同时，对于景区管理者来说，旅游管理中面对的种种问题也急需大数据的帮忙。如何快速向游客推送景区各类信息，如何获知人流热度以便及时指挥调度，如何管理景区的景点、道路、设施相关数据，这些都是国内更多传统景区转型中亟须攻克的难点。

正是在这样的背景下，2015 年 12 月高德与乌镇、古北水镇两家旅游公司达成合作，在国内这一南一北两个著名水镇景区，上线了全国首个移动化、互联网化、智慧化“智慧景区”服务，将高德的基于位置的定位服务数据和景区各类数据对接，通过游客行为分析和大数据挖掘，来解决之前游客在景区容易遇到的迷路、拥堵、排队、信息滞后等问题。

❖学习导引

广西百色起义纪念园景区：全面提升 红色主题更鲜明

广西百色起义纪念园位于百色城东面的后龙山、盘龙山、迎龙山上，是在整合百色起义纪念馆、右江民族博物馆、百色起义纪念碑、红军桥、铜鼓楼、南阁亭、两广青年友谊园等革命历史文化资源的基础上形成的主题性公园，成立于 2008 年 7 月，是中央确定的全国 12 个红色旅游重点景区之一“两江红旗，百色风雷”景区的核心区。

目前，广西百色市百色起义纪念园景区荣升 5A 级旅游景区。自 2013 年百色市正式提出创建百色起义纪念园 5A 景区以来，百色市投入 3.5 亿元对纪念园进行升级改造，丰富红色元素，启动智能智慧模式，同时引入低碳环保理念。对照5A标准，纪念园坚持高起点规划、高标准建设、高质量推进。几年时间，纪念园建成综合服务区、游客服务中心、景区环路、星级厕所、标识标牌、生态停车场等工程。同时，对园区内安防消防、路灯亮化、雕塑景观小品、垃圾桶、休闲座椅等配套设施进行升级改造。

全面启动5A创建工作后，园区硬件环境全面优化，景区品质全面提升。纪念园完成了红七军军部旧址场景复原和整体维修、清风楼维修、右江民族博物馆陈列改造、廉政教育基地陈展提升改造、百色起义纪念馆改陈布展项目，开通“水上伟人（小平号）足迹游”线路。整个纪念园给人一种全新的视听感受。在游客中心，纪念园设立百色起义文化体验邮局，制作纪念戳、纪念邮票、纪念封、明信片等邮政纪念品；专门设立红色书屋，辟出百色起义红色书籍阅览区，提供全方位特色服务。

园区新增硬件布局力求科学合理，软件设施力求智能化。纪念园引入智能智慧系统，实现景区管理与服务的程序化、规范化、科学化。比如景区主要景点内均设有电脑触摸屏，景区简介用上二维码，无轨动车、购票系统等全部实现了智能化。

纪念园不断加强低碳环保的理念，专门规划了低碳游览专线、碳汇林、海绵景区示范点，以及新能源车桩位一体化和高铁无轨旅游直通车等低碳景区建设项目，旨在打造“全国低碳旅游示范区、新型低碳旅游景区综合体、红色低碳旅游首选目的地”。

资料来源：2020-01-20《中国旅游报》

❖学习目标

素质目标

· 能认识到旅游景区的经营管理要以服务为中心；

· 树立服务质量意识，能根据景区各管理层次的不同要求参与质量管理；

· 树立智慧景区管理理念，对景区进行智慧管理。

知识目标

· 了解旅游景区管理和旅游景区服务的含义与内容；

· 了解旅游“三全”管理及其在景区服务管理中的应用；

· 了解智慧景区管理的内容及应用。

技能目标

· 能够运用服务质量的专业知识对景区进行服务质量监督；

· 能够根据景区服务质量的现状，提出服务质量管理的方法与技巧；

· 能够判断景区智慧服务与管理的发展趋势。

2.1 认识旅游景区服务与管理的关系

2.1.1 旅游景区服务的含义与内容

2.1.1.1 旅游景区服务的含义

国际标准化组织（ISO）颁布的 ISO9004–2《质量管理和质量体系要素第 2 部分：服务指南》认为："服务是为满足顾客的需要，供方与顾客接触活动和供方内部活动所产生的结果。"旅游景区服务概念从不同角度理解指向不同，从景区角度看，旅游景区服务是指景区工作人员借助景区的旅游产品、服务设施和服务技能，为游客提供便利的服务活动。游客对服务的满意程度主要集中在：景区服务设置、人员的数量；等待时间、提供时间和过程时间；卫生、安全性和准确性；应答能力、方便程度、礼貌、舒适、环境美化、技艺水平、有效的沟通联络等方面。所以旅游景区的经营管理要以服务为中心，服务质量是景区整体竞争力的重要内容。旅游景区服务有以下几个特征：

一是服务对象的差异性。旅游景区服务的对象是身份、职业、性别等不同的游客，不同游客群体差异性显著，其旅游需求和动机、兴趣、爱好等不相同，但他们都具有希望获取优质的服务这一共同目标。因此景区服务要想得到不同游客群体的赞许，是一件非常难的工作。

二是服务产品的无形性。景区服务工作不可储存，而且具有看不到、摸不着的特点，它不同于实物产品是有形的，对于游客而言，景区服务是旅游体验需求的满足和感觉。景区服务提供者的服务态度与服务质量，直接关系到游客对服务的评价。对于景区来说它虽然也属于景区旅游产品的重要内容，但服务从开始到结束都是没有具体形态的，服务的产生与服务的完成是同时进行的。

三是服务内容的复杂性。景区的服务内容具有多样性和综合性。从服务的表现形式来分析，景区服务可以分为硬件服务和软件服务，硬件服务如检票处服务、设施设备服务、公共厕所服务，软件服务如咨询服务和导游讲解服务。从与服务对象密切程度来分析，可以分为直接服务和间接服务，直接服务是指（如游览、饮食设施）与人员服务，间接服务包括有关的设施（如通信、急救设施）与人员服务。旅游景区服务实际上是为游客提供一种愉悦的经历，为保证每一项服务都到位，每一个环节都顺畅，每一位游客都满意，工作是极其复杂的。

四是服务条件的多样性。旅游景区服务借助景区内的旅游资源、旅游环境和相应的旅游服务设施，对于不同景区来说，景区的资源和服务设施大不相同，即使是相同的景区服务人员的素质也不尽相同，无法保证服务的同时性和相同性，因此服务条件是多样的。

2.1.1.2　旅游景区服务的内容

旅游景区提供的服务产品具有服务复杂性和综合性，不同类型景区的个性特点、景点内容、功能体系和所处区域不同，因此不同景区的服务除有一些共通之处外，还都具有不同的风格和特点。表 2–1 以风景名胜区、主题公园、旅游度假区三种景区类型为例，展示不同类型的景区服务内容的共性和差异。

表 2–1　景区服务的主要内容

景区类型	风景名胜区	旅游度假区	主题公园
个性服务	索道服务	养生、运动休闲服务	娱乐设施服务
共性服务	咨询服务、票务服务、排队服务、讲解服务、商业服务		

一是景区咨询服务。在大众休闲旅游时代，自由行游客越来越多，游客会通过各种渠道获取景区信息，咨询信息通常通过电话咨询、网络平台咨询和景区内直接当面咨询等方式来实现。

二是景区票务服务。票务服务主要包括售票服务和检票服务。售票服务是游客购买景区门票的过程，目前游客购买门票通过网络平台、现场人工或智能售票机来实现。检票服务则是景区检验门票和统计游客量的过程。

三是景区排队服务。排队服务是游客进入景区之前验票等候服务或参加景区内某一项活动时的等候环节服务。在游客密集时段，对于景区来说排队服务是个关键环节。游客排队过程中的引导服务可以缓解游客等待时的焦虑心情，并保证人群密集时的安全。

四是景区讲解服务。景区讲解服务是为游客更好地了解景区所进行的景点知识内容的讲解服务。景点讲解服务包括人工讲解、电子导游讲解、智能讲解系统等。

五是景区商业服务。景区商业服务包括住宿服务、交通服务、娱乐设施服务，纪念品服务、生活用品服务等。

旅游景区服务认知

2.1.2　旅游景区管理的含义与内容

2.1.2.1　旅游景区管理的含义

旅游景区管理主要是指景区的经营管理活动，是景区在特定目标的指引下，对景区各部门和旅游者进行统一的管理，以实现既定目标的过程。旅游景区作为一个开放的完整系统，管理过程主要是对旅游景区的人、财、物、资源、产品、信息等进行有效的整合，实现景区的经济效益、社会效益和环境效益最大化，并推进旅游景区可持续发展。

“游客满意”是景区管理的根本。景区管理很大程度上是以满足市场需求为依据的，满足市场需求的衡量标准是游客满意。只有满足市场的需求，景区才能实现可持续发展。

管理者执行管理职能是景区管理的核心。景区管理就是管理者通过决策、组织、指挥、协调等手段执行景区管理职能，实现景区最大效益，这就要求管理者执行管理职能时要制定相应管理制度和标准，确保执行管理人员按时完成任务。

2.1.2.2　旅游景区管理的内容

景区管理是为了旅游景区运行更加有序、各个环节更加安全高效，因此本书将围绕景区交通管理、游客中心管理、解说系统管理、设施设备管理、商业管理、卫生管理、安全管理、环境与绿化管理、营销管理等方面来进行具体阐述。

一是景区交通管理。旅游景区交通管理旨在为旅游者提供及时的交通信息，使旅游者在选择旅游景区和交通方式时做出恰当的决策，减少交通选择的不确定性，同时为旅游景区交通服务提供切实可行的服务标准和规范，提高景区资源的利用率，提升景区的交通服务水准，使景区各项交通服务形成良性互动。旅游景区交通管理包括交通运输、交通信息、交通安保和监测等多方面内容。

二是游客中心管理。游客中心又叫访客中心（Visitor Center），是景区内为游客提供信息、咨询、游程安排、讲解、教育、休息等旅游设施和服务功能的专门场所。游客中心是每一个景区必不可少的组成因素，是景区形象展示和对外管理的主要窗口，具有引导、服务、解说、集散及游憩五大传统功能。近年来，随着旅游景区发展的客观要求，我国相继建设了一批游客中心，且其已成为旅游景区的形象展示窗口。

三是解说系统管理。景区解说系统是景区管理的重要组成部分，是传递景区空间环境、行为及旅游产品文化内涵等信息的一种重要手段。一个景区解说系统是否完善、科学、规范，关系到游客对整个景区文化内涵的了解和游客对隐性服务满意度的高低，进而直接影响到景区的整体形象和宣传促销等诸多方面。

四是设施设备管理。旅游景区设施设备是景区产品的组成部分之一，是景区服务产品的基础。景区设施设备管理是对各种设施设备使用与保养、维护与管理、改造与更新的系统管理活动。

五是商业管理。景区商业管理内容丰富、形式多样，是增强游客的旅游体验、提高景区经济效益的重要手段。景区商业管理主要涉及商铺、购物、餐饮、住宿、场馆体验、邮政纪念等多个方面。

六是卫生管理。卫生管理是景区环境管理的组成部分。由于卫生状况是整个环境状况中的一个变量，不像生态环境、设施环境那样有时间上的稳定性，因此卫生管理是旅游景区环境管理工作的一个特殊内容。景区卫生管理涉及的内容广泛，本书将着重介绍景区厕所卫生服务管理和景区公共卫生服务管理。

七是安全管理。安全是旅游景区发展的生命线，没有安全就没有旅游。旅游景区安全管理主要介绍景区安全事故表现、智慧安全管理、游客行为安全引导等。

八是环境与绿化管理。现代旅游景区的竞争很大程度上取决于资源和环境质量的竞争，环境与绿化也是旅游景区产品的重要组成部分，环境与绿化管理也是旅游景区管理的重要内容。

九是景区营销管理。景区营销是景区发展的原动力之一，尤其是在市场竞争越来越激烈的情况下，营销关系到景区的生存和发展。景区营销管理主要包括营销的基本理论和方法、景区营销策略等。

旅游景区管理的内容

2.2　旅游景区服务质量管理

2.2.1　“三全”管理与旅游景区服务质量管理

2.2.1.1　“三全”管理的含义

所谓“三全”管理，是指在全面质量管理理论的指导下，实行“全员、全程、全组织”的管理理念。从系统观点来看，“三全”管理是一个整体，而整体内部的个体又有各自的个性和相互联系。因此，正确理解“三全”的各自含义，对开展全面质量管理具有十分重要的意义。其中“全员”即全体员工参与质量管理，必然涉及每一位员工是否具有强烈的质量意识；“全程”是指不仅要对产品的生产进行质量管理，而且也要对产品的原材料、销售以及售后服务等与产品质量有关的所有过程进行质量管理，全过程的管理就是对每一道工序都要有质量标准，严把质量关，防止不合格的产品流入下一道工序；“全组织”是指企业的高层、中层以及基层，以及各个职能部门，都必须“以质量为中心，领导重视，组织落实，体系完善”，每一个管理层次都有相应的质量管理活动，不同层次的质量管理活动的重点不同。

2.2.1.2 “三全”管理在旅游景区服务质量管理中的应用

一是全员参与旅游景区服务质量管理。全面质量管理要求旅游景区内的每个员工，无论你在哪一个岗位，从事哪一项工作，都必须参与到旅游服务质量管理当中。尤其是旅游产品，其本身的核心组成部分就包含着旅游服务的重要内容，加之其产品综合性的特有性质，使得我们必须倍加呵护。旅游产品质量的好坏，取决于景区全体从业人员对旅游产品质量的认识和与此有密切关系的工作质量的好坏，是景区各项工作的综合反映，这些工作涉及景区的所有部门和个人。比如，某游客在某景区游玩得非常舒心，就在其离开景区之前，某位景区从业人员的不良举动或漫不经心的表现，给该游客留下的印象就会整体偏低。因此，加强景区服务质量管理，首先要求以人为主，必须不断提高景区全体从业人员的素质，对他们进行全面质量管理教育，要求每个员工必须树立“质量第一”的思想，强化服务质量意识，逐渐使每个员工保证和提高旅游产品质量；其次，还应广泛地动员全体员工参加质量管理活动，这是生产优质旅游产品的群众基础和有力保证，是全面质量管理的核心和生命力的根本所在。

二是全过程参与旅游景区服务质量管理。全面质量管理的范围应当是旅游产品生产和消费的全过程服务及其前后延伸服务部分，要求对游客准备来景区游玩、进入景区、游玩体验、离开景区以及意见反馈等各个环节和有关因素控制起来，把不合格的旅游服务消灭在萌芽状态。根据旅游服务的环节，我国旅游景区服务发展历程大致可分为三个阶段：第一个阶段是无服务的初级阶段。在该阶段，由于国内旅游景区建设跟不上游客需求的增长，加上产业自身的不成熟，导致景区服务质量相对偏低。第二个阶段是瑕疵服务的发展阶段。在该阶段，我国旅游景区取得快速发展，竞争逐渐激烈，各个景区逐步加强旅游服务在旅游产品中的比重，但是存在着较多的不足，无法满足“吃、住、行、游、购、娱”各个环节以及旅游消费前、后的服务需求，旅游服务质量前后衔接不畅。第三个阶段是逐步走向全面质量管理的高级阶段。在该阶段，旅游服务不仅在景区内发生，而且延伸至游客的决策、咨询以及售后服务等环节。除了要满足游客“游”的服务，更要满足其他层次、其他环节的服务需求。同时，在追求全方位、全过程服务的同时，也愈加重视细节服务。

三是全组织参与旅游景区服务质量管理。全组织的质量管理可以从两个方面来理解。（1）从景区全局角度看，组织管理可以划分为上层、中层、基层管理，全组织质量管理就是要求景区各个管理层次都有明确的质量管理活动内容。当然，各个层次的管理侧重点有所不同。对于上层领导来说，他们侧重于质量决策，制定出与景区服务相关的质量方针、质量目标、质量政策与规章以及质量实施计划，并统一策划具体的实施细则，协调各环节、各部门、各类人员的质量管理活动；对于中层领导来说，其服务质量管理的侧重点主要在于贯彻落实上层管理的质量决策与实施计划，更好地执行各自的质量管理职能，并对基层工作进行具体的管理；基层管理则要求在一线服务的每一个员工要严格地按标准、按规程进行服务，相互间进行分工合作，并结合本职工作，开展合理化建议和质量管理小组活动，不断进行作业改善。（2）从质量管理职能角度看，产品服务职能是分散在景区的有关部门中的，要保证和提高服务质量，就必须把分散到各个部门的服务质量职能充分发挥出来。有效地进行全面质量管理，就必须加强各部门或各个环节的协调，必须做好有效的服务衔接工作，防止出现不必要的麻烦与疏漏。

2.2.2　设计旅游景区服务质量管理的方法

为了从组织上、制度上保证长期、稳定地提供高效、高质量且让游客满意的服务，旅游景区应建立和健全质量管理体系，使生产、维持和改进的服务质量活动构成一个有效的整体。景区服务质量的管理，首先需要从制度上加以明确，其次重在日常的监督、落实，并时刻紧跟市场需求，不断推出一些个性化的服务举措，使得景区的服务有标准，有亮点。

2.2.2.1　运用先进的质量管理方法，持续改进服务质量目标

旅游景区可借助 ISO9000 质量管理体系、卓越绩效管理体系，设定服务质量目标，构筑一个利于持续改进的管理平台，对质量进行控制和不断改善，有效保证质量目标的实现，并提高景区的管理水平和核心竞争力。景区应致力于为游客提供人性化、个性化的服务，充分发挥员工能动性，创新服务措施，为游客打造良好的游乐环境，树立“顾客至上，诚信守法，以质取胜”的服务理念。

2.2.2.2　健全服务质量管理机构，持续优化服务质量管理制度

旅游景区可设立专门的服务质量管理机构，专职负责日常调研、监督、测评，策划每年度的服务质量提升方案，制定《服务质量检查方案》，对服务质量进行现场监督与控制。景区还可以借助第三方质量认证机构外审，定期由质量管理部门牵头，开展有计划的内部管理审核，全面地对管理文件和管理工作过程实施检查，就所发现的问题上报公司决策层，以专题会议形式讨论问题的整改，保证问题得到及时解决。实施的管理制度符合当下景区市场及运营的需求，保证旅游服务质量管理体系有效运行。

2.2.2.3　明确景区定位，建立体现自身特色的旅游服务标准体系

旅游景区应明确服务理念、职业道德、服务态度、礼节礼貌、工作环境、知识技能等一般性的服务要求，根据景区特点划分岗位，针对每个岗位提出该岗位应该掌握的技能、工作标准和有关禁忌，制定各个岗位标准的服务指南。

2.2.2.4　建立完备的旅游信息发布机制，打造景区服务品牌

旅游景区应不断完善旅游信息发布机制，主要有突发事件应急机制、投诉处理机

制、绩效改进机制。

一是突发应急机制。景区应提前制订如《游乐设备故障应急预案》《恶劣天气应急预案》《安全消防应急预案》《游客意外受伤处理流程》《游客高峰期入园应急预案》等应急预案，并定期实操演练，保障游客和员工的人身安全，并指导善后工作。

二是投诉处理机制。景区应该建立顾客前期抱怨管理、中期投诉处理及后期预防的一条龙管理体系；同时，制定《顾客满意度调查管理流程》《顾客投诉管理流程》《不合格控制流程》《纠正与预防措施管理流程》等管理制度，最大限度化解游客抱怨，提高满意度。

三是绩效改进机制。旅游景区的服务管理核心是对服务“关键时刻”的质量控制。只有满意的员工才可能有更高的效率为顾客提供更加优质的服务，最终让顾客感到满意。因此，需要不断调动和激活景区员工的思维、热情、执行力，有效达到管理目标，实行绩效考评机制，采用纵向考核方式，根据员工日常工作表现进行绩效考评。公平、科学的绩效考评，能有效提高工作效率。

2.2.3 设计旅游景区服务管理的监督体系

2.2.3.1 旅游景区服务质量监督的意义

旅游景区服务管理的监督体系对旅游景区服务质量提升有着重要意义。根据 ISO 国际标准体系、卓越绩效管理体系管理要求，旅游景区可设立专门的服务质量管理机构，专职负责日常调研、监督、测评，策划每年度的服务质量提升方案，制定《服务质量检查方案》，对服务质量进行现场监督与控制。因此，完善的监督体系有利于景区管理人员有效地进行过程控制，提高管理效率；有利于景区员工对服务标准的认识，更加到位地执行服务标准，激发服务热情；有利于为各岗位之间的评价提供依据，促进景区比学赶帮超的良性循环机制的形成，促进景区的可持续发展。

2.2.3.2 旅游景区服务管理监督的内容

景区服务管理质量监督作为景区基层服务管理工作的一个重要手段，督促和指导景区所有工作人员为游客提供完整服务流程中的每一环节服务。旅游景区服务管理监督主要包括以下几方面：

一是部门自检自查。各部门每月通过举行月度服务总结会，分享服务亮点，提出服务不足，对有进步、好的方面进行描述、点评，对不足之处进行问题描述、原因分析，制定纠正措施、预期目标，并确定纠正措施完成时间和责任人。

二是督导员的检查。具体包括：（1）日常检查。督导员每天对景区环境卫生和硬件品质进行巡检，督促整改并验证整改结果。（2）定期检查。每季度组织由公司领导及各部门管理人员参加的全园硬件、环境、卫生检查活动，对检查中发现的问题进行汇总、下发，并督促整改。（3）基础服务评价。督导员每日对景区服务岗位进行不定点、不定时的检查评分，观察员工的现场表现进行评分。每月统计评比结果，并将岗位服务状态评比结果进行公布。(4)跟踪解决问题。对现场可解决的问题，督导员应要求相关人员现场纠正。涉及重复出现或长期未整改的问题，反馈至相关部门，督促部门限期整改。

表 2–2 以主题公园为例，各部门分工所列出的督导工作：

表 2–2　某主题公园相关部门督导概况

相关部门	相关人员	检查内容	整改与总结
运营中心	管理人员、督导员	1. 园区环境卫生(地面、洗手间、垃圾桶) 2. 硬件品质(标识牌、广告牌、园林绿化、施工) 3. 员工服务(仪容仪表、服务标准) 4. 公园运营(项目及演出开放)	1. 问题整改 (1)现场整改 (2)向责任部门发出《质量管理督办单》，限期整改 2. 召开季度服务质量总结会
各业务部门	经理、主任、领班	1. 所辖区域环境卫生(排队区、操作区域、工作间) 2. 硬件品质(土建维护、标识牌) 3. 员工服务(仪容仪表、服务标准)	1. 问题整改 (1)现场整改 (2)按《质量管理督办单》整改 2. 召开月度服务质量总结会：总结亮点、不足，分析原因，提出改进措施，落实整改
环境管理部	经理、主任、清洁管理员	1. 园区环境卫生(地面、水面、洗手间、垃圾桶) 2. 垃圾清运 3. 园林维护保养 4. 园林设计、补种 5. 员工仪容仪表	问题整改 (1)现场整改 (2)按《质量管理督办单》整改 (3)要求清洁公司整改
工程部	经理、主任、领班	1. 施工质量与施工安全，现场围板、安全警示 2. 用电、用水、空调、土建等，标识牌等维护 3. 水面及水底清洁 4. 员工仪容仪表	问题整改 (1)现场整改 (2)按《质量管理督办单》整改

资料来源：温燕 . 旅游景区服务与管理［M］. 武汉：华中科技大学出版社，2017.10

【同步案例】

某主题公园员工基础服务状态评价观察表

观察人：　　岗位：　　在岗员工：　　时间：　　年　　月　　日　　总分：

◆游客走近时，

☐有微笑和问候(14 分)

☐有问候无微笑(10 分)

□有微笑无问候（6分）

□无微笑无问候（0分）

◆服务游客时，

□主动热情，有讲解介绍（14分）

□热情，讲解不全面（10分）

□缺少热情，机械讲解（6分）

□无讲解。（0分）

◆与游客交流时，

□目光注视，语言亲切友好，使用礼貌用语（14分）

□目光注视，语言亲切友好，未使用礼貌用语（10分）

□目光注视，语言不亲切（6分）

□目光未注视，无语言交流（0分）

◆与游客道别时，

□礼貌道别，亲切祝福（14分）

□有祝福，无道别（10分）

□有道别，无祝福（6分）

□无道别，无祝福（0分）

◆在岗时，

□岗位形象优秀，精神状态饱满（14分）

□岗位形象良好，精神状态欠佳（10分）

□岗位形象一般，精神状态欠佳（6分）

□有违反岗位形象行为（0分）

服务满意度调查问卷

◆您刚才与景区服务人员的接触中，感受到了微笑服务吗？

□有微笑（6分）□没有微笑（0分）

◆您刚才是否听到了他亲切友好的问候？

□有亲切的问候（6分）□有问候，但不够亲切（4分）□没有（0分）

◆您刚才在需要帮助时，有没有得到适时的解决？

□有得到（6分）□没有得到（0分）

◆刚才为您服务的景区工作人员给您的精神面貌是什么？

□精神饱满（6分）□良好（4分）□冷漠的（0分）

◆您觉得您刚才得到的服务和园区其他岗位相比是最好的吗？

□好（6分）□一般（4分）□不好（0分）

能分享您感受最好的服务是在哪儿吗？________ 游客签名：

问题：借鉴以上案例，以主题公园为例，制定一份公园硬件品质检查评价表。

资料来源：温燕 . 旅游景区服务与管理［M］. 武汉：华中科技大学出版社，2017.

2.3　旅游景区智慧服务与管理

2.3.1　认识智慧旅游与智慧景区

2009 年底国务院《关于加快发展旅游业的意见》中提出：“以信息化为主要途径，提高旅游服务效率。积极开展旅游在线服务、网络营销、网络预订和网上支付，充分利用社会资源构建旅游数据中心、呼叫中心，全面提升旅游企业、景区和重点旅游城市的旅游信息化服务水平。”2011 年 7 月，原国家旅游局提出争取用 10 年时间，在我国初步实现“智慧旅游”，建成一批“智慧城市”“智慧景区”“智慧饭店”，并在江苏镇江建设“国家智慧旅游服务中心”。此后，“智慧旅游”被写进了不少地方政府的旅游文件中，写进了许多省市的“十二五”旅游发展规划中。“智慧景区”的建设则逐步成为我国旅游景区在新形势下发展的重大战略。智慧景区概念的提出为景区的信息化建设增加了新的内涵，是在数字景区基础上的一次飞跃发展，代表了景区信息化建设的新方向。

2.3.1.1　智慧旅游

什么是“智慧旅游”？概括众多说法，大致可以从几个层面去认识：在旅游消费层面，具有电子导览、导航、导游、导购、投诉等功能，旅游消费的各个环节都可以通过网络搞定，免去种种烦琐手续，省去许多精力时间；在旅游经营层面，在市场调研、产品设计、市场营销、接待服务、客户管理、财务管理、人力调配、物务计调和安全监控等各个方面，均可实行数字管控；在旅游管理层面，在调查统计、宣传推广、政务发布、行业管理和市场监控等各方面，都可以使用网络完成，实现政务数字化。由此可见，智慧旅游是通过现代信息技术和旅游服务、旅游管理、旅游营销的融合，以游客互动体验为中心，使旅游资源和旅游信息得到系统化整合和深度开发应用，并服务于公众、企业和政府的旅游信息化的新阶段，其实质是全面提升旅游业的信息化水平。

智慧旅游的建设与发展最终将体现在旅游服务、旅游管理和旅游营销三个方面。

一是旅游服务智慧。智慧旅游从游客出发，通过信息技术提升旅游体验和旅游品质。游客在旅游信息获取、旅游计划决策、旅游产品预订支付、享受旅游和回顾评价旅游的整个过程中都能感受到智慧旅游带来的全新服务体验；智慧旅游通过科学的信息组织和呈现形式让游客方便、快捷地获取旅游信息，帮助游客更好地安排旅游计划并形成旅游决策；智慧旅游通过物联网、无线技术、定位和监控技术，实现信息的传递和实时交换，让游客的旅游过程更顺畅，提升旅游的舒适度和满意度，为游客带来更好的旅游安全保障和旅游品质保障；智慧旅游还将推动传统的旅游消费方式向现代的旅游消费方式转变，并引导游客产生新的旅游习惯，创造新的旅游文化。

二是旅游管理智慧。智慧旅游将实现传统旅游管理方式向现代旅游管理方式转变，通过信息技术，可以及时、准确地掌握游客的旅游活动信息和旅游企业的经营信息，实现旅游行业监管从传统的被动处理、事后管理向过程管理和实时管理转变；智慧旅游将通过与公安、交通、工商、卫生、质检等部门形成信息共享和协作联动，结合旅游信息数据形成旅游预测预警机制，提高应急管理能力，保障旅游安全，实现对旅游投诉以及旅游质量问题的有效处理，维护旅游市场秩序；智慧旅游依托信息技术，主动获取游客信息，形成游客数据积累和分析体系，全面了解游客的需求变化、意见建议以及旅游企业的相关信息，实现科学决策和科学管理；智慧旅游还鼓励和支持旅游企业广泛运用信息技术，改善经营流程，提高管理水平，提升产品和服务竞争力，增强游客、旅游资源、旅游企业和旅游主管部门之间的互动，高效整合旅游资源，推动旅游产业整体发展。

三是旅游营销智慧。智慧旅游通过旅游舆情监控和数据分析，挖掘旅游热点和游客兴趣点，引导旅游企业策划对应的旅游产品，制定对应的营销主题，从而推动旅游行业的产品创新和营销创新；智慧旅游通过量化分析和判断营销渠道，筛选效果明显、可以长期合作的营销渠道；智慧旅游还充分利用新媒体传播特性，吸引游客主动参与旅游的传播和营销，并通过积累游客数据和旅游产品消费数据，逐步形成自媒体营销平台。

2.3.1.2 智慧景区

建设“智慧旅游”已经成为我国旅游业发展的一个新趋势。2020 年 12 月，文化和旅游部、国家发展改革委等十部门联合印发《关于深化“互联网 + 旅游”推动旅游业高质量发展的意见》，明确到 2022 年，“互联网 + 旅游”发展机制更加健全，旅游景区互联网应用水平大幅提高，建成一批智慧旅游景区、度假区、村镇和城市，线上线下旅游产品和服务更加丰富，个性化、多样化水平显著提升；到 2025 年，“互联网 + 旅游”融合更加深化，以互联网为代表的信息技术成为旅游业发展的重要动力，国家 4A 级及以上旅游景区、省级及以上旅游景区基本实现智慧化转型升级，依托网络平台的定制化旅游产品和服务更加普及。

智慧景区是指景区通过智能网络对景区地理事物、自然资源、旅游者行为、景区工作人员行迹、景区基础设施和服务设施进行全面、透彻、及时的感知，对游客、景区工作人员实现可视化管理，优化再造景区业务流程和智能化运营管理，同旅游产业上下游企业形成战略联盟，实现有效保护遗产资源的真实性和完整性，提高对旅游者的服务质量，实现景区环境、社会和经济的全面、协调和可持续发展。

旅游景区的智慧化建设更是智慧旅游健康发展的第一原动力。无论是自然资源丰富的景区还是历史文化厚重的景区，抑或是现代主题鲜明的园区，对资源经营、接待能力提升、安全监控以及游览服务辅助的技术应用一直是智慧景区力求完善的主旨。因此，建设智慧景区对于推进智慧旅游整体建设，推进信息技术与旅游业的融合，加快旅游业管理现代化和国际化进程，对于实现整个旅游产业更好更快的发展具有重要意义。

一是有助于推动景区管理机构服务职能转变。建设智慧景区可以借助技术手段，促使景区资源的合理安排、整合协调、动态监管，发挥其对旅游信息的公众化服务、行业规范性指导，通过准确地掌握游客的旅游活动信息和旅游企业的经营信息，实现旅游行业监管从传统的被动处理、事后管理向过程管理和实时管理转变，促进旅游管理机构的服务职能进一步由被动处理向主动服务转变。

二是有助于促进景区旅游产业的跨越式发展。随着旅游电子商务平台、旅游公共服务平台、旅游营销平台、手机移动服务平台等一批项目的建设投入，全方位的旅游资讯和动态服务，将充分吸引游客对景区旅游产品推介、旅游生活体验的关注，促使游客由线上体验到线下消费的现实转变，特别是散客资源。旅游景区作为旅游产业链中的核心组成部分，其智能化设施和智慧化管理也提升了旅游业态对游客的吸附和消化能力。

三是促使旅游企业实现旅游经营增长和管理成本优化的双重丰收。旅游景区管理机构作为满足游客体验需求、吸引游客体验消费的服务主体，具有商业盈利和服务规范的双重诉求。信息技术的应用和智能设施的投入，从服务数量上，扩容了旅游景区的接待能力和服务能力。从服务营销上，可以通过旅游舆情监控和数据分析，挖掘旅游热点和游客兴趣点，策划对应的旅游产品，制定对应的营销主题，推动旅游行业的产品创新和营销创新。另外，也可以通过量化分析和判断营销渠道，优化长期合作的营销渠道。从服务质量上还可提升旅游企业的多方式、多途径信息获取能力。

2.3.2 景区智慧服务与管理的必要性、必然性

2.3.2.1 景区可持续发展面临的挑战

当前我国旅游业正值由世界旅游大国向世界旅游强国转型的关键期，同时也面临着增长方式和发展目标上的战略调整，面对新形势，我国景区可持续发展面临新挑战。主要表现为：(1) 热点景区面临游客超载。游客超载不仅容易对生态环境造成破坏，而且容易造成景区交通拥堵，诱发安全事故，降低游客游览质量。热点景区需要有效管理游客，加强生态环境监测，通过旅游高峰期游客时空分流导航管理均衡游客分布，以减轻环境压力，提高游客满意度。(2) 景区需要加快低碳旅游发展。为减缓全球气候变暖趋势，应对能源危机，以“低能耗、低污染、低排放和高效能、高效率、高效益”为特征的低碳经济正日益受到重视，低碳旅游将成为景区可持续发展新的战略制高点。我国景区需要应用各种节能、减排、碳中和技术提高管理效率和管理水平，降低旅游发展对环境的影响，增强可持续发展能力。(3) 景区危机管理水平需要提高。旅游景区应在物联

网基础上建设智能监测系统、风险评估系统、应急响应系统和危机决策系统，这样才能有效应对火灾、洪水、极端天气、地震、泥石流等自然灾害以及瘟疫、恐怖袭击等突发事件对“智慧景区”建设的冲击，避免或减少对游客、社区居民、景区工作人员的人身和财产造成的伤害和损失，实现旅游景区健康有序发展。

2.3.2.2 景区服务与管理需要智慧

一是科学决策和管理的需要。旅游业对信息有很强的依赖性，智慧景区依托信息技术，主动获取游客信息，形成旅游数据积累和分析系统，全面了解游客的需求变化信息，帮助旅游管理者对旅游市场进行分析和预测，从而有针对性地制定相关政策，采取相应措施，并在信息技术的支持下实现对旅游业的宏观调控和微观管理。

二是引导和规范景区发展的需要。景区主管部门要更好地服务游客，做好景区管理工作，就必须和行业的发展同步，甚至在管理手段和管理技术上要领先一步。景区主管部门还应该鼓励和支持旅游企业广泛运用信息技术，改善经营流程，提高管理水平，以提升产品和服务的竞争力。

三是跨行业和跨部门合作的需要。景区本身涉及多种业态，在行业管理上还需要与公安、交通、工商、卫生、质检等部门形成信息共享和协作联动。随着其他部门信息化水平的提高，景区主管部门要很好地开展合作协作，就需要同时提升自身的信息化水平。结合景区信息数据形成景区预测预警机制，提高应急管理能力，保障旅游安全。实现对景区投诉以及景区质量管理问题的有效处理，维护旅游市场秩序。

2.3.3 景区智慧服务与管理的实现方式

2.3.3.1 景区智慧化管理的特点

“智慧景区”的建设是对景区硬实力和软实力的全面提升，其建设路径主要由信息化建设、学习型组织创建、业务流程优化、战略联盟和危机管理构成。信息化建设和业务流程优化能够帮助景区实现更透彻的感知和更广泛的互联互通，提高管理的效率和游客满意度；学习型组织创建和战略联盟有利于提高景区管理团队的创新能力，培养景区企业的核心竞争力。旅游景区智慧化管理具有如下特点：

一是定量化。定量化表现在智慧化管理是通过应用模型化和定量化的技术来解决问题。

二是智能化。智慧化管理集成应用了许多高科技化的管理手段和工具，从而使得智慧化的管理系统具有了分析和模拟人脑信息处理和思维过程的能力，即人工智能。

三是综合性。综合性表现在智慧化管理强调综合应用多种学科的方法。除了需要管理学、经济学、数学、统计学、信息论、系统论和计算机知识外，根据具体研究对象的不同，还需要行为科学、社会学、会计学、物理学、化学、控制论及各种专门的专业技术知识。

四是集成性。集成性是指将各种管理方法的好的方面、精华部分集中起来组合在一起，融合创造性的思维等智力因素在其中，以实现管理系统的功能集成和技术集成。

五是动态性。动态性是指要求管理者在智慧化管理的过程中，要随着内外部的情况变化而不断补充和修改智慧化的信息输入，从而求出新的智慧化的最优信息输出。

六是系统性。系统性指智慧化管理根据系统观点来研究各种功能的关系。

2.3.3.2 景区智慧服务与管理的具体方式

景区智慧服务与管理将朝着精细化、低碳化、移动化方向发展，通过先进的技术、先进的控制方法以及先进的决策支持系统的应用，有效改善景区商业运作和公共服务关系，实现景区旅游资源的优化使用、生态环境的有序开发和保护、游客满意度提升、产业效益最大化的目标。

一是数据采集和信息呈现。智慧景区对景区基础数据更为重视，因为大量的技术应用高度依赖基础数据的全面、准确。例如：基于位置服务的景区内导游导览，就对景区地理信息数据提出了更高的要求。一般的第三方地图数据无法对景区内各个景点的位置作出准确的定位，如果跟着这些地图数据的引导，可能会遇到找前山的景点却跑到了后山的尴尬。智慧景区需要建立一个相对独立的数据中心，并形成持续性的信息采集、整理机制，完善景区基础资料和相关信息。这些数据可以通过数据接口，应用于景区网站、手机应用、信息屏等各种载体和媒介。

二是门禁系统和电子门票。很多景区早就建设了景区门禁系统，也有不少景区进行了电子门票的尝试，但很多门禁系统只是发挥了电子闸机的作用，电子门票也仅仅是门票载体发生了变化。智慧景区建设要充分发挥门禁系统和电子门票的作用，包括实现电子门票感知功能、景区门票的虚拟化、无缝对接电子商务。

三是感知技术和监控系统。传统的景区监控主要通过布置监控摄像头，并实施传输数据到监控室，工作人员必须“盯”着监控显示屏，发现异常再采取行动。随着景区视频监控点的增加，特别是旺季景区内人头攒动的时候，很多问题工作人员往往难以第一时间发现。新的视频监控技术采用了人脸识别技术，可以准确地“数”出某个监控点有多少游客。

四是定位技术和导游导览。随着自助自驾游客的增加，越来越多的游客会自己安排在景区内的游览路线。一些规模较大的景区，随便走走不但会错过很多好的景点或是走了冤枉路，甚至可能会带来不必要的麻烦和危险。因此，如何让游客在景区内的游览有保障、更加顺利并有更好的体验，是智慧景区建设需要重点解决的问题。

五是环境监测和低碳旅游。景区环境已经成为重要的景区资源，从景区的温度湿度、空气质量、植被覆盖到负氧离子含量、碳排放指标等，都将成为游客关注的话题。特别是一些自然景区，植被的成长和动物的活动都有可能成为吸引游客的旅游主题。景区通过一些监测设备和面向游客展示的实时数据，可以有效地影响游客在景区内的行为。

六是互动营销和电子商务。景区营销一直是景区的重点工作，从传统的报刊、电视和旅行社推介，到开始建设景区网站，越来越多的景区看到了互联网对游客的重大影响，并开始尝试网络营销。智慧景区要有更智慧的营销方式，主要体现在对营销效果的评估和对新媒体渠道的及时跟进。

任务小结

旅游景区服务具有对象差异性、产品无形性、内容复杂性、条件多样性等特点。基于一般景区的服务流程，旅游景区服务的主要内容包括景区咨询服务、景区票务服务、景区排队服务、景区讲解服务以及景区商业服务。景区管理是管理者通过决策、组织、指挥、协调等手段对景区的人、财、物、资源、产品、信息等进行有效的整合，从而实现景区的经济、社会、环境效益最大化，具体包括景区交通管理、游客中心管理、解说系统管理、设施设备管理、商业管理、卫生管理、安全管理、环境与绿化管理、营销管理等多个方面。旅游景区的经营管理要以服务为中心，服务质量是景区整体竞争力的重要内容。在将“三全”管理应用于景区服务质量管理的过程中，要持续改进服务质量目标，优化服务质量管理制度，建立旅游服务标准体系，保障景区服务品牌。此外，景区服务管理质量监督是景区基层服务管理工作的一个重要手段。随着智慧旅游时代的到来，智慧景区代表了景区信息化建设的新方向。建设智慧景区对于推进智慧旅游整体建设，推进信息技术与旅游业的融合，加快旅游业管理现代化和国际化进程，对于实现整个旅游产业更好更快的发展具有重要意义。当前我国旅游业正值由世界旅游大国向世界旅游强国转型的关键期，面对可持续发展的诸多挑战，旅游景区的科学决策、规范发展、跨界合作都需要景区智慧服务与管理。数据采集和信息呈现、门禁系统和电子门票、感知技术和监控系统、定位技术和导游导览、互动营销和电子商务将是景区智慧服务与管理的主要实现方式。

任务测验

一、名词解释

1. 旅游景区服务
2. 旅游景区管理
3. “三全”管理
4. 智慧旅游
5. 智慧景区

二、填空题

1. 从工作流程出发，旅游景区服务包括景区咨询服务、景区票务服务、景区排队服务、景区讲解服务以及景区商业服务等内容。

2. 从旅游景区运行管理的角度出发，旅游景区管理主要内容有景区交通管理、游客中心管理、解说系统管理、设施设备管理、商业管理、卫生管理、安全管理、环境与绿化管理、营销管理等多个方面。

3. 游客中心是景区形象展示和对外管理的主要窗口，具有引导、服务、解说、集散及游憩五大传统功能。

三、选择题

1. 旅游产品包含了“吃、住、行、游、购、娱”各个环节，每一个环节都必须加强服务质量的管理，这就要求景区应该实行（B）。

A. 全员质量管理　B. 全程质量管理　C. 全组织质量管理　D. 全面质量管理

2. 景区在黄金周时期，加强了对停车场、重点节点与服务设施的监督与管理工作，是属于（D）。

A. 日常管理　B. 流动管理　C. 自我管理　D. 有效监督

3. 智慧旅游的建设与发展最终将体现在哪三个层面（ABC）？

A. 旅游服务　B. 旅游管理　C. 旅游营销　D. 旅游消费

四、讨论题

1. 旅游景区服务质量管理包含哪些内容？

2. 结合你所熟悉的某一旅游景区，谈一谈景区的智慧管理体现在哪些具体方面？

参考文献

[1] 周国忠. 旅游景区服务与管理实务 [M]. 南京：东南大学出版社，2007.

[2] 温燕. 旅游景区服务与管理 [M]. 武汉：华中科技大学出版社，2017.

[3] 关永玲，陈雪琼. 旅游景区交通服务体系构建研究 [J]. 交通企业管理，2013（12）：14-16.

[4] https：//wenku.baidu.com/view/badb2ca7970590c69ec3d5bbfd0a79563d1ed440.html，智能化景区建设的必要性.

任务3　景区服务与管理的必备技能

❖情景案例

《案例3-1》

某旅行社导游张女士带领游客游览××景区，购票验票入口，景区验票员为避免通道堵塞，便要求导游张女士在通道外将景区门票分发到每位游客手中，遭到拒绝，导游张女士坚持在验票通道内分发门票，验票员见此便不再强求。随后，持票游客依次检票进入了景区，其后，由于张女士所带领团队还剩下四名游客在后面，张女士在等齐剩余游客后，再次抵达验票入口准备让游客入园时，被景区验票员要求出示导游证件，这引发了张女士不满，认为数分钟前才带领游客入园，现再次核查属故意为之，故而投诉，并将带团经过写成《致××景区领导的一封信》意见信，发至文旅主管部门领导。

点评：此投诉是由于员工与游客"斗气"所致，属于员工服务意识问题，几分钟后再验导游证，被认为是故意刁难，因而投诉。员工应当树立真正的服务意识，不与游客争吵、斗气，维护景区良好的外部形象。

《案例3-2》

国庆长假期间，王先生和朋友到一寺庙游玩。到达后，王先生一行被当地导游带进了一座小庙。导游说，当天有个很出名的大师要在此"度化"有缘人，称游客们都很有"福气"，大师要送大家礼物。在寺庙工作人员的诱导下，王先生最终花300元点了一盏莲花灯"做功德"。回家后，王先生将旅行社投诉到省旅游质监所，质监所迅速展开调查，并协同当地质检机构，替游客挽回损失。

点评："烧高香"问题是今年A省旅游投诉的一个重点，对宗教旅游场所的规范整顿，也是A省今年旅游质监工作的一个主要任务。对诱导甚至胁迫游客"烧香"的行为，旅游、宗教、公安等部门将进行严厉打击，游客遇此类情况应及时向相关机构投诉。

❖学习导引

某周末，小王去××景区玩。可刚到售票处，就发生了一件让他不愉快的事情，差点吵了起来。售票窗上贴着“门票20元一张，1.5米以下免票”的告示。小王拿出一张50元，外观有些破旧，但没想到会引起后面的不愉快。售票员接过钱，摸一摸，看了一眼小王，然后转身对坐在身边的中年妇女说：“你看看这张……”站在窗口的小王，没有听清楚她们具体的谈话。但她和中年妇女说话时的神情极不自然，好像在怀疑什么，又不时带着异样的眼神，往小王身上扫视。好久之后，售票员把那张50元钱递出来：“这钱是假的，你换一张！”小王立刻证实了之前被怀疑的感觉，气愤起来：“干吗要换啊？虽然这钱旧了点，但绝不可能是假的！”售票员见小王生气了，依然很冷漠，又说：“你换一张吧，收进假钞我们要自己赔的。”小王很生气，但碍于同学在场，还是很不情愿地换了一张崭新的100元给售票员。她接过钱，脸上那种得意、胜利的笑容，像是对小王莫大的讽刺。这次游玩让小王很失望、很气愤，售票人员凭什么怀疑他的钱是假的。不过小王更在乎的是售票员的处理方式，让他觉得自己的人格受到了侮辱，一定要投诉！

想一想：小王为什么一定要投诉？

点评：景区服务人员需要做到热情待客，真诚地与游客沟通，耐心回答客人的提问。游客出现冲动或失礼时，应保持克制态度，不能恶语相向。

❖学习目标

素质目标

·具有较好的审美和人文素养，服务意识强，善于挖掘或发现旅游中的创意和“美”，提高整体职业素养；

·能遵守客观规律与科学精神，诚实守信，履行道德准则和行为规范，对服务内容和服务质量认真反思与总结，不断提升个人形象和素质；

·能正确领会热爱劳动的精神，具有明确的社会责任感，灵活、克制、诚信的职业意识，较强的集体意识和团结、协作、宽容的团队合作精神；

·具有细心、周密、热情的服务意识与灵活的沟通能力，能确保每次岗位服务与接待均能优质完成，让客户满意，形成自己特色的服务风格。

知识目标

·掌握标准的景区基础接待规范、必备的科学文化基础知识，提高客户满意度，提升企业形象；

· 掌握不同情境中的着装礼仪、妆容礼仪、言行礼仪等，提升沟通技巧，善于在细节处提升沟通能力；

· 掌握旅游景区员工服务素养的基本要求；

· 能用服务态度和服务形象指导景区员工素养提升，规范其相关技能活动。

技能目标

· 了解景区工作人员应具备的基础技能；

· 能判断不同场景中的礼仪服务内容，分析服务对象的特征和目标，掌握并善于运用社会交往与沟通礼仪方面的知识；

· 能穿着适宜的服装，化适宜妆容，言行得体；

· 能熟练掌握语言和非语言沟通的形式和规范，改善肢体语言表达方式；

· 能熟练掌握旅游各岗位（吃、住、行、游、购、娱）服务礼仪的基本标准与技巧；

· 了解国内外不同民族的习俗礼仪与禁忌，掌握与其交往的礼仪要领；

· 掌握处理礼仪危机的基本原则，掌握几种常见礼仪危机的应对策略。

3.1 景区服务与管理的基本素养

3.1.1 工作责任感及职业道德

随着经济社会的快速发展，我国旅游业呈迅猛发展之势，逐渐成为国民经济发展的新的增长点。党中央、国务院高度重视发展旅游业，陆续出台了一系列促进旅游业发展的政策和措施，提出了我国由亚洲旅游大国向世界旅游强国跨越的宏伟目标。然而，在旅游从业者队伍中，个别员工素质低下，能力欠缺，见利忘义、缺乏诚信的行为时有发生，存在着鱼龙混杂、良莠不齐的现象，这些现象严重影响了旅游从业者的职业形象。随着旅游者自我保护意识的增强，旅游从业者的服务质量已成为旅游业发展的制约瓶颈，其焦点集中在工作责任感和职业道德素质上。

员工服务素养塑造

心灵美是一切美的核心，也就是善。西方美学家对美即善的说法颇多。古希腊美学家柏拉图宣称："美、节奏好、和谐，都由于心灵的智慧和善良。"亚里士多德曾说："美是一种善，其所以引起快感正是因为它是善。"孔子也曾提倡美与善并举。他说："尽美矣，也尽善也。”就善而言，它是社会生活中人与人、人与社会的交往行为的道德规范。一个人的思想行为如果符合一定的道德规范，那就善就美，否则就恶就丑。具体地说要爱国、正直、诚实、真诚而热情，不做有辱国格、人格之事，做到“富贵不能淫，威武不能屈，贫贱不能移”。这是中国人传统的美德，也是我们共同的道德规范。

景区员工的良好职业道德品质是景区服务工作的基础。职业道德包括良好的个人修养和丰富的知识基础做支撑。景区工作人员需要面对形形色色的游客。在某些情况下，服务过程中游客容易因误解和不满与员工发生争执，这就要求员工具有良好的个人修养和强烈的服务意识，奉行克制忍让的原则，为游客提供优质服务。良好的职业道德可以通过职业素养的培养和自身不断地学习达到，具体应具备以下几点：

3.1.1.1 爱岗敬业，遵纪守法

爱岗敬业、遵纪守法是旅游从业人员做好工作的前提和基础，是提高旅游服务质量的根本保证，是旅游业取得社会、经济效益的源泉。爱岗敬业，是指热爱自己的本职工作，以恭敬负责的态度对待工作，勤勤恳恳、兢兢业业地履行岗位职责，“专心致志，以事其业”。遵纪守法，是指旅游从业人员在职业活动中严格遵守国家的法律、法令和有关政策，自觉遵守各种规章制度、条例、守则等职业纪律。践行这一条规范必须做到以下几点：（1）树立正确的择业观，克服职业偏见；（2）坚守工作岗位，具有高度责任心；（3）热爱工作对象，具有职业良心；（4）执行政策法规，抵制不正之风。

3.1.1.2 热情服务，游客至上

热情服务、游客至上是旅游从业人员的传统美德，是旅游行业的生存之本、发展之道，是旅游从业人员的待客之道和应具备的基本品德。热情服务是指旅游从业人员在工作过程中尊重客人，主动、热情、耐心、周到地关心客人并为他们排忧解难的态度和行为。游客至上是视顾客为“上帝”，把游客的利益放在首位，始终如一地为客人着想，努力满足他们在消费过程中正当、合理的各种需求。践行这一条规范，必须做到以下三点：（1）树立服务观念；（2）树立客人意识；（3）文明礼貌服务。

3.1.1.3 诚实守信，公私分明

诚实守信、公私分明是旅游行业经营原则的具体体现，是树立企业形象的基础，是创造品牌的灵魂，是旅游从业人员应有的思想品质和行为准则，是高尚情操在职业活动中的重要体现。诚实守信是指旅游从业人员忠诚老实，不说谎话，不弄虚作假，遵守许下的诺言，言行一致，表里如一，做到“言必信，行必果”。公私分明是指旅游从业人员正确处理和摆正公和私的利益关系，以国家利益、集体利益为重，不贪图个人利益，不为了个人利益损害集体、国家利益。践行这一条规范要做到以下两点：（1）诚信服务；（2）勇于奉献。

3.1.1.4 团结协作，顾全大局

团结协作、顾全大局是生产社会化的客观要求，是建立新型人际关系的需要，是提

高旅游服务质量的重要保证。团结协作是指旅游业内部全体从业人员相互之间的团结友爱，各个工作环节和服务部门之间协同奋斗。顾全大局是旅游从业人员的一切言论和行为都要从国家、旅游业、企业的大局出发，要识大体，顾大局，从而保证大局不受损害。践行这一条规范必须做到以下两点：（1）团结互助；（2）以大局为重。

3.1.1.5 一视同仁，不卑不亢

一视同仁是人道主义原则的具体体现，是旅游业的商业性所提出的要求。不卑不亢是旅游从业人员的国格、人格和民族尊严的具体体现。一视同仁是指旅游从业人员在职业活动中对客人不分厚薄，一样看待、同等对待。它要求从业人员不论客人的国籍、种族、身份、贫富等都能友好地相待，一样地尊重他们的人格、习惯以及宗教信仰等，满足他们的正当的服务需求；在任何客人面前不分厚薄，维护他们的合法权益，关心他们的切身利益，真诚地为他们服务。不卑不亢指从业人员在工作中要维护自己的人格、国格，坚持自己的信念，要谦虚谨慎，但不要妄自菲薄；为客服务，但不低三下四；热爱祖国，但不妄自尊大；学习先进，但不盲目崇洋。强调不卑不亢，就是要反对民族自卑感，反对金钱拜物教。践行这一条规范要做到以下三点：（1）一视同仁；（2）自尊自强；（3）谦虚谨慎。

【教学互动】

互动问题：你去异地旅游时让你印象最深的旅游体验的感受是什么？给你留下印象深刻的景区服务有哪些？

要求：

1. 教师提出问题，组织学生根据自身经历进行互动讨论；
2. 教师把握好讨论节奏，学生发言，教师总结点评。

3.1.2 旅游美学及陶冶情操

旅游美学作为研究旅游审美活动和审美价值的新兴学科，它运用美学的基本原理，指导人们（旅游者、从事旅游业的人员）如何欣赏自然美、艺术美和社会美，揭示其审美特征，通过观赏，进一步了解一个地区和国家的自然风光、文化艺术和民情风俗，加深对人类文明的体验，得到更深的美感享受和审美教育。这是不是目标呢？旅游是人生的一种社会实践，古已有之。

中国是旅游古国。很早以前，就有周穆王西游的记载。孔子说："智者乐水，仁者乐山"。虽然用意是追求人格的完善，以自然山水来作比喻和陪衬，但山水之美能获仁智之乐。到了南北朝时期大山水画家宗炳提出了"山水以形媚道，而仁者乐"。圣人能够做到审美与悟道同时并存，从生机活泼的优美的自然山水中传达灵妙的"道"来。虽然讲得很玄妙，但毕竟已承认自然山水的审美作用。宗炳并明确提出"畅神"说，圣人

与贤者放情山水，游乐而忘返，它的真正目的何在呢？宗炳说："余复何为哉？畅神而已！"通过旅行游览，使人稀释烦恼，精神舒畅，得到情感愉悦。在宗炳看来，对山水的审美欣赏绝不能仅仅停留于表层的感官享受，更重要、更本质的旅游学的神圣使命是告诉人们如何按照美的规律去开发旅游资源、建设和利用旅游景观，提供美的服务，增添美的魅力，使客人在旅游审美活动中心情愉快、精神舒畅、获取丰富的美的享受、留下美好的印象。

【同步案例】

我们在讲述黄山时，首先要清楚地告诉游客黄山的成因。作为花岗岩为主体的风景名山，黄山首先表现出花岗岩石的特征，岩石的色彩多呈灰黑色，山体坚硬，易脆裂，断裂层面棱角锋利等。花岗岩球状风化是"黄山四绝"之怪石的主要成因，所以人们才能直观看到"飞来石""猴子观海""仙人晒靴""梦笔生花""八戒石""天鹅孵蛋石"等，山体的球状风化也让游客看到了黄山的"柔美"。作为黄山标志的"飞来石"不仅是黄山的象征，更渗透了人文历史，如它所记录的"红楼梦"，承载了人们对爱情的渴望，传承了人们对生活的无限热爱……

例如对佛教雕塑的讲述和理解，历史背景和发展阶段是要交代清楚的。每个历史阶段关于美的标准是有差别的，如西魏的雕塑注重"清秀"，佛像都是突出骨感美，直观感受都是瘦骨嶙峋，渗透出出家人的艰辛与清苦，也表现出佛教誓将凡人救出苦海的决心；唐代则是以圆润、丰满、华丽为特色，看后让人感到亲切、温暖、平和，使信仰者体会到佛教抚慰人心灵的力量。这些是我们首先看到的佛教雕塑所表现出的古人的艺术天赋，更重要的是表现了人们的信仰和人生观，由此才会使这些看似冰冷的雕塑，有了生命和灵魂。因此在对知识科学、清楚陈述的基础上，传承新的文化内涵，启发游客对美进一步的理解，对美真正的感悟，达到升华，才会达到良好的讲解效果。

3.1.3 抗压能力及心理素质

3.1.3.1 健康心态的意义

良好的心态是景区工作人员积极工作的源泉。心态即心理状态，它是介于心理过程和个性心理特征之间的状态，是既有暂时性又有稳固性的心理特征的统一表现。景区工作人员的健康服务心态可以通过景区的积极引导进行塑造，并且需要不断地补充正能量。

对于游客来讲，来到景区是寻求快乐的体验，除了景点或设施可以带给他们以上的感受外，景区工作人员健康的服务心态也可以引导或影响游客的心情。

3.1.3.2 健康心态塑造

企业文化培育是企业塑造员工健康的心态的重要法宝，如迪士尼员工管理的重要理念是："Follow me to the best job in the world"，员工加入到迪士尼后会进行不断的企业文化的培训，企业文化引领员工走向企业所希望达到的目标。员工在企业每天接受的都是快乐的信息和理念，因此传达给游客的也是快乐的信息。

【同步案例】

迪士尼：没有快乐的员工，哪来快乐的顾客

背景与情境：迪士尼招收新员工时的口号是：Follow me to the best job in the world（跟着我，你会得到一份世界上最好的工作）。迪士尼深知：没有快乐的员工，哪来快乐的顾客？欢乐＝财富！这也是这个世界最著名的娱乐业品牌的企业精神所在。公司每年会召开一次"员工大会"，向员工颁发R.A.V.E.奖（R–respect. A–appreciate.V–value. E–everyone）。

因为在迪士尼的工作人员来自世界各地，代表不同的文化，大家相处要学会互相尊重、互相包容，这也是迪士尼企业文化提倡的"Diversity"（多样生存，四海一家）。在迪士尼的员工手册上有一条关于"平等就业机会"的条文：对所有职员、求职者，公司不以种族、宗教、肤色、性别、年龄、国籍、生理缺陷等作为聘用、提升的考虑因素。这种包容性的文化保证了迪士尼的创造力和活力，并最终成为企业最宝贵的竞争力。

迪士尼公司非常注重对员工家庭的关怀，即Family Fun。每个员工的工作都离不开家庭的支持，工作满三个月的员工都可得到公司发送的4张可全年使用的能进入任何一个主题公园的门票，这张门票为电子票，每次与员工的身份证一起使用，且每次能带3人入园。员工每次有亲戚朋友来，他都能很自豪地带家人朋友到迪士尼游玩。奥兰多迪士尼世界有4个主题公园、2个水公园、24个度假区，员工凭工卡可享受预订景区的5折优惠，在购物方面也可以享受特别折扣。迪士尼的员工宿舍除了有健身设备、游泳池外，还专门建了一个叫Micky's Retreat（意为米老鼠的回报）的地方，有篮球场、足球场、网球场、湖上赛艇、湖边烧烤等设施，以供员工娱乐及团队精神训练之用。每年迪士尼都会在这里举办一些员工娱乐的主题活动。

（资料来源：旅游产业观察，2016–12–13）

问题：请分析员工服务心态塑造的方法。

3.1.4 文明礼仪及沟通协调

"诚于中而形于外""外秀而内美"。旅游工作者是美的使者，故有必要重视自身形象设计，言谈、举止、仪表、仪容、礼节、礼仪和风度等等都要达到美的要求。素有"礼仪之邦"和"衣冠王国"之称的中华民族，历来强调"温文尔雅""彬彬有礼"。职业化是一种工作状态的标准化、规范化、制度化，即在合适的时间、合适的地点，用合适的方式，说合适的话，做合适的事情。景区员工服务素养的打造有利于提升员工的职业化素养，同时提升景区服务的标准化，从而提升景区优质服务。

3.1.4.1 服务态度

景区优质服务的核心就是员工有职业化的服务态度。服务态度包括真诚地尊重游客和健康的服务心态。员工的服务态度对景区服务质量起着决定性的作用，没有端正的服务态度就没有高水平的服务质量。

服务态度好体现在尊重服务对象。尊重他人是一种高尚的美德，是个人内在修养的外在表现，是人和人之间真诚交往的基本原则。尊重服务对象是在景区服务过程中景区工作人员与游客交往中最核心的原则。

（1）尊重的三种境界。尊重服务对象是景区工作人员的服务语言、动作以及服务态度让游客感到舒服，感觉受到重视。服务工作中的尊重有三种境界：一是让服务对象感到舒服、满意；二是让服务对象感到惊喜；三是让服务对象感动。

【同步案例】

安吉帐篷客度假景区三重服务新标准

背景与情境：在一些传统旅游景区为入住率发愁时，一部分创新景区却是游客盈门供不应求。景域集团旗下的安吉帐篷客野奢度假景区，不但结合万亩白茶园创新开发了帐篷度假景区、特色美食餐饮、户外休闲运动、亲子体验活动等多种业态产品，而且推出了“满意服务、惊喜服务、感动服务”的三重服务新标准：

“满意服务”是基础服务，参照五星级景区的标准服务加上人性化的服务，比如时刻保持微笑；

“惊喜服务”是特制服务，比如生日的惊喜或纪念日的特别安排；

“感动服务”是最高级的服务，一半是通过服务员的细微观察发现一些特别之处或者帮助客人解决比较大的麻烦，给客人意想不到的感动。

（资料来源：《人民日报》，2016.3.2）

问题：分析安吉帐篷客的三重服务新标准对今后服务的启示——应该如何尊重顾客。

（2）尊重的行动路径。尊重服务对象对于景区服务工作十分重要，实现尊重的路径主要是关注对方、理解对方、付出行动。首先是关注对方，通过注视来观察游客的行为，注视过程中不能紧盯着对方，也不能斜眼看对方，应该表现得大方得体。景区工作人员应该善于观察游客行为，善于发现游客需求。其次是理解对方，也就是换位思考，通过游客行为判断游客的需求，并换位假设自已遇到现在的情况来思考游客的感受。景区工作人员通过换位思考理解游客需求。最后是付出行动，通过换位思考，给游客提供景区或工作人员力所能及的帮助或指引。景区工作人员应主动为游客提供服务和帮助。

【同步案例】

景区好人好事不断彰显服务品质

背景与情境：瑶琳仙境是桐庐旅游的首选景点之一，常年游客不断，尤其是暑假期间，游客更是络绎不绝，景区工作人员在接待过程中也不断地上演着各种好人好事。

8 月 20 日，景区保洁员许林凤像往常一样在停车场清扫，意外发现一个白色的手提包，打开一看，内有一部苹果手机、一只钱包，钱包里有 700 多元现金、身份证、3 张银行卡以及各类会员卡等物品。当时她只有一个念头，就是尽快将手提包交还给失主，免得失主着急。为了将手提包在第一时间归还失主，她就冒着酷暑一直在原地等了近半个小时，希望失主能返回寻找，但迟迟没有人来认领。于是许林凤将手提包原封不动地转交到景区办公室，请景区办公室人员帮忙查找。经过一番周折，终于找到了失主干女士。经当面核对，手提包内的物品无误，钱包里的钱分文不少，证件齐全。工作人员把手提包及相关物品交还给了失主干女士。

原来，失主在游玩瑶琳仙境后因手上抱着小孩直接在停车场上了车，一时疏忽将手提包落在了停车场。失主对许林凤这种拾金不昧的精神赞不绝口，十分感激，并且当即从钱包中拿出 500 元要奖给许林凤，但许林凤婉拒说："我只是做了该做的事，捡到东西就是应该归还失主的！"朴实的话语令失主干女士十分感动，专门请人制作了一面锦旗送到景区，以表诚挚谢意。

（资料来源：桐庐县旅游委员会）

问题：请用尊重的行动路径来分析以上工作人员的表现。

3.1.4.2 服务形象

服务形象是指在景区工作中，在游客面前树立的形象，包括外在形象、品德修养等，它主要通过穿着打扮、言谈举止等反映出来。景区工作人员的形象也是一个人内在品质的外部反映，它是反映一个人内在修养的窗口。景区工作人员的形象除了反映自身形象外，还反映了景区的整体形象和管理水平。因此景区管理者应严格要求工作人员注意自身的形象，工作人员应该按照景区的要求积极塑造自身的形象。

一是仪容规范。仪容是指一个人的容貌，是按照社会的审美观念进行修饰后的容貌。景区工作人员的仪容规范是指景区工作人员对自身面容和发型以及人体所未被服饰遮掩的肌肤的修饰，这些修饰根据景区自身性质和岗位性质的不同而不同。如主题公园根据活动的主题要求扮演角色的员工有特殊妆容，大部分景区工作人员仪容修饰的要求为干净、整齐、健康、美化，涉及人的形体美、服饰美与发型美的有机结合。应是比例匀称、发育正常的健康美，而不是追求文身束胸的病态美。发型要根据职业特点设计，基调是活泼开朗，朝气蓬勃，干净利落。不必追求奇特怪异，披头散发，给人累赘拖沓之感。

（1）发型要求。

男士：头发长度不长于 7cm，前不覆额，侧不掩耳，后不及领。

女士：梳理整齐，长发要盘起或绾起，短发不过肩。

注意：不论男士、女士不要前卫发型，不要在头发上乱加装饰之物，不宜使用彩色发胶、发膏；男士不宜用任何发饰；女士发饰应以蓝、灰、棕、黑为主。

（2）面容修饰。

景区工作人员面容修饰主要包括眼睛、耳朵、鼻子、嘴巴、胡须、脖颈，需要做到整洁、健康。女士工作妆要以淡妆为主。

二是仪表规范。仪表主要是指服饰的搭配，景区工作人员的仪表规范是根据景区性质所进行的景区工作人员的服饰设计及穿着要求。“三分长相，七分打扮”，人的服饰美要求服饰得体，和谐，入时，做到端庄、整洁、大方，不必追求奇装异服。景区员工制服是景区性质和品质对外宣传的形象，景区一般会根据景区性质设计相应的制服或工作服装，因为统一、优质的制服不仅提升员工的职业形象，也可以塑造景区的形象。

景区工作人员应按照要求穿着搭配，按照标准佩戴胸牌，不佩戴夸张的饰品等。

图 3–1 迪士尼景区员工形象

图 3–2 深圳欢乐谷景区员工形象

三是仪态规范。仪态是一个人的行为和风度，是一个人内在修养的展现。景区工作人员的仪态要求文明、优雅、敬人。仪态修饰主要包括挺拔的站姿、优雅的坐姿、优美的走姿、适当的手势等。

（1）挺拔的站姿。是指工作人员在岗中应保持的姿态，如检票、咨询、讲解、销售等岗位，站姿的具体要求有：头正、颈直、肩平、胸挺、腹收、腰立、腿靠。男士脚位可以是并列式和“V”字形，女士脚位可以有小“丁”字形和“V”字形。在岗时不准倚门、靠墙、靠柱，与游客互动时不要叉腰、两手抱胸、手插入衣袋、搓脸、弄头发。

不要身体依靠物体歪斜站立，不要有身体晃动、脚抖动等姿态。

图 3-3 深圳欢乐谷景区员工

图 3-4 杭州雷峰塔景区员工

（2）优雅的坐姿。坐姿是站姿的延伸，景区中售票岗、咨询岗等工作人员需要坐立工作，需要保持优雅的坐姿。优雅的坐姿要求身体正直、挺胸收腹、腰背挺直。在岗位中不要过于放松，瘫坐在椅内。

（3）优美的走姿。走姿可以展现一个人的风度、风采、自信和干练。景区工作人员在引领游客或为游客讲解服务时，走姿应稳健协调、轻盈自然。工作人员自行前进时应靠右行，引领游客前进时应根据场地的变化适当地变换引领位置。引领客人上下楼梯或台阶时，应保持高位为尊的原则；引领客人前进时应坚持以右为尊、安全为先、观景为先的原则。

（4）适当的手势。手势是运用手指、手掌、拳头和手臂动作的变换，表达思想情感的一种体态语言。景区工作人员在工作中应使用规范化的手势，手势宜少不宜多、不宜大，避免出现用手指乱指、乱掏、乱抓的现象，不要用手指制造响声。

四是服务语言规范。服务语言是员工在服务过程中使用的语言，是员工素质和水平的重要体现，并直接影响到景区服务工作的成败。语言美的基本要求是准确精练，言调悦耳，热情亲切，文明礼貌，若能稍带一点幽默风趣更佳。规范的服务语言表达需要以下技巧：

（1）称呼恰当。主要包括区分对象、照顾习惯、有主有次，指工作人员根据服务对象的不同，对游客的称呼恰当，有主有次。

（2）口齿清晰。主要包括语言标准、语调柔和、语言谦恭。服务时工作人员应以标准的普通话为主。

（3）用词文雅。工作中应语言文雅，文明礼貌用语“请、您好、对不起、谢谢、再见”需牢记，不讲粗话、脏话、怪话、废话。

（4）有声服务、轻声服务。对客服务时服务语言应让游客听得到，声音不能太大也不能太小。轻声服务主要包括：说话轻、走路轻、操作轻。

旅游景区员工的服务形象

3.1.5　团队精神及合作意识

美国学者乔恩 . R. 卡曾巴赫认为，团队是指一定的有互补技能，愿意为了共同目标而相互协作的个体所组成的正式群体。团队以群体和协作的优势激励团队成员间的合作意识，营造一种增加工作满意度的氛围，从而赢得竞争的主导地位。在这一概念中可以清楚地看到，团队的基本要素有三个：一是有共同的目标；二是成员之间要互相协作；三是成员要具备一定的互补技能。

团队精神，简单来说就是大局意识、协作精神和服务精神的集中体现。团队精神的基础是尊重个人的兴趣和成就，核心是协同合作，最高境界是全体成员的向心力、凝聚力，反映的是个体利益和整体利益的统一，并进而保证组织的高效率运转。团队精神的形成并不要求团队成员牺牲自我，相反，挥洒个性、表现特长保证了成员共同完成任务目标，而明确的协作意愿和协作方式则产生了真正的内心动力。团队精神是组织文化的一部分，良好的管理可以通过合适的组织形态将每个人安排至合适的岗位，充分发挥集体的潜能。

沟通是团队协同合作、树立共同目标的必然途径，是形成一个优秀团队不可或缺的重要条件，是团队精神的黏合剂。在思想上、精神上充分地让团体的价值目标在系统中得到合理有效的传播和建设，以坦白、开放、沟通作为团队的基本原则来实现团队管理，并使这些原则在思想观念上扎根、生长。在心理上实现一系列鼓励倾听、积极回应他人观点、对他人提供支持并尊重他人兴趣与成就的价值观念。“一个团队的目的不是达到目标而是向目标看齐。”为了向共同的目标看齐，要求团队成员之间必须有良好的沟通，这样才能达到资源共享，互通有无，加强团队协同合作。

人们观点和信念的一致性是心理相容产生的最主要原因，共同的信念可以成为人们决定采取某个行动的有力影响因素，而群体内成员相互之间物质利益分配的合理性是心理相容的根源。所以，分配的合理性是成员之间关系融洽、进行互相沟通的基础。在企业这个自己的大家庭中，只有通过员工之间的相互合作、援助和鼓励，员工与雇主之间的相互理解和沟通，才能提高企业的生产效率，保证企业共同体强大的竞争力。

建立团队，最重要的是在认知上形成一种强烈的积极归属感和我们感，这种感觉根植于人类的本性。强烈的归属感和我们感的产生是以互相依赖、互相沟通为前提的。情感取向是个体对群体在感情上的忠诚，是组织目标和个人目标整合一致的过程。要想产生整体大于个体之和的效果，必须充分发挥团队中每个人的智慧和所长，这就需要通过沟通去发现每个人的优点。

在这个世界上，任何一个人的力量都是渺小的，只有融入团队，只有与团队一起奋斗，你才能实现个人价值的最大化，你才能成就自己的卓越！团队，是为了实现一个共同的目标而集合起来的一个团体，需要的是心往一处想、劲往一处使，需要的是分工协作、优势互补，需要的是团结友爱、关怀帮助，需要的是风雨同舟、甘苦与共！一个人想成为卓越的人，仅凭自己的孤军奋战，单打独斗，是不可能成大气候的。你必须要融入团队，你必须要借助团队的力量。与团队和谐相处的秘诀就是：尊重别人、关心别人、帮助别人、肯定别人、赞美别人、学习别人、感恩别人！

3.2 景区服务与管理的基础技能

3.2.1 应知应会基础技能及基本考核要求

通过学习，使景区工作人员掌握旅游景区服务与管理的基本规律和方法，初步具备旅游管理工作要求的理论素养和操作技能。能帮助景区工作人员树立景区服务意识与职业思想，建立景区管理工作的基本思路和总体概念，具备从事与旅游景区相关工作的基本能力，进而培养景区工作人员的旅游服务技能以及在旅游景区经营管理工作中分析与处理问题的能力。

3.2.1.1 如何做一名优秀员工？（要求熟记并会应用）

（1）以整洁的仪容仪表为荣，并随时佩戴好胸牌。

（2）面对客人，我总是面带微笑和保持目光接触。

（3）我总是用姓名称呼客人。

（4）我经常使用具有魔术般魅力的礼貌用语。

（5）我熟悉自己的工作程序。

（6）我熟悉景区的情况，以便回答客人的询问。

（7）我为客人引路而不是指引方向。

（8）解决客人的投诉是我的职责。

（9）我总是预先考虑客人的需要并满足其需要。

（10）我总是称赞我的景区。

3.2.1.2 服务中严格遵守操作礼仪和操作规范

（1）二不：不吸烟，不吃零食。

（2）二静：工作场合保持安静，隆重场合保持肃静。

（3）三轻一快：操作轻、说话轻、走路轻，动作利落、服务快。

（4）三了解：了解游客的风俗习惯，了解生活，了解特殊要求。

（5）三声：客人来时有迎声，客问有应声，客走有送声。

（6）四尊：尊重老人、妇女、儿童及残疾人。

（7）五勤：眼、口、脚、手、耳勤。

3.2.1.3 服务中的5先原则

（1）先女宾后男宾。

（2）先客人后主人。

（3）先首长后一般。

（4）先长辈后晚辈。

（5）先儿童后成人。

3.2.1.4 客人所分的类型和如何针对不同类型的客人进行服务

（1）普通型：采用正视的服务方法。

（2）自大型：首先做到不卑不亢，不能生客人气，不能斗气。按合理的要求去做，及时说明解决。

（3）寡言型：以中年学者为多，有主见。事事征求客人的意见，处处表示出对他的尊重。

（4）性格急躁型：讲究效率生活，马虎，以青年学生为多。易发火，服务员应保持镇静，及时发现问题，事后进行解释。

（5）社交型：大多为男性业务员，善于攀谈。服务员做到周到仔细，这类客人比较通情达理。

（6）固执型：以老人为多，不宜争论，不宜干涉客人行为，不过于介绍。

（7）啰唆型：以中年人为多，不宜长谈，反之会影响工作。

3.2.1.5 处理投诉的重要性

（1）使处理投诉者增加自信心。

（2）提高对工作的满足感。

（3）维持客人对景区的良好印象使客人再次光临。

（4）保持景区良好声誉。

3.2.1.6 处理客人投诉的10个步骤

（1）聆听。

（2）保持冷静。尽可能将投诉者带离，避免影响其他客人，避免做出敌意或防御性反应。保持冷静，不要与客人争吵，记住客人永远是客人。

（3）表示谅解。尽量表示了解客人感受，表示对客人谅解，如“我知道你的感受，我以前也遇到过”。注意不要讲这是景区的错，只需要你理解客人的问题和投诉。

（4）意识到客人的自尊心。尽力维持和增强客人的自尊心，如“我很抱歉您遇到这样的麻烦”，这样可表明你对客人的关注。经常提及客人名字。不要尝试淡化客人投诉的严重性，对于客人是严重的问题，否则他也不会向你反映。

（5）让客人意识到你对问题的重视，将注意力放在问题上，而不是告知是上一班的错或某部门的错，这些都于事无补。无论什么情况下都不能侮辱客人，应对事不对人。

（6）做记录，将时间、要点记录在案。如其他人参与解决此问题，将会节约时间，也安抚客人激动的情绪。更重要的是将客人所说的记录下来，这是取得客人信任的途径，这个步骤有助于解决问题，使整个局面受到控制。

（7）告诉客人解决办法，告知客人你能做到的，如可能提供多种选择。对于你做不到的事就不要做任何承诺，更不要做出超越自己权力范围的事。

（8）定出行动时间，告诉客人何时解决问题，而自己必须十分明确。不要低估了解决问题所需时间。

（9）监督行动的发展，当客人对解决办法做出选择后开始行动，并保证整个行动顺利进行。如遇到任何未能预知的延误应尽快通知客人。

（10）跟踪客人和行动的结果，即使投诉已由其他人解决，也应联系客人了解问题的解决是否令客人满意。写出报告，将整件事情经过、采取的行动和事件结果做记录。

3.2.1.7 对客人服务的礼貌禁忌

（1）与客人谈话时不准叉腰、插口袋、斜视客人。

（2）用微笑来面对客人。回答客人问题的时候，“知之为知之，不知为不知”，向别人请问后再向客人解答。

（3）同事之间不要当客人面说家乡话和争吵。

（4）不准偷看客人的书籍，不准偷听客人的谈话。

（5）上级或平级见面时要致意。

（6）不许在客人的背后做鬼脸，不许相互做鬼脸，不能讥笑客人不慎的事情。

（7）交给客人物件应双手呈上。

（8）主动帮助老弱病残。

（9）努力记住客人的姓名。

3.2.1.8 工作区服务标准

（1）讲标准普通话，对客人热情、礼貌、周到。责任心强，服从管理，与本部门员工通力合作。遵守员工守则，做好本职工作。

（2）熟练掌握服务技能、清洁标准，保持部门各部位设备洁净、物品整齐、空气清新、环境优雅。

（3）坚守岗位，不准到无关区域乱窜、闲谈。忠于职守，保证游客安全，勤巡查，及时发现问题、解决问题，解决不了的立即向上级主管报告。

（4）负责检查各部门设备的运转情况，发现问题及时向上级报请维修。

（5）提醒客人保管好自己的物品，不要擅自减少部门所规定的服务流程并根据客人的要求合理安排。

（6）填写单据时，字迹清楚，书写工整，不可遗漏。

（7）拾到任何遗留物品要立即上交，并做好记录以备存查。如客人认领，请客人详细描述物品特征，出示有效证件并登记备案，方可返还。如长时间无人领取，上交景区另行处理。

（8）客人等待服务时间限定为90秒，不得超过规定时间，不得冷遇客人。

（9）客人到达时，应马上有礼貌地打招呼，并根据客人的要求合理安排服务。

3.2.1.9 服务工作中出现小差错时怎么办？

（1）要抱着认真负责的态度，尽最大的努力将工作做得完善妥帖，避免出现差错事故。

（2）客人在场首先要表示歉意，及时采取补救的办法。

（3）事后要仔细查找原因，如实向领导汇报。

（4）同时吸取经验教训，避免类似的差错再次发生。

（5）凡是出现差错，均不能隐瞒。如自己不能解决，马上请示上级，以免酿成大的事故。

3.2.1.10 十个习惯

（1）员工必须知道景区的目标、价值观以及自己的工作范围。

（2）员工都必须做到尽量预见并满足客人的需求。

（3）员工在工作时间不应使用客用设施设备，在任何时间、地点，行动都应该以客为先。

（4）保证对你面前3米内的客人和员工微笑致意，并让电话中的客人听到你的微笑。

（5）为满足顾客的需求，充分运用景区给你的权力，直至寻求上级的帮助。

（6）员工必须不断认识景区存在的缺点，并提出你的改进建议，使景区的服务和质量更加完美。

（7）积极沟通，消除部门之间的偏见。不要把责任推给其他部门或同事。在工作场所，不要对景区做消极的评论。

（8）把每一次客人投诉视作改善服务的机会。倾听并用最快的行动解决游客投诉，保证投诉的客人得到安抚。尽一切努力，重新赢得客人的信任。

（9）制服要干净整洁、合身，鞋要擦亮。仪容仪表要端正大方，上岗时要充满自信。

（10）爱护景区财产，发现景区设备设施破损时必须立即报修。

3.2.2 商务与接待礼仪及基本考核要求

本课程的教学，主要要求师生按照课堂讲授与实际训练相结合的方式来理解、掌握景区服务礼仪知识和技能。通过该课程的学习，使学生理解景区服务礼仪在个人发展和旅游业中的重要作用与地位，理解和掌握礼仪的基本概念和原理，从而提高今后从事景区服务接待工作的艺术和水平。

3.2.2.1 仪表礼仪

（1）发饰：按统一标准盘起，用配发的发套和发夹固定在脑后，保持发饰整洁，不凌乱。不得染发。

（2）妆饰：按统一标准化妆上岗，要求：粉底（涂抹均匀）、眼线、眼影、描眉、腮红、口红（在岗期间时刻保持）。补妆时需要回避。

（3）服饰：按统一标准，穿着工作服上岗，保持干净整洁，不得污损。

（4）饰物：不得佩戴外露饰品上岗。

（5）气味：在岗期间确保口气清新；不得使用香味过浓的香水和化妆品，3 米以内不让对方闻到。

（6）体声：工作场合打哈欠需用手遮掩。

（7）手部：保持手部的清洁，指甲长度不能超出指腹 0.1cm，指甲边缘不得藏污垢，除可适当涂无色指甲油外其他一律不允许。

3.2.2.2 仪态礼仪

（1）微笑服务。

（2）站姿：抬头挺胸，面朝正前方，双眼平视，下颌微内收，颈部挺直。双肩自然放松，端平且收腹，双臂自然下垂置于身体两侧，将双手自然叠放于小腹前，右手叠加在左手上。两腿并拢，两脚呈“V”字形（或“丁”字形）站立。

（3）走姿：方向明确，步态柔和，步幅适中，步速均匀。双臂自然摆动，挺胸抬头，目视前方。

（4）引领：若双方并排行进时，服务人员应居于左侧（客人居内侧）。若双方单行行进时，服务人员应居于左前方（客人居内侧）一米左右的位置。经过拐角或上、下楼梯、台阶之处、拥挤之处时，须关照提醒游客注意安全，提醒时应手势与语言相结合，上身微微前倾。

（5）手势：忌一手指指人。无论是直臂式、曲臂式、横摆式的手势示意，都应手指并拢，手掌撑开，掌心稍稍向上，手臂微微弯曲，用目光配合手势示意的方向。迎客时，需双手举起前后摆动指引客人车辆到达指定位置检票。送客时，右手左右摆动送客人离开。

3.2.2.3 语言礼仪

（1）欢迎语：您好，欢迎来到 ××××。

（2）问候语：您好 / 早上好 / 下午好 / 晚上好！

（3）祝愿语：祝您旅途愉快。

（4）道别语：再见 / 欢迎再次光临。

（5）征询语：请问有什么可以帮到您的吗 / 我的介绍您满意吗？

（6）应答语：好的 / 很高兴能为您服务。

（7）致歉语：对不起 / 很抱歉 / 请您谅解 / 我们会立即改正，感谢您的指正。

（8）答谢语：谢谢您的建议 / 谢谢您的合作。

（9）引领语：请往这边走。

（10）提示语：请小心台阶 / 请注意安全 / 请小心雨天路滑。

3.2.2.4 服务流程礼仪

迎接游客时应采用“V”字步站姿，目光平视前方，面带微笑。当游客或车辆距自己 1 米处，应用亲切的目光和灿烂的笑容道出欢迎语：“您好！欢迎来到 ××××。”检票开始前应用曲臂式示意：“请在这边检票。”提醒游客说“您好，先生 / 女士！请出示您的门票”并应双手接票。检票时应不时用目光注视游客，点头致意，并用“请往前走”“请有序入园”“请稍等”等语言表达。待检票工作完成之后，双手将门票递还于游客并说“您的门票，请收好，祝您玩得开心”。

任务小结

随着时代进步与社会发展，人们更加注重精神文化需求，旅游属于新兴服务行业，可以提供很多精神文化满足。旅游工作人员职业素养决定顾客满意程度与服务质量，具备良好职业素养，树立正确的世界观、人生观、价值观，能够给客户提供更好服务，不但增添个人魅力，还可以树立旅游公司良好形象，对于旅游业的发展至关重要。为此，必须强化培养学生职业素养，注重文化素养与专业知识的学习，日常生活注重仪容仪表，以便旅游服务过程文明有礼。除此之外，旅游工作人员还应该拥有良好的心理素质与健康的体魄，积极应对旅游工作中存在的问题。

任务测验

一、名词解释

1. 旅游美学
2. 服务形象
3. 仪态

4. 服务语言

5. 团队精神

二、填空题

1. 沟通是团队协同合作、树立共同目标的必然途径，是形成一个优秀团队不可或缺的重要条件，是团队精神的黏合剂。

2. 热情服务、游客至上是旅游从业人员的传统美德，是旅游行业的生存之本、发展之道，是旅游从业人员的待客之道和应具备的基本品德。

3. 共同的信念可以成为人们决定采取某个行动的有力影响因素。

4. 景区优质服务的核心就是员工有职业化的服务态度。

5. 客人等待服务时间限定为 90 秒。

三、选择题

1. 服务工作中的尊重有哪三种境界？（ABC）

A. 让服务对象感到舒服、满意　　B. 让服务对象感到惊喜

C. 让服务对象感动　　D. 让服务对象激动

2. 男士头发长度不长于（C）

A. 5cm　　B. 6cm　　C. 7cm　　D. 8cm

3. 女士发饰应以什么颜色为主？（ABCD）

A. 棕　　B. 蓝　　C. 灰　　D. 黑

4. 引领客人前进时应坚持什么原则？（ABD）

A. 以右为尊　　B. 安全为先　　C. 以左为尊　　D. 观景为先

5. 服务中的 5 先原则有哪些？（ABCDE）

A. 先女宾后男宾　　B. 先客人后主人　　C. 先首长后一般　　D. 先长辈后晚辈

E. 先儿童后成人

四、简答题

1. 景区工作人员具备的良好的职业道德包含哪些内容？

2. 景区工作人员爱岗敬业、遵纪守法应该做到哪几点？

3. 服务工作中出现小差错时怎么办？

4. 如何塑造健康的心态？

5. 请谈谈遇到游客投诉时，作为景区工作人员应该如何解决？

五、案例分析

迪士尼的服务创新

作为世界最大的传媒和娱乐巨头，迪士尼旗下的迪士尼乐园，除了拥有高科技的游乐设备、有趣的表演活动、清新洁净的环境、高雅欢乐的氛围、配套完善的服务设施以

外，高品质、高标准和高质量的服务，也是迪士尼乐园的核心竞争力。迪士尼乐园里，一个新的演职人员在真正与游客接触前，要经历 2 个月的专业培训，让员工由内而外散发出感染力与亲和力；迪士尼坚持“微笑服务”，要求每个员工都是“微笑服务大使”，面带微笑，不许皱眉头；迪士尼要求每个员工都是“多面手”，每个人除了做好本职工作外，还要随时帮助游客指路和拍照（禁止员工用“一指禅”给游客指路，员工必须会使用各种相机照相）；与小朋友讲话要蹲下且耐心地沟通；回答游客提问时不能回复“不知道”三个字；下到普通员工，上到 CEO，每个员工都有捡垃圾的职责，且捡垃圾的过程中要迅速弹起，不能有明显停顿与蹲下。此外，迪士尼的服务设施也是精益求精且布局合理，乐园不仅拥有自动提款机、急救站、外币兑换处、婴儿护理室、行李寄存、商品快递等，还有自动心脏去颤器、助听器感应设备、婴儿车及轮椅出租等。根据 TEA&AECOM《全球主题公园发展报告 2015》显示，2015 年全球 TOP10 主题公园集团中，迪士尼集团以接待 1.379 亿游客人次稳居榜首；全球 TOP25 主题公园中，迪士尼集团旗下主题公园占据 11 席，且排名遥遥领先。迪士尼乐园获得巨大成功的原因，不仅仅靠产品的“好玩”，很大程度上靠服务的“可亲”。迪士尼最为游客称赞的是它高品质的服务质量，以及热情友好的员工。

（资料来源：任国才，李晓丽 . 迪斯尼服务 .《服务创新影响中国旅游业未来 10 年》.）

问题：

1. 迪士尼是如何做到年接待 1.379 亿人次？
2. 迪士尼是如何提升服务质量的？
3. 请思考旅游景区优质服务的要点有哪些。

参考文献

［1］温燕 . 旅游景区服务与管理［M］. 武汉：华中科技大学出版社，2017.

［2］邹统钎 . 景区服务与管理［M］. 南京：南京师范大学出版社，2013.

［3］曾兰君 . 景区服务与管理［M］. 北京：北京理工大学出版社，2015.

［4］刘巧萍 . 关于旅游服务与管理专业学生职业素质培养研究［J］. 中国农村教育，2019，295（09）：52.

第二部分

岗位篇

任务4　景区交通服务与管理

❖情景案例

杭州西湖景区“热”停车难　公安交警建议公交出行

中新网杭州2月18日电 大年初三，浙江杭州迎来一场春雨。18日，记者从杭州公安交警部门了解到，春节长假以来，杭城旅游交通逐步升温，西湖景区始终是杭城的交通热点，这也导致景区周边车位停车费“水涨船高”。

杭州公安交警部门介绍，春节长假期间，从每日上午8时起，西湖景区就开始“热闹”起来。

“由于车流量非常密集，景区周边的停车费用相当高。”据一名在西湖景区执勤的交警介绍。虽然景区公共停车收费每小时30元，但资源非常有限。如果杭州市民、游客驾车前往西湖景区游玩，停车非常困难，“经常出现在景区里转上几圈都停不了车的尴尬场面。”这位交警说。

杭州公安交警部门特别提醒，望广大市民和游客尽可能地选择换乘公共交通方式出行，或者将私家车停放在景区以外的停车场，步行前往景区。据悉，从2月18日8时30分起，西湖景区道路准时实施单双号通行及环保行动配套措施。

（资料来源：http：//news.sina.com.cn/o/2018-02-18/doc-ifyrqwkc7917090.shtml）

?想一想：请思考杭州西湖景区停车贵的原因是什么？有什么方式能满足景区停车需求呢？

❖学习导引

智慧引导，让西湖景区停车更智能

“五一”小长假，许多市民选择出行游玩，不想跑高速，大多数人就会到西湖边逛逛。这两天，家住在拱宸桥的胡先生发现了游览西湖景区的“秘密武器”，有了它，景区停车轻松了不少。

帮到胡先生的这个“秘密武器”，就是“五一”小长假期间刚刚上线的微信小程序“西湖智慧出行”。只要进入这个小程序，就可以实时查询景区停车场位置及余位数，还有一键导航直达目的地等功能。对于车主而言，既贴心又周到，出行也变得更高效。

今年3月19日，杭州西湖风景名胜区管委会联合高德地图上线“西湖一键智慧游”。计划出游前，游客在高德地图搜索“西湖”，就能进入“西湖一键智慧游”界面，在里面不仅能查看景区动态，还可以了解游玩、美食、娱乐、交通等各种信息。

为加快西湖景区数字化建设，服务广大市民游客，西湖智慧停车管控平台建设又进一步将游览西湖智慧升级。

目前，景区50余个停车场、3000余个停车泊位信息已经链接成了一张停车网，实现停车位余量实时动态监控，为车主提供更便捷、更具参考价值的出行信息。景区交通预报、停车位信息查询和停车引导服务等，全面开启西湖全域旅游智慧出行覆盖的智能模式。

打开微信，记者体验了一下“西湖智慧出行”微信小程序。登录系统后，“车场信息”这一栏跳出了一张地图，在景区区域出现了许多停车场图标，分为蓝色和红色，分别表示停车有余位与停车场已饱和。通过点击这些图标，页面就会跳出停车场的名字与当前余位数与总车位数，做到实时动态一目了然。

景区智慧出行公司负责人卿裕良表示，景区智慧停车管控平台还实现了与高德地图“西湖一键智慧游”板块的无缝对接；车主也可以通过高德地图搜索西湖景区目的地景点，及时了解周边停车位置及车场余位数。

停车月卡、停车优惠券，未来景区停车还有新玩法。

“现在景区统一管理的停车泊位有3000多个，景区市政道路停车泊位有1700多个，我们目前在想办法与市政停车道路数据挂钩，这样通过小程序大家也可以看到这一块的停车位信息，更加方便。”卿裕良表示。在景区内，还有3500多个社会停车场，比如医院、酒店等经营服务配套的停车位，如果这些单位愿意将数据接入进来，那么以后来西湖停车就更方便。

除了实时动态了解停车位，未来，“西湖智慧出行”小程序也将会推出更多玩法。比如推出月卡，方便经常进出景区的市民，按月收费更经济、划算。另外，以后景区停车也可能会与景区旅游、景区消费挂钩，比如凭门票与消费记录就免停车位费等，让西湖旅游变得更人性化。

“目前已接入系统的景区停车场基本实现了统一形象、统一运营、统一监管、统一引导，让车主开车进景区更安心、更省心、更放心。”卿裕良说。

智慧停车管控平台，有效提高了景区停车场存量车位的利用率和周转率，从而有望缓解有限停车资源和无限停车需求的矛盾。未来，景区停车场智慧化还将继续升级，陆续推出无感支付、旅游服务推荐等新功能，对改善景区交通拥堵、推动“数字景区”创新发展、加快全域旅游服务提升发挥积极作用。

（资料来源：http：//www.hangzhou.gov.cn/art/2019/5/2/art_812262_33941494.html）

？想一想：杭州西湖景区停车未来的发展趋势是什么呢？

❖学习目标

素质目标

· 践行社会主义核心价值观，能挖掘旅游交通服务与管理中的中国特色与文化特色；

· 具有较好的旅游交通服务意识，具备旅游景区主要交通服务的管理能力，具有较强的集体意识和团队合作精神，能与旅游交通服务与管理团队紧密配合工作；

· 能遵守客观规律与科学精神，履行道德准则和行为规范，对景区交通服务内容和服务质量认真反思与总结，不断提升个人形象和素质。

知识目标

· 了解旅游景区交通服务的概念、类型与要求；

· 理解旅游景区交通服务岗位相关知识；

· 了解旅游景区交通服务的管理制度与规范。

技能目标

· 能有效辨析交通服务的类型、内涵及服务要求；

· 能判断旅游景区交通发展现状，分析、诊断交通服务存在的表面问题及其深层次原因；

· 能根据现状景区交通服务情况，提出景区交通服务整改要求。

4.1 认识景区交通服务与管理

4.1.1 景区交通服务与管理的主要类型

4.1.1.1 景区交通服务概述

旅游景区交通服务是指旅游景区向游客提供的，以实现游客从空间上某一点到另一点的空间位移的各种交通服务。旅游景区交通服务直接关系着旅游者的出游愿望，是景区旅游活动顺利进行不可缺少的物质基础。旅游景区的交通服务按照旅游者的空间移动过程，可以分为外部交通服务和内部交通服务。

旅游景区的外部交通服务是指旅游景区为游客提供的从客源地到景区的空间移动过

程的服务，包括从客源地到景区所在地、从景区所在地交通口岸到景区两个服务过程。旅游景区的外部交通关系着旅游目的地的可进入性（时间、距离、便利性），主要的交通工具包括飞机、火车、旅游大巴、自驾车等。

旅游景区的内部交通是指旅游景区为游客提供的在景区内部空间移动的服务。旅游景区的内部交通是联络各个景区、景点的纽带和风景线，是组成景观的造景要素，强调可通达性、视觉效果和美学特征。旅游景区的内部交通服务是游客观光和了解地域风情的途径，一般采用公路、水上游览、特种交通及步行的方式，主要的交通工具包括环保车、电瓶车、出租车、缆车、游船、滑竿、羊皮筏子、雪橇、溜索等。

交通设施概念与类型划分

4.1.1.2 景区交通服务与管理类型

旅游景区交通服务与管理的类型包括陆上交通服务与管理、水上交通服务与管理、空中交通服务与管理和特种交通服务与管理四种形式。

一是陆上交通服务与管理。旅游景区内的陆上交通服务与管理主要由旅游景区主次干道交通服务与管理和步行游览道路交通服务与管理两部分组成。旅游景区主次干道主要用于景观间的游客运输和供应运输。道路布局要合理，路牌及交通标志要醒目规范，进出应便捷安全。另外，交通工具应注重绿色环保，如目前旅游景区内广泛使用的电瓶观光车。旅游景区步行游览道路是旅游景区里各个景点内的步行连接道路，它具有十分重要的景观烘托和陪衬作用。旅游景区步行游览道路的设计和建造要有起伏，并贯穿最佳的观赏点，在注重生态环境保护的同时尽量体现地方特色及民族特征。

二是水上交通服务与管理。旅游景区内广泛采用的水上交通工具主要有游轮、普通游船、游艇、帆船、汽艇、气垫船、帆板、冲浪板、竹筏、羊皮筏等。游轮是一种将旅游交通工具、旅游接待设施和娱乐场所三种功能合为一体的旅游设施，深受游客的喜爱。普通游船与游轮相比，体积与规模均较小，功能与设施较为简单，是游览江河湖泊、观赏江南水乡景色的主要水上交通工具。《游览船服务质量要求》（GB/T 26365–2010）中的游览船特指为游客提供游览、观光、娱乐等服务，航行于江河、湖（库）、沿海及岛屿之间的旅游景点，航速不超过 25km/h 且连续航行时间小于 12h 的客船。游艇、帆船、竹筏等则是现代水上娱乐项目所采用的水上交通模式。

三是空中交通服务与管理。旅游景区内的空中交通服务与管理主要以娱乐、休闲、运动为目的。交通工具主要采用小型飞行器，如热气球、滑翔机、升空伞、超轻型飞机等，还可以采用高塔跳伞和山顶索道滑翔等形式。

四是特种交通服务与管理。特种交通服务与管理是指带有娱乐、体育特种意义和辅助老幼病残旅游者的旅游交通服务与管理，其交通工具主要有索道、滑竿、溜索、轿子、马匹等。索道是为了适应各种复杂地形而建造的能跨山、越河的运输工具，同时还具有游览、观光的作用，是森林公园和各种风景游览区的一种理想的输送游客的交通工具。索道有助于减少游客的体力消耗，改善旅游景区的接待能力，但也常常会给旅游景区环境造成一定的破坏，如景观破坏、植物毁坏、噪声污染、水土流失等，因此在修建索道时，应注意旅游景区环境和整体景观的保护。旅游电梯是一种垂直运输的交通工具，主要用于高差明显的旅游景区的游客运输。旅游电梯集观光和运输功能为一体，是一种新兴的景区交通方式，为游客提供了一条更加便捷的旅游通道。与索道相同，旅游电梯的修建也要注意与旅游景区整体景观的协调性，注意对旅游景区环境的保护。滑竿是中国江南山区特有的一种供人乘坐的传统交通工具，目前这种旧式的交通工具已成为旅游景区交通的一个重要组成部分。如今，滑竿的意义已不再局限于交通工具，更是当地民间习俗的一种体现。中国西南各省山区面积广大，因此滑竿最为盛行，特别是峨眉山上的竹椅滑竿，流传了上千年。

4.1.2 景区交通服务与管理的主要岗位

旅游景区交通服务与管理包括为游客提供的交通服务工作与为交通服务能更好组织运营的管理工作两方面内容。前者主要岗位为交通工具驾驶岗位，后者是确保进出车船行驶规范、安全有序，确保景区交通设施场地、交通路段、交通标志等是否符合景区运营要求的岗位。

4.1.2.1 车船驾驶

车船驾驶是在旅游景区内驾驶旅游车辆（船舶）等交通工具，为游客提供直接交通服务的工作岗位。车船驾驶岗位是景区交通服务的基础，直接关系到游客的人身安全与旅游体验，因此从业人员需取得相应的执业执照或管理许可。

4.1.2.2 车船调度

车船调度是依据景区事先确定的旅游计划或实时游客出行需求，规划制定行车行船路线、发车发船数量及频次等，指挥协调游客在景区内的交通出行工具。车船调度应有景区自身的常规固定计划，调度原则应科学合理，同时保持机动灵活，以便应付突发用车用船需求。

4.1.2.3 交通管制

旅游景区内的单位和个人所拥有的车辆的停放和通行，必须遵守旅游景区交通管理部门和旅游景区管理委员会的规定。对于违反规定强行通行的车辆，由旅游景区交通管理部门责令纠正交通违规行为，并给予罚款等行政处罚；妨碍执行公务的，由公安机关依法追究法律责任。必要时，旅游景区交通管理部门可以对特定车辆实行交通管制，如规定进入旅游景区的时间和路段；可以有计划地分流，以免造成交通堵塞或引起交通事故等。

4.1.2.4 停车场管理

旅游景区一般都设有停车场，这是旅游景区必须拥有的基础设施。停车场可以根据旅游景区的交通状况进行设立，一般可分为级别不同的停车场，用来停靠不同的游览车辆。通常，旅游景区可以开设大型机动旅游车停车场和小型游览车停车场。停车场要与景观环境相协调，停车场的服务应符合旅游景区的统一要求，安排交通协管员或服务人员。交通协管员或服务人员要礼貌待客，文明服务，具备一定的交通指挥技能和知识，有安全意识，维护、保管好客人的车辆。

4.1.2.5 安全管理

安全管理是旅游景区交通服务管理最基本的工作。游览过程是最易发生交通事故的环节，旅游交通安全事故的发生不但会给游客带来损伤，也会影响旅游景区的形象、声誉和发展前景。因此，旅游景区应建立健全完善的旅游景区安全标志系统，制定严格的工作制度，对游客和工作人员进行交通安全宣传；同时，旅游景区工作人员要注意危险地段、公共场所、交通要道的交通秩序，在旅游旺季加强监视与疏导工作，以避免交通事故的发生。

4.1.3 景区交通服务与管理的基本要求

旅游景区交通服务与管理是景区正常运行、游客实现空间位移的基本保障，也是旅游活动顺利完成的必要条件。因此旅游景区对交通服务与管理有着特殊的要求。

4.1.3.1 安全性

旅游者出门旅游是为了获得身体上和心理上的享受，旅途中任何意外都是无法接受的，因此，安全性始终是旅游者最关心的要素。旅游者往往会充分考虑旅游交通服务过程中的安全性。

4.1.3.2 准确性

旅游景区交通服务带有严密的连贯性，任何一个环节的误点和滞留都会产生连锁反应，最终有可能产生一系列的经济责任，如房费、餐费和交通费的结算。

4.1.3.3 节奏性

旅游景区的客流量在时间上具有较大的变化性。一般来说，进入和离开景区的客流量在每天的不同时段、周末和非周末，以及旅游的淡旺季都各有特点。这就要求旅游景区的管理者和服务人员要缓解客流高峰带来的压力，为游客提供高效、优质、快捷的交通服务。

4.1.3.4 快速性

游客往往希望在旅游过程中，旅行的时间较短而游玩的时间相对较长。因此，旅游景区的外部交通服务应注重时效性，尽量缩短旅游者从客源地到旅游景区的旅行时间；同时，旅游景区内部应注重景点的空间分布，合理安排旅游节奏，丰富游客的旅游体验。

4.1.3.5　多样性

不同旅游景区的交通方式各不相同，同一旅游景区内的交通方式也多种多样，甚至同一交通方式也存在高、中、低档次的差异。因此，旅游景区的管理者和服务人员应优化组合旅游景区内的交通服务，增加游客的可选择性。

4.1.3.6　层次性

旅游者的结构具有多层次性，不同性别、不同年龄、不同出游动机、不同支付能力的游客，对于旅游景区交通方式及其价格的需求也不尽相同。因此，旅游景区的管理者和服务人员对不同层次需求的交通服务方式要进行运力和运量的合理考虑，以满足游客的不同需求。

【同步案例】

阿里山小火车翻覆事故

背景与情境：2011 年 4 月 27 日，台湾嘉义阿里山小火车发生翻覆意外，造成 5 名大陆游客死亡，百余名游客受伤。

4 月 27 日发生小火车翻车事故后，不少游客取消或推迟了前往阿里山的其他行程，导致阿里山景区游客数量大幅度下降。据景区一名工作人员介绍，事发前平均每天的游客数量在 6000 人左右，事发后锐减为 3000 多人，下降了近一半。

想一想：旅游景区交通服务的重要性怎样？如何进行交通服务的管理？

4.2　景区停车场的服务与管理

通常来说，景区规模与停车场区位选择关系密切，停车场按其与景区的位置关系可以分为景区外集中停车场、景区外分散停车场、景区内集中停车场、景区内分散停车场等类型。随着大众自驾游发展趋势，景区停车场配建规模趋向紧张。景区要根据游客流量、游客出行方式等测算景区停车位需求，适当考虑淡旺季确定停车场规模，有条件的景区可预留旺季临时停车场。景区停车场由停车基本设施、建筑设备、安全防护与环境保护设施、管理设施和服务设施构成。大型停车场应进行功能分区，除划分大客车区和小汽车区外，小汽车区之间也应组团化，出入口数量及位置应满足规定。生态停车场、智能停车场、立体停车场等将是未来景区停车场建设和发展的趋势。

旅游景区停车管理主要包括路外和路内停车场的组织管理，因路内停车场通常在景区主要道路范围内，由辖区交通管理部门、城市管理部门划定，景区通常缺乏管理权限，因此本文停车场主要指路外停车场，也就是景区集中的公共停车场服务与管理。

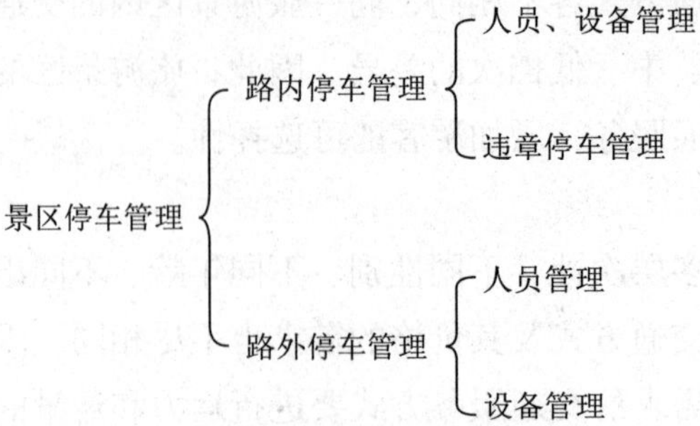

图 4–1　景区停车场管理体系

停车场的概念与分类

4.2.1　景区停车场服务管理岗位职责

景区停车场服务与管理通常由景区办公室等管理部门负责。一般来说，景区停车场服务与管理分为停车秩序管理、停车设施管理、停车收费管理、停车环境服务、停车安全服务。

4.2.1.1　停车秩序管理

维护停车场内车辆停放和行驶秩序，保持停车场通道和出入口安全畅通。一般景区没有车辆和游客财产保管义务，宜提醒游客提高安全意识并做好车辆和财产保管工作。停车管理员应阻止游商小贩及闲散无关人员进入停车场。

4.2.1.2　停车设施管理

维护停车场日常管理和养护，养护场内场地及停车标识，巡查各项照明系统，保养收费岗亭。完善场内设施的巡视维护制度，关键设施设备应由专人负责保养维护。如停车场内配备机械式立体停车库，则需配备专职作业人员负责停车设备的日常操作与运行维护。

4.2.1.3　停车收费管理

按照政府指导价或市场调节价进行收费，可按白天和夜间两个时段标准分别计算收费，也可实行计时收费和计次收费两种计费方式。在入口位置和缴费地点显著位置设置经物价部门监制的明码标价牌。

4.2.1.4　停车环境服务

维护停车场的容貌整洁、环境卫生干净，安排停车场内建筑物、构筑物外立面和配套设施定期清洗，安排人员负责停车场内清洁卫生，保护停车场整洁。督促环卫工清理地面垃圾和油渍，做好场内的环境卫生保洁工作以及周边的卫生保洁管理工作。

4.2.1.5　停车安全服务

做好各项防火工作，建立安全防火管理机构，明确安全防火责任人，定期进行防火安全训练。消防设备和监控器材应由专人进行定期的检查、维护和保养，建立日常巡检维护档案。严禁烟火，严禁将易燃、易爆等危险物品带入停车场。停车管理员发现可疑情况应及时报告公安机关。定期对停车场进行巡检，发现他人在停车场内从事违法违章活动，采取措施制止并及时上报主管领导和办公室。遇到突发治安事件，及时通知警务部门。

停车场管理岗位职责

4.2.2　景区停车场服务管理制度

景区停车场服务管理制度是景区停车场服务质量保证的基础，通过建立完善的景区停车场服务管理制度，保障游客人身安全，保证车辆出入便捷、高效。

（1）对停车场员工进行职业道德教育和服务技能培训，并做好培训记录，不断提高服务质量。

（2）监督和落实员工岗位职责，对员工进行每日考核并记录。

（3）每日对停车管理工作进行检查，并记录在册以供检查。

（4）应制定包括报告程序、应急指挥、应急设备的储备及处置措施等内容的火警、刑事案件、爆炸、防汛、公共卫生防疫、供电系统故障等应急预案，并定期进行应急培训和演练。

（5）应建立和完善突发事件监控体系。

（6）应建立事故纠纷处理办法，明确责任人、处理程序和时限要求等。

（7）不得擅自将批准建成或者投入使用的停车场挪作他用。

（8）应符合其他相关停车管理服务规定。

4.2.2.1　停车秩序管理制度

（1）停车管理员工作时应着工装，佩戴统一标志。工作时语言文明、服务热情，按照工作制度要求，认真履行工作职责。

（2）车辆按“同向、入位”标准停放在泊位内，不得在停车场通道以及其他公共部位停放车辆。

（3）停车场内设置车辆停放引导牌，引导车辆顺向行驶、有序停放。

（4）停车管理员应根据手势规范，引导车辆进场、停车入位，按顺序顺向停放和出场。

（5）停车管理员应阻止游商小贩及闲散无关人员进入停车场。

（6）停车场有多个出口时，应标明出口道路名称，保证车辆有序通行。

4.2.2.2 停车设施管理制度

（1）宜按照规定设置收费岗亭、停车场标志牌等停车设施，在显著位置公示停车场名称、收费标准、车位数量和监督电话等事项。

（2）应建立设备档案并定期检查。

（3）应建立场内设施的巡视维护制度，关键设施设备应由专人负责保养维护；机械式立体停车库需配备专职作业人员负责停车设备的日常操作与运行维护。

（4）应对计时计费装置和充电计费装置进行定期检查，保证准确可靠。

（5）应建立设施设备的交接班检查记录，准确记录时间、交接人、设施设备完好程度等。

（6）停车场设备故障一般处理工作程序：

①不影响运营的一般性故障：由停车场管理员通知中控室值班员（或值班领班），再由中控室值班员电话联系设施维护员进行维修处理。

②影响运营的重大故障：如果是停电故障，马上用摇柄摇起入口和出口的道闸，启用纸卡记录进出停车场的车辆收费情况，然后进行供电检修；如果是电脑运行故障，先脱机运行，依照读卡机提示正常收费，然后通知停车场设施维护员及时检修。

③故障发生时，停车场应做好对驾驶员们的解释工作。

4.2.2.3 停车收费管理制度

（1）停车场停车收费可划分为白天与夜间两个时段；可以实行计时收费和计次收费两种计费方式。

（2）应在入口位置和缴费地点显著位置设置经物价部门监制的明码标价牌。实行计次与实行计时的停车场可以使用不同颜色的明码标价牌标示。明码标价牌应标明：收费单位名称、停车地点、停车泊位总数、收费时段、收费标准、明码标价牌编号、行业主管单位和经营单位的服务监督电话以及价格举报电话。

4.2.2.4 停车环境服务制度

（1）停车场内保持容貌整洁。无商贩经营，无乱堆乱放，无乱贴乱画，无乱停车辆，无占用绿地、损坏花草树木等行为。

（2）停车场内保持环境卫生整洁。地面无暴露垃圾、粪便，无积水、污迹、废弃物和渣土，按照规定设置环境卫生设施并保持整洁、完好，生活垃圾袋装化，定时、定点收运。

（3）停车场内保持建筑物、构筑物外立面和配套设施定期清洗、出新，灯光亮化设施完好、无缺损，空调外机、广告灯箱符合规定。

（4）停车场内不得乱搭乱建，不得改变或局部改变停车场用途。

4.2.2.5　停车安全服务制度

（1）应建立安全防火管理机构，明确安全防火责任人，加强防火知识的宣传和教育，定期进行防火安全训练，所有工作人员应掌握防火器材的使用方法。

（2）消防设备和监控器材应由专人进行定期的检查、维护和保养，保证灭火和监控系统处于良好状态，同时建立日常巡检维护档案。

（3）消防设备、器材不应擅自挪用，不应埋压和圈占消防栓、水泵结合器等消防设施设备。

（4）发生火灾等灾害事故时，应及时报警和报告有关部门，并采取有效的处置措施，保证人员及时疏散。

（5）严禁烟火，严禁将易燃、易爆等危险物品带入停车场。

（6）严禁停车场内放汽油、柴油等燃料以及其他易燃或可燃物品。

（7）禁止以超过限速的速度行驶。

（8）应保持排水系统正常运行，保证汛期停车场安全。

（9）发现可疑情况应及时报告公安机关，并妥善做好现场保护工作。

停车场管理制度

4.2.3　景区停车场服务管理规范

4.2.3.1　停车场服务岗前准备

（1）检查着装及仪容仪表。检查着装整洁情况，要求衣物无污渍及破裂；检查仪容仪表大方得体情况，切忌浓妆艳抹；检查个人卫生干净情况，要求手指保持清洁。

（2）检查个人工作区间。要求工作界面整洁，无纸屑、杂物。

（3）检查设施设备。准备好停车凭证、票据；确保电源完好；检查停车设备闸门栏杆，确保正常工作；检查工作区域，确保不存在安全隐患；检查灭火器，确保能正常操作使用。

（4）调整心态。自我激励，做好停车接送客准备。

4.2.3.2　停车场收费管理工作

（1）问候司机。游客车辆驶近取卡机，对客人敬礼，注视顾客，面带微笑，语气亲切、友好。

（2）发卡。迅速从取卡机内取出停车卡，用双手友善地递给司机；每辆车登记发卡时间不超过 20 秒钟。如果是自动发卡机及车牌识别机，做好设备维护工作。

（3）放行。栅栏自动打开，游客车辆顺利通行。

（4）指引车位。熟练指引车位，协助游客车辆入位、出位。

（5）安全提醒。提醒游客关门关窗带好随身贵重物品，遇车主未关好车门窗、未拔出钥匙，立即替车主采取保护措施。

（6）收费及放行。收费、收卡。按照标准收取费用，并按规定开具收费凭证。收费时唱收唱付。致欢送语。

4.2.3.3　停车场服务离岗工作

（1）整理卫生。检查场地卫生情况，及时打扫。

（2）检查安全。关好电灯、空调、电源，清理好工作现场，锁好门。

停车场管理规范

4.2.4　景区停车场服务管理典型任务处理

4.2.4.1　游客车辆受损服务

游客把车停放在停车场内，回来取车时发现车身有明显撞击和划痕，向停车场管理员反映。

（1）安慰游客。稳定游客情绪，表示愿意帮助游客查找肇事者。

（2）查询监控。查询监控判断车身撞击和划痕是否在本停车场内发生。如不在停车场内发生请车主自行处理，如在停车场内发生，调取监控追溯肇事车辆或人员。

（3）协助索赔。如能找到肇事者，注意保护现场，协助游客双方自行协商解决，双方无法协商解决，则要求肇事方提供车主信息、驾驶人员信息等，协助游客报警处理。如不能找到肇事者，协助游客认定泊车事故的证据，并报警及报保险公司处理。

4.2.4.2　景区中机械停车设备遇到意外情况无法自动挪车

（1）熟练开启升降横移泊车设备，并进行自动、手动状态的切换。

（2）手动作业正确选择移动车位的顺序。

（3）操作面板将载车板移动到指定车位。

（4）复原操作板。

（5）继续设备的原操作。

4.2.4.3 停车场内遇到不执行规定、不听劝阻旅游者

（1）纠正违章时，要注意态度和蔼，以理服人。

（2）对不听劝阻者，要查清姓名和单位，如实记录并向有关部门反映。

（3）发生纠纷时，注意把握政策，如属对方蛮横无理及打骂、侮辱管理人员，视情节轻重，做出处理和报警。

4.2.4.4 停车场内发生刑事案件、恶性事故

（1）应该迅速向上级报告和向公安机关报案，如有伤员应迅速送往附近的医院救治。

（2）保护案发现场，禁止无关人员进入现场，以免破坏现场。

（3）根据自己所掌握的情况，向有关部门如实反映，协助破案。

4.2.4.5 犯罪分子在停车场内偷盗抢劫

（1）应该保持头脑冷静，设法制服罪犯，通知其他当班人员，并立即报警。

（2）若遇罪犯逃跑时，应迅速联络出口处，告知罪犯体貌特征，阻止罪犯逃出辖区。

（3）对现场或追捕中罪犯留下的物品，应交公安人员处理。

4.2.4.6 游客车辆发生故障

（1）问候游客。主动上前面带微笑行礼，表情诚恳、语言热情地主动询问游客是否需要帮助。

（2）了解情况。诚恳地询问游客车辆发生何种故障。

（3）提供帮助。协助游客检查故障原因，如故障超出自身认知以外，可以向游客推荐检修单位或拨打拖车单位电话，协助游客将故障车辆拖至检修单位。

4.3 景区车船服务与管理

4.3.1 景区车船服务与管理的岗位职责

4.3.1.1 车船驾驶员、操作员岗位职责

维护车辆（船舶）清洁整洁，驾驶旅游车辆（船舶），操作小型观光、游乐车辆（船舶）等交通工具，为游客提供景区内交通服务。

4.3.1.2 车船调度员岗位职责

依据景区事先确定的旅游计划或现场实时游客出行需求，规划制定行车行船路线、发车发船数量及频次等，指挥协调景区内的交通工具，满足景区日常交通运转，达到游客出行路程合理等旅游目的。

4.3.1.3 车船维护岗位

根据国家、行业有关规定的行驶里程、间隔时间以及车船出厂说明书规定，维修维护景区内载客车辆及船舶，使车辆、船舶保持良好机械性能，保证车船安全可靠的运行，延长车船使用寿命，节省车船更新资金。

4.3.1.4 车船讲解岗位

在车辆、船舶场所内，介绍车船基本情况、游览路线、车船活动安排、行驶安全注意事项，沿途提供介绍名胜古迹、人文景观、风俗民情等旅游讲解服务。

4.3.2 景区车船服务与管理的制度

4.3.2.1 车辆服务与管理制度

一是车辆服务与管理的基本要求。应符合安全、舒适、环保、人性化、节约能源的要求。应满足旅游者在旅行过程中各种合理、可能的需要。应成为方便服务人员为乘客提供各种服务的载体。应经过当地车辆管理部门检验合格。

二是车辆管理制度。

（1）导游设施。车身总长大于6m以上的旅游客车车厢前部应有专门的导游人员座椅和导游人员站立靠背垫和扶手等相应的防摔滑安全设施。有导游人员工作台或区域，有专设空间摆放导游人员工作物品。有便于导游人员使用的有线或无线音频系统，车厢前后音调均衡。宜配备视频系统，音视频设备使用灵敏有效，无噪声和杂音。宜配备旅游目的地多媒体宣传资料供播放使用。

（2）行车设施。车辆进行人体工程学设计，操作人性化。宜有卫星导航设备和行车记录仪。宜有车载通信调度设备。

（3）服务设施。根据地域特点安装冷暖空调，设备工作有效，宜有分区调节功能。车内行李架应设置闭锁机构，能防止坠物。座椅牢固舒适，座椅靠背倾斜度和间距可调。在车内明显位置固定驾驶员服务监督卡，监督卡标注驾驶员姓名、工号和投诉电话等。应设有方便残疾人使用的座位，设有专门的把手；有存放轮椅的区域和牢固设施；车门有可供残疾人、残疾车上下车的辅助设施。车内设呕吐袋和常用急救物品。应备有废弃物处理箱，宜固定密封。

（4）安全设施。设安全门或紧急出口，且有明显标志。密闭式车窗有逃生装置和措施。前排座椅应配备安全带，其他座椅宜配备安全带。乘客门有防夹伤措施；自动开启的车窗应有防夹伤功能；自动开启的车门能在自动措施失效时通过另外的装置或措施开启车门。车上应备有必要的对人、对车的紧急救援设备、警示牌和工具等。应配备适用的消防器材，并确保有效。

（5）车容车貌。车辆运营标志及有关证件齐全，摆贴位置正确。车身整洁、完好且无明显撞击或擦痕；车窗玻璃齐全无破损；漆皮、镀件光亮无损；轮胎无油污、泥土。行李箱整洁干净，不放置杂物和易燃易爆危险品。备件箱工具、备胎、备件齐全，摆放整洁有序。发动机无油垢；发动机内线路清洁，无损坏现象；水箱、电瓶等无尘土和积液。车厢内整洁卫生，无浮土、无杂物、无异味。车内照明、窗体遮光等设施配备齐全，整洁美观。脚垫、窗帘、头垫、靠垫、座套平整清洁，更换及时。门窗启动轻便，关闭严密，锁止可靠，没有异响。

4.3.2.2　游览船服务与管理制度

一是服务基础条件要求。游览船的建造及其船舶稳性、消防、救生、通信航行安全与预防污染等设备均应符合相关部门的规定和授权机构的规范要求。游览船应具备相关部门颁发的有效船舶证书。游览船营运应持有相关部门颁发的营运证。游览船的船员配员应满足相关部门的船舶最低安全配员规则的要求。

二是游览船管理制度。

（1）设施设备和环境要求。船上服务设施设备完善，客舱布局适于观光，座椅舒适，游客上、下安全便捷，上、下船通道及船内通道畅通，为残障者设置无障碍通道、配备轮椅等服务设备。船容船貌整洁，外观设计应与航行水域周边环境协调。舱室环境美观、陈设得当，室内通风良好。服务场所卫生环境达标，船上用品、客舱和公共区域、吧台、餐厅（厨房）、文化娱乐场所（多功能厅、舞厅）、小商店（小卖部）均应符合标准。

（2）接待服务要求。信息服务便捷，向社会发布航线班期、航经景点、票价及售票地点等服务信息，提供游客须知（含乘船常识、安全常识、禁带物品等），提供相关景点导游图等中外文宣传品和咨询服务，公布投诉电话和投诉方法。对客接待服务有效，对游客中老人、孕妇、儿童、残障者等给予相应的特别帮助，提供救助服务，能进行应急处理。

（3）讲解要求。讲解服务齐备，介绍当次航班、航行路线、船上活动安排等事项，介绍沿线名胜古迹、人文景观、民俗风情、民间传说及航行中安全注意事项。

（4）服务人员要求。根据岗位需要配置服务人员，服务规范，礼貌友好，细致耐心。

（5）服务管理要求。建立服务质量管理体系，编制包括服务和专业技术人员岗位要求、主要工作职责等内容的员工手册，制定健全的服务作业程序、工作标准及岗位责任制度。

4.3.3 景区车船服务与管理的规范

4.3.3.1 服务礼仪规范

服务人员保持个人卫生，面容整洁，发型整齐，美观大方。接待过程中应穿着可识别制服，工号牌置于左胸衣服外围易识别处。注意服饰礼仪，衣着得体，服装整洁，不穿拖鞋。接待过程中行为得体，举止文雅，精神饱满，精力充沛。接待工作中注重待客礼仪，姿态端正，热情周到。注意语言文明，谈吐得当，使用敬语、谦语，不使用忌语。出车前和服务过程中，不食带异味食品。

4.3.3.2 服务人员规范

服务人员应有高度的责任心和事业心，尽职尽责、敬业勤业、热情周到地为游客提供安全正点、舒适安心的服务。应尊重旅游者的宗教信仰和风俗习惯。能运用简单外语为乘客提供一般性的服务。具有良好素质和道德风尚，在服务过程中自尊自重、遵纪守法，不索要小费。

4.3.3.3 服务运营规范

运营服务各环节应协调配合，确保服务质量。车船调度应准确无误地根据时间、地点、线路和人员等要求调派车船。执行任务前严格检查，确保达到要求。对老、弱、病、残、幼、孕和抱婴者等行动不便的游客应细心服务，主动提供帮助。与导游、领队人员密切合作，保证游客的游览时间和安全。根据乘客意愿使用空调、音视频等服务设施。营运中发生故障应积极抢修，短时内无法修复应及时报告，安抚乘客并采取相应的补救措施。执行任务时不应干预导游人员正常的计划行程。完成任务后应主动征求游客、导游和陪同人员意见，提高服务质量。

4.3.3.4 服务讲解规范

讲解服务（含广播讲解）应文明规范，内容丰富。服务人员应向游客预告著名景点到达时间，抵近时予以现场指点，重点讲解。广播讲解宜伴播和谐的背景音乐，营造良好氛围。

4.3.3.5 服务安全规范

一是基本要求。设立安全管理机构，建立安全管理制度与规范，加强安全管理培训，对涉及安全的设施设备进行定期和不定期的检查。在运营及提供服务过程中，应强化安全意识，提高安全技能，消除安全隐患，妥善处理各种安全意外事件。

二是车船安全。应对车船进行日常维护和安全检查工作，对发现的故障和隐患及时报修排除，确保技术状况良好。

三是行驶安全。驾驶员应身体健康，定期体检，确保良好的状态。驾驶员应坚持安全操作，安全行驶，合理掌握车速，文明礼让。

四是人身与财产安全。服务人员在行驶中应提醒游客系好安全带，不要将脑袋、手臂、相机等伸出车船外。应建立游客财物报失管理制度，向游客公布报失联系方式；登记、保存游客的失物信息，保管好捡拾到的游客遗失物，尽力寻找失主。服务人员接到游客失物查询后，应及时与游客就物品遗失的相关信息进行沟通并及时回应查询结果。行李存放区域安全，可以闭锁。应提醒乘客随身携带贵重物品，注意看管好放在座位上的物品，防止丢失。如发现遗失物，应及时归还失主；无法归还的应按规定上缴，并做好相关记录。对涉嫌恶意侵占乘客财物的人员应依法处理。

五是突发事件处理。应针对交通事故、自然灾害和人为灾害等可能发生的情况制订应急预案，并定期对服务人员进行培训，确保相关人员能妥善应对各种突发事件，保障乘客的安全和利益。如果发生交通事故，应保护现场，抢救伤者，并立即报告上级和公安交通管理部门，配合相关方面妥善处理事故。发生交通事故无法靠个人进行现场自救的，应请示上级组织启动应急预案，第一时间抢救受伤乘客，保护乘客生命安全。

六是自然灾害。关注天气预报，提前掌握信息，避免在大风、大雪、大雨、冰雹等恶劣天气行驶。避免进入自然灾害发生区域，在可能发生泥石流、山体滑坡、塌方等危险路段应谨慎通行。

七是其他突发事件。如发生治安或刑事案件，应及时报警，并报告上级组织。发生火灾时，应立即疏散乘客至安全区域，进行灭火并报警。

4.3.3.6　景区内游览车岗前准备规范

（1）检查着装及仪容仪表。检查着装整洁情况，要求衣物无污渍及破裂；检查仪容仪表大方得体情况，切忌浓妆艳抹；检查个人卫生干净情况，要求手指保持清洁。

（2）工作讲评。认真听讲当日工作安排，默记于心。

（3）调整心态。自我激励，做好停车接送客准备。

（4）车辆检查清洗。对车辆进行全面检查，车身无明显灰尘、泥垢，挡风玻璃无明显灰尘、水痕，车厢无杂物，地板无烟头、纸屑，车辆动力、刹车均正常。

4.3.3.7　景区内游览车行车规范

（1）三先迎宾。先注视、先微笑、先问候，遇特殊游客时上身前倾以表尊敬，遇小朋友时弯腰或蹲下。

（2）上车检票。核对车票与乘车人数是否相符，左（右）手接票，右（左）手握住票的正券部分，快速撕下票根，将正券双手递回给游客。

（3）启动出发。游客全部上车后，驾驶员再上车。

（4）行车过程。按规定路线安全行驶，车速不超过景区规定车速，按车队导游词对游客讲解。

（5）欢送游客。驾驶员先于游客下车，到站指引与欢送。

4.3.3.8　景区内游览车离岗规范

（1）停车入库。将车辆停入车库并锁好车辆并填写各类报表，再次检查车辆情况。

（2）打扫卫生。驾驶员工作间洁净，检查场地卫生情况，及时打扫，做到无任何纸屑、杂物。

（3）检查岗位。关闭电源，检查岗位消防安全工作，关闭门、窗。

4.3.4 景区车船服务与管理典型任务处理

4.3.4.1 景区固定线路自动游览车启动

（1）严守岗位，不准擅自离岗。

（2）运行前操作人员必须向游客讲解安全注意事项，并对安全装置进行检查，当游客系上安全带，站台内无人走动并确认轨道无阻碍物时方可启动设备。

（3）设备运行过程中应时刻关注游客动态，遇到紧急情况立即做出有效处理。

（4）运营结束后离开主控室应切断电源并锁门。

（5）对当天接待做好运行记录，并交至主管存档。

4.3.4.2 景区固定线路自动游览车故障处理

（1）按下急停，切断电源。

（2）通知技术中心同事并告知领导现场详细状况。

（3）告知游客接下来要实施的措施并安抚游客。

（4）协助技术中心同事将游客安全救下送至安全出口处。

4.3.4.3 车辆起火事故

（1）打开车门。找到应急开关，根据司机的安排打开应急开关。开关边上有操作说明，一般都是通过电控开关控制车门上方的液压杆打开车门。

（2）可使用安全锤。当车门无法打开，或者由于乘客过多，一时无法及时疏散时，可使用安全锤。使用安全锤的锤尖，猛击玻璃中心部位，玻璃就会从被敲击点向四周开裂，脚掌用力将碎开的玻璃踹出车外，然后跳窗逃生。防止在跳窗逃生时，发生二次伤害。

（3）可从紧急逃生窗脱险。一般交通车车顶有两个紧急逃生出口，上面有按钮，旋转之后把逃生窗整个往外推。

（4）正确使用灭火器。遇到火灾，可使用灭火器的可以帮助司机一起灭火。在使用灭火器时，周围人员应尽量远离。

（5）有序逃生。当逃生通道打开时，提醒游客不要拥挤，更不要急着冲出车外，防止二次伤害。可组织和指导先行逃离的乘客协助在门边或者窗边进行疏导和保护。

4.3.4.4 游览船游客落水处理

（1）当班驾船人员（或水域巡逻人员）发现情况后，应在第一时间拨打电话向当班值班领导报告事故发生地点。

（2）当班驾船人员（或水域巡逻人员）在向领导报告的同时，应积极开展自救，应向落水人员抛救生圈或救生衣，或用竹竿相救（会游泳者下水相救）。

（3）当班领导迅速组织实施救援预案，通知附近的巡逻船和相关人员赶往出事地点营救落水者，同时向景区汇报。

（4）值班领导在组织相关人员营救落水者的同时，应立即通知景区医务人员携带医疗用品赶往出事地点，在第一时间内为落水者进行心肺复苏抢救和救治其他伤者。医务人员在必要时，应及时联系“120”急救。遇有重大险情时，及时向公安、港航、海事部门报警。

（5）值班领导应及时组织船只将落水者和伤者运送至安全地带接受救治。

4.4　景区交通配套设施服务与管理

4.4.1　景区交通配套设施的基本类型与岗位职责

景区交通配套设施是连接、贯穿景区，保证游客在景区正常合理流动的最普遍、最基本的设施。主要包括车行道、步行道、停车场、交通场站和各类运输设施等。交通配套设施及其建筑需美观，与景区景观环境相协调，并有特色或有文化性。

4.4.1.1　景区道路

包括车行道与步行道。车行道是景区内的主要干道，主要用于各景点间的游客运输和供应运输。景区内的车行道按照等级可以分为主行道和次行道。主行道以车辆行驶为主，一般要求人车分流。次行道车辆较少，车速较慢，一般可人车共用。车行道要求配备供游客上下车的站牌、交通标识等。步行道是游客参观、游览的主要游线，其设计的便利性、美感度和清洁卫生等对游客的体验产生重要影响。步行道的管理主要是日常保洁、路面维护、配套设备维护更新等。

4.4.1.2　交通场站

交通场站是景区内各类公共交通中转、集散场所，如码头、候车站台、旅游集散中心等，它们是游客在景区内、景区内外交通衔接转换的重要场所，支撑着景区游客安全、顺畅、舒适的旅游交通体验。交通场站的管理工作是标识系统清洁维护、游客集散秩序管理等。

4.4.1.3　交通运输设施

根据景区不同的地理环境和地形状况，使用的交通工具也各不相同，主要有电瓶车、索道、缆车、云梯、轿子、马帮、游船、漂流竹排等。这些交通运输设施也增加了景区的吸引力。交通运输设施的日常保养检查、保洁是管理的重点。

4.4.2 景区交通配套设施服务管理制度

4.4.2.1 道路养护服务

道路养护包括路基路面养护、沿线设施养护、道路绿化养护等几个方面。

一是路基路面养护。路基养护应做到路肩无车辙、坑洼、隆起、沉陷、缺口，横坡适度，边缘顺适，表面平整坚实、整洁，与路面接茬平顺，边坡稳定、坚固，平顺无冲沟、松散，坡度符合规定。边沟、排水沟、截水沟、跌水井、泄水槽（路肩水簸箕）等排水设施无淤塞、无高草，纵坡符合要求，排水畅通，进出口维护完好，保证路基、路面及边沟内不积水。挡土墙、护坡及防雪、防沙等设施保持完好无损坏，泄水孔无堵塞。路面要保持有一定的强度、刚度及稳定性，使路面结构具有足够的抗疲劳强度以及抗老化形变累积的能力，确保其耐久性，路面平整、完好，路拱适度，排水畅通，行车舒适、安全。路面的养护要做到提高其平整度和抗滑能力，确保路面的耐久性，防止环境污染等。

二是沿线设施养护。景区道路设施包括安全设施、服务设施、防护设施、排水设施、渡运设施、绿化设施等。护栏、隔离栅、标柱、反光镜、隔离带、防眩板、标志、标线、警示桩等要求其结构完整，及时检修，防止生锈，并适时进行结构清洁。道路标志牌等要及时清洗、刷新，防止污秽、腐蚀和褪色；要确保反光装置、道路照明装置的表面洁净、角度正确；路面标线要经常清扫或冲洗，重新喷涂标线漆，喷涂过程中注意避免与原标线错位。

三是道路绿化养护。道路绿化的养护，春季以浇春水和增施有机肥为主，通过树木的浇水施肥，能使树木增加抵抗病害的能力，利于生根。夏季的养护，主要以病虫害的防治为主。秋季的养护工作主要是合理地浇冬水和施肥，合理的冬水既能保证植物的地上部分吸收充足的水分，又能保护地下根系，抵抗干燥多风的冬季，有利于植物安全越冬和来年萌芽。冬季应该采取缠树干、搭风障、覆土封垄等防冻保温措施。

4.4.2.2 旅游集散中心服务管理制度

旅游集散中心提供公交巴士、旅游巴士、自驾车、景区巴士、出租车、公务车等的停靠、上落、接驳服务与相应的管理，涉及包括车票验票员、景区内部交通车司机、景区外部停车场管理员的管理。

一是门禁和检票服务。门禁与检票应当一机一人。旅游旺季应以手持式扫描仪扫描门票条纹码，保证游客快速通过。门禁设置灵活空间，方便额外增设检票员。

二是内部交通车辆和司机。最低配置应达到一车一司机，较佳配置为一车两人。当内部车线路分散且票价不同时，一车应包括一位司机、一位售票员。

三是外部停车场管理员。应达到一处一位管理员。以电子指示牌显示停车场总车位数、已用车位数、剩余车位数（分为大车位和小车位）。停车场管理室应当同时是监控室，观看监控录像，消除监控死角。登记车牌号和联系方式，随时通知车主。

4.4.2.3 交通秩序管理

一是路况检测管理。结合监控录像系统、车辆感应器等监测系统，监测道路状态，获取景区车辆的信息及道路状况，景区管理员再根据这些数据，进行临时设定及调度安排，避免发生景区内拥堵的情况。定期统计路况报表，提供各种统计查询，便于日后进行景区交通优化。

二是合理规划和设计内部旅游线路。将景点用路线串联起来，既可以增加景点数量，延长游客的观光时间，又能真正做到让游客满意。并对行车线路信息进行管理，包括预设车型、行车节点、行车道路。预设车型可以划分为“正常入库车辆”“行政车辆”“紧急车辆”等进行不同的管理；行车节点可以分为人区闸口、上客点、下客点、紧急停车点等进行管理；行车道路可以分为双向和单向进行管理。

三是交通组织管理。通过内外交通分离等手段，考虑外部车辆禁止进入景区，景区内统一使用节能环保的游览车、电瓶车等，特殊地段可以使用索道、游船、轿子等作为交通工具，满足游客欣赏沿途风景的要求。

4.4.2.4 交通污染控制

控制噪声源。对有条件分隔的道路实行机动车、非机动车分流，限制载重卡车进入景区，并禁止汽车按喇叭；修筑高级路面，提高路面平整度，以减低汽车振动和轮胎摩擦噪声；进行道路绿化，利用树林的散射、吸声作用，增加噪声衰减。更换交通运输工具，条件允许下，可用电瓶车代替机动车，采用电气车辆来降低噪声。改善车辆运行状况，车辆高速行驶或不稳定行驶（即经常加速、减速制动、启动）状态都可以产生较大的噪声，改善行驶条件是减少噪声的重要途径。

4.4.3 景区交通配套设施服务管理规范

4.4.3.1 日常保洁、维护质量管理规范

（1）应保持各类交通配套设施使用功能完好。

（2）对闲置或丧失功能的设施，应立即拆除或修复。

（3）各类交通配套设施外观应无损坏、无脏污、无锈蚀、无喷涂、无小广告，设施颜色应色泽均匀，无明显褪色，无明显色差，无漆面脱落，设施标识或所载内容无缺失、无模糊、无涂改。

（4）各类交通配套设施周边无堆物堆料、无污渍、无垃圾。

4.4.3.2 巡查和保洁、维护、清洗粉饰作业管理规范

设施巡查保洁频次、设施维护、设施清洗粉饰频次应满足以下各表要求。

表 4-1　设施巡查保洁频次

区域	平日	节假日和重大活动期间
旅游景区主要出入口、游客中心、停车场地及其他主要配套设施周边 50 米范围内	≥1 次 / 日	≥2 次 / 日
景区主干路	≥3 次 / 周	≥1 次 / 日
次干路、支路	≥2 次 / 周	≥3 次 / 周
游步道等	≥1 次 / 周	≥2 次 / 周

表 4-2　设施维护要求

项目	时限		具体要求
	平日	节假日和重大活动期间	
修复功能故障	≤ 24 小时	≤ 12 小时	—
修复外观损坏	≤ 48 小时	≤ 24 小时	—
清理小广告	≤ 24 小时	≤ 12 小时	清理设施上附着小广告时，不应损坏设施表面，不应使用与设施原有材质或漆面颜色存在明显色差的涂料进行遮盖或修补

表 4-3　设施清洗粉饰频次

区域	清洗粉饰频次
旅游景区主要出入口、游客中心、停车场地及其他主要配套设施周边 50 米范围内和景区主干路	≥2 次 / 年
次干路、支路、游步道等	≥1 次 / 年

4.4.3.3　设施紧急维修作业管理规范

（1）各类设施应有特殊气候及各种自然灾害时的维修预案；

（2）设施倾倒、歪斜或不稳固时，应立即设置围挡和安全警示标志，并及时对设施进行维修或拆除；

（3）设施出现闸箱开放、浸水、电线裸露等情形，应立即对设施进行断电，设置围挡和安全警示标志，并及时对设施进行维修。

4.4.4　景区交通配套设施服务管理典型任务处理

4.4.4.1　鉴湖—柯岩旅游度假区缺少交通集散中心

一是现状问题。鉴湖（九埠）游客中心位于香林大道与规划杨绍线（新 104 国道南复线）交叉口西北侧，由游客中心和九埠停车场组成，其中九埠停车场可停放公交车 24 辆、景区巴士 23 辆、社会大巴 190 辆和小汽车 128 辆。鉴湖（九埠）游客中心虽预留有公交停车位，但与现有公交场站对接不足。社会大巴停车位过多，大大超出实际需求，经测算整个柯南片区节假日高峰旅游大巴到达规模仅为 70 辆 /h。但九埠已建设大巴车位 230 个，柯南停车楼已配置大巴车位 40 个，现状远超实际需求。小汽车停车位明显不足，整个柯南片区节假日高峰小汽车到达规模为 3300 辆 /h。九埠停车场已配套建设小车位 128 个，柯南停车楼已配置小车位 2614 个，现状小型停车规模尚显不足。土地利用过于浪费，地下空间利用潜力巨大。建议地上地下综合开发。

二是配套方案思路。根据分析，九埠停车场用地总规模有富余，占地 4.4 公顷（实际由占地 0.8 公顷的游客集散广场和 3.6 公顷停车场用地组成）。大型停车规模有富余，九埠停车场拥有 230 个大客车位，而待建的公交停保场需要 166 个公交车位，剩余 64 个大客车位可以作为旅游接驳巴士车位和公交枢纽站的发车位。公交与旅游大巴可以出行时间错峰，公交停保场的车辆出场时间在早晨 04：00—06：00 之间，入场时间在夜间 20：00—21：00，旅游大巴的进出场高峰分别为上午 09：00—10：00、下午 15：00—16：00，因此公交停保车辆与旅游大巴车辆出行时间错峰，在白天公交停保场可以提供一定规模的场地作为旅游大巴集散停放使用。九埠停车场区块完全可以容纳公交停车功能，将柯南客运总站与九埠停车场合并建设，有利于地块的综合利用和旅游集散中心功能的完善。

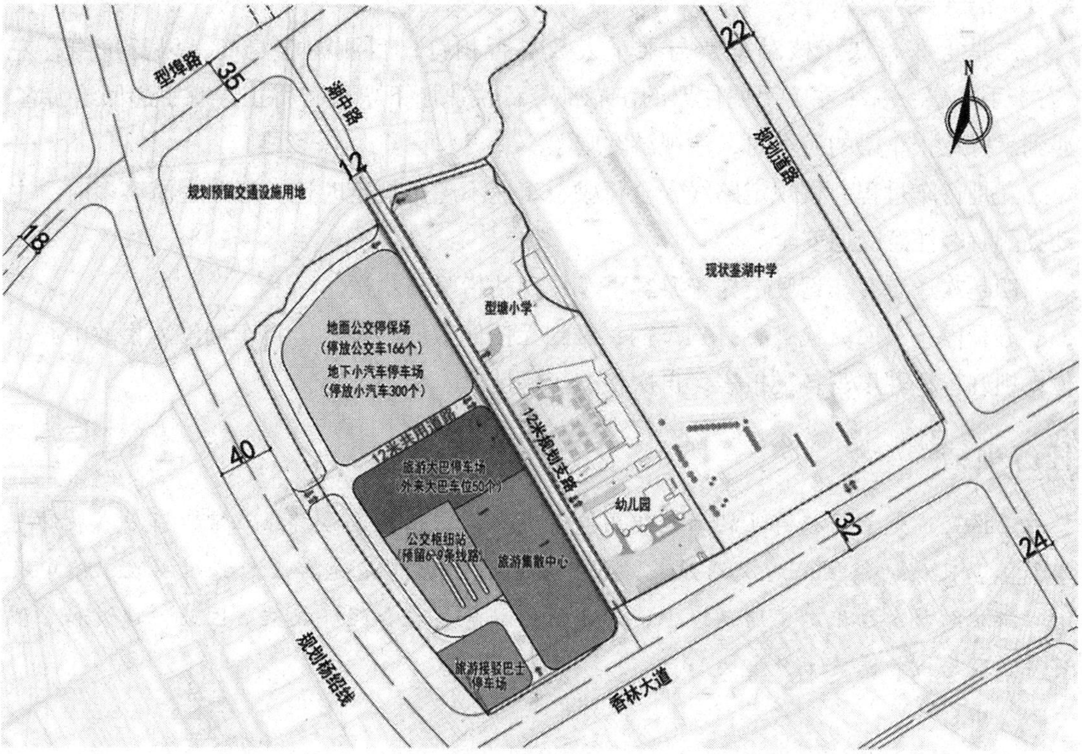

图 4–2　鉴湖—柯岩旅游度假区九埠停车场用地方案

三是解决方案。最终对九埠停车场交通配套设施优化，将九埠停车场地块划分为5个功能区块。北侧公交停保场（含地下小汽车停车场），地面公交停车位166个，地下P+R停车规模300个。中部旅游大巴停车场，停车位50个。南部的公交枢纽站，预留6~9条线路到发功能。短驳车停车场，景区之间的短途接驳车停放与到发功能。旅游集散中心（现状保留），用于景区宣传、游客休憩的综合性场所。

4.4.4.2 旅游集散中心出发进入景区

一是指引购票。注视游客，面带微笑；左（右）手掌心向上，五指并拢指向售票处；语气亲切、友好。

二是上车检票。核对车票与乘车人数是否相符；目测游客身高，以身度身；左（右）手接票，右（左）手握住票的正券部分；快速撕下票根；将正券双手递回给游客；遇到手持几张车票的游客时，注视游客唱票。

三是行车过程。按规定路线安全行驶；车速不超过规定时速；按车队导游词对游客讲解；遇路上游客多时，主动提醒游客注意交通安全。

四是欢送游客。驾驶员先于游客下车；到站指引与欢送。

4.4.4.3 景区返回游客服务中心

一是指引购票。注视游客，面带微笑；左（右）手掌心向上，五指并拢指向景区售票处；语气亲切、友好。

二是上车检票。核对车票与乘车人数是否相符；目测游客身高，以身度身；左（右）手接票，右（左）手握住票的正券部分；快速撕下票根；将正券双手递回给游客；遇到手持几张车票的游客时，注视游客唱票。

三是行车过程。按规定路线安全行驶；车速不超过规定时速；遇路上游客多时，主动提醒游客注意交通安全。

四是欢送游客。驾驶员先于游客下车；到站指引与欢送。

五是停车入库。检查、打扫车辆，做到无任何纸屑、杂物。将车辆停入集散中心车位，锁好车辆并填写各类报表，再次检查车辆情况。

任务小结

景区交通是景区旅游业的六大组成要素之一，它是景区旅游业正常、有序发展的基本保障。良好的景区旅游交通设施建设，有利于创造“旅速游慢，旅短游长，旅中有游，游旅结合”的旅游交通环境，实现良好的社会效益和经济效益。因此，建设和管理好景区交通设施意义十分重大。

任务测验

一、名词解释

1. 景区内部交通
2. 景区交通管制
3. 道路养护

二、填空题

1. 景区停车场服务管理制度是景区停车场服务质量保证的基础。

2. 按照政府指导价或市场调节价进行收费，可按白天和夜间两个时段标准分别计算收费，也可实行计时收费和计次收费两种计费方式。

三、选择题

1. 交通服务与管理的基本要求是（ABCDEF）。

A. 安全性　　B. 准确性　　C. 节奏性　　D. 快速性
E. 多样性　　F. 层次性

2. 景区交通配套设施是连接、贯穿景区，保证游客在景区正常合理流动的最普遍、最基本的设施。主要包括（ABCDE）等。

A. 车行道　　B. 步行道　　C. 停车场　　D. 交通场站
E. 各类运输设施

四、判断题

1. 景区内的车行道按照等级可以分为主行道、次行道和步行道。（错误）

2. 旅游集散中心提供公交巴士、旅游巴士、自驾车、景区巴士、出租车、公务车等的停靠、上落、接驳服务与相应的管理。（正确）

五、简答题

1. 景区交通工具有哪些类型？
2. 景区游览路线设计的原则有哪些？
3. 景区交通为什么能被开发、设计成旅游产品？

六、任务训练

1. 以当地的实际景区为例，分析其交通服务的构成和功能。
2. 说说山岳型景区路基路面养护主要注意点。
3. 为学校停车场制定停车场管理规定。

参考文献

[1] 温燕，等. 景区服务与管理 [M]. 武汉：华中科技大学出版社，2017.

[2] 屈直. 旅游景区停车场规划与管理问题研究 [D]. 长安大学，2010.

[3] 南京市城市管理局，等 . 南京市停车管理（送审稿）[S] .2017：10.

[4] 上海市职业培训研究发展中心 . 停车场管理员 [M] . 北京：中国劳动社会保障出版社，2017：146.

[5] 国家旅游局 . 旅游客车设施与服务规范 GB/T 26359-2010 [S] . 国家质量监督检验检疫总局，2010.

[6] 国家旅游局 . 游览船服务质量要求 GB/T 26365-2010 [S] . 国家质量监督检验检疫总局，2010.

[7] 葛全胜，等 . 旅游景区设施设计与管理 [M] . 北京：中国旅游出版社，2009：157-188.

[8] 北京市质量技术监督局 . 城市道路公共服务设施设置与管理规范 DB11/T 500—2016，2016.

任务5　游客中心服务与管理

❖情景案例

《案例 5-1》

一位游客来到某景区游客服务中心，咨询台的工作人员热情地接待了他。

景区工作人员："您好，请问您需要什么帮助？"

游客："我们是从外省来这边旅游的，现在打算去其他的景区玩一玩，你们可以帮我们推荐一些景点吗？"

景区工作人员听了游客的回答后说："那我给您推荐离这40分钟左右路程的一个景区，风景优美，人气很高。另外，市区方向有一个乡村旅游点，也是很多游客的必去之地呢！"

游客："那我们要怎么去这两个景点呢？"

景区工作人员："附近的这个景区您如果打算去的话，有旅游专线大巴，您可以直接乘坐大巴前往；市区方向那个乡村旅游点，您乘坐地铁即可到达。"

游客："我们带了挺多的行李物品，能不能帮我叫个车呢？我们想先去附近的景区。"

景区工作人员："那请您把电话号码给我，然后在游客中心休憩区休息一下，我联系好车以后通知您！"

游客被景区游客中心咨询台工作人员细致周到的服务态度所打动，在跟工作人员道谢后，还在社交软件上进行了分享，推荐亲朋好友有机会来该景区游玩。

《案例 5-2》

一位游客很生气地走进某主题公园的游客服务中心，咨询台的工作人员立即起身微笑询问："先生，请问有什么可以帮您的？"

游客："我刚进园区还没玩几个项目，就下起了大雨，什么都玩不了了，你说怎么处理！"

景区工作人员："先生，十分抱歉，由于雨势较大，出于安全考虑，游乐项目只能暂时关闭。对于天气原因给您带来的不愉快，我们也实在遗憾，我们给您签票一张，您可以等到下次天气好的时候再来游玩，您看可以吗？”

游客：“我是外地人，以后不一定会来了，我不要签票，我要退票！”

景区工作人员：“先生，请您稍等一下，我们请示一下领导。”游客一直在旁边站着等待，十分不耐烦。请示领导同意之后，工作人员做好登记，将退款交于游客，游客接受后离开。

想一想：针对案例5-1和案例5-2中游客中心工作人员的处理过程，请思考是否还有可优化的地方？

❖学习导引

刘伯温故里：对标5A，全新升级

2018年7月，刘伯温故里景区游客服务中心暨信息指挥中心启用仪式举行。据了解，刘伯温故里游客中心总用地面积59.8亩，建筑占地面积5363.4平方米，由游客接待中心、信息指挥中心、特农汇、鑫悦酒店、美丽乡村4D影院、生态停车场等部分组成，是集游客集散、景区售票、导游服务、特色购物、休闲娱乐等于一体的综合接待服务中心。

在此次提升改造中，景区游客中心秉承“游客为上，优服舒畅”的理念，对照5A创建标准完善功能布局，新增影视厅、VR体验区、购物区、医务室、母婴室、休息大厅等服务职能。游客中心背靠客运集散中心，开通直达刘伯温故里各景点的旅游公交线路，增设直达温州龙湾机场、温州南站、瑞安动车站旅游班线，加强景区的可通达性；以绿色生态为标准，大力推进停车场建设，新建或改建停车位190余个。通过引进特农汇、鑫悦酒店、美丽乡村4D影院等形式，优化整合“吃、住、行、游、购、娱”等旅游要素，谋划餐饮民宿、旅游交通、特色购物等旅游业态的全面发展，有效延伸旅游产业链条，大力推进“旅游+”“+旅游”融合发展，带动其他产业蓬勃发展。

（资料来源：“诗画浙江”文旅资讯，https：//www.sohu.com/a/240526994_349203）

查一查：国家级5A景区创建标准中对景区游客中心提出了哪些要求？

想一想：改造后的游客服务中心新增的VR体验、购物区等服务职能是否有必要？

❖学习目标

素质目标

· 能充分认识旅游景区中游客中心的重要性；

· 能全面分析、判断旅游景区游客中心设置的合理性与科学性。

知识目标

· 了解游客中心类型、功能、要求等基础知识；

· 了解游客中心相关岗位的职责与工作流程。

技能目标

· 能全面掌握游客中心咨询、投诉等岗位要求及流程；

· 能结合实际，总结、归纳咨询、投诉等岗位对客服务的要点，能灵活运用服务技能为游客提供相关服务。

· 能结合实际，提出促进景区游客中心服务与管理水平提升的措施和手段。

5.1 认识游客中心服务与管理

游客中心是景区展示自身形象的主要窗口，是景区必不可少的服务设施，也是景区服务与管理的重要内容。游客中心通常会设在旅游景区的入口处，方便游客在开始游览之前或游览结束之后进行信息咨询、物品租借、休息等活动。景区是否设置有游客中心、游客中心提供哪些服务项目、游客中心服务与管理的质量如何都将直接影响到游客对景区的印象与评价。

中华人民共和国国家质量监督检验检疫总局、中国国家标准化管理委员会 2015 年发布并实施的《旅游景区游客中心设置与服务规范》（GB/T 31383-2015）中对游客中心的定义、功能、设施、类型等作出了明确规定。

游客中心是旅游景区内为游客提供信息、咨询、游程安排、讲解、教育、休息等旅游设施和服务功能的专门场所，属于旅游公共服务设施，所提供的服务是免费的或是公益的。

5.1.1 游客中心的主要类型

《旅游景区游客中心设置与服务规范》（GB/T 31383-2015）中按照规模大小，将游客中心分为 3 大类型：大型游客中心、中型游客中心及小型游客中心。其中，大型游客中心是指 5A 级旅游景区中年服务游客量 60 万（含）人次以上的游客中心；中型游客中心是指 4A 级和 3A 级旅游景区中年服务游客量 30 万 ~60 万（含）人次的游客中心；

小型游客中心是指 2A 级和 A 级旅游景区中年服务游客量小于 30 万（含）人次的游客中心。

5.1.2 游客中心的主要岗位

游客中心功能主要分为必备功能和指导功能。必备功能包括基本游客服务、旅游咨询、旅游投诉和旅游管理；指导功能包括旅游交通、旅游住宿、旅游餐饮和其他游客服务。

一是基本游客服务。基本游客服务主要是指免费为游客提供的必要服务，包括厕所、寄存服务、无障碍设施、科普环保书籍和纪念品展示。

二是旅游咨询服务。为游客提供相关的咨询服务，包括景区及旅游资源介绍、景区形象展示、区域交通信息、游程信息、天气询问、住宿咨询、旅行社服务情况问询及有关注意事项提醒。

三是旅游投诉服务。旅游者向旅游行政管理部门提出的对旅游服务质量不满意的口头或书面上的表示。

四是旅游管理。对游客中心服务半径范围内的各类旅游事务及游客中心本身进行管理，包括旅游投诉联网受理、定期巡视服务半径范围、紧急救难收容及临时医疗协调，以及设置游客中心服务项目公示牌。

五是其他游客服务。雨伞租借、手机和摄像（照相）机免费充电、小件物品寄存、失物招领、寻人广播服务；电池、手机充值卡等旅游必需品售卖服务；邮政明信片及邮政投递、纪念币和纪念戳服务；公用电话服务，具备国际、国内直拨功能，移动信号全覆盖，信号清晰；有条件的，提供医疗救护服务，设立医务室，配专职医护人员，备常用药品、氧气袋、急救箱和急救担架。

基于游客中心的定义及主要功能，一般而言，景区游客中心设置的主要岗位有：票务岗位、咨询接待岗位、投诉接待岗位、寄存接待岗位、租赁接待岗位、广播岗位等。

5.1.3 游客中心的基本要求

5.1.3.1 咨询设施

应配备咨询台和咨询人员，提供景区的全景导览图、游程线路图、宣传资料和景区活动预告及景区周边的交通图和游览图。

游客中心应设置电脑触摸屏和影视设备，介绍景区资源、游览线路、游览活动、天气预报，并提供网络服务，有条件的宜建立网上虚拟景区游览系统。

5.1.3.2　展示宣传设施

游客中心是旅游景区的宣传展示窗口，相关设施包括：设置资料展示台、架，展示景区形象的资料和具有地方特色的产品纪念品、科普环保书籍。大型游客中心展示架不得少于 4 个，中小型游客中心展示架不得少于 2 个。展示架所展示的资料应分类摆放，有明显的标志或文字。设立主背景墙，在咨询台的背面墙上应设置所在旅游景区的照片或招贴画，并配合当地旅游活动不断更换。设置区域地图或旅游示意图，可置于室内显著位置或建筑物外墙，保持所展示的图件内容准确，查阅方便。此外，大型游客中心应设置循环播放影视资料设备，可置于室内显著位置或建筑物外墙。

5.1.3.3　休息设施

应设置游客休息区，面积及座椅数量适当，应能够满足高峰期游人或司机的短暂休息需求；应注重休息区氛围的营造，周边功能区要有缓冲或隔离，保持相对安静、视野开阔。室内应适当摆放盆景、盆花或其他装饰品；应提供饮用水等设施。

5.1.3.4　特殊人群服务设施

各个景区均应为特殊人群提供相应的服务设施。尤其值得注意的是，不同类型的景区，其所指的特殊人群既有相同之处，也有不同的地方。通常而言，每个景区均应提供轮椅、婴儿车、拐杖等辅助代步工具或器械，并通过景区官网、官微等各个渠道公开相关信息。

旅游景区游客中心设置与服务规范

5.2　票务岗位的服务与管理

我国景区目前仍然普遍存在“门票经济”现象，即门票收入成为旅游景区营收体系中最主要的组成部分，是景区的主要收入来源。因而，票务工作成为旅游景区实现收入的直接环节，票务岗位责任重大，关系到景区的正常运营与发展。景区票务接待主要涉及景区售票、检票、退票、补票等工作。

5.2.1　票务接待管理的岗位职责说明

5.2.1.1　售票岗位职责

（1）售票岗位工作人员必须严格按照操作程序开启、关闭及使用售票系统，对售票设备进行日常维护。

（2）熟悉售票设备的操作，准确无误地为游客打制有价票据及免费票据。

（3）工作期间有责任确保售票设备不受破坏。

（4）售票室设备出现故障时，应立即与系统维护员取得联系，确保设备设施得到及时修复。

（5）负责打扫售票室卫生，保证其干净整洁，营造良好的工作环境。

（6）回复游客关于购票、开闭园时间等景区相关信息的咨询。

（7）提前告知游客景区运营过程中存在的特殊状况，如设备开放情况、主要活动或演出开展（开放）情况等。

（8）熟悉景区的票、卡种类和优惠政策及相应要求，并与购票者进行相关信息确认。

（9）熟悉网络订票的预订情况、线下兑票方式及验证条件等必要信息，回答游客相关咨询，协助游客完成换票、入园工作。

（10）严格按照景区团队售票政策完成团队票售卖工作，做好团队游客签单、旅行社计划单等相关信息统计、上报、核对工作及相关单据景区联的保存归档工作。

（11）负责售票处购票秩序的维护。

（12）严格按退票程序为游客提供退票服务。

（13）负责协助游客完成自助售票设备购票操作及回复相关咨询。

（14）配合中心票务人员做好票款及有效凭单的交接工作。

（15）与同事交接班时按规定完成售票设备的交接工作。

5.2.1.2 检票岗位职责

（1）熟悉检票设备性能及工作原理，每天严格按照程序负责检票设备的开启、关闭及维护。

（2）工作期间有责任确保检票设备不受损坏。

（3）熟练掌握门票、季卡、年卡、月卡或有效证件的验证操作，主动协助游客检票，帮助其快速通过检票口。

（4）认真核对票卡使用者身份，如发现非本人使用，有责任给予没收处理。

（5）对于从检票口翻越入站的违规行为和破坏检票设备的行为，有责任予以警告和阻止。

（6）对于不符合免票政策的特殊人群（老人、儿童等），主动引导其前往售票处进行补票。

（7）负责内部免票接待的审核及团队游客的人数清点放行工作。

（8）做好票根的清点和回收。

（9）负责当日检票数量（入园游客数量）的统计上报。

（10）负责工作区域的卫生清扫工作，保证检票设备设施及责任区域干净整洁。

（11）负责景区检票口的秩序维持和车辆进出管理。

（12）负责处理检票过程中出现的特殊情况（如假票、假证、冒用他人身份证件、强行闯闸、逃票等），并及时上报。

5.2.2　票务接待管理的岗位制度

5.2.2.1　售票岗位制度

（1）遵守景区各项工作制度，严格执行售票程序及景区票务政策，不玩忽职守，不徇私舞弊，做到票款清楚，记录完整。

（2）票据领用严格履行登记手续，做好相关记录。

（3）保管好票据现金及单据，下班前及时交予财务人员。票据和现金做到日清月结，不得私自挪用和外借。

（4）售票时，钱票当面点清，唱收唱付。服务时坐姿端正，态度友好，主动热情，双手接递。

（5）所售票据和所收现金，认真清点核对，以防出错。

（6）不使用售票设备做与售票业务无关的事情。

（7）对游客提出的问询详细答复，做到百问不厌，简洁明了，口齿清楚。

（8）主动向临近闭园时购票的游客提醒景区的闭园时间及景区内仍有的主要活动。

（9）售票时主动提供景区导览图、游览手册或告知游客领取位置 / 电子导览图获取方式。

5.2.2.2　检票岗位制度

（1）遵守景区各项工作制度，严格执行检票程序，严格遵守景区入园规定。

（2）熟悉公司票务政策，熟悉不同票种，熟练掌握检票系统操作，针对不同游客准确放行。

（3）保持正确站姿，使用正确手势，进行站立服务，做到端庄稳重、自然亲切。

（4）服务热情主动，游客走到检票口附近（1~2 米）即主动问候，如“您好，请问您几位？”“您好，欢迎来到 ××”。

（5）检票时双手接递，唱票与清点游客数时，声音洪亮清楚。清点人数时不可用手指指游客。

（6）检票认真细致，做到票数与人数相符，不可漏检或私自放无票人员入园。

（7）对特殊人群（老人、残疾人等）主动提供帮助。

（8）熟悉景区相关信息，对游客提出的问询详细答复，做到百问不厌，简洁明了，口齿清楚。

（9）检票时主动提供景区导览图、游览手册或告知游客领取位置 / 电子导览图获取方式。

5.2.3 票务接待管理的工作流程与规范

5.2.3.1 售票服务工作流程

一是岗前准备工作。主要包括：

（1）参加班前会议，回顾前日工作完成情况，接受当日工作任务安排。

（2）按景区规定着装，佩戴工作牌，仪表整齐，妆容得体。

（3）到达售票室后，查看售票室门窗、保险柜、验钞机、话筒等设备是否正常。

（4）做好售票室内及售票窗外的卫生清扫工作，保证工作环境干净整洁。

（5）若当日出于特殊原因票价有所变化或有新的优惠信息（如教师节当天，持教师资格证游客半价），应及时调整公示价格信息及说明变动原因。

（6）根据前日售票室门票的结余数量及当日入园游客的预测量填写“门票申领表”，到财务部票务部室领取当日所需的各种门票，票种、数量当面点清无误，做好登记后领出门票。

（7）根据需要到财务部相关部室兑换零钞，确保零钞数额满足当日所需。

二是售票工作。景区售票工作流程可进一步细分为散客售票及旅游团队售票。旅游团队又可分为普通旅游团队及签单旅游团队，其售票流程存在些许差异。需熟练掌握各类游客售票流程，灵活运用。

散客售票：

（1）游客走近售票窗口时，售票员向游客礼貌问候，询问需要购买的门票数量（“欢迎来到 ×× 景区，请问您需要购买几张门票？”）。

（2）售票员根据景区价格政策向游客出售门票，主动向游客解释、说明优惠票的享受条件并询问是否有相关证件，如游客有可享受优惠的证件，客气、礼貌地请游客出示，并进行核对；如涉及儿童票出售，礼貌地请儿童贴近窗口外设置的身高测量牌，判断是否符合条件，如证件、身高有问题或不符合优惠政策，耐心向游客进行解释。售票时做到热情礼貌、声音洪亮，唱收唱付。

（3）游客购票离开前，售票员提醒游客清点门票数量、景区的闭园时间及景区的主要活动，并说送别语（“一共 2 张成人票、1 张儿童票，请您确认并收好，景区将于下午 6:00 闭园，祝您玩得开心！”）。

（4）若游客购错票、多购票或因其他特殊原因经请示领导同意后要求退票，需在售票处办理退票手续，售票员应根据实际情况依规办理，并填写“退票登记表”，以便清点时核算。

（5）根据游客需要，实事求是地为游客开具售票发票或准确告知游客发票开具地点。

（6）与同事交接班时，认真核对票、款数量，核对门票编号。

（7）售票过程中如果发现钱款、票数出现差错的，及时向上一级领导反映。

（8）热情待客，耐心问答游客的提问，游客出现冲动或失礼时应保持克制态度，不能恶语相向。

（9）发现窗口有炒卖门票的现象要及时制止，并报告景区安保部门，维护景区及游客的合法权益。

表 5–1　退票登记表

序号	日期	门票编号	游客姓名（单位名称）	退票原因	退票数量	退票金额	退款方式	本人签字	经办人
1									
2									
3									
4									

普通旅游团队售票：

（1）问候游客。一般会由团队导游前往团队专用售票窗口办理购票手续。

（2）请旅游团队导游出示本人导游证、旅行社开出的任务单（计划单）和本景区给予的传真确认件。

（3）根据“团队预订信息汇总表”核对传真确认件内容是否准确无误，如果出现内容不一致的情况要立即联系本景区负责团队游客订票的工作人员，进一步确认预订信息。

（4）请旅游团队导游出示享受优惠的相关证件，如老人身份证、军官证等，进行认真核对，确保人证一致。如果证件不能出示，则不能享受优惠门票价格。

（5）根据传真确认件内容联系景区相关部门，为对方派遣景区讲解员，安排园内交通工具、园内用餐等相关事宜。

（6）开具旅游团队发票，进行收款。将有关单据景区联收存。

（7）打印门票和发票，递交给团队导游。

（8）礼貌道别。

××××××旅行社导游任务单				
<试 行>	行程单/任务单			
收件单位：××××××××公司	××××××	×××××××	×××××××	
尊敬的各位领导好：				
以下是我社团队导游任务计划表：				
请审核后给予办理导游任务单为谢！				
团号：×××××××××		内宾：××人		
日期	行程内容	餐		住宿
			含中餐	自理
西藏地接用车 车牌号：	联系人：	导游 ×××× 联系电话：××××××××××××		
司机：	联系电话：			
		导游证号：×××××××××		
		计调：	电话：	

图 5–1 旅行社任务单

如遇签单旅游团队，即与景区签订有协议，游览景区时仅需要协议单位指定负责人签字，游览费用按双方约定的方式结算。售票服务流程如下：

（1）问候游客。通常会由协议单位指定负责人前往团队专用售票窗口办理相关手续。

（2）根据“景区签单单位汇总表”核实团队是否为签单协议单位，确认无误后，征询游客团队具体的景区游览需求，是否需要安排景区内交通、用餐和导游讲解等相关事宜，并告知相关部门同事做好相应接待准备。

（3）确认完毕后，填写完成“景区入园单”/“项目结算单”，包括日期、单位、人数、游览项目、金额（大小写）、经办人等，填写需清晰、完整。

（4）请协议单位指定负责人签字确认。声音清晰，态度热情，双手将“景区入园单”/“项目结算单”递送到负责人面前，请负责人在相应地方签名。

（5）将签字确认的“景区入园单”/“项目结算单”相关单联递送给协议单位指定

负责人，景区相关联保存归档。

（6）礼貌道别。

表 5–2　景区入园单

单位名称（团队名称）：	入园人数：	
带队人员：	入园时间：　年　月　日　时	
经办人：	付款方式：	游览项目：
金额总计：（大小写）		
备注：单位名称、入园人数、入园时间、游览项目、金额总计、付款方式均确认无误。 单位负责人签字： 签字日期：		

三是交款及统计。主要包括：

（1）做好每日每月盘点工作，保证账、票、款相符，准确无误，并认真填写相应的售票报表。

（2）每日结束售票工作后，将当日“售票日报表”及钱款交至景区财务部门。

（3）记录好工作日记，搞好卫生，关闭门窗、保险箱等，切断电源，仔细检查，确定无漏项后再下班。

5.2.3.2　售票服务工作难点

一是假钞辨别。虽然当下支付方式较多，但依然存在一定比例的现金交易行为，因此工作人员在售票过程中难免遇到假钞情况，售票人员一旦未能准确识别，将假钞正常归账，一般按规定，需由当值售票人员进行赔偿。此外，遇到假钞问题时，极易引起售票人员与游客的争执。因此，售票人员必须具备一定的鉴别货币真伪的能力，以避免收到假钞。景区可通过以下方式增强售票人员辨别能力，避免假钞问题出现：

（1）景区应当为每个售票岗位购置功能齐全、准确的验钞机，帮助售票员进行有效识别。

（2）景区应当有计划地请专业人员（如银行工作人员）来为景区员工开展假钞识别之类的专题培训活动，增强员工辨认假钞的能力。

知识活页：如何辨别假钞？

原版纸币识别：

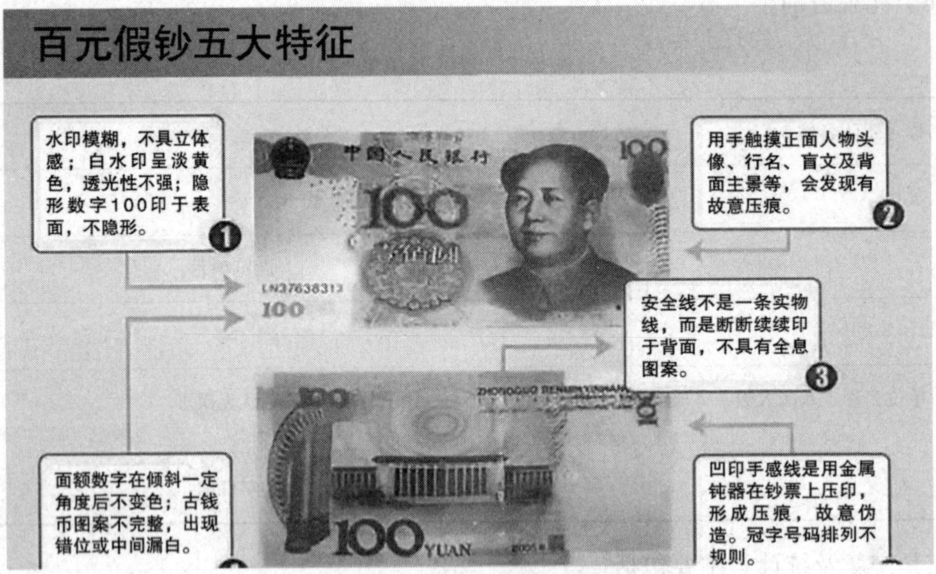

图 5-2　原版人民币 100 元识别技巧图

新版纸币识别：

2019 年版第五套人民币 50 元、20 元、10 元、1 元纸币和 1 元、5 角、1 角硬币已于 2019 年 8 月 30 日起正式发行。掌握以下四招，轻松识别新版纸币真伪。

第一招：观察光彩光变面额数字。2019 年版第五套人民币 50 元、20 元、10 元纸币票面中部印有光彩光变面额数字，改变钞票观察角度，面额数字颜色出现变化，可见一条亮光带上下滚动。以 50 元为例，随着观察角度改变，数字“50”的颜色会在绿蓝之间交替变化。

第二招：看光变镂空开窗安全线。光变镂空开窗安全线具有颜色变化和镂空文字特征，易于公众识别，是一项常用的公众防伪特征。2019 年版 50 元纸币采用动感光变镂空开窗安全线，改变钞票观察角度，安全线颜色在红色和绿色之间变化，亮光带上下滚动；透光观察可见“50”。2019 年版 20 元、10 元纸币采用光变镂空开窗安全线，与 2015 年版 100 元纸币类似，改变钞票观察角度，安全线颜色在红色和绿色之间变化；透光观察，20 元纸币可见“20”，10 元纸币可见“10”。

第三招：观察水印。2019 年版 50 元、20 元、10 元纸币明显提升了水印清晰度和层次效果。人像水印位于票面正面左侧的空白处，透光观察可见毛泽东头像，人像水印清晰度明显提升，层次更加丰富。白水印位于票面正面横号码下方，透光观察可见水印面额数字。值得一提的是，新版 1 元纸币增加了白水印。

第四招：看横竖双号码。2019 年版人民币调整了左侧横号码式样，增添竖号码，左侧横号码的冠字和前两位数字为暗红色，后六位数字为黑色。右侧竖号码冠字和数字均为蓝色。

图 5–3 新版人民币 50 元识别技巧图

（资料来源：中国新闻微信公众号）

二是优惠票容易引发争端。一般景区都会对不同人群实行差别定价，如上海迪士尼主题乐园 2019 年对儿童票标准进行调整，规定年龄在 3 周岁（含）至 11 周岁（含）的儿童游客可享受门票价格约 75 折优惠，而当日年龄在 3 周岁以下或者 1.0 米及以下的婴幼儿可免票入园；上海欢乐谷规定身高 1.1 米（含）以下或年龄 4 周岁（含）以下的儿童以及 70 周岁以上（含 70 周岁）的老人可免费入园。虽然售票窗口和检票口一般都设有测量身高的刻度，购优惠票时也需核对相关证件，但由于身高测量或证件真假等问题，依然极易造成工作人员与游客产生争端。

有部分售票岗位工作人员因不愿与游客发生争论，抱有“多一事不如少一事”的心理，便睁一只眼闭一只眼，把问题留给检票口去发现和解决。实际上，这样做至少会带来三种后果：一是给检票人员的工作增加难度，影响景区闸口的畅通与效率；二是其他游客产生心理不平衡的感觉，甚至有可能提出要享受同等对待，如果其要求被工作人员拒绝，容易导致其他游客对景区心生不满，招致投诉；三是如果这些游客在检票时未能正常入园，再返回来补票，不仅增加售票人员的工作量，也会延长其他游客的购票等候时间。

因此，遇到类似的情况，景区售票员应掌握以下原则：

（1）不要与游客发生争执，应热情、礼貌地向游客说明景区的门票价格优惠制度。

（2）向游客解释时，应注意表达方式，顾及游客感受，尽量站在游客的立场上进行表达。比如适当赞美游客的小孩，并委婉、善意地提醒家长，让其意识到孩子正茁壮成长。

（3）遇到某些特别固执的游客也可以灵活处理。比如干脆请他（她）做一次景区服务质量暗访员，针对景区服务的各个方面指出存在问题，提出合理意见，作为回报，他（她）可以免票入园。这样做皆大欢喜，游客心理得到了极大的满足，景区也得到了关于服务质量的第一手资料。

除了上述案例中讲到的儿童优惠票、长者票以外，景区还有团体票、假日票甚至导游票等，售票人员也应灵活处理，避免引起游客不满或投诉。但需注意，解决方案的提出与执行必须在权限范围以内，如果超过权限，应请示上级领导，同意后方可操作。

5.2.3.3 检票服务工作流程

一是岗前准备工作。主要流程包括：

（1）参加班前会议，回顾前日工作完成情况，接受当日工作任务安排。

（2）按规定着装，佩戴工作牌，仪表整齐，妆容得体。

（3）检查岗位设施设备是否正常。

（4）准备各类工作表格、工作卡、景区导览图等。

（5）做好责任区域的卫生清扫工作，精神饱满做好开园准备。

（6）根据景区开园迎宾活动要求进行动作演练、道具准备等事前准备工作（多见于主题乐园类景区中，如欢乐谷）。

二是检票工作。主要流程包括：

（1）检票员侧立站在检票位，精神饱满，面带微笑，使用礼貌问候语。如有开园迎宾要求，应按规定认真完成游客开园欢迎仪式。

（2）游客入闸时，检票员应要求游客人手一票，并认真查验。如检票时采用自动检票机，检票员应监督、帮助游客通过电子检票；游客排长队的时候检票员可以主动帮忙验票，确保游客快速、顺利地进入景区。当自动检票机出现故障时，应迅速开展人工检票工作，避免影响游客入园效率。如检票采用人工操作方式，应仔细核对，人、票、证无误方可放行。

（3）门票检验后，撕下副券留存，正券双手递还给游客。

（4）对持各类有效证件入园的游客，认真核对证件，无误后放行，对需要补票的游客礼貌引导其前往售票窗口。

（5）熟悉旅行团导游、领队带团入园的检验方法及相应入园规定。团队入园参观时，需登记游客数量、旅行社等信息并进行清点核对，确保团队入园数量准确。

（6）对于残疾人、老人以及孕妇和婴幼儿等特殊群体提供必要的帮助。

（7）维持出入口秩序，避免出现混乱现象。对持无效门票入园的游客，耐心说明无效的原因，礼貌要求游客重新购票。对闹事滋事者，应及时礼貌制止、耐心说服，如事态无法控制时，应该及时报告景区安保人员。切忌在众多游客面前发生争执，应带离检票现场进行处理。

（8）若游客提出问题应耐心解答，当游客需要帮助时应予以协助。

（9）根据景区规定定时向相关部门上报入园人数，便于景区游客流量控制工作开展。

三是交接班及闭园。主要流程包括：

（1）交接班时，及时将当天下发的文件及工作安排事项准确无误地移交下一班工作人员。

（2）晚班人员与财务部工作人员确认当天补票的数量。

（3）晚班人员统计当日入园人数并查看是否准确录入后台系统。

（4）闭园前，关闭所有闸道，检票员将全天回收的票根送往财务部。

（5）关闭检票设施设备、电源、水源等，检查岗位消防设施，确保安全。

（6）下班前打扫卫生，填写工作日记。

5.2.3.4 检票服务工作难点

一是识别假票、过期票。有些游客为了图方便、图便宜，在黄牛手上或虚假网站上购买到了假票或过期票却不自知，增加了检票工作的难度。遇到此种情况时，检票人员应该耐心解释，请求游客配合，引导游客前往售票窗口补票，并将假票、过期票等情况及时上报景区安保部门或警方，协助进行查证处理，避免更多游客上当受骗。但随着智慧景区的建设发展，这种现象会逐渐减少。

二是无票入园。作为景区检票人员要以身作则，坚决杜绝自己的亲朋好友或其他“走后门”人员无票入园。当发现游客出现类似情况时，应根据景区的规章制度进行耐心劝说，礼貌地向游客做好解释工作，维护景区形象，并引导游客前往售票窗口补票。

三是享受门票优惠的群体入园。随着智慧旅游的不断发展，越来越多的景区采用人脸识别、证件识别等智能化、信息化方式进行检票，但由于每个景区的门票优惠政策不同，因此，会出现一些老人、低龄儿童、军人、未带团导游等特殊游客实际上并不符合景区价格优惠政策，却以为自己属于免票人群，当其到达景区之后，未与售票处工作人员接触，而是直接前往检票口等待验证入园，在验证时经常会与检票人员因是否可享受优惠问题发生争执。当遇到类似情况时，检票人员应耐心解释景区价格政策，主动引导其前往相应窗口进行补票。

四是团队游客入园。当团队游客数量过多时，容易造成检票口现场混乱，影响散客入园速度，造成游客不满。因此，景区应开设团队检票窗口，提前部署大型旅游团检票工作，增派检票人员，灵活采用系统识别、人工验票、人数清点入园后续补检录入等方式提高团队游客检票效率。

5.2.4 票务接待管理的典型任务处理

5.2.4.1 退票服务处理

每个景区会根据实际情况制定退票政策及处理流程，大致有以下要点：

一是未使用过的门票。一般而言，未使用过的门票可以正常办理退票手续。其中，网络购买的未使用过的电子门票，直接在购买平台上申请退票；在景区售票处购买的未使用过的门票，游客需持有效门票、证件及完整的门票票据，到景区售票处办理退票。

二是已检票的门票。当门票已经过验证，景区一般不予退票，但可根据实际情况进行灵活处理。如游客刚检票入园，由于天气原因无法游玩或由于私人事由需立即离开，游客坚持办理退票时，票务岗位人员应首先安抚游客情绪，向游客承诺会妥善处理当前情况，避免引起游客不满，招致投诉；其次，立即向上级领导反映当前遇到的情况，经领导同意后，做好相关游客的退票工作。在退票时，要注意做好门票的核验工作，确保人、票、款的一致。退票手续完成之后做好相关的登记工作。

5.2.4.2 补票服务处理

检票人员多会遇到游客补票情况，当发现需补票游客时，应遵循以下处理要点：一是耐心地向游客解释景区的优惠政策，争取游客理解，避免发生争执。二是礼貌地引导游客前往售票窗口履行补票手续。三是游客补完票后，确认票、人相符，履行检票手续，票根留存，班后统一交予财务人员。

5.2.4.3 免票服务处理

不同的景区有不同的免票优惠政策，售票人员及检票人员在服务过程中要熟悉、掌握最新的优惠政策，严格执行。售票及检票过程中认真核对相关证件，如有疑问应以温和的口吻耐心询问。

5.2.4.4 非可签单人员要求签单

如非可签单人员至售票窗口要求入园时，售票员应快速反应是否接到过通知或翻看“接待预订单”“签单单位汇总表”等确认，如确有通知或记录，则说：“请稍等，马上为您办理。”

如未有相关记录，但对方是信誉单位的非签单人员，则说：“请问您和贵单位哪位同事联系的？”游客回答后，对游客说：“请稍等，我帮您查询一下”，立即与对方单位相关人员联系，要求避开游客操作。如对方认可，则说：“很抱歉，让您久等了，我们马上为您办理”，立即为其办理签单。如对方人员不认可，则说：“很抱歉，未能和贵单

位 ×× 联系上，请您通过别的方式再联系一下吧。贵单位是我们景区的信誉单位，签单要通过事先确定的对接人统一扎口，这也是对贵单位的负责和承诺。”

如对方一直僵持，则说：“请稍等，我马上请示一下”，视具体情况给游客一个台阶，请示领导同意后给予优惠：“您好，我们两家是信誉合作单位，一直合作得比较愉快，贵单位对我们景区工作一直大力支持，这次按景区的最大折扣给您优惠，一共 ×× 人，原价 × 元，打折后 × 元。”景区接待人员同时做好补位工作：“您好，很抱歉，耽误了您的游览时间，请从这边绿色通道入园。”

旅游景区的票务服务

5.3　咨询岗位的服务与管理

咨询服务是景区产品销售的配套服务，是一种免费服务。向游客提供咨询服务是景区每一个员工应尽的职责，但专职为游客提供咨询服务的主要是游客中心。景区员工应将游客的每次咨询都看作是一次产品推销、增加景区收入、维护景区形象的机会，而不能将其视为一种麻烦。有时游客也会问及景区之外的一些情况，员工都应详细解答。对于咨询服务，无论是当面接受咨询、电话接受咨询、线上接受咨询、留言接受咨询等，都应掌握基本的工作要点。

5.3.1　咨询接待管理的岗位类型与职责

5.3.1.1　咨询接待的岗位类型

咨询接待岗位可分为现场咨询、电话咨询、在线咨询、留言咨询。其中，现场咨询与电话咨询均主要设置在景区的游客中心，在线咨询与留言咨询则主要通过景区游客中心的工作人员于官方网站、官微、官网等线上渠道完成。

现场咨询指的是面对面的咨询服务，需要景区工作人员准确掌握景区相关知识和熟悉周围的环境，并具备较高的随机应变能力。

电话咨询指的是游客通过拨打景区官方咨询电话进行咨询。人们在了解景区情况时，电话咨询是重要的方式之一，电话咨询服务体现了一个景区的服务水平，甚至在一定程度上影响着游客对景区的第一印象，以及影响人们决定是否到该景区旅游。

在线咨询指的是景区工作人员在官网、购票平台、官微官博等为游客提供咨询服务。

留言咨询指的是景区工作人员对游客在线上各平台的留言进行回复，提供咨询服务。

5.3.1.2　咨询接待管理的岗位职责说明

旅游景区咨询接待服务与管理的岗位职责主要包括但不限于：

（1）回答游客提出的关于景区相关信息的问询，宣传、介绍景区资源。

（2）做好游客参谋，应游客要求提供有关旅游活动等方面的建议。

（3）向游客宣传有关科普知识和安全防范知识。

（4）做好咨询情况的统计、分析、上报，作为景区服务管理的基础资料。

（5）收集并向上反馈游客意见。

（6）为游客提供便民信息，如医疗、交通、住宿等。

（7）接受旅游救助请求并协助相关部门进行旅游紧急救助活动。

5.3.2　咨询接待管理的岗位制度

5.3.2.1　咨询接待管理岗位通用制度

（1）应具有良好的旅游综合知识，对游客咨询问题做到有问必答，提供耐心、详细的答复和具体指导。

（2）工作期间保持良好的精神状态，不将个人情绪带入咨询工作中。

（3）对于不确定的问题一定要核实后再给予准确回复，不可信口开河或使用“可能”“应该是”“或许”等不专业用语。

（4）如遇暂时无法解答的问题，应向游客解释说明，并表示歉意，查证后回复或向游客提供其他可咨询的渠道，不可简单地说“我不知道”等不专业用语。

（5）对待所有游客一视同仁，处处做到文明用语，礼貌待客。

（6）咨询完成后做好相关记录，定期进行统计分析，对游客咨询较多的问题及时汇总上报，以作为景区服务与管理水平提升的重要依据和方向。

（7）不收受游客所赠礼品。

5.3.2.2　咨询接待管理岗位个性制度

一是现场咨询。

（1）咨询人员在岗期间必须着装整齐、大方得体，仪容仪表和行为举止符合景区规定。

（2）游客到达时主动、热情地招呼问候，不可冷漠毫无反应。

（3）接受游客咨询时应面带微笑，双目平视对方，全神贯注，集中精力，以示尊重和诚意。

（4）回答游客咨询时谈吐得体、表达清楚、口吻温和，游客陈述过程中耐心倾听，不抢话，不插话，不争辩。

（5）尊重游客风俗习惯，不指点、不讥笑、不议论游客、对生理有缺陷的游客或小孩不歧视、不嘲笑。

（6）游客咨询结束离开时礼貌道别。

二是电话咨询。

（1）每日岗前应检查电话设备是否完好，保证设备正常使用。如遇故障，及时上报并联系相关部门检修。

（2）接听电话应及时，不可故意不接或互相推诿。

（3）接听时声音清脆温和，主动亮明身份。禁止使用“喂”等不礼貌用语。

（4）游客陈述过程中耐心倾听，不抢话，不插话，不争辩。

（5）游客咨询完成后待游客挂断之后才可放下电话，不可中途单方面挂断。

（6）不可将咨询电话设备挪作私用，造成游客咨询电话无法及时接入。

三是在线咨询。

（1）工作期间不得利用电脑设备做与工作无关的事情。

（2）及时回复游客线上咨询内容，有问必答，不可故意无视。

（3）管理好线上平台账号及密码，不得泄露给其他无关人员。

（4）关注线上舆情，发现问题及时上报。

四是留言咨询。

（1）对留言内容进行甄别，及时删除无关内容，确保游客可及时查看相关咨询回复信息。

（2）认真逐条回复各官方渠道的留言咨询内容，不可选择性回复或不回复。

（3）关注线上舆情，发现问题及时上报。

5.3.3 咨询接待管理的工作流程与规范

5.3.3.1 现场咨询工作流程

一是主动问候。遇到走近或满脸迷茫的游客，面带微笑，注视游客，主动开口问候：“您好，请问有什么需要我帮助吗？”这样会给游客留下温暖、热情、友好的印象。

二是耐心倾听。对于游客提出的问题应该认真、耐心地倾听。首先，应双目平视对方，全神贯注，集中精力，以示尊重与诚意；对于提出的问题应该以点头或“嗯”等形式有所反馈，让对方知道你在听他阐述并且听明白了他想要表达的意思。其次，要有优雅的姿态，在游客提问的时候不可以三心二意，不可以有左顾右盼、手指绕来绕去、玩头发等表情和动作。

三是有问必答。对于游客的问询，要做到有问必答、用词得当、简洁明了，不能说“也许”“大概”之类没有把握、含混不清的话，自己能回答的问题要随问随答，绝不推诿；对不清楚的事情，不要不懂装懂，随意回答，更不能轻率地说“我不清楚”。如果经过努力确实无法回答，要向游客表示歉意，说“对不起，这个问题我现在无法回答，让我先了解一下，好吗？”此时应该通过电话或向旁边工作人员咨询的形式来解决游客提出的问题。若离开现场去别的地方问询，问清楚以后应马上回来告答，不能一去不返。对待游客的咨询，应当直到其满意为止。

四是礼貌告别。当游客准备离开时应主动向游客道别，并祝其玩得愉快：“再见，祝您玩得开心！”

五是总结记录。当日工作中，应对游客问询时未能及时解决的问题和咨询情况进行记录，同时对当日咨询工作中出现的新问题和重要事件进行记录。建立景区内部信息汇总反馈通道，对现场咨询中收集到的游客建议、意见进行汇总、反馈。

景区现场咨询服务　　现场咨询服务流程

5.3.3.2 电话咨询工作流程

电话咨询会在电话的接听、使用过程中，通过工作人员的语速、语气、讲的内容及对时间的把握等要素给游客留下相应的印象。因此电话咨询接待服务在游客未抵达景区时就会给游客留下前期的景区印象。如游客已在景区内游览，电话咨询服务也会加深游客对景区的印象。因此说，电话咨询服务充分体现了景区的服务质量，代表了景区的对外形象，对树立景区在游客心目中的整体形象有着十分关键和重要的作用。

一是接听电话。具体流程规范如下：

（1）尽快接听。尽快接听电话，电话铃响三下之后立即接听。不要铃响的第一下就接听，对方可能尚未做好准备。如果铃响超过三下后再接听，拿起电话后就应先向对方致歉：“对不起，让您久等了。”

（2）主动问候。拿起电话先问候，接听电话后第一句话应该是先向对方问好，然后自报单位名称及所属部门，如：“您好，这里是 ×× 景区游客服务中心，请问有什么可以帮您？”

（3）耐心倾听。接听电话过程中应当注意力集中，耐心倾听对方的讲话并及时、恰当地给予相应的反馈，如“嗯”“好的”等，让游客感受到工作人员在认真倾听。

（4）记录与处理。电话旁边应该备好记录用的办公用品，如咨询服务记录表和笔，确保在工作区域内能够随时记录咨询内容及需要转达、通知的通话内容。如果在服务过程中遇到需要查询的情况，切忌让对方拿着听筒等你。如当时无法解答游客问题，应向其致歉，并记录联系电话及姓名，同时告知游客将尽快给其答复。若游客问题涉及景区其他部门，礼貌询问游客姓名与单位，并告知其分机号码或进行转接。

（5）礼貌告别，做好记录。通话即将结束时，应根据通话内容，做好结束准备工作。如游客的问题需要后期跟进处理时，在结束通话前应再次和游客确认回电信息，包括电话号码、游客姓名、咨询内容等。如已完成当次咨询工作，则应感谢游客的来电，可以说："请问您还有其他问题需要帮助吗？""非常感谢您的支持和理解，欢迎您再次致电，再见。"通话完毕，让对方先挂断电话，工作人员再轻轻放下听筒，并在咨询记录表上做好记录。

表 5-3　景区电话咨询服务记录表

日期		来电时间	
来电者姓名		来电者联系方式	
来电咨询内容			
需要解决的问题			
是否需要回电			
回电要求			
记录人			

二是拨打电话。景区工作人员在接到咨询电话时，如果不能当即回答，应当及时向游客说明情况，并留下对方的联系方式，在问清游客所询问的事情后，在第一时间向咨询者进行回复。拨打电话流程如下：

（1）打电话之前要厘清思路，拟好要点；确认电话号码后拨打；如果打错了，也不要急于挂断电话，应该先表示歉意再轻轻放下电话。

（2）电话接通后先问候对方，再确认是不是要回复的咨询者。

（3）注意通话时间宜短不宜长，要把握好打电话的时间，简明扼要地把要解释的事情交代清楚、讲明白就可以了。

（4）待问题解决以后要感谢对方的咨询，希望对方能够继续关注景区，并欢迎对方随时来电对景区的发展提出宝贵的意见及建议。再次致谢道别，并等对方挂断电话之后再放下话筒。

5.3.4　咨询接待管理的典型任务处理

5.3.4.1　现场咨询岗位的典型任务

一是游客询问设施位置。

游客："请问洗手间在什么位置？"

工作人员：面带微笑，语速适中，指引方向时，五指并拢，掌心向上，目光平视："先生 / 女士，洗手间出门左转，大约走 100 米就到了。"

二是游客询问景区相关信息。

游客："景区现在有哪些演出活动？什么时间开始？在哪个地方？"

工作人员：起身相迎，以示尊重，目光注视游客，语气温和："先生，您好！景区现在主要有1个大型演出活动，最近的场次为14：00，演出地点为景区中心广场。这是景区的导览图，上面有详细的演出信息，您可以参照这个安排游玩活动。如果您在游玩过程中有不清楚的地方，可以咨询园内工作人员或拨打客服中心电话 ×××，祝您玩得开心！"双手递送导览图，并做简单介绍。

三是游客与同伴走失求助。

游客："我和我朋友走散了，麻烦你们帮我联系一下。"

工作人员耐心安抚游客："您先不要着急，我们会尽力帮您寻找，您先在这里休息一下"，引导游客坐下休息；认真询问失散游客信息，逐项记录；通知园区安保人员或其他工作人员进行寻找，通过广播播放寻人通知。

5.3.4.2 电话咨询岗位的典型任务

一是游客讲话声音小。

工作人员："很抱歉，您那边的声音很小，能麻烦您稍微大声一点吗？"

游客声音提高之后，如果之前没听清所说内容，则礼貌请求游客再说一次："实在抱歉，刚刚没有听清，能请您再说一遍吗？"

二是电话接通后，长时间没有声音。

游客手机故障，拨通咨询电话后可以听到工作人员声音，但工作人员听不到游客声音。

工作人员多次尝试后仍听不到回应："很抱歉，我这边听不到您的声音，我稍后给您回复，再见！"

工作人员挂断电话之后，立即回拨过去，等游客接听之后再次确认双方是否可以听见彼此声音，如果恢复正常则进行咨询接待，如果依然听不到声音，可以说："不好意思，我这边依然听不到您的声音，请您尝试换个电话拨打或通过官网、官微留言等其他方式咨询，感谢您的来电，再见！"

三是电话声音嘈杂，听不清游客讲话。

游客在喧闹的商场拨打咨询电话。

工作人员："很抱歉，我这边听不清您讲话，麻烦您调整一下所在的位置，好吗？"

游客来到较为安静的洗手间："现在可以听清了吗？"

工作人员及时进行反馈："是的，现在可以听清，非常感谢您的配合，请问有什么可以帮您？"

四是游客发脾气时。

一位游客拨打咨询电话。

游客："我有导游证，去你们景区玩的话免费吗？"

工作人员:“先生，您好！根据景区当前的价格政策，持导游证的人员需有旅行社计划单才能免费入园游玩，如果仅持导游证是不享受免票优惠的。”

游客:“你们凭什么不给免费，我去了那么多景区拿导游证就是免费，怎么就你们不免费！”

工作人员:“非常抱歉，先生，您现在的心情我非常理解，我们景区目前公布的价格政策是持有军官证、士兵证、教师资格证、警官证均可以享受免票，您是否持有这些证件呢？”

游客:“没有！只有导游证！从没见过哪个景区用导游证还不给免票的！”

工作人员:“请您别着急，我们景区最近正在开展服务质量监督员招募活动，您可以参与报名，不仅可以免费游园，还有机会赢得精美礼品！”

游客:“在哪里报名？”

工作人员:“您可以搜索景区官网，在首页就可以看到相关信息。”

游客:“好，我试试。”

工作人员:“好的，请问还有什么可以帮您吗？”

游客:“暂时不用。”

工作人员:“好的，非常感谢您的来电，祝您愉快，再见！”

（处理要点：耐心倾听，及时安抚，分析导致其生气或失望的缘由，提出合理的解决方法。）

五是游客表扬时。

游客拨打景区咨询电话，询问景区开放时间、优惠活动、重要演出项目、前往景区的交通方式、线上购票方式等系列问题，工作人员均进行了耐心的回复和指导，游客十分感动，忍不住夸赞:“你们的服务态度真好！”

工作人员:“谢谢您，这些都是我们应该做的，如果您之后还有问题需要咨询，请随时拨打我们的咨询电话，很高兴为您服务。”

六是游客提建议时。

游客拨打某主题公园咨询电话，工作人员立即接听。

游客:“景区的大型游乐设备，像过山车、大摆锤这些项目都正常开放吗？”

工作人员:“您好，景区现在除了海盗船项目由于设备检修没有开放以外，其余大型项目均正常开放中。”

游客:“那海盗船什么时候能开放呢？”

工作人员:“根据设备检修计划，海盗船项目将于下周正常开放。”

游客:“我们去玩就是冲这些大型设备的，但是经常跑过去发现想玩的项目不开放。你们应该在官网或者公众号里每天公示一下当天或者第二天的设备开放情况，这样我们心里就有数了，免得白跑一趟。”

工作人员："非常感谢您提出如此宝贵的建议，我已经详细记录下来了，感谢您对我们的大力支持！"

七是解答完毕游客无回应时。

工作人员："您好，请问您还有什么需要吗？"

如果游客表示没有其他事情了，礼貌道别；如果游客还有其他问题，耐心回复，提供指导。不可在游客未挂断电话之前，见游客无回应就挂断电话。

八是需要转接电话时。

游客拨打咨询电话："你们景区里面的酒店现在还有床位吗？价格是多少？"

工作人员："您好，我马上帮您转接到酒店预订中心，您可以咨询房价、房型等详细信息，您看可以吗？"

游客："可以。"

工作人员："好的，我马上帮您转接，请您稍等一下。"

九是需要游客等待时。

游客拨打咨询电话："你们景区周边有四星及以上的酒店吗？距离景区大概有多远？有没有联系电话？"

工作人员："您好，请您稍等一下好吗？我马上帮您查询一下。"

信息查询完成并做好记录后，工作人员："非常感谢您的耐心等待，景区周边 2 公里范围内一共有 2 个四星酒店，1 个五星酒店，分别是……联系电话分别为……您可以拨打电话咨询酒店详细的情况。"

5.4 投诉岗位的服务与管理

游客在景区游览和接受服务的过程中可能会产生这样或那样的不满和抱怨，游客投诉处理是景区服务与管理过程中的重要内容。每个景区都在努力减少游客的投诉，但实际上，游客的投诉对景区的发展有重要的促进作用，是重建景区质量和服务的基石，可以使景区认识到自身存在的不足和问题，有的放矢地进行提升。正确处理游客投诉能够有效提升游客的满意度和体验感受，挽回即将失去的游客，帮助景区形成良好的口碑效应，从而为景区带来源源不断的新客源，保证景区的长效发展。因此，正确认识和处理游客投诉对于景区来说意义重大。

游客投诉是指游客为了维护自身的合法权益，以口头或书面的形式向景区有关部门提出投诉，要求处理其认为景区有损其自身合法权益的行为。本质是景区的产品和服务质量未达到游客的期望值，使之产生不满而引起的抱怨。景区常见的游客投诉内容包括：

（1）针对景区工作人员的投诉。主要可分为服务态度类投诉及服务技能类投诉。服务态度类投诉包括对景区工作人员的服务礼仪、对客态度等的不满，如：服务过程中没有使用正确的手势、穿着邋遢、态度冷淡、对客服务时三心二意、对待游客粗暴蛮横、恶语相向等。服务技能类投诉包括对工作人员不熟悉岗位操作程序、工作效率低下等的不满，如：餐饮商品金额计算错误、设备操作失误、服务操作速度过慢等。

（2）针对景区服务产品的投诉。主要可分为商品价格投诉、餐饮品质投诉、园内交通投诉等。商品价格投诉包括：景区门票价格过高、售卖商品价格过高、优惠价格群体不明确、园中园重复购票、服务项目收费过高等。餐饮品质投诉包括：饭菜质量与描述不符、餐厅环境卫生不能令游客满意等。园内交通投诉包括：景区电瓶车、电瓶船等内部交通乘坐不方便，交通工具破损严重或存在安全隐患，园内停靠点过少或不明显等。

（3）针对景区环境及相关设施的投诉。主要有景区游览设施、卫生设施、安全设施等。景区游览设施包括景区游客中心的功能、位置、面积等是否合理，景区内是否有清晰完善的标识导览系统，景区内是否设置有合理充足的游客休憩设施，针对特殊人群是否提供残疾人通道等。景区卫生设施包括在景区内是否配备足够的公共卫生间，卫生间内的设施设备是否可以正常使用，景区内垃圾桶的数量是否充足、选址是否合理等。景区安全设施包括在景区危险地段、施工场所是否设有安全标识、护栏，景区公共区域内是否安装有安全监控，景区内是否配备医疗救助点（医务室）等。

5.4.1　投诉接待管理的岗位职责说明

旅游景区投诉接待管理的岗位职责主要包括但不限于：

（1）受理与景区相关的游客旅游投诉（包括上级主管部门转办的投诉），按照景区规章流程做好游客投诉接待。

（2）向相关部门（主要是责任部门）及时发送游客投诉处理通知单。

（3）分析、调查游客投诉原因，提出处理办法或建议。

（4）与游客进行投诉处理方案的沟通，跟踪处理结果，进行游客回访。

（5）做好旅游投诉的记录与统计。

（6）将游客意见或建议及时上报，并反馈给相关部门。

（7）对旅游投诉进行分析，撰写相关报告，定期上报，为提升景区服务质量提供基础资料。

5.4.2　投诉接待管理的岗位制度

5.4.2.1　投诉接待管理岗位通用制度

（1）对游客投诉做到有诉必理，不可故意无视或选择性处理，更不可互相推诿。重大投诉应立即上报和请示部门领导，不可瞒报、谎报。

（2）游客投诉处理过程中耐心倾听游客陈述，管控自身情绪，及时安抚游客，不可与游客发生争吵，不可随意抢话、插话。

（3）投诉处理过程中严格按照景区规定的程序办理，在职责权限内处理，不可擅作主张，越权操作，私自与游客达成协议。

（4）投诉处理过程中必须以事实为依据，针对投诉事宜进行详尽调查，确保投诉内容准确无误，不可仅靠单方面的陈述就作出判断，更不可主观随意表态。

（5）处理过程中不可徇私情，更不可从中牟利，应做到公正严格。

（6）投诉处理过程中既要尊重游客意见，也要维护景区利益，积极商讨处理方案，不可对游客提出的任何要求均无条件答应。

（7）投诉处理结果必须及时与游客及景区进行双向反馈。

（8）受理的投诉必须做好登记、归档、分析，以作为内部考核及景区服务质量提升的基础支撑。

（9）如遇到威胁工作人员或其他游客人身安全、严重干扰景区正常运行等超出正常投诉范围的行为，应立即通知景区安保部门和当地安保部门进行处理。

（10）涉及投诉处理者本人或有直接利害关系的投诉内容，应主动回避。

5.4.2.2　投诉接待管理岗位个性制度

一是现场投诉。

（1）受理人员要着装整洁，举止文明，主动询问，面带微笑，耐心、热情地接待投诉游客。

（2）处理投诉时将游客带至调解室或其他僻静区域，避免引起其他游客围观或影响其他游客正常游玩，影响景区形象。

（3）能现场解决的，应及时予以解决（如要求员工道歉、退票等）；若现场无法解决（如要求承担后续相关费用、拒不接受景区处理方案等），应及时上报领导。

二是电话投诉。

（1）工作期间，投诉电话必须保持畅通，无特殊事宜不得长期占用投诉电话，更不得挪作私用，影响游客拨入。

（2）电话接听要及时，主动亮明身份："您好，这里是××景区游客中心。"语气温和，语速适中，表达清楚。

（3）电话接听时开启电话录音，便于投诉内容的记录与核查，同时便于监督岗位人员服务质量。

（4）接听过程中做好相应的记录，并作出反馈，如说"好的""了解""非常理解您的心情"等。

（5）投诉接待完成后礼貌道别："非常感谢您的来电，再见！""感谢您的来电，我们将立即对投诉内容进行调查核实，并进行妥善处理！"等游客挂断电话之后方可放下电话。

三是转办投诉。

（1）接到上级主管部门的转办投诉后必须第一时间上报领导。

（2）在规定办结时间内协助有关责任部门进行投诉内容的调查和处理。

（3）在规定办结时间内将投诉基本事实、相关证据及处理结果反馈至上级主管部门。

5.4.3　投诉接待管理的工作流程与规范

5.4.3.1　电话投诉处理流程

一是接听投诉来电。由投诉受理人接听投诉电话，电话中应详细询问投诉内容，包括投诉事件发生的地点、原因、涉及的人员等信息，并进一步询问游客姓名、有效联系方式等，做好相应的记录。游客陈述完成后，根据记录内容进行复述确认，确保无遗漏。

二是投诉分析。对来电投诉内容做好分析，判断投诉是否合理，确定投诉所涉及的投诉内容是否单一。投诉受理人可根据投诉的合理性决定投诉下一步处理流程。如确定为不合理投诉，则由投诉受理人直接在电话中或书面进行说明。如为合理投诉则应判断投诉内容是否单一，是否需要向上一级领导汇报，或协调相关部门共同处理。

三是投诉受理。对有效来电投诉，原则上投诉受理人员应在接电之时起第一时间处理完毕，做到不积压、不遗漏、不错转；对无法第一时间处理完毕的有效来电投诉，投诉受理人应在接电话后立即着手进行调查处理，在 24 小时内处理完毕并给投诉游客作出反馈；对复杂性投诉事件或重大投诉事件，则可根据投诉的内容、投诉涉及的部门进行分步处理，必要情况下，可通过上级领导召开专题会议进行协调处理。

四是投诉回复。结合游客诉求及景区给出的处理方案，对投诉游客进行回复。如来电投诉人对处理结果不满意的，必须进行再协调工作，并将处理结果登记造册。如个别事项不能按时回复的，要及时说明情况，取得投诉人的谅解。

五是投诉办结。投诉办结后，应将投诉办理过程情况进行整理，并记录在册，进行归档处理。

表 5-4　电话投诉登记表

序号	来电时间	投诉人姓名	联系电话	通信地址	投诉对象	投诉内容及诉求	调查结果	处理结果	经办人
1									
2									
3									
4									
5									

5.4.3.2 现场投诉处理流程

一是聆听和记录。认真倾听游客抱怨投诉内容，让游客的情绪得到适度的发泄。在聆听的过程中，要注意保持心平气和，不可流露出反感、嘲讽或不耐烦的情绪。

在聆听的过程中，应根据游客的叙述，进行详细的记录，记录内容包括游客投诉事件发生时间、地点、原因、涉及的人员等。在记录的过程中应及时回应游客，让游客知道，他的感受得到了重视。可以配合专注的眼神或简单的点头来回应游客，适当的时候，可以加上“原来是这样的”“然后呢？”“我非常理解您的心情”。如果没有听明白游客的意思，也可以礼貌地说：“对不起，我刚才没听明白，可以麻烦您再说一遍吗？”

在聆听的过程中，不要计较游客的说话方式，在情绪愤怒的时候，游客可能会有过激的言辞或某些用词、用句不够准确，要包容游客，尽量让游客把心中的不满说出来。工作人员应把握好自己的情绪，在游客述说的过程中找到问题产生的根源以及游客投诉的最终诉求。

二是安抚游客情绪。不论游客投诉是否属于有效投诉，都应在游客情绪发泄后，及时对游客进行安抚，请游客保持冷静。同时，对游客在景区内遭遇到的不愉快，表示感同身受。比如：“我对您感到气愤和委屈的情绪非常理解，如果我是您，我也会和您有相同的感受。”对投诉的游客做出一些同情和理解的表示，可以拉近与游客的距离，安抚他们的情绪，也便于把他们的注意力转移到如何解决问题上来。

三是收集相关信息。游客投诉的最终目的，是为了解决问题。游客情绪稳定后，应进一步与游客沟通，确认引起他投诉的主要原因。景区工作人员应根据前期了解的情况，对游客投诉事件的具体经过、原因、诉求等信息进行重复确认，让游客明白，景区已收到并了解他的问题和要求。在此过程中，如果还有需要进一步了解的细节，应与游客深入沟通，收集对投诉处理有帮助的信息，以便更好地帮助游客解决问题。

四是提出处理方案。在全面了解游客的问题后，景区工作人员应积极进行事实调查，针对游客提出的问题给出合理的解决方案。对于能及时处理的问题，应快速、果断地进行现场处理。在解决过程中，景区工作人员可以根据实际情况，给游客提供几种解决的办法，以供游客选择。

对于问题复杂或涉及多个部门的投诉事件，需要请示上级领导或进行部门间协调沟通的，应提前告知游客，向游客说明情况，并明确告知游客处理该投诉所需要的时间。请游客留下详细的联系方式，并在承诺的时间内将处理方案告知游客。

五是征求游客意见。景区工作人员最终提出的解决方案，应征得游客的同意。如果游客对处理方案表示不满意或不认可，那么景区工作人员应礼貌征询游客对投诉事件的具体想法，如果在景区能接受的范围内，原则上应满足游客的投诉诉求。如果游客要求超出景区承受范围之内，则可以进一步协商、沟通。

六是跟踪服务。通过跟踪服务，景区可以进一步了解游客对投诉事件处理方案的满意程度。跟踪服务的方式一般是电话、电子邮件、信函及贺卡等。投诉处理人员应该记录全部过程并存档。对一段时期的投诉进行统计分析，对典型问题产生的原因要做相应改进，不断提高服务水平，从而树立良好的市场形象，加强游客对景区的忠诚度。

表 5–5 景区现场投诉受理表

投诉时间	年 月 日		
投诉人姓名		投诉人性别	
投诉人国籍		投诉人联系方式	
投诉人地址			
投诉事由、诉求			
投诉协商结果			
景区意见	经手人（签字）： 年 月 日		
投诉人意见	投诉人（签字）： 年 月 日		

注：此表一式两份，景区、投诉人各留存一份

表 5–6　景区现场投诉记录单

<table>
<tr><td colspan="2">投诉人姓名</td><td></td><td>投诉时间</td><td></td><td>联系电话</td><td></td></tr>
<tr><td colspan="2">被投诉人（部门）</td><td colspan="5"></td></tr>
<tr><td>投诉内容及诉求</td><td colspan="6">记录人：____　年　月　日</td></tr>
<tr><td>处理过程及结果</td><td colspan="6">处理人：____　年　月　日</td></tr>
<tr><td>回访情况</td><td colspan="6">回访人：____　年　月　日</td></tr>
</table>

5.4.3.3　转接投诉处理流程

一是对游客投诉问题的处理。接到相关部门转交的投诉单后，一般情况下，景区工作人员应先致电投诉人，对其投诉的事件做初步了解，同时及时上报领导。然后根据游客投诉事件的复杂程度，选择电话沟通处理，或者登门拜访现场处理。确定处理方式后，可根据前文中所述的电话或现场投诉处理流程进行处理。

二是对投诉转入部门的回复。投诉处理完毕后，应将投诉事件的详细调查情况、处理方案以及游客的满意程度整理成文字回复材料，向投诉转入部门进行回复。

××××××××公司

投诉转办单

____________：

现转去________________于______年____月____日____时____分关于游客____________对____的投诉，请你单位对投诉所反映问题调查核实，尽快予以处理，将处理情况于______年____月____日____时____分回复到我单位。

联系电话：____________。

××××××××公司

______年______月____日

图 5–1 旅游投诉转办单（上级部门发）

投诉受理回执单

×××××××× 公司：

我单位对贵单位转办的________________________问题，于______年____月____日____时已做处理。处理结果____现予以回复。

联系电话：____________。

单位：____________

________年____月____日

图 5–2 旅游投诉受理回执单（景区发）

5.4.4 投诉接待处理的原则与技巧

5.4.4.1 投诉接待处理原则

一是游客至上原则。对于游客的投诉，首先，景区工作人员应该予以高度重视，设身处地为游客着想；其次，同情和理解游客的处境，尽力找出游客投诉的动机，真诚地为游客解决问题；最后，向那些对景区服务水平提出批评、指导意见的游客表示感谢。

二是及时高效原则。及时且高效地处理投诉问题是对游客的最大尊重，也是游客的最大需求。当景区与游客协商之后，游客同意景区所采取的改进措施时，景区要即刻行动，补偿游客的损失。

三是景区利益为重原则。景区相关人员在处理游客投诉时，应该在保护游客利益的基础上，使景区的利益尽量不受到损害。景区利益为重的原则要求工作人员在处理投诉时要实事求是地找出问题的根源，具体部门应勇于承担责任，而不是急于将责任推卸给其他部门，以致影响景区的整体形象。

5.4.4.2 投诉接待处理技巧

一是要掌握游客投诉心理。

（1）求尊重。受尊重是人们最普遍、最基本的心理需求，是处理人际关系的重要原则之一。旅游者到异地他乡参加旅游活动，如果旅游从业人员在吃、住、行、游、购、娱等方面的服务没有到位，使旅游者花了钱而没有享受到相应的服务，其所预期的目的没有实现，会使旅游者产生挫折感，会使他们感到没有得到应有的尊重，会认为自己的权利受到了侵害，心灵受到了创伤。因此，旅游者会通过投诉寻求权利保护，以求心理上的平衡。

（2）求发泄。发泄是指当一个人遇到某种挫折时，把由此而引起的悲伤、懊恼、愤怒和不满等情感痛快地释放出来的心理调节方法。把情绪发泄出来后，就可以比较理智地对待遇到的挫折，也就比较容易忘掉该挫折，而不至于总是耿耿于怀，从而达到一种平和的心态。投诉的旅游者正是因为自己受到了不公平的待遇，遭到了某种挫折，客观上需要寻求心理上的某种平衡。人们在遭受心理挫折后有三种主要的心理补救措施：心理补偿、寻求合理解释而得到安慰、发泄不愉快的心情。此时，让投诉者“发泄”自己的感情，让他们“出了气再说”或者“出了气再走”，就成为旅游投诉者寻求心理平衡的一种途径。所以，对待投诉者，必须耐心、仔细、专注，认真地倾听他们的“发泄”，鼓励他们把事情经过述说出来，不能打断投诉者的诉说，更不能让对方感到他们的投诉无足轻重，要敏感地洞察对方的委屈、沮丧和失望，并给予安慰和同情。

（3）求补偿。在景区服务过程中，如果由于工作人员不当的行为、设施不安全或景区未能履行某方面的合同、兑现承诺，给游客造成物质上的损失或身体、精神上的损害（例如，门票内包含的表演项目被取消、游乐设施被关闭、游客遭受意外伤害、景区没有提供应有的景区服务），游客可能通过投诉的方式来要求他们给予物质上的补偿，这是一种正常的心理现象。

二是投诉处理人员要有正确的投诉处理心态。

（1）怀有同理心

投诉的游客大都表现得怒气冲冲，情绪失控，碰上谁就向谁发火。因此，工作人员很容易在心理上对游客产生反感，觉得游客是在和自己过不去或者没教养。于是在无意中把自己与游客的关系对立起来，采取了对抗或不理睬的态度。这样的心态只能导致冲突的升级，无助于问题的解决。其实，投诉处理人员此时最需要的是保持同理心，即站在游客的立场上去看问题，理解和包容游客，相信游客的怨气是有理由的，他们之所以投诉确实是因为他们的某些需求未获得满足；他们之所以见到谁就向谁发火，不是因为天性如此，而是把每个工作人员都看成是景区的代表。持有同理心，并不意味游客一定是对的，而是尽可能去理解游客为何如此难受，是什么原因让他如此生气，他在意的问题在哪里？只要尽可能这样去思考问题，工作人员就会对游客抱有理解心、同情心，而不会把游客看作是令人讨厌的不可理喻的人。

（2）保持克制

科学研究发现，当一个人在面对攻击时会本能做出搏斗或逃走的反应，肾上腺素分泌加快，心跳加速、血压升高并且呼吸急促，身体自动地准备对付受到的攻击。这些生理反应帮助了我们的史前祖先逃生，但此时却妨碍了有效处理游客投诉。抑制身体对游客愤怒而产生的自发反应，让它回到安静的状态中即是克制。当游客发怒、投诉时，如果服务人员以同样的态度对待游客，游客就会用更大的愤怒反击；但如果服务人员始终以一种礼貌友好的态度对他，就会令游客的怒火慢慢熄灭，恢复平静，问题就好解决了。所以，克制自己的情绪才能控制游客的情绪。

三是投诉处理具体技巧。

（1）保持冷静，避免个人情绪受到影响。

（2）向积极方面去想，并采取积极的行动。

（3）只讲游客希望知道的、在意的，而不是你想讲的。

（4）集中研究解决问题的办法，而不是一味地说套话、空话（熟记各种可行的办法，并向游客提出适当的建议）。

（5）避免提供过多不必要的资料 / 假设。

（6）要充满信心，相信自己能够顺利地处理完成。

（7）多用类似下列的语句：

“谢谢您提醒，我们会注意的。”

“谢谢您告诉我们。”

“我们明白您的困难 / 问题。”

“如果我是您，我也可能会这么做。”

“给您造成的不便，我们非常抱歉。”

5.4.5　投诉接待管理的典型任务处理

5.4.5.1　游客投诉景区工作人员服务态度恶劣

游客拨打景区投诉电话，情绪激动："我要投诉！你们工作人员服务态度太差了！"周边环境十分嘈杂，还有不时传出的争执声。

工作人员："女士，您好，请您先别着急，您现在是在园区游玩吗？请您跟我描述一下事情经过可以吗？"

游客："我在 ×× 项目这里呢！我刚刚想去这个项目玩，不知道这个项目是单独收费的，走到入口被工作人员拦下来了，问我要门票。我就把景区门票递过去了，谁知道他就不耐烦了，态度特别差，冲我大声地说：'不是这个！是这个项目的门票！票都没买就来玩！不知道先看看门口的说明嘛！'我跟他理论，说他态度不好，不好好说话，他还骂起人来了！我要投诉！你们怎么培训员工的！必须让他跟我道歉！"

工作人员："请您消消气，我们马上到现场进行处理，请您稍等一下可以吗？"

游客："赶紧来！"

投诉处理人员立即赶往现场，将游客带至游客中心调解室，为游客递上热水："女士，请您稍作休息，我们马上对您反映的事情进行调查处理。"工作人员通过员工问询、监控调取等方式，确定游客所言属实，立即通知员工所在部门领班，说明事情经过及游客要求道歉的诉求，请领班与该员工进行沟通协商。该员工也认识到自身错误，愿意当面赔礼道歉并接受部门处罚。

工作人员："女士，非常抱歉给您造成这样的不愉快，该员工也已经充分认识到了自己的错误，希望能当面向您赔礼道歉，我们也将对他进行相应的处罚。"员工再次致歉，真诚地请求游客原谅。

游客接受道歉，但依然有些生气："你们真的应该好好做个培训了！这样的服务态度以后谁还敢来！"

工作人员："非常感谢您的宽宏大量，我们一定会加强服务培训，不断提高服务质量，不会让这样的事情再次发生，也请您继续监督！"

处理要点：

（1）安抚游客情绪，认真倾听，详细了解事情经过（若发生在游客中心以外的其他地方，应将游客带离现场，前往调解室等处进行处理）。

（2）遵循实事求是原则，核实是否属实。

（3）若事情属实，首先对于造成游客不满表示歉意，再与员工沟通后，由员工个人再次致歉，争取游客谅解。

（4）将投诉事件呈报给相关部门，按照景区有关规定对员工进行处罚，加强服务培训，逐步提高员工服务意识和服务技能。

（5）及时将处理结果告知游客，以示景区对游客的尊重。

5.4.5.2 游客投诉景区餐厅售卖的快餐质量差

游客气冲冲地走进游客中心，将手中的餐盒袋扔在服务台上。工作人员立即起身迎接，微笑询问："先生，您好，请问有什么可以帮您？"

游客："你看看我刚刚在出口餐厅买的汉堡套餐！宣传单上说是现做，我走出来才发现是凉透的。还说套餐里包含薯条，根本没有。你们这是欺骗消费者！而且这个汉堡难吃得要死！还这么贵！我还不如去肯德基买呢！"工作人员在征得游客同意后，打开餐盒，发现确实如游客所说。

工作人员："先生，我非常理解您现在的心情，我们一定会认真调查，给您一个满意的答复。您先在游客中心休息一下可以吗？我们立即开始调查处理。"工作人员将游客带至休息区域。

工作人员联系景区出口餐厅负责人，详细说明游客投诉内容，请其协助调查。经查证，餐厅出售的汉堡确实是提前做好的，口感较差，游客购买后餐厅也未进行加热。套餐内容已更改但未及时更新宣传单。查清事实后，工作人员也与餐厅负责人协商了赔偿方案。

工作人员："不好意思，让您久等了。我们进行了认真调查，确实是景区餐厅对餐品质量把控不够严格，宣传单也未及时更换。给您造成的不快我们十分抱歉，同时也非常感谢您指出我们存在的不足。经过与餐厅协商，为了表示歉意，餐厅将全额退款并赠送您一张会员券，您看可以吗？"

游客："光退款、送券我不同意，我现在吃什么？我还饿着呢！"

工作人员将游客的诉求转述给餐厅负责人，餐厅负责人表示可以为游客重新精心制作一份餐品，游客表示接受。

投诉处理完成后，工作人员对处理经过及结果进行了详细记录，并对餐厅宣传单货不对版及餐品质量差的问题及时上报，得到景区高度重视，立即进行了餐品改良，并对景区餐厅内过期宣传单进行了彻底排查。工作人员特意告知游客此事，并对其指出问题再次表示了感谢。

其处理要点有：

（1）安抚游客情绪，认真倾听，详细了解投诉原因。

（2）遵循实事求是原则，核查是否属实。

（3）若确实是景区服务产品存在缺陷，影响游客体验，应真诚道歉并对游客指出问题表示感谢。

（4）与游客沟通解决方案。

（5）针对景区产品存在的问题进行反馈上报，确定提升、优化方案后告知游客，以示重视。

5.4.5.3 游客投诉景区游览车座位油漆未干弄脏衣物

游客拨打景区投诉电话，工作人员及时接听。

游客："是 ×× 景区吗？"

工作人员："是的，女士，这里是 ×× 景区游客中心，有什么事情可以帮您？"

游客："我要投诉你们景区！"

工作人员："您先别着急，麻烦您先说明一下投诉事由可以吗？"

游客："我今天上午去你们景区玩了，坐了里面的游览车，坐的时候我就闻到有一股油漆味，但是没注意，回到家之后才发现衣服上沾了一大片油漆，洗都洗不掉！"

工作人员："您是说在坐景区游览车的时候，在车上蹭到了油漆是吗？您还能回忆起坐的是什么样的游览车吗？"

游客："对，就是在车上蹭到的！是一辆恐龙形状的游览车，15 块钱可以绕园区一圈那种。"

工作人员："好的，我们一定会调查清楚。请问您有被弄脏衣服的照片吗？能不能发送到我们的工作邮箱 ×××，便于我们进行核查？"

游客："可以。"

工作人员："好的，请您耐心等待一下，我们将立即进行调查处理，稍后给您回电，可以吗？"

工作人员征得游客同意后，礼貌与游客道别，挂断电话后立即根据记录下的信息，联系相关部门进行核查。调查发现确有一辆游览车因掉漆严重刚刚进行了翻新，部分区域油漆尚未干透，且有被剐蹭过的痕迹，经与游客发过来的照片对比，确实是游览车上的油漆造成了衣物脏污。与相关部门协商之后，确定了赠送一张门票作为补偿的处理方案。

工作人员回拨游客电话："您好，这里是 ×× 景区游客中心，很抱歉让您久等了，对于景区的失误我们再次表示由衷的歉意，也非常感谢您为我们指出这个潜在隐患。为了补偿您的损失，我们将给您寄送门票一张，您看可以吗？"

游客："只有门票吗？我衣服很贵的！你们还应该给我赔偿干洗费 ×× 元！"

由于涉及钱财赔偿，工作人员立即请示部门领导，经领导同意后，与游客就干洗费用达成一致，记录下游客的账号、通信地址等信息后，与游客礼貌道别，承诺将于 2 日内通过转账形式赔偿干洗费用并寄出门票，游客表示接受。投诉办结之后，工作人员立即将该投诉事件上报，提出翻新设施应进行彻底检查，确定无问题后再投入使用的建议，得到相关部门采纳。工作人员特意将此事告知投诉游客，并对其指出存在问题再次表示了感谢。

其处理要点有：

（1）安抚游客情绪，认真倾听，详细了解投诉原因。

（2）遵循实事求是原则，核查是否属实。

（3）若确实是景区设施或环境存在问题，影响游客游玩体验，应真诚道歉并对游客指出问题表示感谢。

（4）与游客协商解决方案，若游客要求的补偿方案超出工作人员权限范围内则应立即上报领导，请示同意后与游客沟通协商，了结投诉。

（5）针对景区设施或环境存在的问题进行反馈上报，对景区设施或环境进行全面核查，确定提升方案后及时反馈游客，以示重视。

5.4.5.4　游客提出过分要求

在游客投诉的处理过程中，有时候会碰到一些故意刁难景区工作人员的游客，他们可能会提出一些过分的要求，此时投诉处理岗位工作人员应该沉着、大方地应对，可以采用幽默委婉的方式避开话题或回绝游客。如果游客还是一再要求，不达目的不罢休，可以义正词严地拒绝，必要时报告上级领导或请安保人员前来协助处理。

5.5　寄存岗位的服务与管理

景区物品寄存指的是前往景区参观游览的游客出于自身需要，将携带物品交予景区专门的寄存处，请景区工作人员代其妥善保管。景区物品寄存既是景区提供的一项方便游客游玩的服务内容，更成为很多景区增加收入的一种重要方式。

5.5.1　寄存接待管理的岗位职责说明

旅游景区寄存接待管理的岗位职责主要有：

（1）严格执行景区收费规定、票据管理制度，按规定收费，为寄存物品的游客提供热情、耐心、准确、细致的物品寄存服务。

（2）宣传有关法律法规和物品寄存规定，收存物品时做好安全检查，严防游客在寄存的物品内夹带危险品和国家禁止寄存的物品，如枪支、弹药、易燃品、易爆品、毒品、放射性物质、管制刀具等。

（3）负责在寄存物品上拴挂物品领取牌，填写“物品寄存记录”。

（4）严格寄存场所管理，负责保管好游客寄存的物品。严格寄存提取手续，做到物品的领取工作准确无误，严禁无关人员进入寄存室。

（5）认真填写当班工作记录和原始台账，确保岗位职责范围内的安全，承担相应的安全责任。

（6）负责每日物品寄存收入数据的上报统计工作。

（7）负责每日向上级部门上交物品寄存费用。

（8）负责游客物品寄存柜台的清洁、安全，用品规范摆放。

出于方便游客同时节省人力等方面的考虑，部分景区除人工寄存点外还设有自助寄存柜，由游客自行操作，进行物品的存取。此种情况下，工作人员通常还负责自助寄存柜的清洁和维护以及在游客自助存取时进行必要的帮助和指导。

5.5.2 寄存接待管理的岗位制度

（1）注重仪容仪表，着装整洁，精神饱满，维护景区良好形象。

（2）严禁随意打开、翻动游客寄存物品。

（3）严禁私自挪用和处理游客寄存物品。

（4）不得做出任何有可能损坏游客寄存物品的行为，如在游客寄存物品上放置水果、饮料等。

（5）寄存处工作人员离岗时，要锁好寄存室的门窗，防止不相关人员进入寄存室。

（6）集中精力工作，确保不发生工作失误和不安全问题。

（7）如因工作人员保管不善，导致游客寄存物品丢失、损坏的，由责任人负责赔偿。

（8）寄存岗位工作人员交接班时，必须做好寄存物品的清点工作，未清点或实际寄存物品与寄存记录不符时，不得办理交班手续。

（9）在寄存或提取物品过程中，如游客对寄存物品有争议且难以达成一致时，应及时报告上级主管进行处理。

5.5.3 寄存接待管理的工作流程与规范

5.5.3.1 寄存接待管理的工作流程

一是岗前准备。检查仪容仪表，参加岗前早会，提前到达工作岗位，打扫工作场所卫生。到财务部领取当日物品寄存票、零钞、提取牌等，确保当天用量。

二是接待寄存游客。当游客走近寄存处时，寄存岗位人员以标准站姿，面带微笑迎接游客，主动问候："您好，这里是寄存处，请问您需要寄存吗？"确认游客确实需要寄存服务后，向其详细说明景区物品寄存的有关规定、收费标准等内容。

三是寄存物品安全检查。寄存岗位人员礼貌询问游客是否有贵重物品或违规物品，当面进行安全检查，并请游客签字确认。若游客拒绝查验，可按照相关规定不予寄存。

四是填开凭证，收取费用。寄存岗位人员当面为游客填开物品寄存凭证，字迹清楚，不得随意涂改，填写完成后交由游客签字。按照景区标准收取寄存费用，将寄存物品逐件拴挂提取牌，小心轻放，在物品寄存架摆放整齐。同时将凭证或提取牌交予游客，提醒其妥善保管。做好登记工作。

五是物品认领。游客前来提取寄存物品时，礼貌请游客出示寄存凭证或提取牌，仔细核对，确保人、物一致，将寄存物品交付游客，并请其签字确认。

5.5.3.2　寄存接待管理的工作规范

一是寄存物品的接收。(1) 接收前寄存岗位工作人员应该当面查验，认真检查游客寄存物品的外包装是否符合要求、包装是否完整。(2) 检查寄存物品是否符合安全要求。(3) 寄存岗位工作人员向游客说明景区寄存费用收取标准及注意事项。(4) 寄存岗位工作人员当面为游客填开物品寄存凭证。

二是寄存物品的收费。按景区收费标准及游客预计存放时间向游客预先收取物品寄存费用，并向游客提供正式发票或收款凭证。严禁擅自决定先寄存后收费，由于未按规定收费造成寄存费用无法收回的由责任人承担。(若景区寄存为免费服务，可略过此项内容)

三是寄存物品的领取。游客前来领取物品时，须出具物品提取牌、物品寄存凭证游客联等凭证，经寄存岗位工作人员仔细核对物品寄存记录，确认无误后，将物品交付游客，并请其在物品寄存记录表上签字确认。

非本人领取，但游客在寄存前明确告知需他人代领的，寄存岗位工作人员需要求游客留下代领人的姓名、电话、身份证号码等准确信息，在交付物品时，寄存岗位工作人员需严格核对代领人的相关信息是否一致，无误后签名交付。

寄存前游客未明确告知寄存物品需他人领取的，应要求寄存人发授权书，包括物品寄存凭证、寄存人身份证复印件，代领人姓名、电话、身份证号码等信息。交付时寄存岗位工作人员应核对相关信息是否一致，无误后签名交付。

四是物品寄存费用上交。寄存岗位工作人员应于下班前将物品寄存收入上交部门主管。交接时，主管要认真查验票款存根的金额与所收金额是否相符，双方核对无误，主管接收现金后应给寄存岗位工作人员开具现金收据，同时主管签字确认。现金收据的白联留存备查，红联交寄存岗位工作人员，主管负责保管好现金收据。当日剩余物品提取牌、物品寄存凭证、备用零钱等交回当值领班。

5.5.4　寄存接待管理的典型任务处理

一是游客遗失寄存凭证。如游客遗失物品寄存凭证，寄存岗位工作人员应电话通知游客中心工作人员或当值领班，待其他工作人员到达现场后，请游客详细说明寄存物品，在三方人员在场的情况下开包查验，经核实无误后，由游客填写“物品寄存凭证遗失登记表”，寄存岗位工作人员将物品交还游客，并做好登记归档。

二是寄存物品无人领取。如寄存物品在景区闭园后仍无游客前来领取，寄存工作人员应首先根据游客留下的联系方式尝试联系游客，若未能联系到游客，应将寄存物品交至游客中心，做好交接工作，由游客中心相关工作人员处理，做好跟进服务并进行登记。

三是游客寄存物品有危险违禁品。若游客寄存的物品中含有管制刀具及易燃、易爆、易腐蚀等危险违禁品，应耐心向游客解释国家相关规定及景区相关制度，不予寄存。如游客拒不配合，应联系景区安保人员或报警处理，保障景区及其他游客生命财产安全。

四是寄存物品丢失或损坏。若游客寄存物品因工作人员疏忽大意等个人原因丢失或损坏，工作人员应立即采取补救措施，尽力找回或修补。如果最终未能补救成功，应根据寄存物品实际价值，与游客进行协商，由当值工作人员进行赔偿。（一般而言，如果发生寄存物品丢失或损坏情况，双方对寄存物品的实际价值及赔偿标准通常难以达成一致。因此，工作人员务必严肃谨慎地对待寄存岗位的工作，严格按照规定程序办理相关手续）

五是自助寄存时误操作。游客在自助寄存时有可能会发生误操作现象，如物品未存放误关上了柜门或物品未放完就关上了柜门。由于是自助存取，此时再打开柜门即视为交易完成，游客若想继续寄存需重新支付，因此通常会向寄存岗位工作人员求助。工作人员接到游客求助后，应首先通过验证游客支付记录等方式确认情况是否属实，确认属实后，请游客填写“应急开箱登记表”，填写完成后，由工作人员用钥匙手动开箱，并协助游客完成物品寄存。

六是自助寄存后票据丢失。部分景区可能采用微信扫码的方式自助存取，无须任何票据，但部分景区可能会采用条码纸验证开箱的寄存方式（类似超市寄存），游客便有可能发生票据丢失无法取物的情况。工作人员接到这类情况的协助请求后，先请游客填写“应急开箱登记表”，然后用钥匙手动开箱后，请游客描述箱内物品信息（开箱时避免让游客直接看到箱内物品），游客描述准确无误后，请游客在登记表上签字确认，协助其将物品取出。

5.6 租赁岗位的服务与管理

景区租赁是指景区将自身所拥有的某些物品或设施通过收取游客租金、押金的方式，在约定的时间内，交予游客使用，游客由此获得在一段时期内使用该物品或设施的权利，便于其更好地开展游览活动。景区租赁是景区提供的一项便利服务，既能给广大游客提供游览便利，同时也能增加景区收入。

5.6.1 租赁接待管理的岗位类型与岗位职责

景区租赁接待管理岗位类型可按照租赁内容进行细分，如游览工具租赁、解说设备租赁、婴儿车租赁、轮椅租赁、雨伞租赁等。

景区租赁接待管理岗位职责主要为：

（1）讲解租赁设施的价格、使用方法、注意事项等。

（2）按照景区规定为游客办理租赁手续。

（3）负责租赁设施的检查、维护和存放工作。

（4）指导有租赁需求的游客进行试操作。

（5）做好物品设施租赁接待记录。

（6）每日将租赁收入上交主管领导或部门。

5.6.2 租赁接待管理的岗位制度

（1）上班前认真检查租赁设备、设施，确保其处于良好的使用状态，保障游客安全。

（2）严格遵守景区设施设备租赁规定，不得任意更改价格，不得徇私，私自转租。

（3）租赁时，应保证出租设施设备的完好，游客及工作人员双方验证后，方可出租。

（4）发现设施损坏或遇到其他异常情况，应及时上报。

5.6.3 租赁接待管理的工作流程与规范

一是岗前准备，设施检查。检查仪容仪表，参加岗前早会，提前到达工作岗位，打扫工作场所及物品设施卫生，对租赁的物品设施设备进行仔细全面的检查，确保使用正常，无损坏。

二是接待租赁游客。当游客走近租赁处时，租赁岗位工作人员以标准站姿，面带微笑迎接游客，主动问候："您好，这里是××租赁处，请问您需要租赁设施吗？"向游客详细解释租赁收费标准、使用方法、归还方式、注意事项等。

三是租赁设施检查。当游客确认租赁后，选择好租赁的设施，租赁岗位工作人员与租赁游客共同进行全面检查，并请游客认真阅读使用须知，必要时，指导游客现场操作，掌握使用方法。

四是办理租赁手续，做好记录。租赁岗位工作人员为游客办理租赁手续，按照景区标准收取费用，或指导游客自助租赁，将凭证交予游客，提醒其妥善保管，做好登记工作。

五是设施归还，礼貌告别。游客前来归还设施时，礼貌请游客出示凭证，仔细核对，同时对设施进行检查，确认其有无损坏，核查完成后退还押金，并请游客签字确认，礼貌告别。

5.6.4 租赁接待管理的典型任务处理

5.6.4.1 租赁凭证丢失

如游客遗失租赁凭证，可核对出租设施信息及游客信息，确认无误后，上报领班并与财务等相关岗位人员说明情况，在租赁存根凭证上填写归还时间，并做好备注，如

"租赁凭证遗失，押金已退回"字样，并请领班、游客一同签字确认。

5.6.4.2　租赁设施损坏

如游客归还设施后，在检查过程中发现设施损坏，应耐心询问损坏原因，解释景区赔偿标准，出示相关价目表，礼貌引导游客按规赔偿，做好明确记录，同时上交赔款。将设施损坏情况上报领班，等待处理。

5.6.4.3　设施使用过程中出现故障

如果接到游客反映设施故障的情况，首先安抚游客，问清游客所处地点、租赁设施类型及具体出现的故障问题，提供简单的处理办法。如仍然无法正常使用，迅速派人选取对应类型的其他设施赶往游客所在地。如确认是设施自身问题，礼貌致歉，无条件为游客更换，游客离开后，将设施故障情况上报领班，等待处理；如确认是游客操作问题，耐心为游客讲解使用方法，待游客掌握后方可离开。

5.6.4.4　租赁设施未归还

如果是通过人工租赁方式租借的设施未归还，工作人员可通过办理租赁时登记的个人信息联系游客归还；如果是通过自助租赁方式租借，可通过设备系统后台查询游客认证信息，联系游客归还；若游客属恶意拒还，景区可通过法律途径维护合法权益。

5.7　广播岗位的服务与管理

景区安装广播系统一方面可以满足各类通知播放、寻人寻物等公共广播功能需求，另一方面可以掩盖景区内嘈杂的噪声，通过播放背景音乐、进行区域介绍等，为游客提供一个轻松、和谐、悠闲、清新的游览氛围，同时为景区宣传提供便利。

5.7.1　广播岗位职责说明

（1）根据景区安排，负责背景音乐、安全提示、表演活动、紧急通知等各项广播内容的播放宣传工作。

（2）为游客提供广播寻人、寻物服务。

（3）负责广播系统的维护和保养。

（4）完成上级领导交代的其他工作。

5.7.2　广播岗位制度

（1）使用普通话播音，必要时采用当地方言，发音标准，语速适中。对于涉外服务的景区，应该提供相应语种广播服务。

（2）播放内容准确、简练、清晰、易懂，根据景区情况实时更新。

（3）通知、提示、寻人、寻物类的广播必须语速均匀、语言清晰地至少连续播放三次。

（4）景区背景音乐的选择和播放必须符合景区特点，播放时间恰当、音量适中，并与环境协调。

（5）工作人员不得将与播放内容无关的任何其他音像资料带入广播室。

（6）工作人员每天按时开启和关闭景区广播系统，定时检查设备使用情况，爱护广播设备，认真做好设备防尘、防潮和日常保养工作，如有设备损坏，及时报修，以保证设备处于良好运行状态。

（7）熟悉广播系统操作过程，熟练掌握设备操作技能，提前审查播放内容，播放过程中不擅自离岗。

（8）不得在播音过程中大闹、喧哗，不得随意拨弄广播器材。

（9）如需临时增加或更改播放内容，应经相关领导签字同意，并做好记录。

（10）播放内容如出现意外，须立即果断采取中断播出的措施，并及时向上级主管报告。

（11）保持室内整洁美观，每天都应进行清洁打扫。

（12）工作人员离开应随手锁门，妥善保管广播室钥匙，不得随意转交非工作人员。非工作人员未经允许，不得擅自入内。

5.7.3 广播岗位的工作流程与规范

5.7.3.1 岗前准备

（1）检查设备设施，确保设备设施完好，并填写“广播室每日检查与保养记录表”。如发现故障，需及时上报领班，报相关部门进行维修，保证景区广播的正常播放。

（2）打扫广播室卫生，保持干净、整洁的状态。

（3）检查当日广播稿，查看是否有漏项。

（4）提前练习广播稿，尤其是新增内容，提高熟悉程度。

5.7.3.2 广播过程中

（1）景区开园时播报游客欢迎词，播放背景音乐。

（2）接到特殊广播信息发布的通知时，填写“特殊广播信息登记表”，并立即按通知内容拟定广播稿，及时对外广播。广播稿拟定后，必须上报领导，领导审核通过后方可播放。

（3）对景区举办的各类节庆活动、表演活动，按照宣传需要，多次循环播放。

（4）景区闭园时播放欢送词及温馨提示，播放闭园音乐。

5.7.3.3 离岗工作

（1）关闭电脑、广播设备及电源总闸。

（2）填写“广播室每日安全卫生检查记录表”，结束工作。

（3）做好清洁卫生，关闭空调、各项电器设备，关闭灯光、门、窗。

5.7.4 广播岗位的典型任务处理

5.7.4.1 寻人

××先生，您好，您的家人/朋友现在正在景区游客中心等候，希望您听到广播后迅速到游客中心。谢谢您的配合，祝您游玩愉快！

5.7.4.2 寻物

亲爱的游客朋友们，欢迎来到××景区，下面播送一条寻物启事。有哪位游客朋友或员工捡到××，失主很着急，若您捡拾到该物品，请拨打游客中心电话×××或送至游客中心，感谢您的配合。

5.7.4.3 景区提前关闭

亲爱的游客朋友们，由于××原因，出于安全考虑，景区需提前关闭，对于给您带来的不便表示诚挚的歉意，请各位游客朋友们带好随身物品，有序离园。谢谢游客朋友们的理解与配合，欢迎下次再来。

任务小结

游客中心是旅游景区内为游客提供信息、咨询、游程安排、讲解、教育、休息等旅游设施和服务功能的专门场所，是景区对外形象展示的主要窗口。游客中心的有无和它提供的项目以及服务的质量直接影响到游客对景区的印象，是景区服务与管理的重要组成部分。本项目任务主要介绍了景区游客中心的类型、功能及主要岗位，针对票务、咨询、投诉、寄存、租赁、广播6大游客中心所设的主要岗位从岗位类型、岗位职责、岗位制度、工作流程、工作规范、典型任务处理等方面进行了详细说明。

任务测验

一、名词解释

1. 游客中心
2. 门票经济
3. 游客投诉
4. 景区租赁

二、填空题

1. 按照规模大小，游客中心可分为大型游客中心、中型游客中心、小型游客中心。
2. 游客中心的必备功能有旅游咨询、旅游投诉、基本游客服务、旅游管理。
3. 咨询服务可分为现场咨询、电话咨询、在线咨询、留言咨询。

4. 投诉处理应遵循的原则有游客至上、及时高效、景区利益为重。

5. 游客投诉心理主要有求尊重、求发泄、求补偿。

6. 寄存岗位工作流程主要包括：岗前准备、接待寄存游客、寄存物品安全检查、填开凭证，收取费用、物品认领。

7. 租赁岗位工作流程主要包括：岗前准备，设施检查、接待租赁游客、租赁设施检查、办理租赁手续，做好记录、设施归还，礼貌告别。

三、简答题

1. 简述游客中心服务与管理的基本要求。

2. 简述现场咨询接待的岗位流程。

3. 简述游客租赁凭证丢失的处理。

四、讨论题

1. 以某一个景区为例，分析其游客中心所设的岗位和提供的服务。

2. 思考当下众多旅游景区对游客中心进行升级改造的原因和意义。

五、案例题

游客何先生在景区某销售点购买了 2 个椰子，当员工 A 为其切开其中 1 个后，何先生认为切口太大可能不卫生，因此要求将尚未切开的 1 个椰子退掉。员工 A 虽然同意退，但是却在服务过程中恶语相向，何先生情绪激动并责骂员工 A，员工 A 亦出言反驳，双方发生了言语冲突。何先生随后致电游客中心投诉员工 A 服务态度差，要求景区对其进行处理。

1. 试分析游客何先生的投诉心理。

2. 如果你是接到投诉电话的工作人员，会如何处理？

参考文献

[1] 方小燕．景区服务与管理［M］．北京：清华大学出版社，2015.

[2] 张芳蕊，索虹．景区服务与管理（第 2 版）［M］．北京：清华大学出版社，2019.

[3] 王昕，龚德才，张海龙，等．旅游景区服务与管理［M］．北京：中国旅游出版社，2018.

任务6　景区解说系统管理

❖情景案例

《案例6-1》

平遥古城:"机器人导游"上岗了!

2019年3月，一位平遥居民偶遇了一辆特殊的"电动车"，感觉十分新奇，走近一看，才发现是个行走着的"机器人"。原来是平遥古城的首批26台智能机器人正式亮相。

"机器人导游"具有讲解、互动和代步功能。"机器人导游"的"头部"为机器人外形，后部设计为电动车，设有座椅，可供一个成年人乘坐，载重限制是200公斤以下。目前，机器人主要投放在景区步行街内，运行速度较低，每小时6.4公里左右。"机器人导游"设置有防撞系统，当检测到和其他游客距离小于50厘米时，就会暂停前进，防止出现撞人情况。因此，在旅游高峰时段，一旦出现景区游客流量不适于"机器人导游"出行，就会暂停该服务。

夜游平遥古城是当地的一个旅游项目。面对越来越多游客夜游古城的需求，平遥古城引进了"机器人导游"，用以弥补景区夜间没有讲解员的不足，帮助游客解决夜间导游问题。"机器人导游"始终处于连网状态，基于北斗系统，具有定点讲解功能，可以做到游客走到哪里，"机器人导游"就讲到哪里。同时，机器人讲解员还可以陪游客聊天，比如游客问"哪有牛肉卖啊"，"平遥有什么特产啊"等，机器人讲解员都能回答，大大方便了夜游古城的游客。

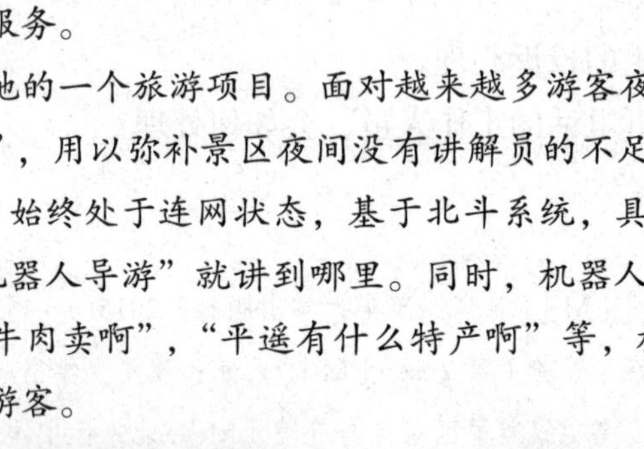

（资料来源：晋中新闻网发布时间：2019-03-12）

?想一想：1.“机器人导游”是否可以有效缓解景区讲解员配置的不平衡？
2.“机器人导游”的解说相比人员讲解的优劣势在哪里？

❖学习导引

黄石公园

美国黄石国家公园（Yellowstone National Park），地处“美洲脊梁”的落基山脉，总面积8987平方公里，大部分位于怀俄明州西北部，有一部分延伸到蒙大拿州和爱达荷州。1872年3月1日它被正式命名为保护野生动物和自然资源的国家公园，于1978年被列入世界自然遗产名录。这是世界上第一个最大的国家公园。

美国国家公园管理局（NS）在每个公园内都设计了功能完备的国家公园解说和教育系统（Interpretation and Education Systems in National Parks），目的在于借助各种表述媒体，为游客使用当地资源、享受公园的环境和设施提供便利，既为资源保护所必需又为游客游览所需要。由公园管理局提供的设施及所有摊点都要与公园的资源和谐统一，与自然进程保持一致，建筑风格力求简朴，色彩淡雅，不搞高层建筑及永久性索道；生活设施分散设置，以互不能见为原则，既考虑美学价值又在功能上方便各类人群，还要求考虑能源效率和有效成本；在游客经常光顾的景点开辟道路、野营地以及添置设施设备；在教育游客如何保护公园的资源方面，除了当面有工作人员的讲解还有其他的宣传教育方式。通过各种各样的正式或非正式的私人交往、室内外的展示、出版物、多媒体等方式来增进公众对公园价值和资源的理解和好评。还有一个讲解专家在网站上开展对景点的“真实”游览、推荐互动地图、详细介绍黄石公园等，这大大地提高了该网站的访问次数和受欢迎程度，而且这还将公园的服务范围向非传统的、各种类型的公众拓宽。讲解和教育的形式多样，用多媒体向游客陈述公园的地质演变、野生动物等可以说是一个很有效的教育途径。

每年黄石公园还针对来访游客和其他公众出版大约60种读物。黄石公园协会作为教育和讲解的主要合作伙伴，通过在公园的游客中心销售出版物，将获得的资金用于印制公园外文版地图、提供外文导游及出版法文、德文、西班牙文、日文报纸等。当游客驾车驶入公园时，将自己的收音机拨到调频1610频道，就可以收到关于公园的简短信息和注意事项。

?想一想：通过对黄石公园相关信息服务设施设置的了解，请思考应如何为景区设置解说系统，其意义在哪里？

❖学习目标

素质目标

· 具备良好的人际交往能力和沟通协调能力；

· 具有分析和解决问题的能力；

· 能够积极学习和善于接受新鲜事物；

· 培养尊重规则、敬畏规则的职业态度。

知识目标

· 了解旅游景区解说的发展过程；

· 了解自导（助）式解说方式的类型及功能；

· 掌握线上线下讲解服务的基本岗位职责和服务规范；

· 了解旅游景区的解说系统的发展趋势。

技能目标

· 能够正确使用不同类型的智能导览设施，并为游客提供咨询服务；

· 能够胜任向导式解说工作，因人而异组织讲解内容；

· 具备一定的讲解能力和讲解水平；

· 具备景区讲解员的规范化服务能力。

6.1 认识景区解说系统

当古希腊著名学者埃拉托色尼首创“地理学”概念，并力图说明人类生活与地理环境之间的关系的时候，人类就开始了对自然的解说。我国古代的人文地理著作《禹贡》以及各种地理志实际上也是对自然、人文的解说。工业革命后，随着休闲活动逐渐受到重视，解说服务也开始受到重视与推广。

作为一项独立的服务工作，解说最早出现在 19 世纪后期。1865 年，意大利专门成立“旅游与农业委员会”，对乡村地区的环境特征、景观资源以及乡村文化进行科学的解说和宣传，并对前往乡村地区的道路标识系统进行设计，引导城市居民前往乡村地区休闲、游憩，体验乡村独特的自然野趣和田园景观，指导乡村的旅游开发和景观建设。

1871 年，缪尔 · 约翰（John Muir）最先在美国约塞米蒂国家公园的服务接待中使用“解说”（Interpretation）一词；1888 年，伊诺士 · 米尔斯（Enos A.Mils）在他的著作《一个自然导游的探险》（Adventures of a Natrue Guide）中提到，在落基山脉地区开始充当自然导游时，把“解说”变成了一种商业行为；随后，伊诺士 · 米尔斯发展出导览原则、纲领和技巧，奠定了日后解说专业的基础；1957 年，被尊为“解说之父”的美国人费门 · 提尔顿（Freeman Tilden）撰成著作《解说我们的遗产》，这本书成为现代解说职业的第一个里程碑，“解说”得到了学术界的广泛认可；1961 年，美国成立“解说自然主义者协会”与“西部解说员协会”，使解说得到了专业认可；1964 年，在美国西弗吉尼亚州成立了“解说培训与研究中心”。因此，系统、规范的解说服务是从美国的国家公园开始的，并迅速传播到世界各国的国家公园和其他旅游地。

由此可见，“解说”不是一个独立存在的个体，而是由若干种形式组成的一个解说系统，通过不同的形式，实现游客和景区的对话，促进游客和广大公众对自然的认识和对文化的体验，从而实现旅游景区的教育功能、服务功能和使用功能等。

6.1.1　景区解说系统的主要类型与功能

景区解说系统是由解说设施（游览路径、旅游生活设施标识、旅游景区标识等）、景区导游人员、解说信息和游客四个方面的要素构成的系统。

对于旅游景区而言，解说系统具有不可或缺的作用和重要的意义，随着智慧旅游景区的迅速发展，景区的解说方式、解说内容等都已成为影响景区发展的重要因素。

6.1.1.1　景区解说系统的主要类型

根据旅游景区解说系统的内容构成及为游客提供信息服务的方式，主要分为向导式解说服务和自导（助）式解说服务两种类型。

一是向导式解说服务。向导式解说服务亦称导游解说服务，是指专门的景区导游人员通过导览和讲解向游客提供主动的、动态的信息传导服务，属于能动式服务，也就是说主体是景区讲解人员，它的最大特点是双向沟通，能够回答游客提出的各种各样的问题，可以因人而异提供个性化服务。同时景区讲解员还可以通过巧妙运用语言艺术、情感互动、讲解技巧激发游客的参观游览兴趣，从而使游客以愉快的心情和投入的心态去欣赏自然美和人文美，获得体验的快乐。

因此，景区讲解员要明确自己的工作目标，持之以恒地深入学习，不仅要具备文化知识、政策法规知识、礼节礼貌知识、美学知识，还要学一点国际知识、市场学知识、地理知识、历史知识、旅游服务心理学知识，懂得一些国家和民族的风土人情、风俗习惯，了解时事经济、商品信息，关注社会热点，更应该提高外语水平，不断充实和更新自己的知识结构，才能满足游客不断增长的旅游需求。

二是自导（助）式解说服务。自导（助）式解说服务是由书面材料、公共信息图形符号、电子语音解说等无生命设施设备，向游客提供静态的、被动的、非人员解说的信息服务。主要包括引导标志、信息资料及智能导览系统。

（1）引导标志：主要指景区标识牌，具有介绍、警示、引导、公共信息和说明的作用，通常由图标、符号和语言三部分组成。图标、符号一般采用通用规范的方法制作，景区不能自创，不同等级景区的公共信息图形符号都必须符合《标志用公共信息图形符号》的规定。等级较高的景区对公共信息图形符号设计的艺术性和文化性的要求也较高。景区引导标志是景区解说系统不可或缺的组成部分，应尽量做到设置合理，特色突出，人性化和艺术性相结合，既能烘托总体环境，又能方便游客。

（2）信息资料：主要指景区的宣教资料，大致可以分为静态和动态两种类型。静态信息资料通常包括旅游景区相关内容的研究论著、科普读物、旅游地图、导游图、旅游书籍、旅游小册子、旅游画册等，以及有关新开发的旅游产品、宣传品广告以及旅游纪念品等，具有保留时间长，阅读层次广的特点，这些照片、图片、模型和指示牌等构成的展示和陈列解说方式，成本低，使用普遍，但是这种单向、静态的解说服务，一般吸引力不会长久，尤其是设计毫无创意、风格呆板的展示和陈列，其吸引力更是无从谈起。因此，静态信息资料在制作过程中则应尽量做到品种多、内容丰富、制作精美，具有较高的纪念价值。动态信息资料通常指影像制品，比如录像片、电视片、光盘等，这些动态信息资料具有较高的旅游参考和宣传价值。其特点是制作难度较大，成本较高，不易变动，视听效果受设备的影响。

（3）智能导览：即我们常说的电子导游系统，是数字化、智慧化景区的重要组成部分。主要是利用计算机、网络、无线电通信技术、语音控制、多媒体和 GPS 等多种科技手段，帮助游客完成游览活动，从而使游客能够获得较高游览体验的自助式解说服务设备。智能语音导览系统是建立在无线通信、全球定位、移动互联网、物联网等技术基础之上的智能导览系统，它将景区导览电子化、智能化。这种智能导览系统可以实现全程真人自动语音讲解，全面覆盖景区全景及景区附近地图，能够快速提供游览线路规划，准确查询景区附近吃、住、游、购信息及景区内公共设施等信息，让游客获得全面、丰富的导览服务。智能手机的全球化也带动了智能景区的建设和发展。很多景区早在 2014 年起就开始制作景区旅游 APP，告别传统模式，与智能时代、互联网时代挂钩。智能导览最大的特点就是能改善旅游环境，提升游客的旅游体验。

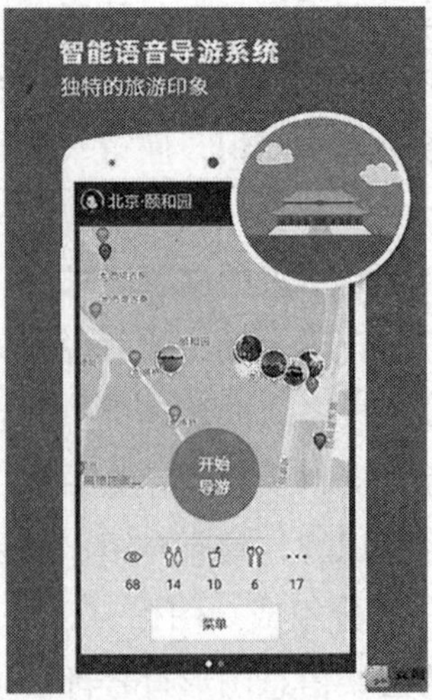

图 6–1　智慧语音讲解系统示意图

自导（助）式解说的使用主体是游客，游客获取自导（助）式解说服务所提供的信息，没有时间上的限制，他们可以根据自己的爱好、兴趣和体力自由决定获取信息的时间长短和进入深度。这种导览方式可以减低景区的人员经营成本，也可大大提高景区的信息化水平。

【知识拓展】

未来 5G 高速的网络传输能力，不但可以振兴云计算和物联网，还可以使 VR（虚拟现实）崛起。2015 年 VR/AR（增强现实）兴起，受到硬件设备的计算能力、分辨率的制约，产品的眩晕感和画质不清晰，使行业热度降低。5G 的网络传输能力会使画质得到提升，计算速度提高，将提高 VR 和 AR 融入旅游的热度。据中国经济信息社统计，2018 年物联网产业规模已达到 15 034.7 亿，比 2017 年提高了 26.7%，为近 5 年来增速最高。今后，基于 5G 技术的旅游可以实现：一是旅游景区高清直播。图像清晰度再也不会受到带宽的限制，视频的冲击力会得到充分体现，旅游景区的动态视频让游客更能感觉到真实性，对景区宣传会有很大帮助。二是移动设备的 VR 文娱体验。VR 的硬件设备会更新，人们将告别以往使用 VR 眼镜的不便，基于计算机视觉，使用手机、PAD 等移动设备就能体验 VR。三是景区现场 VR 体验。基于实时计算的边缘计算与 VR 技术结合，能实现景区的现场体验、室内导览和文物重现。如在圆明园游览，AR 可以重现圆明园曾经的宏伟，无数珍宝历历在目，使游客的沉浸感增强。再如 5G 结合室内定位技术，使游客在体验 VR 的同时，可以基于位置实现智能导览。

5G 技术的推广为智慧景区建设带来很多新的思路和条件，与大数据和 AI 技术的结合，可以大大提升旅行服务、住宿、景区、交通、娱乐、购物等旅游企业的服务水平，为游客提供智能导览、快速响应咨询、精细化信息提供、个性化讲解、即时旅行记录和针对性产品推送等服务，推动全景游记、交互式视频、语音交互等新服务内容的出现，让服务可以千人千面，全面提升旅游服务品质。

6.1.1.2　景区解说系统的主要功能

解说服务是景区沟通游客和环境的重要途径，也是一种信息服务，既能够增加游客对自然、人文环境的理解和欣赏，在旅游休闲中达到寓教于乐的目的，也能够提升景区的游览品质，同时还能够进行有效的游客管理，从而更好地保护景区旅游资源。

解说系统的内涵实质就是通过解说，可以达到有效保护资源和环境、最大限度地发挥自然和文化资源的游憩价值的目的。

因此，一个完整的解说系统通常具有以下功能：

一是服务功能。这是景区解说服务的基本功能，运用某种媒体和表达方式，通过向游客提供景区的基本信息和导向服务，尽可能达到服务游客的基本功能。

二是教育功能。帮助游客理解并欣赏旅游景区的资源及其价值，同时规范和管理游客的游览行为，形成合理的客流模式，优化景区游览环境；尤其是对于前往各种自然保护区、风景名胜区、文物保护单位等具有稀缺性资源景区的游客，景区还承担着游客的认知教育、理解教育和尊重自然的教育的功能。

三是管理功能。通过解说服务可以规范景区的产品管理、游客管理、安全管理等相关管理。通过科学、准确及人性化的解说，加强游客对自然保护的政策、管理理念和管理办法的认知，加深游客对保护区管理的理解，从而增强游客对自我行为的管理。

四是使用功能。旅游景区的解说系统是以游客为受众的，其核心功能是为了方便游客运用不同的方式，了解景区，从而满足游览需求。尤其是自导（助）式解说设备的操作和使用规范，必须保证简单易操作，这样游客才愿意使用，才能实现其使用功能。

五是交流功能。任何一种信息的传递，都是一种交流和沟通。通过不同形式的传导，实现游客和景区、居住地居民以及景区管理者之间的有效交流，促进景区的良好运营。

这些解说功能对游客而言，就是通过对景区的自然与历史文化的理解与欣赏，达到走进自然、融入自然与享受自然的目的，达到了解不同文化、认识社会变迁、感受多姿多彩的特色和地方文化的目的；对景区而言，是要通过解说引导游客享受休闲生活，为游客提供愉快而有意义的体验，从而影响社会公众对景区的态度与行为，不仅让人们尊重景区资源的自然性、历史性与文化性，同时也可以得到游客对旅游景区的各项管理工作与管理政策的理解与支持。

6.1.2 景区解说服务与管理的主要岗位

《旅游景区质量等级的划分与评定》（GB/T17775-2003）对于景区旅游解说系统主要从游客中心、标识牌、公众信息资料、导游、公共信息图形符号五个方面提出了具体的目标和要求。其中主要的岗位设置有：

6.1.2.1 咨询服务岗位

所有景区都应设置为游客提供咨询服务的场所，即游客中心，并配备咨询服务人员，为游客解答或讲解景区相关知识。等级越高的景区对于游客中心的设施、功能、咨询服务人员的业务水平要求越高。

咨询服务岗位，主要有现场咨询服务、电话咨询服务以及网络平台的咨询服务。尤其是现场咨询服务，就是面对面的咨询服务，需要景区工作人员具备旅游综合知识，能够准确了解景区相关知识，并对景区的相关服务环境做到心中有数，了如指掌。因为游客的咨询五花八门，诸如旅游纪念品售卖、物品寄存、医疗救护、失物招领、区域交通信息、游程信息、天气情况等，因此，咨询服务岗位的工作人员应努力做到有问必答、谈吐得体、不卑不亢、客观周到。

6.1.2.2　景区讲解岗位

《旅游景区质量等级的划分与评定》(GB/T17775-2003)对景区导游员的职业资格、数量、语言水平、文化程度和服务标准做了要求。所有导游员(讲解员)必须持证上岗，普通话达标率 100%，人数及语种能基本满足游客需要。等级越高的景区，对导游员(讲解员)文化程度的要求越高，如 3A 级景区要求大专以上不少于 20%，4A 级景区要求大专以上不少于 40%，5A 级景区要求导游员(讲解员)均应具有大专以上文化程度，其中本科以上不少于 30%。等级较高的景区除要求导游员(讲解员)讲解科学、准确、符合规范外，还要求其讲解具有个性化的特点。

景区工作人员的讲解、咨询服务，不仅体现着景区工作人员的个人职业素质，更重要的是一定程度上反映了景区的整体管理水平和企业形象。因此，景区工作人员要有礼仪礼貌的意识，要着装规范，微笑服务，保持良好的职业形象。

6.1.3　景区解说服务与管理的基本要求

解说服务是一种实现游客、旅游景区以及旅游经营者、旅游管理者等各种媒介之间的有效沟通而进行的信息传播行为。解说的方式、基本方法和技术要求因受众、主体、信息的不同而不同，不同的场地、不同的内容需要用不同的解说方式和方法，而受众的不同则更需要运用不同的解说技巧。但是，不论面对怎样的受众，在进行景区解说服务的过程中，其基本要求都应做到：

6.1.3.1　提供信息咨询，引导游客的旅游活动

为游客提供导游和信息服务，通过解说，引导游客按照景区的游览指南进行各项旅游活动，以减少各类破坏性行为出现的概率。同时，通过科学、规范的解说，使游客在充分了解旅游信息的同时完成愉快的旅行，帮助游客从一个普通的观光者转变为追求旅游体验的旅行专家。

6.1.3.2　展现景区魅力，促进旅游景区的可持续发展

旅游解说可以充分展示旅游景观资源的类型、特色、美学特征和游憩开发价值，突出景区的资源魅力，提高景区的文化品位和旅游吸引力，满足旅游者的精神需要；同时可以丰富游客关于自然、环境、社会和历史文化方面的知识，提高游客鉴赏、理解及享受休闲生活的能力，从而使得景区旅游资源得到保护，促进旅游景区的可持续发展。

6.1.3.3　优化环境教育，提升景区游客管理水平

通过解说的教育作用，促进国家、旅游管理机构和广大游客自然生态保育、野生动物保护等方面意识的提升；通过解说过程中的各种媒体宣传，增进人们对自然的了解，帮助人们认知自然资源的生态价值、环境价值和游憩价值；通过理性文明的旅游行为，直接或间接地进行游客教育，促进游客主动保护自然和文化遗产，使各项旅游活动对当地社区和自然环境的负面影响降到最低。

6.2 景区讲解接待岗位的服务与管理

6.2.1 景区讲解接待的岗位职责

景区（点）导游人员亦称讲解员，依照《旅游景区讲解服务规范》（LB/T014-2011）的规定，讲解员是受旅游景区委派或安排，为旅游团或旅游者提供讲解服务的专职人员和兼职人员。景区的导游讲解是景区接待工作的核心和纽带，是景区导游服务质量高低最敏感的标志。

景区讲解员的工作内容涉及6个阶段：在景区导游服务中心接受具体导游任务，了解游客的愿望与要求→根据游客的愿望与要求设定游览方案→在景区门口迎接游客，请游客确认游览方案→在示意图前对景区进行概括性讲解，交代游览中应注意的事项→引领游客参观游览并讲解，处理游览中发生的各种问题→礼貌送别游客。

根据景区讲解员的工作内容，其岗位职责主要有以下三个方面：

6.2.1.1 讲解服务

在旅游景区（点）内引导游客游览，为游客讲解与景区、景点、景观有关的知识，并解答游客提出的各种问题。讲解服务是景区向游客提供的一项基本服务，景区讲解员在讲解方式、讲解内容及语言表达方面要能够因人而异，灵活多变；能够寓教于乐，富有感染力。

6.2.1.2 安全提示

在景区（点）内，讲解员在带领游客游览过程中，除了为游客提供讲解服务之外，还要随时提醒游客注意安全，并照顾游客以免发生意外伤害。

6.2.1.3 宣传教育

讲解员在讲解过程中，要结合景区、景点、景观的内容，向游客宣传环保及生态保护、文物古迹、自然与文化遗产等方面的知识。

6.2.2 景区讲解接待的岗位制度

景区讲解员应该遵守职业道德和行为规范，持证上岗，坚决执行岗位制度。

6.2.2.1 忠于祖国，坚持“内外有别”的原则

要保守国家机密，事事以国家利益为重，不向游客谈及景区的内部事务。

6.2.2.2 严格按规章制度办事，执行请示汇报制度

（1）严格按照景区确定的接待计划，安排旅行、游览活动，不得擅自增加、减少旅游项目或者终止游览活动。

（2）在旅行、游览中，遇有可能危及游客人身安全的紧急情况，经征得多数游客的同意，可以调整或者变更接待计划，但是应当立即向景区汇报。

（3）在游览中，对可能危及游客人身、财物安全的情况，要向游客作出真实说明和明确警示，并按照景区的要求采取防止危害发生的措施。

（4）讲解员应当严格按照讲解路线进行讲解，不得擅自减少或者中止讲解服务。

（5）讲解员进行讲解时，应当遵守职业道德，着装整洁，礼貌待人，尊重游客。

（6）应当为游客讲解本景点的人文和自然情况，介绍风土人情和历史典故。

（7）不得对待游客态度生硬或讲解过程中投机取巧、欺骗游客。

（8）应尊重游客，礼貌待客，微笑服务，热情主动并耐心地倾听游客的意见，在合理而可能的情况下，尽量满足游客的要求。

（9）不得私自承揽或者以其他任何方式直接承揽讲解业务。

（10）引导游客文明参观。

6.2.2.3　遵纪守法，不从事非法、违法活动

（1）严禁嫖娼、赌博、吸毒；不索要、接受反动或黄色书刊、画报及音像制品；不诱导或安排游客参加黄、赌、毒等非法活动。

（2）不得以任何形式向海外游客兑换、索取外汇。

（3）不得向游客兜售物品或者购买游客的物品，更不得索取游客的财物。

（4）不能欺骗、胁迫游客消费或者与经营者串通欺骗、胁迫游客消费。

（5）不得以明示或暗示的方式向游客索要小费，不得因游客不给小费而拒绝提供服务。

（6）不得营私舞弊、假公济私、中饱私囊。

（7）不得游而不导、擅离职守、懒散松懈、本位主义、推诿责任。

（8）不得态度冷漠、敷衍了事，不得在紧要关头不负责任，临阵脱逃，置游客生命财产安全于不顾。

（9）不能与游客过分亲近；不介入旅游团内部的矛盾和纠纷，不得搬弄是非；对待游客要一视同仁，不厚此薄彼。

（10）不得迎合个别游客，在讲解、介绍中掺杂庸俗的低级趣味的内容。

6.2.2.4　自尊自爱，敬业乐业

（1）积极进取，为旅游者提供优质服务。

（2）自尊自强自爱自律，维护人格、国格尊严。

（3）处理分歧不卑不亢，避免正面冲突。

（4）讲究礼貌，注重形象。

（5）遵守社会公德和职业道德。

6.2.3 景区讲解接待的工作流程与规范技巧

景区讲解接待的工作程序归纳起来可分为服务准备、游览服务、送别服务、总结提高四个阶段，每一阶段都有相应的操作规范。

6.2.3.1 服务准备程序与规范

“良好的开端是成功的一半。”景区（点）导游服务的准备工作应包括以下五个方面：

一是计划准备。接到接待通知，景区讲解员要及时了解和分析情况，并做好接待计划。了解所接待游客，认真查阅、核实所接待团队或贵宾的接待计划及相关资料，要根据具体情况分析。特别是临时接待的团队或散客，景区讲解员应尽快与游客接触，通过观察和简单的交谈，尽快了解客人主体的来源、职业、文化程度以及其停留时间、游程安排、有无特殊要求等，以便使自己的讲解更能符合游客的需要。

二是知识准备。景区讲解员的工作相对固定在一个景区或景区的几个景点。这就要求景区讲解员熟悉并掌握本景区讲解内容所需的情况和知识，要不断地更新、储备新的知识，不断地扩大知识面。凡是与景区（点）相关的知识都需要不断地积累，以便更好地为游客提供有效的服务，同时还要不断地学习游客心理知识、导游技巧、旅游美学、讲解艺术和语言艺术。讲解员应对讲解内容做好两种或两种以上讲解方案的准备，以适应旅游团队或个体游客的不同需要；预先了解游客所在地区或国家的宗教信仰、风俗习惯，了解客人的禁忌，以便能够实现礼貌待客。对特殊需要的讲解内容或第一次讲解线路，事先踩点和准备相关讲解内容。

三是形象准备。景区讲解员的形象准备也是十分重要的，在工作过程中，良好的仪表、仪容能给游客带来深刻的印象和美好的回忆。景区讲解员应按企业规定穿着统一服装上岗并保持整洁，饰物佩戴及发型要简洁大方，方便工作；上岗时要正确佩戴上岗证和工号标牌，精神状态要保持饱满，接待游客热情诚恳，言谈举止应文明稳重，自然而不做作，符合礼仪规范。

四是心理准备。

（1）准备面临艰苦复杂的工作。有充分的面临艰苦复杂工作的心理准备。不能只考虑到按规定要求为游客提供热情服务的工作程序方面，还要有遇到问题、发生事故时应如何去面对、去处理的心理准备，有了这些方面的心理准备，就会做到遇事不慌，遇到问题也能妥善、迅速地处理。

（2）准备承受抱怨和投诉。现场参观游览的情况是千变万化的，游客的个性化要求也是复杂多样的，景区的特色也不尽相同。讲解员必须掌握丰富的专业知识、讲解技巧，才能满足游客的游览需求，通过游客获得满意度而提升旅游景区的服务品质和形象。

在实际工作中，景区讲解员要善于调整自己的情绪，要懂得工作、生活中自我角色的转变，不能把自己生活中不愉快的情绪带到工作中。在工作中要积极观察游客的反应，并根据其反应调整自己的讲解方法和讲解技巧。

五是物质准备。景点讲解员应准备好导游图册或导游资料、导游讲解的工具或器材，正确佩戴导游证和胸卡；如有需要，准备好无线传输讲解设备，以及接待团队时所需的票证等。

6.2.3.2　游览中的服务程序与规范

一是迎接服务。在游览服务开始时，景区讲解员应向游客致欢迎辞。位置通常选择在景区（点）的入口处，时间选择在景区（点）讲解的开场白之前。对于重要客人一般在接待室。

欢迎辞的内容应根据游客的国籍、团队人数、年龄、具体的时间和地点、成员的身份等有所区别，不可千篇一律。致欢迎辞应注意适度、真挚，内容应符合自己的身份，不能让对方感到不真实、做作，以免产生不良效果。

二是商定游览行程及线路。商定游览行程事宜主要发生在较大的游览景区；而在一般的旅游点如博物馆等，除一些有组织、有特殊要求的游客之外，大部分游客一般愿意听从景区讲解员推荐的游览行程安排。商定游览行程不仅表明景区讲解员对游客的尊重和欢迎，而且还可以从商议安排过程中了解游客的主要兴趣，以使游览计划安排更符合游客的需要，是保证景区讲解员工作顺利进行的重要一环。不同的游客对同一个景区所感兴趣的内容是不同的，因此，了解游客的需求是非常必要的。

三是景点示意图前的讲解。

（1）概况讲解。景点导游讲解是景区讲解员工作的核心内容。在讲解过程中，先应对参观的旅游景区（点）的简况向游客作介绍。景区（点）讲解内容应包括：景区的建造时间及历史背景或成因、景区的建造目的、景区的景观特色、景区的地位、景区的价值（包括历史价值、文物价值、学术价值、旅游价值、美学价值等）。

（2）讲明游览路线和集散地点。

（3）讲明游览中的有关注意事项。景区讲解员应告知游客游览时间以及有关注意事项等，尤其对安全隐患或景区游览禁区，必须及时、反复地向游客做出明确的警示和提醒。

四是游览中的讲解。游览中的讲解是景区讲解员服务的主体内容。景区讲解员应始终带领旅游者沿着游览线路对所见景物进行精彩的导游讲解。在讲解过程中，先讲什么，后讲什么，要做到心中有数；预先设计好趣闻、典故；讲解内容要翔实，语言要流畅。同时注意观察游客反应，灵活调整讲解内容和速度，力求做到有声有色、情景交融、详略得当、有虚有实。具体要求如下：

（1）讲解的内容、方式要因人而异、繁简适度。讲解员对景区内容的讲解，应符合景区的统一要求；应对景点的历史背景、特色、地位、价值等方面的内容做全面、详细的讲解，同时也要给客人留有思考、回味的空间。

（2）讲解语言应准确、清楚、生动、灵活，富有表现力。

（3）讲解技巧可采用问答法、类比对比法、虚实结合法、情景交融法以及制造悬念法等。

（4）讲解时应结合有关景物或展品相机宣传环境、生态系统或文物保护知识，并解答游客的问询。

6.2.3.3 送别时的服务程序与规范

参观游览活动结束后，讲解员要向游客做简短的欢送辞，同时积极处理有关遗留问题。完成接待任务后，要认真、按时写好接待总结，实事求是地汇报接待情况。总结工作是提高讲解员服务效率和服务质量的必要手段。接待总结的内容包括：

（1）接待游客的人数、抵离时间。

（2）游客成员的基本情况、背景及特点。

（3）重点游客的反映，尽量引用原文，并注明游客的姓名和身份。

（4）游客对景区（点）景观及建设情况的感受和建议。

（5）对接待工作的反映。

（6）后续办理的事情。

（7）自己的体会及对今后工作的建议。

（8）若发生重大问题，需另附专题报告。

另外景区讲解员在总结工作时，应及时找出工作中的不足或存在的问题，根据这些问题进行有针对性的补课，请教有经验的同行，不断提高自己的讲解水平，真正成为一个学者型的景区讲解员。

【知识拓展】

旅游景区解说服务，是对旅游景区进行科学完善的解说，应该包含旅游景区环境解说、旅游吸引物解说、旅游设施设备解说、旅游管理解说、资源保护解说五个方面的内容。旅游景区环境解说指景区所在区域的自然环境和文化环境的解说；旅游吸引物解说，是对景区内各类旅游景观自然属性和文化属性的解说，它是景区解说服务系统中最核心的内容，也就是我们常说的景区讲解，是最能够体现游客对景区的认知体验的一部分内容；旅游设施设备解说，是对景区内的相关旅游配套设施的解说，比如电子导览器的使用、各种标识牌的认知等，目的是使游客能够更好地依托这些辅助设施，获得更好的旅游体验；旅游管理解说，是对景区的管理体制机制的解说，目的是使游客对景区有更全面的了解，通过解说使游客与景区所承载的文化差异、生态安全等方面能够达成共识，共同维护景区和谐的旅游环境；资源保护解说，关系到景区生态平衡和可持续发展的问题，通过解说可以使游客自觉维护旅游资源的生态环境，和景区共同担当资源保护义务。这五个要素之间相互依赖、相互作用，构成旅游景区解说服务结构的整体。

6.2.4 景区讲解接待的典型任务处理

6.2.4.1 讲解词案例

景区讲解员在讲解过程中，应分析景区的特点，把握讲解角度，才能将景区的美完整地呈现给游客，达到与景观的内在精神和谐统一的效果。

【讲解词赏析】

黄河壶口瀑布

“黄河之水天上来，奔流到海不复回”，唐代大诗人李白对黄河的赞美，只有您来到了黄河壶口瀑布才能真切地感受到。黄河自青海源头起沿途汇集了40多条大的支流和千条小溪，来到了晋峡大峡谷，水流从500多米宽骤然收束到40多米，从龙槽口飞流而下，落入深潭，形成这巨大的瀑布，犹如茶壶注水，“壶口瀑布”因此得名。

看着这奔腾而来的黄河水，好似千万匹骏马，势不可当。惊涛巨浪，以排山倒海之势，注入壶口，形成这震撼心魄的瀑布。站在岸边，望着这奔涌的瀑布，您可以产生各种各样的联想。中国人在黄河上面寄托了太多的情感，黄河已经成为了中国人不屈不挠、勇往直前的性格的象征。而最能体现黄河性格的也就是壶口瀑布。“不到壶口大瀑布，不识黄河真面目。”著名诗人光未然正是来到了这里，才被黄河这巨大的力量所感染，于是写出了著名的《黄河大合唱》，“风在吼，马在叫，黄河在咆哮”，体现了中国人民奋起抗日的坚强意志，成为一曲民族精神的颂歌。

【解析】讲解员应如何引导游客对自然景观进行审美？

水体景观，在给人以直观感知的同时，还常常因其固有的文化内涵，体现出诱人的魅力。水体景观正是以其独有的“形”与特定的“意”的统一，才形成了外在与内涵的完美结合，才具有了旺盛的生命力。讲解员在对水景的讲解过程中，除了从直观的形态进行讲解外，更应从文化的角度予以全面的评价。比如这篇壶口瀑布的讲解词，讲解了水的力量给人带来的一种崇高美，它以其恢宏大气的场面、一往无前的执着、摧枯拉朽的气势，显示出一种无与伦比的力量，也正是这种力量，才给人们以心灵冲击与震撼。这种力量所蕴含的文化在历史的长河中激励着人们的斗志，启迪着人们的智慧，荡涤着人们的心灵。讲解过程中，对这种文化意蕴的铺陈和挖掘愈是深刻，所传达给游客的美感就愈充分。

6.2.4.2 讲解服务案例

在讲解中面对游客打扰。景区（点）讲解员在景区讲解时，有个别游客会打扰讲解员的讲解，这种现象的出现无非有几种原因：一是有个别游客喜欢在众人面前炫耀自己的学问；二是对讲解员所讲的内容持有不同意见和观点；三是讲解员所讲内容和知识确实存在问题；四是游客知道的内容要比讲解员讲的更丰富。面对以上情况讲解员的处理方法主要有：

（1）适当礼让。如果讲解员在讲解时，有个别游客打断了你的讲解，而提出了他个人的见解，此刻，讲解员不妨先让那位游客暂时作为一名“讲解员”，游客讲解的好不好，都没关系，重要的是，这是讲解员的处理方式。通常的解决办法是，首先要肯定和赞赏游客讲的合理和有特色的部分，随后可以再给予补充；如果游客讲解得确实精彩和有水平，那么，讲解员就应该虚心地向对方学习。值得注意的是，讲解员切记不能让游客反客为主，自己必须把握整个游览进程的主动权，更不能让他打乱了讲解计划，控制了整个游览活动。

（2）坚持自我。如果游客对讲解员所讲解内容持有不同意见和观点，应在求同存异的基础上，肯定游客的独特的思路，给予其足够的“面子”，同时要按照自己原有的计划继续讲解，然后再个别地、友好地与其交流、探讨，相互取长补短。面对这种情况，讲解员最关键的是要保持冷静，保持“从善如流”的大度。

6.2.4.3 旅游景点游人拥挤不堪的情况的处理

在旅游旺季，许多景点游人如织，十分拥挤，不但秩序混乱，而且游览质量也难以保证。在这种特殊的环境中，要确保带领游客“进得去，出得来，玩得尽兴，游得安全”，讲解员就应该采取一些超常规的做法。

一是合理利用“时间差”和“空间差”。所谓利用“时间差”，就是指设法避开景点的客流高峰时间，在游客相对较少的时间组织安排游览。所谓利用“空间差”，就是指设法避开客流集中的游览线路，与高峰交叉易位，达到较为理想的游览效果。

二是改变常规游览方法。讲解员要头脑灵活，果断处事，不要一成不变地组织安排旅游活动。比如可以先冷后热、先远后近、先偏后中等，根据现场的客流情况，可以灵活调整线路。但是一定要将游览路线、注意事项、集合时间与集合地点向游客交代清楚，尤其是紧急应变措施更要明确告知，再三强调。

三是时刻注意“安全第一”。在人流密集、十分拥挤的景点，要特别注意游客的安全，预防走失。在人流较稠密、较为集中的大门口、通道、桥梁上尽快通过，不要停留。在通过游客拥挤的楼梯、石磴、软索桥等狭窄的空间时，决不可冒险行事。

6.3 自导（助）式解说服务系统管理

6.3.1 景区自导（助）式解说服务系统管理

景区自导（助）式解说系统管理主要包括不同的解说服务类型和设施设备的管理两个方面。

6.3.1.1 解说服务系统的类型

景区的解说设施是景区开展经营活动的物质载体，是对景区总体以及主要景点进行讲解、介绍的图文解说和多媒体解说系统。景区的解说设施管理是自导（助）式解说服务系统管理中重要的组成部分，主要包括游客引导设施和智能导览设施两种类型。

一是游客引导设施。游客引导设施是指对游客行为具有提示、引导性的文字图案或符号，主要包括公共信息标识和空间位置标识两种类型。公共信息标识应符合国家标准《标志用公共信息图形符号》，通过文字或图片来向游客传达有关景区的信息，一般包括导游全景图、导览图、景物介绍牌、标识牌等；空间位置标识要求一般设置于步道、车行道、岔路口等处，要求信息准确无误，指示文字和图示简洁醒目、中英文对照。标识牌的高度通常视服务对象和距离、视线的高度而定，游客可以自行查看、参阅即可了解景区游览的相关事项。

二是智能导览设施。智能导览设施主要是依托现代信息和多媒体技术进行景区内容解说，如二维码、蓝牙等触发系统、触摸屏互动式解说以及影视动画解说等服务设施。

因此，自导（助）式解说服务系统管理的重点主要是对设施设备的正常维护，以保证所有服务设施的正常运转。

6.3.1.2 解说服务系统管理的基本要求与职责

一是景区的解说设施日常管理要求。

（1）合理配备解说设施。设施设备要根据景区的特点和服务的需求进行合理配置。

（2）合理安排解说设施的使用率。应严格按解说设施的技术条件来安排服务使用。

（3）保证二维码及各类标识牌清晰可辨。尤其户外的一些二维码及标识牌，会受到风吹日晒雨淋的腐蚀，应经常维护清洁，保证图形图案及指示的清晰可辨。

（4）触发系统类的导览设施应保证其灵敏性。触摸屏互动式的导览设施，应保证其触点的灵敏度，保证游客的正常使用。

（5）配备专职设施设备管理人员和维护人员。景区解说服务人员的技术水平和操作熟练程度，决定了他们能否正确地使用设施设备，能否为游客提供相应的服务，对于设施设备的操作员工要定期地进行技术业务培训。

（6）建立和健全设施设备使用、维护、保养的规章制度。设施设备的使用、维护、保养规章制度，是旅游景区管理制度的重要组成部分，是指导操作人员操作的技术规定。

（7）创造良好的工作环境，维护解说系统设施设备的完好。良好的工作环境可保证设施设备正常运转、延长设施设备使用寿命。

二是工作人员岗位责任制度。

（1）严格执行各项操作规程和维护、保养规章制度。

（2）严格执行检查报修制度并做好监督与跟进。

（3）设施要有专人操作管理。

（4）做好日常的清洁和消毒工作。

6.3.2　自导（助）式解说服务系统的类型和特点

自导（助）式解说服务系统是景区解说服务的重要组成部分，是景区产品高科技化的主要表现，具有较强的智能化特点。常见的有便携式的语音导览器。便携式语音解说服务是根据旅游景区的特点，借助通信、无线调控技术、微电脑控制、语音压缩等现代技术手段开发便携式语音解说设备，并利用该设备为游客提供讲解服务的一种自助导游方式。常用的便携式语音解说方式主要有录音方式、感应式电子导游方式、无线接收的方式、二维码扫描接收方式手机接收方式等。

6.3.2.1　录音方式

这种语言解说主要特点是解说器上面有显示屏、数字键以及播放、停止键，形式就像 AW 一样。这一服务方式的实现需要将与景区相关的解说词用不同的语种全部储存到解说器中，并且把景点分割成不同的文件，即将每个景观的解说词分别归入到景点内，景点名显示在显示屏上。

游客拿到解说器后，首先选择所需要的语种，然后进入到景点解说中。游客想听哪个景点的解说就按下相应的键，解说器就会自动播放景点的基本介绍。这种解说最大的优点就是游客可以随意听到自己所需要的内容，解说不受游览线路、游览进度的限制，收听质量也可以得到很好的保证，而且解说器体积很小，便于携带，成本也很低。若景区中要增加或修改解说内容，处理起来也非常方便。这种解说方式对于景观多、解说内容大的景区非常适用。

6.3.2.2　感应式电子导游方式

这种方式也是多语种可供选择的解说方式。它由两部分组成：一部分是具有解说内容的芯片；另一部分是游客手中的解说器。景区经营者先将解说内容通过语音压缩技术压缩到芯片中，然后将它置于需要解说的景点上面。当游客携带解说器到达某一景点时，解说器会与之产生感应，就会启动信号，然后自动地解说。这种解说也不受时间、地点和游览线路的限制。如颐和园较早就已经采用了这种解说方式。

这种解说方式操作起来相当简便，游客除了选择自己所需要的语言、开关机以及调节音量外，基本上不需要其他操作。但是由于技术上的要求，它的成本相对来说比较高。这种电子解说器在我国一些景区已经投入使用。这种“电子导游”方式具备智能引导、自动讲解、语言同步乃至电子地图等多种功能。故宫于 2005 年 5 月推出了第 6 代电子导游即电子讲解器，体积很小，游客每走到一处景点，讲解器上的小红灯接收到感应就会闪烁，这里的景点介绍就会进入游客的耳中，游览结束后，红灯灭就关闭。

6.3.2.3　无线接收的方式

这种解说方式是由多台无线调频发射机和游客接收机构成的。它是在景区的各个景点分别放置调频发射机，然后把景点的解说内容用多种语言储存在发射机内。当发射机开始工作时，解说信号就被发射出去。

游客在景点周围收听适合自己的解说词。它的功能和收音机的功能相似。这种无线接收方式的解说系统服务范围比较广，不论有多大的游客量，只要游客手中有接收机，就可以享受导游解说服务，并且可以避免讲解员因个人因素而带来的服务不满意的情况。

这种方式需划出一个号段给景区。游客到达景区，传一个信息给信息平台后，手机将变成一个自动讲解器为游客播放该景区的讲解词。这种解说不仅可以让游客随意游览，而且解决了讲解员在解说过程中遇到的一些尴尬问题。这种解说方式非常适合自助游的游客。

6.3.2.4　二维码扫描接收方式

根据腾讯官方发布的 2019 微信数据报告，目前微信月活跃用户为 11.51 亿，微信已成为当下国内最大的社交软件。因此，微信作为游客必备的 APP，其在线二维码已经成为游客最为依赖的智慧化服务平台，游客通过扫描二维码，即可获取图像、不同国家的语言文字介绍及语音讲解。

6.3.2.5　手机 APP 或小程序等软件

APP 是 application 的缩写，通常专指手机上的应用软件，或称手机客户端。目前多指移动设备（包括平板电脑、手机和其他移动设备）上的第三方应用程序。随着智能手机越发普及，很多工作、生活的功能都可以通过 APP 实现，APP 开发的市场需求与发展前景也空前蓬勃。

微信小程序，简称小程序，英文名 Mini Program，是一种不需要下载安装即可使用的应用。2017 年 1 月 9 日，张小龙在 2017 微信公开课 Pro 上发布的小程序正式上线，它实现了应用“触手可及”的梦想，用户“扫一扫”或“搜一下”即可打开应用。微信小程序支持分享当前信息，只要启动使用过一次，则无须再次启动；可以分享对话给单个好友及微信群；还可直接根据名称或品牌搜索小程序。现在已经有超过150万的开发者加入到了小程序的开发，小程序应用数量超过了一百万，覆盖200多个细分的行业，日活用户达到两个亿。

基于这样的平台功能智慧数据发展，景区的解说功能也充分利用手机APP和小程序等应用程序，为游客实现“景区资源触手可及、景区导览解说触手可及”。比如从手机小程序搜索“小鹿旅游或小鹿智游”，点击“语音导游”，即可满足语音导览需求；或者下载“小鹿导游”APP，选择景区后，随即会出现游客需要参观的景区或周边环境的地图，在界面的右下角有“自动导览”标志，游客可以按需选择。也可以直接搜索景区景点的名称，页面会自动弹出若干小程序供游客选择。

另外，我们比较熟悉的“美团”，2017年4月20日，美团旗下旅行品牌——“美团旅行”正式亮相。“美团旅行”是一款旅行资讯应用，以西瓜为logo，以“玩出当地味”为slogan，致力于为年轻旅行者打造一站式旅游平台，同时和一些旅游品牌合作，共同打造更好的线上旅游服务。

通过下载手机APP，或搜索小程序，“美团旅行”“美团门票”界面会出现“免费云导览”，游客只需按需要根据提示进行选择就可以了，操作简单方便。

景区智慧语音导览是实现景区全域智慧旅游的关键环节，具有类似功能的应用程序也在陆续开发当中，2019年6月6日，梦旅程景区智慧语音导览系统正式发布。同时很多景区也顺势而为，通过线上的语音导览为游客提供方便，包括APP下载也设置了安卓专区、iPhone专区、Windows Phone，满足不同品牌和型号手机的使用，使游客的使用和操作更加便捷。可以说，只要一机在手，所有的游览消费环节均可实现。

旅游景区自助式解说服务的类型

6.3.3 线上自导（助）式解说服务系统的管理制度与流程规范

俗话说“没有规矩，不成方圆”。制度是一个组织内大家共同遵守的行为规范，是保证组织有效运转、达成组织目标的可靠保证，也是实现公平、公正、公开的必要条件。

根据景区解说系统类型的不同，在其管理制度的制定方面也不同。

6.3.3.1 线上自导（助）式解说服务系统的管理

由于旅游景区解说系统的设施设备越来越先进，结构也越来越复杂，对设备的操作人员和维修人员的要求也越来越高，也对景区的管理水平提出了更高的要求。

（1）要注重通信基础设施和基站的建设，实现网络全覆盖。

（2）数据安全管理和数据安全保护要有监管，切实保障公共数据和个人隐私信息的安全，对信息收集、存储、使用等流程安全给予更多关注，营造良好的数据安全氛围。

5G 时代将给文旅产业发展带来了巨大改变，只有不断提升目的地智能化管理和服务水平，才能为游客提供更加丰富、多元的旅游消费体验。

6.3.3.2　线下自导（助）式解说服务系统的管理要求

线下自导（助）式解说服务系统的管理主要是工作人员对器材的租用管理和解答游客的使用咨询。通常以游客中心的咨询服务为主。

一是咨询环境设置。

（1）设置游客咨询台。

（2）设置资料架（摆放景区宣传资料及相关信息资料）。

（3）摆放旅游咨询和投诉电话标志牌，并有投诉受理登记、转办本及游客咨询记录本。

（4）制定景区各项工作制度。如旅游高峰期应急措施、特殊时段安全处置措施；景区游程路线图及价格；景区活动节目预告等。

（5）设置电脑触摸屏，并保证能够正常使用。

（6）有影视介绍系统，并保证展示的实时性。

二是工作人员要求。

（1）应制定工作人员岗位规章制度。如工作人员名录、照片（姓名、证件号码、职务等）；诚信公约；各项服务收费标准；工作人员服务标准。

（2）加强对员工责任心和业务能力的培训。

（3）应对操作人员进行技术培训，必须持证上岗，做到对设施设备会使用，会保养，会检查，会排除常见故障。

三是解说系统设施设备管理。

（1）景区电子设备周转量宜与景区游客需求量做到大体适应。

（2）景区应注意保障无线传输设备的使用安全，并避免雷雨天在户外使用。

（3）景区应安排专用的消毒设施（或程序）及时对耳机与话筒进行消毒。

（4）非语音查询说明设备（主要为台式或壁挂式触摸屏查询说明系统）和景区的大屏幕录像播放系统，是景区解说的补充性公共设施，具有条件的景区宜适度设置。

（5）应保持设备的完好可靠，可以常年正常运行。

（6）对于景区的相关介绍，应有图文并重的设计。

（7）应安排专人负责解说系统设施设备运行管理。

（8）景区的相关介绍应适时更新。

（9）应保障游客使用触摸屏时的用电安全。

6.3.3.3 自导（助）式解说系统的器材选用

依照《旅游景区讲解服务规范》（LB/T014-2011）的规定，景区应根据讲解环境和游客的不同需要选择适应的讲解器材，尤其在游客比较密集且允许不同讲解同时进行的景区，以选用电子讲解说明服务设备为宜。

电子讲解服务设备宜以不同器材依据游客群体的适应度作出安排。

一是无干扰导游无线讲解系统。主要针对团队（或多人）讲解。宜选用频率较高和工作频段数较多的设备，以保证语音的清晰和团队较多时的不同讲解。

二是自助电子语音讲解系统。宜选用自动接收与自由点播相结合的产品（包括无线自行播放式、无线触点感应式，以及预存储手动数字选择式），手动数字选择式以能支持重复收听为宜。

三是非语音查询说明设备（主要为台式或壁挂式触摸屏在询说明系统）。游客可自由使用。

四是景区的大屏幕录像播放系统。可作为讲解活动的适度补充。

五是自助电子语音讲解与景区导游图相匹配。电子导游图上应标有序号和讲解点名称。

智慧导览系统的发展，使得游客的出行及旅游过程更加个性化和智能化。比如“三毛游全球”，在“游景区 · 听讲解”条目下，既实现了360度全景导览，同时景区地图、景点位置和语音讲解、文字解说词呈现实时综合展示，使电子语音解说如同身临其境。

目前二维码自助语音导览系统的升级版，还可以为景区提供不同的智能导游导览系统，及纪念品服务（纪念戳、手绘明信片、旅游特产推荐、当地旅游线路介绍），服务方式日趋完善，服务内容也日趋全面。

6.3.3.4 自导（助）式解说服务系统的流程规范

旅游景区应根据自身的特点，有计划、有重点、有步骤地进行解说系统的运营，正确制定相关解说系统的操作规范，具体可以采用日常检查—监测—维护保养—点检—技术维修。

从发展的角度看，日常的状态监测是主要环节，因为各种设施的性能、使用范围和生产能力等都有一定的技术规定，必须严格按照各种设施的技术性能和负荷限度来使用。因此，对于相关设施的使用流程和操作规范一定要严格执行。

6.3.4 自导（助）式解说服务系统的发展趋势

文化和旅游信息化、数字化、智能化进程是产业转型升级的必然要求，是产品提档迭代的必然要求，是管理质量优化的必然要求，是服务品质提升的必然要求，是品牌形象拓展的必然要求，更是提升广大人民群众文化消费和旅游消费参与度、满意度的必然要求。5G时代近在眼前，相较4G而言，5G拥有高速度、泛在网、低功耗、超低时延、万物互联、重构安全等特点。如今各个景区为满足新时代广大游客对旅游的需求，纷纷抢滩，进行智慧化改造，山东三孔、山西皇城相府、河南红旗渠和云台山、陕西大雁塔和兵马俑、四川都江堰和九寨沟、浙江雁荡山、江西龙虎山等10家5A级旅游景区启动5G基站项目建设。将5G技术应用于旅游领域，必将为游客带来更加美好的旅游体验，加速旅游与文化的深度融合，为景区带来更大的价值提升。

【知识拓展】

拥抱5G时代

2019年12月26日，5G技术的智慧旅游系列应用，在红旗渠景区智慧化全面升级。分别有5G VR全景直播、5G AR慧眼、5G AI旅游服务、5G社交分享等应用项目。

5G以其高速率、大带宽、低时延的特性带来更加身临其境的VR直播效果，让游客无论何时何地，都可以沉浸式的方式感受美景和文化。红旗渠内的多个景点部署有摄像无人机，画面通过5G清晰回传，坐在室内也可尽情观赏红旗渠美景。

红色5G AR慧眼

5G和AR结合，为每位游客理解红色旅游的文化背景、意义和内涵，实时提供文字、图片和高清视频，让游客沉浸式真实感受红旗渠的壮美，深刻领悟红旗渠精神的内涵，红色文化不再流于形式；同时，5G和AI技术结合，再结合游客喜好，推送个性化的红色讲解内容，让红色文化以游客喜闻乐见的形式被接受。

5G AI旅游服务

利用5G网络和语音交互技术，智能机器人可以主动服务游客、迅速响应需求，提高景区服务效率。遍布景区的智慧鹰眼系统，通过5G网络提供的边缘计算的AI功能进行分析，在景区形成了一张无形的防护网，能够实现对游客的无感知服务及景区的精细化管理。

5G社交分享

通过AI游记助手，可以帮助游客自动编写游记，根据游客拍摄的照片和视频，生成相应的720° VR交互式视频和8K高清视频的全景游记，立体再现美好回忆，全面记录所见所悟。景区可以同时为每个游客同步生成他们在自己景区中体验的全景游记，并在离开景区时就立刻收到、立刻分享。

（资料来源：中国旅游报2019.03.11/搜狐网）

任务小结

有效的解说系统是保证游客体验质量的关键。无论是线上还是线下的解说服务，都是为游客获取和体验景区各种资源信息的一种重要途径，是提高景区服务水平和管理水平、满足游客旅游体验要求、增强游客满意度的重要手段。向导式解说服务需要掌握景区讲解的工作流程、岗位职责，需要对讲解词进行把控；自导（助）式解说服务的内容包括标识牌、信息资料及智能导览，在服务过程中，应有机配合使用。未来在智慧旅游时代，自导（助）式解说方式将会更加丰富，更多的游客会通过智能网络自助选择服务方式来获取服务内容，因此智能导览是智慧景区服务的重要组成部分。尤其是5G网络将实现终端连接数量的爆发式增长，在景区游览和公共服务方面都将产生巨大革新。

任务测验

一、名词解释

1. 旅游解说
2. 智能导览
3. 景区的解说设施
4. 向导式解说服务
5. 自导（助）式解说服务

二、填空题

1. 被称为“解说之父”的是美国人费门·提尔顿。

2. 系统规范的解说服务是从美国的国家公园开始的，并迅速传播到世界各国的国家公园和其他旅游地。

3. 景区解说系统的主要类型有向导式解说系统和自导（助）式解说系统。

4. 无干扰导游无线讲解系统，主要针对团队或多人讲解。

5. 目前游客最为依赖的智慧化服务平台是在线二维码。

三、选择题

1. 景区解说系统主要由解说设施、导览导游人员和（CD）四个方面的要素构成。

A. 游览路径　B. 景区标识　C. 解说信息　D. 游客

2. 景区讲解接待的工作程序归纳起来可分为服务准备、（BCD）四个阶段。

A. 形象准备　B. 游览服务　C. 送别服务　D. 总结提高

3. 景区标识牌通常由（ABC）三部分组成。

A. 图标　B. 符号　C. 语言　D. 文字

4. 常用的便携式语音解说方式主要有（ABCD）。

A. 录音方式　B. 感应式电子导游方式

C. 无线接收的方式　D. 手机接收方式

5. 景区的解说设施主要包括两种类型，它们是（BC）。

A. APP　B. 游客引导设施　C. 智能导览设施　D. 话筒

四、讨论题

1. 如何使自己成为一名优秀的景区讲解员？

2. 景区 VR 导览系统会给景区带来怎样的变革？

3. 你认为景区线上和线下解说服务的优劣势有哪些，为什么？

参考文献

[1] 张立明，胡道华 . 旅游景区解说系统规划与设计［M］. 北京：中国旅游出版社，2006.

[2] 马树生，许萍 . 模拟导游（第三版）［M］. 北京：旅游教育出版社，2018.

[3] 温燕 . 旅游景区服务与管理［M］. 武汉：华中科技大学出版社，2017.

[4] 李长秋，王绍喜 . 景区服务与管理（第二版）［M］. 北京：高等教育出版社，2017.

[5] 陈才，黄丽 . 旅游景区管理（第二版）［M］. 北京：中国旅游出版社，2016.

[6]《旅游景区质量等级的划分与评定》（GB/T17775–2003）

[7]《旅游景区讲解服务规范》（LB/T014–2011）

任务 7　游乐设备管理

❖情景案例

《案例 7-1》

北京欢乐谷回应设施突发故障

2017 年 5 月 15 日，北京市旅游发展委员会官方微博消息称，北京欢乐谷游乐设施突发故障，游客悬停半空。同时，网友上传的一段 2 分多钟的视频显示，北京欢乐谷一架游乐设备旋转臂斜停在空中，两侧座位上坐着数名乘客，设备停转期间乘客一直处于悬挂状态。北京欢乐谷相关负责人对北京商报记者表示，停摆是因为项目启动自我保护系统并暂停设备运行，这类似汽车遇到异常情况时进行刹车的正常自动保护。但对于设备为何突然启动自我保护，北京欢乐谷方面并未给出答复。

2017 年 5 月 15 日下午，北京欢乐谷官方微博发布了题为“关于北京欢乐谷‘欢乐风火轮’停摆的说明”的官方声明。声明表示，5 月 14 日 16 点 53 分，“欢乐风火轮”项目启动大臂旋转自我保护系统并暂停设备运行。工作人员接到传感器信号后立刻启动手动控制程序，将大臂下降到安全区域并确保 9 名乘客安全。3 分钟后，项目大臂安全到达地面，与“欢乐风火轮”项目正常下降时间相同。16 点 59 分，乘客全部安全离开设备区域，技术人员对设备进行安全检测与调试。17 点 02 分，设备恢复运行，游客正常乘坐该项目游玩。此外，说明中还表示，北京欢乐谷因上述情况对乘客造成的不便深感歉意，现对园内设备已进行全面安全性排查。

实际上，这不是北京欢乐谷第一次因设施自我保护装置启动导致游客被困半空中。2016 年 3 月，北京欢乐谷过山车游乐设施“水晶神翼”发生故障，导致 26 名游客被困，北京欢乐谷方面当时表示有飞鸟落在游乐设施上，导致传感器瞬间启动自我保护装置，设施在提升段停止。2013 年 9 月，上海欢乐谷过山车“绝顶雄风”在距离地面 60 米时突发故障停运，28 名游客被困，最终原因同系传感器过分敏感所致。

业内人士表示，国内主题公园在快速发展的同时，保证安全是第一要务。景区所有游乐设施均通过中国特种设备检测研究院的检测，大型进口设施同时拥有国际国内双重安全标准保证，并严格遵守国家质检总局相关规定要求，建立完善的日检、周检、月检、年检制度并贯彻施行。

（资料来源：http：//finance.sina.com.cn/consume/puguangtai/2017-05-16/doc-ifyfekhi7796273.shtml.）

想一想：欢乐谷景区的游乐设施多次发生故障，可能的原因是什么？

❖学习导引

景区游乐设施设备是为游客提供娱乐活动的基础，游乐设备管理是景区游乐项目有序运营、安全运营的保障。尤其是对中国爆发式增长的主题乐园来说，游乐设备管理尤为重要。

想一想： 你在景区游玩时大概有哪些游乐设备？能将游乐设备大致归类吗？

❖学习目标

素质目标

· 具有较强游乐设备服务与管理的集体意识和团队合作精神；

· 具有质量意识、工匠精神，能确保各类游乐设备服务与管理保质保量完成；

· 能遵守客观规律与科学精神，履行道德准则和行为规范，对景区游乐设备服务内容和服务质量认真反思与总结，不断提升个人形象和素质。

知识目标

· 了解游乐设备的概念、类型、维护保养等相关知识；

· 掌握游乐设备服务、管理的主要内容；

· 了解相关游乐设备的操作、维护保养要求。

技能目标

· 能有效掌握游乐设备服务管理内容；

· 能重视游乐设备安全性管理，并分析、诊断旅游景区游乐设备存在的服务管理问题；

· 能结合景区未来发展趋势，运用游乐设备安全管理规范或标准，提出游乐设备服务、管理整改的对策与措施。

7.1 认识游乐项目与游乐设备

7.1.1 景区游乐项目与游乐设备的基本情况

7.1.1.1 景区游乐项目的概念与分类

在景区中，尤其是文化活动、康体游乐休闲等人文类景区中，存在大量的景区游乐项目。游乐项目是景区为游客提供游乐服务、制造游客快乐的各类旅游参与性项目，即游客“玩”的项目。各个景区提供给游客游乐的项目千奇百怪、五花八门，涉及多种多样、造型各异的设施设备，支撑游乐项目的各类设施设备即游乐设备。

游乐设备按游乐的空间环境来分，可以分为水上游乐设备、陆上游乐设备和空中游乐设备。水上游乐设备主要包括游泳、漂流、垂钓、海水浴、冲浪等各类河湖海滨游乐活动设备。陆上游乐设备根据景区类型不同而差异较大，如人文类景区的各类主题乐园游乐项目与冰雪地景区的冰雪游乐项目差异就比较明显，前者多为各种机械游乐活动设备，如过山车、摩天轮、旋转木马、海盗船等；后者则多为冰雪题材游乐活动设备，如观光缆车索道、滑道等。空中游乐设备主要包括热气球、小型飞机、滑翔伞等。

游乐设备还可以有其他分类法：按运动功能可分为电子、机械两大类；按游乐场所可分为室内、露天；按采用能源可分为电动、液压、气动、水力；按乘坐对象可分为儿童、青年、成人、家庭；按主题环境可分为各种主题的游乐设施。

游乐设备还可以按其在三维空间中的运动方式或状态进行分类，主要有如下类别：

表 7–1 游乐设备三维空间运动方式或状态分类表

序号	运动方式	类型	游乐设备
1	沿轨道运动的游艺机	沿架空轨道	单轨，如单轨空中列车
			双轨，如滑行车
		沿垂直于地面的轨道	如太空梭、观光塔
		沿地面轨道	如小火车
		沿水面轨道	如游龙戏水（欢乐水世界的“海盗船”）
2	回转运动的游艺机	沿垂直轴回转	如自控飞机
		沿水平轴回转	如完美风暴
		回转盘	水平回转，如旋转木马
			倾斜回转，如登月火箭

续表

序号	运动方式	类型	游乐设备
2	回转运动的游艺机	回转盘	升降回转，如双人飞天
			沿可变化倾角轴回转，如欢乐风火轮
3	吊挂回转的游艺机	绕性件吊挂	如空中转椅
		刚性件吊挂	如太空梭
4	场地上运动的游艺机	金属场地	如碰碰车
		地面场地	如电瓶车、小塞车
5	室内定置式游艺机	电子类	如各种电子游戏机
		机械电子类	如光电打靶、守门将
		其他	如摇摆汽车、升降小动物
6	水上游艺机及游乐设施	自由线路	碰碰船、水上自行车、游船
		固定水面线路	水滑梯

7.1.1.2 景区游乐设备的作用

景区游乐项目对景区发展具有非常重要的作用，能够增加景区收入，也会直接影响景区游客的体验质量。景区通过提供游乐项目，使游客身心快乐，满足游客的感官需求与旅游体验，使游客满意度提升。

虽然游乐项目有如此重要的作用，但是并不是所有的旅游景区都能够提供游乐服务，生态型旅游景区除了基础设施类和服务设施类的设施设备外，其他设施相对较少，比如我国的故宫、九寨沟、敦煌莫高窟等一些国家自然保护区和世界文化遗产都是禁止或限制各类游乐活动的，美国的黄石公园禁止在某些核心区域开展任何形式的游乐活动。而主题公园的游乐活动设施类型、数量、分布密度等都较大，从而导致管理任务和难度较大，管理好景区的游乐设施，对管理好景区作用重大。

旅游景区游乐设施因景区的类型不同而不同，管理要求也各有侧重，但是建设或设立的原则都是文化性、刺激性、融合性、科技性、高投入性、安全性，尤其是所有的服务与管理都要在遵循游客安全性的前提下进行，只有保证游客安全，才能更好地开展游乐活动。

7.1.2 景区游乐设备管理的主要岗位

景区游乐设备管理岗位主要包括景区游乐设备现场服务岗位、景区游乐设备操作岗位、景区游乐设备维护保养岗位。

7.1.2.1 景区游乐设备现场服务岗位

游乐设备现场服务岗位，一是游乐设备游乐环境的控制服务岗位，二是现场信息管理服务岗位，三是游乐安全管理服务岗位。

游乐设备游乐环境的控制服务主要是控制一个干净、整洁、安全、舒适、有序、和谐的基本环境，包括游乐设备清洁、打扫、粉刷、上漆保养，特别是惊险刺激类的游乐项目，外观上的安全会给游客一剂强心剂，破旧的外观会让游客担心设备的安全问题，从而也会使游客对游乐园的评价大打折扣。现场信息的管理服务主要是从游客的角度出发，为之提供门票、投诉反馈等等各方面服务信息，常见的方式是建立一个游乐园管理信息系统，用于相关信息的收集、处理、存储及传输。通过收集游客的娱乐倾向、消费偏好等信息，挖掘、预测游客的期望。游乐安全管理要保证员工操作的正确性，员工上岗前必须进行实操考核，必须能够熟练、正确操作后方能上岗操作，还要处理设备运行中可能出现的各种突发故障，培训员工在出现各类突发故障后的处理方式。

7.1.2.2 景区游乐设备操作岗位

游乐设备操作人员是一个非常重要的岗位，其操作是否得当，或在紧急情况下如何正确处置所出现的问题，将直接关系到人身和设备的安全，一些游乐设施的用户由于操作不合理或误操作而发生事故。对于游乐设备操作人员来说，不是简单的操作按钮，而是必须和整台游乐设施及乘客联系在一起，随时观察游乐设施及乘客情况，并与服务人员密切合作，按照操作规程规范操作，要求操作人员不但要掌握业务知识，有熟练的操作技术和丰富的现场经验，而且要有良好的服务意识和敬业精神，这样才能保证游乐设施的安全运行。

国家制定的《特种设备作业人员监督管理办法》《特种设备作业人员考核规则》（TSG–Z6001–2013）和《大型游乐设施安全管理人员和作业人员考核大纲》（TSG–Z6001–2008）、《游乐园安全和服务质量》（GB/T 16767–1997）等都对游乐设施操作人员和操作提出了明确的要求。

7.1.2.3 景区游乐设备维护保养岗位

游乐设施的维护保养是指通过设备部件拆解，进行检查、系统调试、更换易损件，但不改变游乐设施的主体结构、性能参数的活动，以及日常检查工作中紧固连接件、设备除尘、设备润滑等活动。

设备维护保养包含的范围较广，包括：为防止设备老化、劣化，维持设备性能而进行的清扫、检查、润滑、紧固以及调整等日常维护保养工作；为测定设备劣化程度或性能降低程度而进行的必要检查。维护保养的意义在于，在游乐设施长期使用过程中，机械部件发生磨损，间隙增大，配合改变，直接影响到设备原有的平衡，设备的稳定性、可靠性，使用效益均会有相当程度的降低，甚至会导致设备丧失其固有的基本性能，无法正常运行。为此必须建立科学的、有效的设备管理机制，加大设备日常管理力度，理论与实际相结合，科学合理地制订设备的维护、保养计划。

为保证游乐设施经常处于良好的技术状态，随时可以投入运行，减少故障停机日，提高机械完好率、利用率，减少机械磨损，延长机械使用寿命，降低机械运行和维修成本，确保安全生产，维护保养必须贯彻“养修并重，预防为主”的原则，做到定期保养、强制进行，正确处理使用、保养和修理的关系，不允许“只用不养，只修不养”。

7.1.3 景区游乐项目与设备管理的基本要求

旅游景区设施设备管理是以追求旅游景区最佳服务质量和经济效益为最终目标，以追求最经济的设施设备寿命周期费用和最高设施设备综合效能为直接目标，应用现代科技和管理方法，动员全体人员参与，对设施设备系统进行综合管理的行为。游乐项目与设备管理主要包括安全管理、人员管理、档案管理与应急管理四部分内容。

7.1.3.1 安全管理

游乐设备中有大量的运动类器械，工作时能产生较大的加速度，游乐设备的可靠性与游客人身安全息息相关，因此安全管理是景区运营的前提。

（1）建立安全管理责任制，制度化管理游乐设备。明确安全责任到具体岗位、到人，安全管理与员工考核挂钩，实现员工对安全问题的重视。

（2）建立游乐设备规章化、常态化检查制度，定期检查设施设备，做好设备检查台账，确保设备处于良好的工作状态。

（3）制定游乐设备维护保养规程，使复杂的设备维护规范化、专业化，做到维护人员有可靠的保养规程可遵循，操作人员按规程操作，不超负荷使用设备。

7.1.3.2 人员管理

保证设备管理人员做到“四会”和“五律”。

一是设施设备操作“四会”。对于设备操作人员来讲，应达到以下“四会”的要求。

（1）会使用：操作人员必须熟悉设备的用途和基本原理，熟悉设备的性能要求，熟练掌握设备的操作规程，正确使用设备。

（2）会维护：操作人员要掌握设备的维护要求，能正确实施对设备的维护，做到整齐、清洁、润滑、安全四项要求。

（3）会检查：设备管理责任人应了解所负责管理的设备的结构、性能和特点，能检查设备的完好情况。景区机房运行值班人员要掌握设备易损件的部位，熟悉日常点检的检查项目、标准和方法，并能按规定要求进行点检。

（4）会排障：工程部员工及其他部门的重要设备的管理责任人应掌握所用设备的特性，能鉴别设备的正常与异常，了解拆装的方法，会做一般的调整和简单的故障排除，不能解决的问题应及时报告，并协同维修人员进行检查。

二是操作人员的“五律”。

（1）实行定人定机和凭证操作制度，严格遵守安全技术操作规程。

（2）经常保持设备的清洁，按规定加油润滑，做到没完成润滑工作不开机，没完成清洁工作不下班。

（3）认真执行交接班制度，做好交接班记录、设备运转记录。

（4）管理好工具、附件，不能遗失及损坏。

（5）不准在设备运行时离开岗位，发现异常的声音和故障应及时停机检查，不能处理的，要及时通知工人检修。

7.1.3.3 档案管理

景区内的设施设备需要进行详细的档案管理，在设施设备安装调试后正常投入使用时，需要建立规范的设备档案，包括设备的说明书、图纸，设备维修、检修周期、内容和要求等都要存档保管，以备日后维修时查阅。对于设施设备的维护、检修、技改等工作内容也要详细记录，以作为设备管理的基础性技术资料。

7.1.3.4 应急管理

建立必要的应急管理机制，景区内的设施设备一旦出现故障时，制定应对措施和管理机制。如大型游乐设备突然停运时，制定景区工作人员及时处理的步骤、方法和技巧。

7.2 游乐项目现场服务

7.2.1 游乐项目现场服务的岗位职责

游乐项目现场服务的岗位职责，一是游乐环境的控制服务；二是现场信息管理服务；三是游乐安全管理服务。

（1）营造体验氛围，营造干净、整洁、安全、舒适、有序、和谐的基本环境。

（2）高效、快捷、便利地将游客所需要的信息提供给游客，从游客的角度出发提供门票、餐饮、购物、娱乐、交通等各方面信息，为游客利用游乐设备提供便利。

（3）保证员工操作的正确性，上岗前必须进行实操考核，培训员工在出现各类突发故障后的处理方式。保障游客安全，适时安抚游客情绪，避免游客情绪不稳引起更大的伤害。

7.2.2 游乐项目现场服务的规章制度

7.2.2.1 现场环境服务制度

（1）上班期间着装整齐、统一、规范。

（2）工作时间内对所管辖区域卫生情况随时巡查，发现垃圾和杂物及时捡拾清除。全天保持景区整洁卫生，中途不得擅自离岗。到下班时要确保所负责区域卫生整洁、无垃圾后方可离岗。

（3）时刻把安全放到第一位，自觉提高安全意识和自我保护意识。

（4）因故不能工作，应提前请假，并找他人落实自己工作。无故不请假，作旷工处理。

（5）卫生大检查或执行特殊任务时，除所负责卫生区域外，还要听从景区统一安排，对整体环境彻底整理，确保无卫生死角。

（6）每日要接受景区管理人员不定时的卫生检查，如有不洁之处须及时整改。

（7）每周召开一次例会，总结上周工作，同时布置下周工作。

（8）清洁区经常检查并及时总结，根据检查结果，按月对保洁员进行考评，有连续三周不达到卫生标准的，视情节处罚。

7.2.2.2　现场安全管理服务制度

（1）操作人员必须严格遵守各种设备的操作规程和规范，确保设备安全生产。

（2）每班次都要检查设备的安全保护情况和常规情况，发现问题及时通知修复，要做到定期检查与不定期检查相结合。

（3）制订应急预案，适时组织应急预案演练，保证应急救援的技术水平和熟练程度。

7.2.2.3　工作人员管理制度

一是值班制度。

（1）实行值班运行管理制度，员工按“值班班次时间表”值班。

（2）凡员工要调换班次和请假，要提前一天提出申请，经经理批准后方可生效，否则按无故缺勤处理。

（3）各值班人员要做好值班记录、检修记录。

（4）值班人员接到景区其他部门维修报告时，要立即赶赴现场，不得误时。

（5）发现设备故障，值班人员无法处理时，要立即报告主管，组织力量抢修。

（6）值班人员在当班或抢修结束后，必须在值班记录或抢修记录上签名。

二是交接班制度。

（1）交班人员须做好交班前准备，接班人员须提前 15 分钟到岗接班。

（2）交班人员要将设备运转情况、未完成事项和需下一班做的工作，做好记录并交接。

（3）接班人员要查看交接记录，听取上一班人员对运行情况的汇报。

（4）交接班时，检查出的问题，由交班者负责。

（5）交接班时检查出的问题，但又在接班后发现问题，由接班人员负责处理。

（6）当出现事故正在处理时，禁止交接班，待事故处理完毕，方可交接班。

7.2.3 游乐项目现场服务的工作流程与规范

7.2.3.1 现场服务的工作流程

景区各项游乐项目操作的服务流程应按照规定严格执行，同时应与游客充分互动，互动包括安全提醒和体验激励，让游客获得最佳体验乐趣。因此将现场服务流程设计为以下六个环节：

（1）迎客：娱乐设施设备开启之前，工作人员应在入口处迎接客人。同时应按要求提醒不符合身高要求、不符合身体要求的游客不能体验该设施设备，并建议体验其他设备。

（2）安全检查及提醒：对于已经进入设施设备的游客，按照要求进行设施设备检查，并通过广播等设备进行安全通告提醒。

（3）启动设备：启动设施设备前应让游客知道，让游客做好心理准备。

（4）体验激励：设施设备在运行时，工作人员可以根据设施设备的情况，设计相应的主持词或音乐，以调动游客的体验兴趣，给游客留下难以忘怀的极致体验。

（5）设备停运前提醒：设备停止运行前，也应给游客一定的提醒。

（6）送客：感谢游客对于设施设备的体验，提醒游客携带好随身物品，欢迎下次继续体验。

7.2.3.2 现场服务规范

运营、使用单位应当设置专门的安全管理机构并配备安全管理人员，或者配备专职的安全管理人员，并保证设备运营期间，至少有1名安全管理人员在岗。使用单位必须配备专职的安全管理人员，负责游乐设施的安全管理工作。运营使用单位、安全管理机构和安全管理人员具体履行以下职责：

（1）负责检查本单位各级安全管理制度的落实情况。

（2）负责制订并落实设备维护保养及安全检查计划。

（3）负责设备使用状况日常检查，排查事故隐患，发现问题应当停止使用设备，并及时报告本单位有关负责人。

（4）负责组织设备检查、设备使用登记和定期检验。

（5）负责组织应急救援演习。

（6）负责组织本单位人员的安全教育和培训。

（7）负责技术档案的管理。

7.2.3.3 现场服务细则示例

一是现场常用手势。

（1）“OK”手势：右手食指与拇指头连接呈圆形，中指、无名指、小指伸直。举过头顶，呈直臂状态。

（2）“停止”手势：左、右手掌五指伸直并拢，右手中指尖紧贴左手掌心，保持鼻梁高度做出此动作。

（3）“禁止”手势：左、右手掌五指伸直并拢，右手腕放置在左手腕前呈交叉形状，保持头顶的高度。

（4）“欢送”手势：双手自然举起达到颈部高度，与肩部基本同宽。挥手时，大臂不动，小臂来回位移 20 厘米左右的幅度，双手 45 度左右地摆动。

二是现场仪表仪态。

（1）与游客 2 米距离开始微笑。

（2）正视游客，不左顾右盼，不心不在焉。

（3）面容祥和，嘴角微微上翘，露出 6 至 8 颗牙齿。

（4）服务用语“十字”方针：“您好！”“请”“谢谢”“对不起”“再见”。

三是现场常用语言。

（1）您好！此项目是免费游乐项目。

（2）您好！请出示一下门票，谢谢。请拿好您的门票，谢谢。

（3）您好！这是出口，需要游玩的话请从入口 / 快捷通道进入，谢谢。

（4）您好！请不要自行开关出入口门，谢谢。

（5）您好！请将您身上容易掉落的行李物品取下来，存放到储物架内，谢谢。

（6）您好！手机等贵重物品请妥善保管或交您家人朋友保管，谢谢。

（7）您好！储物架在那边。

（8）请您往里面走或请您上楼梯，谢谢。

（9）请大家头往后靠，双手举起来，抱住压杆两外侧，谢谢。

（10）请大家找到就近的空位置乘坐好，并将容易掉落的眼镜、帽子、大小包等存放好，谢谢。

（11）请大家做好准备，安全装置上锁。请不要前后推动压杆，谢谢。

（12）请大家前后推动安全压杆，自我检查一下安全装置，有问题请举手示意。检查过后请大家不要触碰安全装置，以免发生危险，谢谢。

（13）“铃声三声响过之后，马上开始运行，请大家做好准备，谢谢。”

（14）操作员：“欢迎大家乘坐回来，请等设备完全停稳之后再下来，离开时，请记得带好您的行李物品，再见！”

（15）服务员：“请大家等设备停稳之后再下来，谢谢。”“请往出口走，谢谢。”“请注意脚下台阶，再见。”

（16）亲爱的游客朋友们，由于设备自检发现有物体遗落在轨道 / 在设备上，设备启动自我保护程序，导致无法开启。工作人员正在排查异物当中，请大家稍作等待或先去游玩周边项目，给大家带来不便，敬请谅解！

（17）“您好，非常抱歉，本项目身高不足 ** 身高的小朋友谢绝乘坐，您可以带小朋友去其他项目体验，谢谢。”“您好，本项目 60 岁以上的游客谢绝乘坐，对不起。”

（18）亲爱的游客朋友们，由于上轮游客发生呕吐，我们将会尽快清理现场卫生，请大家稍作等待，给大家带来的不便，敬请谅解！谢谢！（适用于大型设备）

（19）亲爱的游客朋友们，由于天气原因，为了保证大家的游玩安全，设备将暂停开放，请大家前去玩室内游乐项目，天气转好后，会再次为大家开放，给大家带来的不便，敬请谅解！

（20）请场外的游客朋友们注意啦，*** 项目营运时间在 *** 已经结束。请大家前去玩其他的项目。谢谢！/在 ** 至 ** 会再次为大家开放，谢谢。

（21）“您好，欢迎乘坐 **。”“** 节日快乐。”“请排队的朋友们不要坐在栏杆上，谢谢。请紧跟队伍，防止他人恶意插队，谢谢。”“请家长们照顾好自己的小朋友，以免走丢，谢谢。”“请排队的朋友们看管好自己的随身物品，谢谢。”

（资料来源：http：//wenku.baidu.com/view/1267c92e24c52cc58bd63186bceb19e8b8f6ec33.html.）

7.2.4 游乐项目现场服务的典型任务处理

7.2.4.1 应急处理

（1）按下急停，切断电源；

（2）通知技术中心同事并告知领导现场详细状况；

（3）告知游客接下来要实施的措施并安抚游客；

（4）协助技术中心同事将游客安全救下送至安全出口处。

7.2.4.2 发生故障的应急救援处理

（1）当设备运行时提升段发生故障，主操按下急停按钮；

（2）立即呼叫技术中心维修人员，汇报上级领导；

（3）组织人员对游客进行安抚，等维修人员赶到现场；

（4）随维修人员上提升段，1 人进行安抚，1 人接应游客；

（5）待技术中心维修人员把游客解救下来后，按批次护送游客下来至下站台；

（6）待全部解救完成后上报上级领导。

7.2.4.3 游乐设备触电应急救援处理

（1）迅速切断电源。当电源开关或电源插头就在事故现场附近时，可立即将闸刀开关打开或将电源插头拔掉，使触电者脱离电源。当带电导线触及人体引起触电时，可用绝缘的物体（如木棒、竹竿、手套等）将电线移掉，使触电者脱离电源。必要时可用绝缘的工具（如带有绝缘柄的电工钳、木柄斧以及锄头等）切断导线，以使触电者脱离电源。触电者衣服是干燥的，拉拽触电者衣服，使之摆脱电源。

（2）对症处理。对神志清醒，但乏力、头昏、心悸、出冷汗，甚至有恶心或呕吐的伤员，应让其就地安静休息，以减轻心脏负荷，加快恢复。对呼吸、心跳尚存在，但神志不清的伤员，应使其仰卧，保持周围空气流通，注意保暖，并且立即通知医疗部门，或用担架将伤员送往医院，请医务人员抢救。对已处于“假死”状态的伤员，若呼吸停止，则要用口对口进行人工呼吸，使其维持气体交换；若心脏停止跳动，则要用体外人工心脏按压法使其重新维持血液循环；若呼吸、心跳全停，则需要同时施行体外心脏按压和口对口人工呼吸，并应立即向医疗部门告急求救。

7.2.4.4 游乐设备火灾事故处理

（1）发生火灾后应立即切断电源，以防止扑救过程中造成触电。若是精密仪器起火应使用二氧化碳灭火器进行扑救；若是油类、液体胶类发生火灾应使用泡沫或干粉灭火器，严禁使用水进行扑救。若火灾燃烧产生有毒物质时，扑救人员应该佩戴防毒面具后方可进行扑教。在扑救火灾的过程中，始终坚持救人第一的原则，首先救人。

（2）对火灾受伤人员的急救，应根据受伤者情况，结合现场实际施行必要的医疗处理。对烧伤部位要用大量干净的冷水冲洗。在伤情允许的情况下，应将受伤人员搬运到安全地方去。

（3）如发生人员伤亡事故时，应立即拨打 120 医疗急救电话，说明伤员情况，告知行车路线，同时安排人员到入场口指引救护车的行车路线。

7.3 游乐设备的操作管理

7.3.1 游乐设备操作的岗位职责

国家对游乐设备监管严格，专门把游乐设备列入特种设备范围进行安全监管，因此游乐设备的事故及事故伤亡率都比较低，但一旦出事则社会影响较大，景区将承担严重后果。尽管如此，国内景区游乐项目还是会出现各种各样的意外。

表 7–2 近二十年涉及游乐设备操作不当的安全事故

序号	事故时间	事故内容	游乐设备操作原因
1	2000 年 4 月 16 日	天津蹦极跳事故致使游客触及水池池壁	直接原因就是操纵人员将蹦极绳保险打开过早，使绳子放得过长

续表

序号	事故时间	事故内容	游乐设备操作原因
2	2006 年 4 月 16 日	贵阳市某公园“穿梭时空”发生一起大型游乐设施严重事故，造成 1 人死亡，1 人重伤。某游客及其母等 4 人乘坐该公园“穿梭时空”（另有 2 人同坐），在设备启动前，该游客发现自己及其母亲未系安全带，安全压杠也未压下，就在他帮其母亲系安全带时，操作人员却启动了该游乐设施。在运行约 5s 时，旁观者发现并大声呼叫，让操作人员停止运行。但还未等设备停下，事故就发生了，该游客及其母亲从运行中的设备坠落，其母当场死亡，这名游客被送往医院进行抢救。该游乐设施的线速度为 10m/s，额定乘客人数 16 人，游乐设施高度 12m	由于操作人员在未确认安全带及安全压杠的情况下，便开动该游乐设施，导致事故发生
3	2006 年 5 月 7 日	西安市某公园发生一起大型游乐设施严重事故，造成 1 人重伤。当时 1 名初三学生为其父亲在该公园经营的游乐设施“高空揽月”营运现场帮忙（无操作上岗证）。15 时 40 分左右，该中学生在给 4 名游客固定好保险压杠并系好安全带后，自己也坐了上去。由于该中学生座位上的保险压杠未固定到位，安全带也未系，当“高空揽月”启动后进入高位翻转时，座椅与地面 90° 垂直并整体转动，该中学生从距离地面高度 8m 处被抛出，摔于距离设备 7m 远的水泥地面上，致其右上臂前端和右脚面骨骨折，右股骨颈断裂，下唇开裂 3cm，面部有多处擦伤。经查，该游乐设备 2002 年注册登记，并于 2006 年 4 月 26 日经国家特检中心检验合格	设备运营中操作人员未严格执行启动前的安全检查程序，经营户擅自使用无操作上岗证的人员进行运行前的安全防护操作
4	2006 年	铜川市某滑索游乐场发生一起滑索坠落事故，造成游客母女两人从高空滑索上（距地面 30~40m）坠落，身体多处骨折。经初步调查，该滑索长 287m、落差 59m，由私人制造安装，个体经营，且无任何资料。2005 年 5 月 1 日开始营运，6 月 7 日市质监印台分局查处，并下发了安全监察责任书，责令停用整改。后经多次复查，该单位拒不整改，继续运营，2006 年 5 月 1 日查封后，又私自解封非法营运	操作人员将游人母女两人送上滑索，两人乘坐一个吊袋放下去，当吊袋到达下站平台时，下站的操作人员又不在岗，游客自行解开保险带时，上站的操作人员又将 1 名工作人员送上滑索放下，致使下站台的该游客母女拉回，造成严重事故
5	2007 年 2 月 22 日	重庆市某公园一台飞行塔类游乐设施“探空飞梭”发生事故，造成 1 名操作人员死亡。事发时，该公园 1 操作人员在检查设备及乘客情况时，发现 1 名乘客安全带未系好，准备帮其系上。但此时“探空飞梭”已启动，情急之下该人单手抓住“探空飞梭”的压杠随其上升，操作人员见状进行了紧急停机，结果导致该操作人员从 5m 高处坠地死亡	乘客安全带未系好，操作人员准备帮其系上时，设备就启动，另一操作人员未及时关停
6	2007 年 5 月 1 日	重庆市某公司发生一起大型游乐设施严重事故，造成 1 人轻伤。事发当日因风力过大，2 名乘客先后从过江速滑上站下滑到西岸，在距终点约 100m 处发生碰撞，致使 1 名游客头部受撞击，髋骨处红肿	操作人员未管控滑行间隔时间

续表

序号	事故时间	事故内容	游乐设备操作原因
7	2011 年 10 月 5 日	张女士带着 8 岁的儿子小王和 10 岁的外甥小沈到温州市某游乐场游玩峡谷漂流项目。三人乘坐一艘漂流筏驶出，当漂流筏到达提升机下 1 分钟后，操作员孙某未开启提升机。小王和小沈以为已经到达终点，便从漂流筏中爬出，并在提升机上行走，当他们走到距离提升机上端回转位置 1m 左右处时，孙某因疏忽大意，没有注意到这个情况，径直将提升机开启，走在前面的小沈跌到了水中，而在后行走的小王向右侧跌倒后被卷进提升机回转部位，当医生赶到现场时，小王已经死亡	孙某作为操作人员，未按照操作规程操作提升机，并在未确认筏和游客安全状况的情况下，启动提升机导致事故发生。游乐场存在安全管理制度落实不到位、人员安排不到位、教育和培训不到位的三方面原因
8	2011 年 10 月 6 日	某动物园游乐场“挑战者之旅”游乐设施的 1 名操作人员在该设备的起落平台尚未升降回位至正常位置时，即上前准备开启乘客的安全保护装置，该操作人员走到固定地面平台与正在升降的平台钢板交界边缘时，不慎滑倒，跌入正在运动的两块平台钢板之间的空隙，受到平台钢板挤压，经抢救无效死亡	操作人员自我安全保护意识淡薄，未按操作规程作业
9	2014 年 10 月 2 日	海口某公园摇头飞椅发生事故，造成 12 岁女孩受伤。乘坐过程中小女孩没有大人陪同，当设备下降过程中由于惯性还在继续旋转时，小女孩自行解开保险钩，抬起安全挡杆往下跳，由于惯性摔倒，并被后面的座椅击到后脑而造成受伤	操作员没有提醒游客在设备未停稳时不得私自下来

因此，游乐设备操作岗位对游客的安全极其重要。运营使用单位应当按照安全技术规范和使用维护说明书要求，配备满足安全运营要求的持证操作人员，并加强对服务人员岗前培训教育，使其掌握基本的应急技能，协助操作人员进行应急处置。操作人员应当履行以下岗位职责：

（1）严格执行操作规程和操作人员守则。

（2）每次运行前应当向乘客告知安全注意事项，对保护乘客的安全装置进行检查与确认。

（3）运行时应当密切注意乘客动态及设备运行状态，发现不正常情况，应当立即采取有效措施，消除安全隐患。

（4）熟悉应急救援流程。发生故障或突发事件，应当立即停止运行或采取紧急措施保护乘客，并立即向现场安全管理人员报告。

（5）如实记录设备的运行情况。

7.3.2　游乐设备操作的规章制度

（1）运营前要做好日常安全检查。

（2）按实际工况空运转三次后确认运转正常方可正式运营。

（3）对游客身体健康有要求的游乐活动，在该项游乐设施的入口处以醒目的警示标识告知游客，仔细检查游客状况，谢绝不符合要求的游客参与。

（4）在游乐活动开始前，应对游客进行安全知识讲解和安全事项说明，具体指导游客正确使用游乐设施，确保游客掌握游乐活动的安全要领。

（5）运转前先鸣电铃，确认乘客都已坐好，场内无闲杂人员，再开机运行。

（6）游乐设施运转时，严禁操作人员离开岗位。要随时注意与观察乘客及设备的运行情况，遇有紧急情况时，要及时停机。

（7）在运营过程中，还要加强对设备的巡检，每隔 2h 左右，让游乐设施停止下来，操作人员对设备的安全保护装置以及其他重要的部位进行检查，确认无问题后再次投入运营。

（8）下班时要关掉总电源。

（9）填写好游艺机安全运行日报记录。

7.3.3 游乐设备操作的工作流程与规范

7.3.3.1 游乐设备操作工作流程规范

一是运营前。

（1）每天运营前须做好安全检查。

（2）营业前试机运行不少于两次，确认一切正常后，才能开机营业。

二是运营中。

（1）向游客详细介绍游乐规则、游艺机操纵方法及有关注意事项。谢绝不符合游艺机乘坐条件的游客参与游艺活动。

（2）引导游客正确坐入高空旋转游艺机，严禁超员，不偏载，系好安全带。

（3）维持游乐、游艺秩序，劝告游客远离安全栅栏，上下游艺机时秩序井然。

（4）开机前先鸣铃提示，确认无任何险情后方可再开机。

（5）游艺机在运行中，操作人员严禁擅自离岗。

（6）密切注意游客动态，及时制止个别游客的不安全行为。

三是运营后。

（1）整理清扫、检查各承载物、附属设施及游乐场地，确保其整齐有序、清洁干净，无安全隐患。

（2）做好当天游乐设备运转情况记录。

（3）游艺机和游乐设施要定期维修、保养，做好安全检查。定期检查分为周、月、半年和一年以上检查。

由于游乐设施在运行中首要的是安全性，而除游乐设施本身的安全性能外，操作人员的规范操作也尤为重要。游乐设施的种类各异，不同类型的游乐设施工作流程与规范不同。下面以观览车、自控飞机、疯狂老鼠、旋风、双人飞天和水上世界操作内容为例，就开机前、开机后应检查的内容，以及运行中的注意事项进行例举。

7.3.3.2 观览车操作工作流程规范

一是开机前检查。开机前应检查如下事项：

（1）各润滑点是否润滑良好，销轴、轴承、链条、销齿、钢丝绳等是否要加注润滑剂。

（2）立柱地脚螺栓、传动装置的地脚螺栓是否松动。

（3）固定吊厢轴的螺栓、吊厢轴与吊厢的连接螺栓是否松动。

（4）吊厢玻璃是否完好，窗户上的金属栏杆是否完好，有无脱落现象。

（5）每个吊厢上的两道锁具是否灵活可靠。

（6）观览车接地线及避雷针接地线有无断裂现象。

（7）支承吊厢轴的耳板焊缝是否有开裂现象。

（8）雨雪天气后，开始营业时要检查绝缘电阻是否符合规定。

（9）风速是否大于 15m/s，大于此风速时应停止运转。

（10）采用钢丝绳传动的观览车，要检查钢丝绳接头是否松动、拉长，有无破损、断丝情况。

二是开机检查。开机检查应做好如下事项后，方可载人营业：

（1）电动机、减速器、油泵、油马达等有无异常声响。

（2）齿轮、链轮与链条啮合是否正常。

（3）起动有无异常振动冲击。

（4）液压系统渗漏情况。

（5）转盘转动是否有异常声响（摩擦声、轴承响声等）。

（6）吊厢有无不正常摆动。

（7）大立柱有无不正常晃动。

（8）轮胎传动中，充气轮胎压紧力是否适当。

三是运转中的注意事项。

（1）大部分观览车均为连续运行，上人下人均不停车。对于这种运动方式的观览车，在上下人处应分别设服务人员，一人负责开门，并照顾下来的乘客；一人照顾上车的乘客，并负责把两道锁锁好。

（2）开始运行时，要隔 2~3 个吊厢再上人，以免造成过分偏载。

（3）学龄前儿童要与家长同时乘坐，以免吊厢升高时，孩子恐惧而出现意外。

（4）观览车在运转过程中，操作人员不能离开操作室。同时要注意观察运转状况，当发现异常情况时，要立即停车。

（5）观览车吊厢底面距站台面的尺寸，以 200mm 左右为宜，这样上下方便。若距离太大，吊厢在运动中上下人过程中容易出现事故。

（6）雷雨天气应停止运行。

（7）营业结束时，应逐个检查吊厢，确认无人后，再切断总电源。

7.3.3.3 自控飞机操作工作流程规范

一是开机前检查。开机前应检查如下事项：

（1）各润滑点是否润滑良好、销轴、轴承、齿轮、链条等是否要加注润滑剂。

（2）底座及传动装置的地脚螺栓是否松动。

（3）各支臂的连接螺栓、销轴卡板是否松动。

（4）座舱平衡拉杆调整是否适当，拉杆两端销轴上的开口销有无断裂、脱落现象。

（5）各座舱上的安全带是否固定牢固，完好无损。

（6）座舱与支承臂连接的各支承板焊缝有无裂纹。

（7）升降用的液压缸（气缸）两端的销轴是否固定牢固。

（8）接地线有无断裂现象。

（9）雨雪天气后，运行前要检查绝缘电阻是否符合规定。

二是开机检查。开机检查应做好如下事项后，方可载人运转：

（1）电动机、减速器、油泵、油马达等有无异常声响。

（2）齿轮、链轮与链条啮合是否正常。

（3）起动有无异常振动冲击。

（4）液压系统渗漏油情况。

（5）座舱升降时，有无不正常声响。

（6）底座上方大交叉滚子轴承是否有异常声响。

三是运转中的注意事项。

（1）大型自控飞机游乐设施应设置两名以上的服务人员，维护场内秩序，劝阻乘客不要抢上抢下。

（2）座舱中有两个以上座位，而只有一人能操纵升降的游乐设施，要告知操纵人员的操作要求，并能正确操纵。

（3）检查每个乘客是否系好安全带。

（4）运转中要注意观察，不允许乘客坐在座舱的边缘上，不允许高声喊叫。

（5）遇到飞机不能下降时，先告诉乘客不要着急，等停机后，服务人员将及时打开放油阀，使飞机徐徐下降。

（6）要注意观察，乘客在飞机运行过程中，不准站立或半蹲进行拍照。

（7）若高压油管接头突然脱落或油管破裂，有高压油喷出，应立即停机。服务人员应用物体挡住油液，尽量不要喷在乘客身上。

（8）遇到不正常情况时，要及时停机。

（9）营业结束时，要切断电源总开关，锁好操作室和安全栅栏门。

7.3.3.4　疯狂老鼠操作工作流程规范

一是开机前检查。开机前检查应注意如下事项：

（1）车上安全带是否固定牢固，有无损坏情况。

（2）车前缓冲装置有无损坏。

（3）车体有无破损。

（4）车轴有无松动及变形，逆止挡块是否起作用。

（5）车轮磨损情况，与轨道间隙是否正常。

（6）紧固螺栓有无松动。

（7）润滑情况。

（8）轨道有无变形开焊情况，必要时应测量轨距，其数值是否在标准规定的范围内。

（9）刹车片的磨损情况。

（10）行程开关是否起作用，是否固定牢固。

（11）接地线有无开裂现象。

（12）雨雪天气后，运行前要检查绝缘电阻是否符合规定。

二是开机检查。开机检查应做好如下事项后，方可开机运行：

（1）车辆牵引是否正常。

（2）车辆运行有无异常振动冲击。

（3）轨道立柱有无不正常的晃动。

（4）空压机压力是否正常，刹车片动作是否灵活可靠。

（5）牵引装置的电动机、减速器、链条运转是否正常。

（6）事故停车按钮是否起作用。

（7）电气是否按程序动作。

三是运转中应注意的事项。

（1）要认真检查乘客是否系好安全带。

（2）学龄前儿童不宜乘坐。

（3）车辆运行中，不允许乘客离开座位。

（4）前面的车辆未进入滑行轨道以前，不允许放行后面的车，以免发生碰撞。

（5）当车辆停位不准时，要及时调整刹车装置，待停位准确后，方可继续载人运行。

（6）当空压机发生故障或气压太低刹车无保证时，车辆应停止运行。

（7）当车辆处在牵引状态，突然停电时，服务人员应迅速登上走台，将乘客顺利疏散离开车辆。

（8）营业过程中，若突然遇雨，应停止运行。雨后待轨道稍干后方可运行。

（9）营业结束时，要切断电源总开关，锁好操作室门及安全栅栏门。

7.3.3.5　旋风操作工作流程规范

一是开机前检查。开机前应检查如下事项：

（1）各润滑点（如销轴、轴承、齿轮等）是否润滑良好。

（2）机座及传动装置地脚螺栓、各处紧固螺栓有无松动现象。

（3）周边传动摩擦轮与轨道接触是否良好。

（4）轮子磨损情况。

（5）旋风座舱自转传动系统圆锥齿轮的啮合及磨损情况。

（6）液力耦合器充油情况。

（7）座舱立轴有无变形。

（8）座舱安全带（杆），是否牢固可靠。

（9）座舱有无破损现象。

（10）转盘与周围站台的间隙有无变化，若有变化要找出原因。

（11）周围站台有无破损和严重的凸凹不平现象。

（12）接地线是否断开。

（13）雨雪天气后，要检查绝缘电阻是否符合规定。

二是开机检查。开机检查应做好如下事项后，方可载人运转：

（1）电动机、减速器运转是否正常，有无异常声响。

（2）起动、停止有无振动冲击。

（3）座舱自转系统锥齿轮啮合是否正常。

（4）座舱转动是否灵活。

（5）大盘回转时有无摆动现象，有无不正常声响。

（6）周边传动装置运转情况。

（7）液力耦合器是否渗漏。

三是运转中应注意的事项。

（1）大型旋风游乐设施应设两个以上服务人员，乘机时应劝阻乘客不要抢上抢下。

（2）学龄前儿童不宜乘坐。

（3）开机前检查每个乘客是否系好安全带（杆）。

（4）发现乘客有恐惧或不适现象时应立即停机。

（5）雨雪天气应停止运转。

（6）营业结束时，要切断电源总开关，锁好操作室门及安全栅栏门。

7.3.3.6　双人飞天操作工作流程规范

一是开机前检查。开机前应检查如下事项：

（1）升降大臂及升降用油缸的地脚螺栓是否松动。

（2）吊椅的销轴有无松动现象，保险装置是否可靠。

（3）吊椅的安全挡杆，是否灵活可靠。

（4）吊挂销轴有无变形及损坏。

（5）吊椅与吊杆的连接螺栓是否松动。

（6）吊挂上部焊接板焊缝有无开焊现象。

（7）吊椅是否有破损。

（8）润滑情况。

二是开机检查。开机检查应做好如下事项，方可载人运行：

（1）油泵、油马达、液压缸工作是否正常，有无异常声响。

（2）泵、阀、集成电路模块、管路的渗漏情况。

（3）压力表指示是否准确，溢流阀压力调整是否适当。

（4）大臂升降是否到位，有无振动冲击。

（5）大臂升降及转盘回转是否有异常声响。

（6）转盘回转有无摆动现象。

三是运转中应注意的事项。

（1）开机前检查每个乘客是否固定好了安全杆。

（2）乘客较少时，应引导乘客分散乘坐，以免形成偏载。

（3）遇到紧急情况时，要及时停车并同时降下大臂。

（4）升降液压缸出现故障（不能下降）时，要及时进行手动泄油，并将乘客疏导下来。

（5）遇雨时要停止运转。

（6）营业结束时，要切断电源总开关，锁好操作室门及安全栅栏门。

7.3.3.7 水上世界操作工作流程规范

（1）应在明显的位置公布各种水上游乐项目的《游乐规则》，广播要反复宣传，提醒游客注意事项，确保安全，防止事故发生。

（2）对容易发生危险的部位，应有明显的提醒游客注意的警告标志。

（3）各水上游乐项目均应设立监视台，有专人值勤，监视台的数量要符合规定要求，其位置应能看到游乐设施的全貌。

（4）按规定配备足够的救生员。救生员须符合有关部门规定，经专门培训，掌握救生知识与技能，持证上岗。

（5）水上世界范围内的地面，应确保无积水、无碎玻璃及其他尖锐物品。

（6）随时向游客报告天气变化情况。为游客设置避风、避雨的安全场所或其他保护措施。

（7）全体员工应熟悉场内各区域场所，具备基本的抢险救生知识和技能。

（8）设值班室，配备值班员。

（9）设医务室，配备具有医师职称以上的医生和经过训练的医护人员及急救设施。

（10）安全使用化学药品。

（11）每天营业前对水面和水池底除尘一次。

（12）凡具有一定危险项目的设施，在每日运营之前，要经过试运行。

（13）每天定时检查水质。

7.3.4 游乐设备操作的典型任务处理

7.3.4.1 在运营过程中，突然停电处理措施

在运营中，突然停电，工作人员应及时关闭电源开关，注视游客动态，安抚游客，让其不要惊慌，待游乐设备停稳后，对游客做好解释工作，引导游客离场。待恢复供电后，重新试车 2 次，确定设备正常后，方可继续营业。

7.3.4.2 在运营中，个别游客感到不适、惊慌处理措施

在运营中，个别游客感到不适、惊慌，工作人员要及时按“急停”键，并安慰游客，待机停稳后，工作人员应迅速帮游客解开安全带让其离开现场，如有必要，送医务室，并检查其他游客情况，若一切正常，才能重新开机。

7.3.4.3 在运营中，游客出现不符合安全规定的行为处理措施

在运营中，游客出现不符合安全规定的行为，工作人员应立即对其劝说、制止，如无效应立即按急停，待游乐设施停稳后，对违反安全规定的游客要礼貌、耐心地进行教育，指出危险性之所在，待其接受后才能再次参加游乐。

7.3.4.4 在运营中，天气突然变化处理措施

在运营中，突然下大雨，工作人员对游客做好解释，待机停稳后，引导游客到安全地方躲雨，待天气好转后，继续营业。

7.3.4.5 游客不符合《游客须知》规定而要求乘坐的处理措施

对不符合《游客须知》规定的游客，工作人员应站在游客的角度耐心解释，说明原因并指出危险的所在。假若游客仍坚持要玩，工作人员应坚持原则，婉言谢绝，并介绍游客到适合项目去玩，若还不能说服游客或影响正常营业，应立即向部门报告，绝对禁止与游客争吵。

（资料来源：https：//zhidao.baidu.com/question/246254834292394204.html.）

7.4　游乐设备的维护与保养

7.4.1　游乐设施设备维护与保养的岗位职责

游乐设施设备的维护保养岗位需通过设备部件拆解，进行检查、系统调试、更换易损件，但不改变大型游乐设施的主体结构、性能参数。

游乐设施设备维护保养岗位包含的职责范围较广，包括：为防止设备老化劣化、维持设备性能而进行的清扫、检查、润滑、紧固以及调整等日常维护保养工作；为测定设备劣化程度或性能降低程度而进行的必要检查。维护保养的意义在于，在游乐设施设备长期使用过程中，机械部件发生磨损，间隙增大，配合改变，直接影响到设备原有的平衡，设备的稳定性、可靠性，使用效益会有相当程度的降低，甚至会导致设备丧失其固有的基本性能，无法正常运行。为此必须建立科学的、有效的设备管理机制，加大设备日常管理力度，理论与实际相结合，科学合理地制订设备的维护、保养计划。

为保证游乐设施设备经常处于良好的技术状态，随时可以投入运行，减少故障停机日，提高机械完好率、利用率，减少机械磨损，延长机械使用寿命，降低机械运行和维修成本，确保安全生产，维护保养必须贯彻“养修并重，预防为主”的原则，做到定期保养、强制进行，正确处理使用、保养和修理的关系，不允许“只用不养，只修不养”。

表 7–3　近几年涉及游乐设备维护保养不当的安全事故

序号	事故时间	事故内容	游乐设备维护原因
1	2007 年 6 月 30 日	合肥市某公园一台“世纪滑车”在爬坡过程中突然出现倒滑，6 号车厢侧翻变形，造成坐在该车厢内的两名中学生一死一伤。“世纪滑车”载客后第一次运行爬坡过程中突然出现倒滑，止逆机构失效，造成车厢脱轨，将最后一节车厢内的 1 名中学生挤压碰撞致伤，经送医院抢救无效死亡，同车厢内另 1 名男生受轻伤	滑车每日例行安全检查时已发现故障，在维修后隐患依然存在的情况下，维修工示意可正常运行
2	2008 年 12 月 6 日	河南省郑州市某公园发生一起大型游乐设施涉险事故，未造成人员伤亡。事发时，该公园因变电器出现故障造成停电，导致十几名乘客滞留在摩天轮吊舱中。公园启动救援预案，组织人员用绳索拉动摩天轮缓慢运转，经过 40min 救援，将乘客逐一接回地面	变电器出现故障
3	2011 年 10 月 29 日	某景区魔幻山乐园突然停电，景区立即采取安全应急预案，冲上云霄的座椅停在 12m 的空中无法落下，有 8 名乘客被困在上面。在放 4 位游客的过程中，设备突然出现故障停止运行，座位无法继续往下放	救援启用应急发电机工作，当端大臂旋转到底部时，由于操作室内无操作人员，没有能及时断开应急电动机，站台处的工作人员用手强行把大臂拉住后弹开

续表

序号	事故时间	事故内容	游乐设备维护原因
4	2011年4月28日	厦门某公园跳楼机在电焊工维修作业时不小心掉落火花，引燃了景观灯和装饰物，导致火灾发生	电焊工维修作业时掉落火花
5	2015年5月1日	浙江平阳一游乐场设备发生事故，造成坐在设备里的1名男孩升上高空后被甩出坠落，而摆锤型设备另一侧则撞到躲避不及的游客，导致2人死亡、3人受伤	设备制动装置不可靠，作业人员未加强高空区域的安全保护装置的维护保养，现场操作不规范等
6	2015年5月3日	南昌某游乐场内，“迷你穿梭”项目游乐设施轨道脱落导致2名乘坐的游客坠落，伤者刘某三根肋骨骨折，其他部位多处外伤，另一坠落游客系刘某外孙	未加强日常检查和维护保养

7.4.2 游乐设施设备维护与保养的规章制度

根据《中华人民共和国特种设备安全法》《特种设备安全监察条例》《特种设备使用管理规则》《大型游乐设施安全监察规定》《大型游乐设施安全规范》，使用单位必须对游乐设施严格执行维修保养制度，明确维修保养者的责任，对游乐设施定期进行维修保养。使用单位没能力进行维修保养的，必须委托有资格的单位进行维修保养，双方必须签订维修保养合同，接受游乐设施维修保养委托的单位应对其维修保养质量负责。

旅游景区依靠操作人员、检查维修人员和服务人员共同对设施设备进行维护和保养。设施设备的维护制度可以分为四种，即日常维护、定期维护、区域维护和指令维护。

7.4.2.1 日常维护

日常维护特点是经常化、制度化，它是全部维护工作的基础。对于景区内的一些大型游乐设施和服务设施应该做到：班前检查设施设备是否安全可靠、正常良好，安全保护装置是否齐全有效；设施运行中检查是否有异常情况；班后对设施设备进行清洁保养，如发现损坏和故障，应及时维修。

7.4.2.2 定期维护

定期维护是在日常维护的基础上，在一定的时间周期内对设施设备进行更深层次的维护与保养，力求消除事故隐患，减少设备磨损，保证设备的正常运行。

7.4.2.3 区域维护

景区的小型设施设备和基础设施分布在景区各处，需要对其进行区域维护。区域维护工作人员遵照区域巡回检查制度，科学安排巡检路线，对分布在景区各处的设施设备进行巡回检查，发现故障和损坏要及时处理或报修。

7.4.2.4　指令维护

指令维护又称计划维护，它是以全部设施设备的维护任务为基础，向维护人员发出指令，使维护人员完成指定维护任务的一种管理方法。

7.4.3　游乐设施设备维护与保养的工作流程与规范

设施设备的维护保养和检查，是保证设施设备正常运转、延长设施设备使用寿命的有效手段。尤其是大型游乐设施密集的主题公园，设施设备的维护与保养十分必要。

7.4.3.1　设备的保养

保养一般分为三级保养制度：日常维护保养、一级保养、二级保养。其目的都是为了保持设备的良好性能，提高设备效率，降低成本，更好地为景区经营服务。

一是设备的日常维护，它是维护工作的基础，其特点是经常化、制度化。景区的各种设备，由于结构、性能和使用方法不同，其设备维护保养工作也不完全一样。日常维护保养的基本内容有清洁、润滑、防腐、防虫。

（1）清洁：是指各种工具、附件摆放整齐，各种标志醒目美观。

（2）润滑：是指有些设备必须定时、定点、定量加油，保证设备运行正常。

（3）防腐：是指景区的设备要进行防腐处理以及保新。

（4）防虫：是指对景区易产生虫害的设施设备进行防虫处理。

二是设备的一级保养。设备的一级保养是使设备达到整齐、清洁、润滑和安全的要求，减少设备的磨损，消除设备的隐患，排除小故障，使设备处于正常状态。设备的一级保养的内容有：对一些零件、部件进行拆卸、清洗；去除设备表面的油污；检查、调整油路，保持畅通不漏。设备一级保养之后要填写保养登记卡，将其放入设备档案。

三是设备的二级保养。设备的二级保养是为了延长设备的使用年限，使设备达到完好标准，保持设备的完好率。设备二级保养内容如下：根据设备使用情况进行部分或全部解体检查或清洗；检修设备的各个部件和线路；修复和更换损坏部件。

7.4.3.2　设备的点检

景区设施设备的点检是一种先进的设备维护管理方法，是对影响设备正常运行的一些关键部分进行经常性检查和重点控制的方法。对于有大型的游乐设施设备的景区如主题公园等，设备点检十分必要。

一是设备点检的概念。设备点检是指为了维持、提高生产设备的原有性能，通过人的五感（视、听、嗅、味、触）或者借助工具、仪器，按照预先设定的周期和方法，对设备上的规定部位（点）进行有无异常的预防性周密检查的过程，以使设备的隐患和缺陷能够得到早期发现、早期预防、早期处理，这样的设备检查称为点检。

二是设备点检的内容。设备点检通常分为日常点检、定期点检和专项点检三个部分。

（1）日常点检：每日通过当班员工对设备运行中的关键部位的声音、振动、温度、油压等进行检查，并将检查结果记录在点检卡中。大型设施设备的日常点检尤为重要。

（2）定期点检：按一定的时间间隔，用专用检测仪表工具对设备的性能状况进行检查。

（3）专项点检：是指有针对性地对设备待定项目的检测，使用专用仪器工具，对设备进行检查。

7.4.4 游乐设施设备维护与保养的典型任务处理

7.4.4.1 在维护过程中，备用电源故障的维护处理

（1）检查发电机各部件应正常及完好。

（2）检查发电机起动装置的蓄电池电量及燃料应充足。

（3）检查各种按钮应有效。

（4）检查发动机燃油和润滑油的油位高度应在正常位置。

7.4.4.2 在维护过程中，制动装置故障的维护处理

（1）检查制动装置应开闭灵活、可靠，包括制动蹄、摩擦片、制动盘、电磁线圈、弹簧、杠杆连轴等。

（2）检查关键部位应无损坏。

（3）检查赛车类手刹制动应灵活有效、定位准确、刹车到位。

7.4.4.3 在维护过程中，电气控制系统故障的维护处理

（1）检查各带电元件的绝缘情况。

（2）检查滑环（滑触线）表面应无局部烧毁的现象。

（3）检查滑环（滑触线）的绝缘层应无破损、击穿的现象。

（4）检查电刷的磨损情况和集电环的接触应良好。

（5）检查各种电磁装置的吸合情况应正常、电磁线圈应无过热情况发生。

（6）检查各种电子装置的通风散热情况应正常、灰尘应清洁、接线应正常。

（7）检查断路器开合状态应正常。

（8）检查漏电断路器漏电保护功能应正常。

（9）检查接线应良好，无松动。

（10）检查接地电阻应满足要求。

任务小结

本项任务主要讲述了旅游景区游乐设备的主要类型、设施设备的管理、设施设备的维护保养三部分主要内容。游乐设备的分类中主要介绍了游乐设备的内涵、游乐设备的主要类型、游乐设备设立的标准。游乐设备的管理中主要分析了游乐设备管理的内容、

游乐设备管理的规章制度的制定、大型游乐设备运营管理的要求。景区游乐设备的保养主要分析了游乐设备保养的方法。

任务测验

一、名词解释

1. 游乐项目
2. 游乐设备
3. 安全管理
4. 档案管理
5. 应急管理
6. 维护保养
7. 日常维护
8. 指令维护

二、填空题

1. 游乐环境的控制服务是营造体验氛围，控制干净、整洁、安全、舒适、有序、和谐的基本环境。

2. 游乐设备操作的规章制度中，游乐设备按实际工况空运转三次后确认运转正常方可正式运营。

3. 保养一般分为三级保养制度：日常维护保养、一级保养、二级保养。其目的都是为了保持设备的良好性能，提高设备效率，降低成本，更好地为景区经营服务。

三、选择题

1. 游乐项目现场服务流程设计为以下六个环节：（ABC）、体验激励、设备停运前提醒、送客。

A. 迎客　　B. 安全检查及提醒　　C. 启动设备　　D. 关闭设备

2. 游乐设备运营前试机运行不少于（ B ），确认一切正常后，才能开机营业。

A. 一次　　B. 两次　　C. 三次　　D. 四次

3. 注意观览车风速是否大于（ C ），大于此风速时应停止运转。

A. 5m/s　　B. 10m/s　　C. 15m/s　　D. 20m/s

4. 水上世界范围内的地面，应确保无积水、（ B ）及其他尖锐物品。

A. 儿童玩具　　B. 无碎玻璃　　C. 易拉罐　　D. 小黄鸭

5. 维护保养必须贯彻“（B）”的原则，做到定期保养、强制进行。

A. 保养为主　　B. 养修并重，预防为主

C. 维修为主　　D. 更新

四、讨论题

1. 景区游乐设备的主要类型有哪些?
2. 景区游乐设备管理的内容有哪些?
3. 景区大型游乐设备运营要求是什么?
4. 景区游乐设备保养的内容和方法怎样?
5. 景区游乐设备管理制度有哪些?
6. 景区游乐设备操作人员基本的要求有哪些?

参考文献

[1]李向东.大型游乐设施安全管理与作业人员培训教程[M].北京:机械工业出版社,2018:336-421.

[2]董观志.景区运营与管理[M].武汉:华中科技大学出版社,2017:266-289.

[3]曹欢欢.大型游乐园运营规划与现场管理[D].西南交通大学,2016.

[4]温燕,等.景区服务与管理[M].武汉:华中科技大学出版社,2017.

任务8 景区商铺管理

❖情景案例

《案例 8-1》

游客李先生在A市游览期间，在景区内购买了A市的特产“筒筒笋”。在其带回准备食用时，由于采用错误的制作方法，导致“筒筒笋”不能食用。为此，对景区提起投诉，认为其提供的产品质量不过关，要求进行赔偿。

《案例 8-2》

游客张某等一行在游览某景区时，请了景区内摄影点摄影师为其拍摄集体照，并约定：由摄影点将照片冲印后，邮寄给张某等。张某等为其支付了相关费用。张某等返回收到照片后，发现照片质量极差，拍摄手法拙劣，遂投诉要求景区返还拍摄费用，并承担因此而造成的相关损失。

想一想：阅读完案例8-1和案例8-2，请思考景区商铺管理的必要性。

❖学习导引

清明娃让清明上河园更有大宋味儿

背景与情境：一入清明上河园景区的正门，就能看见三个硕大的玩偶，都是身着宋服、笑逐颜开的童子模样。这样的玩偶造型并不仅仅担负着雕塑的使命，在玩偶造型背后的旅游纪念品商店里，众多玩偶造型的商品摆满了柜台。T恤、水杯、小型玩偶乃至钥匙扣等琳琅满目、造型各异，有着盛装的皇帝，有蹴鞠的少年，有抛绣球的小姐，也有弹古筝的少女。旅游纪念品商店的工作人员介绍说，门口那三个玩偶以及店内的所有商品上的玩偶形象都源于清明上河园景区推出的清明娃系列产品。清明娃造型共108

种，分为皇帝、画家、商贩、武将、侠客、侍女等角色，可以说是宋朝的“人大代表”。清明娃是清明上河园景区整个“宋文化”背景的一部分。

清明上河园自2011年11月推出清明娃系列产品以来，这些憨态可掬的娃娃已经给清明上河园带来了不菲的收入。在推出清明娃之前的2010年，清明上河园的旅游商品收入接近百万元。在清明娃推出后，已经实现了近五成的增长。在这样的增速下，今年年初清明上河园景区信心满满地将特色旅游产品销售目标定为300万元，旅游商品综合营销收入目标定为1000万元。而在河南，这样的目标已经超过相当一部分景区的门票收入。

在省内诸多的景区中，清明上河园没有自然山水，也没有历史遗迹，之所以能够发展成为河南旅游最热门的景区，景区管理人员认为，景区卖的不是景观而是文化。清明上河园是一个“宋文化”的主题公园，景区努力营造“宋文化”的氛围，如景区内的商铺招牌，工作人员的衣着乃至叫卖的口号都是宋式的。清明娃是景区完善产业链的一个方面。旅游纪念品应具有旅游目的地地域文化特征、民族特色及纪念性。

（资料来源：王正位.清明娃让清明上河园更有大宋味儿，河南商报，2012-5-22.）

想一想： 结合实际案例，请思考当前国内旅游景区购物产品主要存在哪些问题？未来旅游景区购物产品的发展趋势是什么呢？

❖学习目标

素质目标：

· 能善于接受新观念，思想开放，个性温和谦虚，能倾听和接纳别人的意见；

· 具有高度的使命感，才能淡化个人荣辱和利益得失，才能有胸怀和思路；

· 具有较高的情商，外圆内方，刚柔相济，面对特殊情况能做到“和风细雨”。

知识目标：

· 了解旅游景区餐饮、住宿、娱乐、购物等服务的基本概念和特点，掌握旅游景区餐饮、住宿、娱乐、购物等服务的主要类型及基本要求；

· 掌握旅游景区配套商业服务和管理的方法及技能，明确旅游景区餐饮、住宿、娱乐、购物等服务和管理的任务及意义。

技能目标：

· 能独立开展旅游景区餐饮、住宿、娱乐、购物等服务和管理工作；

· 能指导旅游景区的餐饮、住宿、娱乐、购物等服务与管理的具体工作。

8.1　认识景区商铺管理

8.1.1　景区商铺管理的主要类型

商铺是指从事具体商业行为的物业。按其经营方式主要为单体经营、集中管理的模式，对商业街商铺进行统一管理，是目前开发商普遍推行的一种方法，管理得好，对培育区域商业中心和商业品牌有重要影响。广义的景区购物是景区的一个领域或要素，指游客为了满足其需要而购买、品尝，以及在购买过程中观看、娱乐、欣赏等行为；狭义的景区购物指游客在景区游览过程中购买景区旅游商品的行为。

景区商铺是围绕旅游服务这一核心功能，在景区内形成产业链而构成的旅游要素聚集区。在“大旅游”观念指导下，旅游综合体以“旅游吸引物”的概念取代了传统旅游中的“旅游资源观”。旅游除包含自然旅游及人文旅游外，任何可以对旅游者产生吸引力的有形、无形要素，符合整个景区内战略定位的原则，集购物、娱乐、休闲、餐饮四大功能于一体的均是旅游综合体可以依托的相应资源。针对业态不同，分为（1）从家居摆设到手工艺品，以及知名的创意品牌零售应有尽有的零售；（2）地方特色美食、创意主题餐饮、国际品牌连锁等各类饕餮美食餐饮；（3）以景区文化及时代为背景，以家庭、商务、情侣消费为核心，以文化和创意为基调的酒店；（4）集旅游、生态、科普、运动休闲、商业运营于一体，荟萃浪漫、科普、时空、穿越等各类文化元素，充分满足旅游者多样化休闲娱乐需求的娱乐活动及各类的新兴设计师和艺术家提供开放、多元的创作环境和交易平台的创意市集。

8.1.2　景区商铺管理的主要特征与主要岗位

8.1.2.1　景区商铺管理的主要特征

一是顾客流量大。景区进出人员杂，不受管制，客流量大，易发生意外，安全保卫工作非常重要。有些零售商品易燃易爆，因此消防安全不得有半点松懈。同时景区在发生突发事件时，疏散相对较慢，安全管理应特别慎重。

二是服务要求高。景区商铺管理服务面向商铺置业人和游客，向他们负责，一切为他们着想。促进商业物业保值、增值；同时为使用人和顾客营造一个安全、舒适、便捷、优美的经营和购物环境，这是商铺管理服务的根本原则。

三是管理点分散。出入口多、分散，需要的保洁、保安人员相对较多，管理点分散、管理难度较大是景区商铺管理的特点。

四是营业时间性强。顾客到商铺购物的时间，大多集中在节假日、双休日和下班及晚间，而平时和白天顾客相对少一些。统一店铺的开张及关门时间有利于商铺的整体形象塑造。开张、关门时间不统一会造成整体商铺经营的凌乱感，给顾客无序经营的印象，对顾客产生不良的心理影响。

8.1.2.2 景区商铺管理的主要岗位

商铺管理的人员配备原则是因事设岗、一专多能、精简高效，使业户感觉没有虚职，没有闲人，业户交纳的管理费都用在刀刃上。

一是业户服务部。设主管一人，可由物业主任兼任。该部主要职能是业户接待与内部管理，下设业户接待员若干名，分别兼任行政人事、文书档案、计划财务、物料管理等职。接待员的多少主要依据于业户服务部的工作时间和工作量，通常每班保持两人便可。

二是维保服务部。设主管一人，全面负责房屋、设备、设施的运行、保养和维修工作。该部门主要职能是保证商铺不间断地安全运行，使物业保值和升值。维保服务部的作业人员应根据商铺经营服务需要、商铺设备的多少和技术难易程度进行合理配置。

三是保安服务部。设主管一人，全面负责商铺的门卫、巡逻、监控、消防和车管工作。该部门主要职能使安全防范与消防管理。具体作业人员根据商铺保安的值勤点、工作量和作业班次进行配备。

四是保洁绿化部。设主管一人，全面负责商铺的室内保洁、室外保洁与绿地养护工作。该部门的主要职责是保洁服务管理和绿化服务管理。具体保洁和绿化作业人员根据商铺保洁范围、保洁面积、保洁频次以及商铺的绿化面积进行安排。

五是经营服务部。设经营部经理 1 名，可由物业主任兼任，全面负责商铺业户委托给物业管理公司的租赁代理、广告策划及项目开发等经营服务工作。该部门的主要职责是配合业户的经营活动，促进商铺经营销售和物业管理工作。下设综合室主任 1 名、商品销售室主任 1 名及租赁管理室主任 1 名。其中综合室下设业务员、商品设计师、核算员及文员若干名；商品销售室下设商品销售服务领班、商品销售服务员及配送司机若干名；租赁管理室下设租赁管理员若干名。

8.1.3 景区商铺管理的基本要求

商铺是有计划的商业聚集，对商铺进行“统一管理，分散经营”是商铺区别于其他房地产的核心特点。“统一管理”，要求商铺必须由代表业主权利的，受业主、开发商委托的管理公司统一管理，没有统一管理的商铺难以经受激烈的零售业市场竞争。“分散经营”，是商铺对消费者和经营者间的交易提供场所，商铺的管理者不能直接进行商业经营，只是在消费者和经营者之间搭建桥梁。商铺的统一管理的理念在于统一招商管理、统一营销、统一服务监督、统一物管。为了实现“统一管理，分散经营”的管理模式，在商铺销售合同中都应该约定承租户必须服从景区的统一管理，在法律上确定景区的管理地位。

8.1.3.1　“统一招商管理”要求招商的品牌审核管理和完善的租约管理

“品牌审核管理”是指招商对象需经品牌审核后才能进入。审核包括对厂商和产品的审核，须具有有效的营业执照、生产许可证、注册商标登记证、产品合格委托书（适用于批发代理商）、品牌代理委托书（适用于专卖代理商）、税务登记证、法人授权委托书等。“完善的租约管理”是指签订租约、合同关键条款后必须进入。租约管理包括约定租金、租期、支付方式、物业管理费的收取等，还有其他比较关键的租约条款管理，比如：承租户的经营业态是受到整个商铺的统一商业规划的限制，如果发生重大变化，须经业主委员会的认可（业主委员会成立之前，经开发商认可）；营业时间的确定；承租户的店名广告、促销广告的尺寸大小、悬挂位置、语言文字方面须接受统一管理；为整个商铺促销承担的义务；承租人对停车场的使用，确定有偿还是无偿，有无限制；投保范围事宜；是否统一收银等。

8.1.3.2　“统一的营销管理”有助于维护和提高经营者的共同利益

由于目前商业竞争激烈，打折降价的促销竞争手段比较流行，以吸引购物者光顾。景区应该为商铺策划好 1 年 12 个月的营销计划，所谓“大节大过，小节小过，无节造节过”。

组织策划相关的促销活动，所发生的费用应预先与业主沟通预算，经业主同意后，对实际发生的费用按照承租户销售额的一定比例进行分摊。如果商铺统一收银管理，就能较好地执行按销售额分摊费用。

8.1.3.3　“统一的服务监督”有助于经营者间的协调和合作

商铺须设立由开发商领导、商业专家组成的管理委员会，指导、协调、服务、监督承租户的经营活动，保证商铺的高效运转。常见的方式有：指导项目：店铺布置指导、促销活动安排；协调项目：协调经营者之间的紧张关系，增进经营者之间的合作；服务项目：行政事务管理；监督项目：维护商铺的纪律、信誉，协助工商、税务、卫生、消防等部门的管理。

8.1.3.4　“统一的物业管理”有助于建筑空间的维护和保养

商铺的物业管理内容包括：养护建筑、维护设备、保证水电气热等正常供应、公用面积的保洁、保安防盗、车辆管理、绿化养护、意外事故处理等。商铺的各项设施的使用频率较高，统一管理有助于对物业设施设备有计划的保养与维修，增强使用的安全性和耐久性。

8.2 景区购物服务与管理

8.2.1 购物服务管理的岗位职责

景区购物环境是景区内围绕购物活动存在，并影响着购物活动结果的一切外部条件的总和。它包括与购物活动相关的一切政策、法规、人文、社会、基础设施等方面的因素，这些因素相互作用、相互影响而形成一个有机整体，是旅游购物健康发展的支持和保障体系。

8.2.1.1 营业员岗位职责

（1）严格遵守公司所规定的上下班制度，事假、病假按请假处理。

（2）熟悉所属区域商品的名称、规格，做专业的销售人员和顾问，尽量满足顾客的要求。

（3）掌握所属专柜商品陈列的原则和方法，在货架上进行丰富的陈列，达到促进销售的目的和美观效果。

（4）根据卖场的实际销售和仓库存货，及时、准确地进行商品的补货作业，维持货架商品的销售，防止存货过多或脱销。

（5）熟悉商品标价知识，正确标价，一物一签，货签对位，以免误导顾客，并对产生的后果负全部责任。

（6）保证所属区域的货架及责任区的卫生清洁，达到标准（地面无垃圾、货架无灰尘、商品无污染物），并对卫生状况负全部责任。

（7）保证卖场商品的安全，提高自身的防盗意识，防止不良顾客的偷窃，并对其后果负全部责任。

（8）所有员工要对自己的行为负全部责任，有关商场的财产，一律不得带出商场私用。

（9）每天下班后检查是否有顾客将商品移位，将未买单的商品，全部归位。

（10）每位员工要熟悉消防知识，对突发事件要有应急措施，以保证每位顾客及自身的人身安全。

（11）营业员要在月末进行库存盘点，对畅销和滞销商品做出分析，上交主管。对盘存和盘亏的数据负全部责任。

（12）有权向柜组长或越级向领导提出建设性、合理化的建议。

8.2.1.2 收银员岗位职责

（1）收银员要在上班前 10 分钟到岗，做好营业前的准备工作：换工作装，整理礼仪，预备好零钞，以便找零；检查使用的收银机、计算器、验钞机等设备，并做好清洁保养工作。

（2）在收银台区域内不准携带私人现金，以免与公款混淆。

（3）准确打印各项收款单据、发票；及时、快捷收妥客人消费款；在收款中做到快、准、不错收、漏收；对各种钞票必须认真验明真伪；收到伪钞自赔。

（4）每日收入现金，必须切实执行“长缴短补”的规定，不得以长补短。出现长款或短款，必须如实向上级汇报，按公司财务规定长款入公司账，短款当事人自赔。

（5）收银员要根据每日的商品入库单扫码进库，做到账实相符。月末要出具库存明细，以便营业员及时盘点。

（6）备用周转金必须天天核对，专人保管，如有遗失自赔，绝对不得以白条抵库私自挪用。

（7）收银台营业收入现金，杜绝坐支，任何日常开支不允许在收银台支取，需按流程找主管申请。

（8）每一位收银员在当班营业结束后，检查当班营业收入单、卡数量与现金签单等是否相符，同时根据当天票、款、账单做出营业报表上交主管审核，无误后开具现金收入收据，双方签字后，才能下班。

8.2.2 购物服务管理的规则制度

购物服务管理的规则制度是为了完善景区旅游购物管理制度体系，加强景区经营项目租赁综合管理，维护本公司的良好声誉和经营利益，保证合同人的稳定经营。制度适用于景区范围内的店铺、餐厅、住宿、娱乐及游览观光车等项目的租赁管理。

8.2.2.1 制度

（1）遵守国家法律、法规，接受各相关行业行政主管部门的管理。

（2）必须与公司签订合同，服从公司统一管理。

（3）严格保护景区资源，依法从事经营活动。

（4）杜绝拦路强卖、尾随兜售、纠缠游人的现象。

（5）遵守职业道德，坚持文明经商、明码标价、货真价实、公平交易，不出售假冒伪劣商品和霉烂变质的食品。

（6）保持市场稳定，严禁恶性竞争。

（7）严格落实“门前三包”制度，保持地面、墙壁、顶棚清洁，物品放置整齐有序。搞好室外绿化、美化。门前无乱搭、乱堆、乱挂，无污染、无垃圾、无“四害”。

（8）严格执行合同所规定的内容，服从景区管理人员的管理，绝不允许有故意刁难、恶意纠缠管理人员的事件发生。

（9）违反以上规定，公司将有权终止合同，情节严重的按相关规定处理。

8.2.2.2 要求

（1）不准纠缠消费者并向其销售商品、提供服务，或者强行向消费者销售商品、提供服务；

（2）不准销售商品时短斤少两或提供服务不符合约定条件；

（3）不准销售不明码标价的商品或服务；

（4）不准侵犯消费者的人格尊严和人身自由；

（5）不准出售不符合卫生标准、有害身体健康的食品；

（6）不准出售国家保护的野生动物或者其他产品；

（7）不准出售假冒伪劣商品；

（8）不准从事法律、法规和政策禁止的其他活动；

（9）经营摊位、场所出售食品符合《中华人民共和国食品安全法》和相关法律、法规的规定与要求；

（10）经营摊位、场所卫生条件符合《公共场所卫生管理条例》的相关规定和相关法律、法规的规定与要求。

8.2.2.3 诚信经营公约

（1）把好商品质量关，不购进“三无”商品及其他来路不明、标识不全、质量无保证的商品；

（2）不销售假冒伪劣商品、有毒有害商品、不合格商品和国家明令禁止销售的商品；

（3）不销售过期、腐烂变质商品；

（4）诚实守信，童叟无欺，公平交易，明码标价，不短斤少两，不搞虚假宣传和误导消费者；

（5）主动向消费者出具购货凭证或商品信用卡；

（6）自觉接受执法部门的监督和管理。

8.2.2.4 服务人员要求

（1）商品购物服务人员要保持购物场所环境整洁，秩序良好。

（2）商品购物服务人员要注意自己的着装和仪容仪表，善于与游客沟通。

（3）商品购物服务人员应统一佩戴胸牌，亮照经营，无尾随兜售或强买强卖现象。

（4）商品购物服务人员应熟悉和掌握所推销商品的性能、产地、特点，主动、热情为游客介绍商品，服务中应有问有答，百问不厌，百拿不烦，尽量满足游客要求。

8.2.3 购物服务管理的工作流程与规范

8.2.3.1 游客购物心理

在旅游购物中，旅游景区只有把握住游客的不同购物心理，才能更好地为游客服务。

旅游者购物心理分析

一是求实用心理。求实用是旅游者追求旅游商品的使用价值的购物心理，是旅游者购买商品的一个普遍性的心理需求。旅游者在购买旅游商品时，特别注重商品的品牌、质量、功能和实用价值，尤其是中低收入阶层的旅游者，更加注重旅游商品的质量和用途，要求旅游商品经济实惠、经久耐用、实用方便。

二是求审美心理。求审美是旅游者重视旅游商品的艺术欣赏价值的购物心理。旅游者在旅游过程中，不仅希望欣赏到美的风景，也希望能购买到一些富有美感的旅游商品，他们往往重视旅游商品的款式、包装，以及对环境的装饰作用，喜欢具有民族特色、地方特色和审美价值的旅游商品，特别是那些具有艺术美、色彩美和造型美的旅游商品。

三是求新异心理。求新异是旅游者追求旅游商品的新颖、奇特、时尚的购物心理。追新猎奇是旅游者固有的心理需要。旅游者在购买旅游商品时，大多喜欢具有新的颜色、新的款式、新的质量、新的材质、新的情趣的旅游商品。这些旅游商品可以满足人们的求新异的心理，调节枯燥、单调、烦闷的生活，比如到福建土楼旅游时，旅游者喜欢购买土楼模型。

四是求珍藏心理。求珍藏是旅游者购买旅游商品以留作纪念的购物心理。很多旅游者喜欢把在旅游景点购买的纪念品连同他们在旅行时拍的照片保存起来，留待日后据此回忆他们难忘的旅行生活；另外，还有部分旅游者会有选择地购买他们感兴趣的旅游商品，以满足自己的某些爱好，如有人喜欢收集古玩、有人喜欢收集各国邮票等。

五是求馈赠心理。求馈赠是旅游者购买旅游商品以赠送他人的购物心理。从旅游地购买的旅游商品具有特别的纪念意义，用其馈赠亲朋好友，既可以表达旅游者对亲朋好友的感情和礼貌，增进彼此间的情意，又可以提高旅游者的声望。

六是求知识心理。求知识是旅游者希望在购买旅游商品的过程中获得某种知识的购物心理。有些旅游者特别喜欢聆听售货员和导游介绍有关商品的特色、制作过程，字画的年代及其作者的轶事趣闻，以及鉴别商品优劣的知识，还有些旅游者对当场绘制或刻制的旅游商品及其相关资料说明特别感兴趣。

旅游者的购物心理具有多样性和层次性，它们相互交错，相互制约。旅游者在购买旅游商品的过程中，可能同时存在两种或两种以上的购物心理。不同的旅游者由于具体情况的不同，其购物心理也不同，从而形成了不同的购买行为。

【同步案例】

岛服，海南旅游的别样风情

背景与情境：海南岛服（又称“海南衫”）主要用纯棉布料制成，特点是手感柔软、透气、吸汗、不脱色。海南岛服样式简洁质朴，款式很多，有男上衣、女上衣、长裤、短裤、九分裤、七分裤等。海南岛服的图案以热带植物及海洋生物为蓝本，进行了各种或抽象或具象的变形，散发着热情似火与清凉宜人相互交织的奇妙气息。游客远道而来，脱下西装，换上岛服，顿感轻松。

岛服是海南省的标志性服饰，是海南自然风光与人类自身相亲相融的一种外在表现形式，得到了众多游客的欢迎与喜爱。游客身着布满椰枝、贝壳、珊瑚图案的岛服，嬉戏于山水之间，体验和浸染着这块热土的文化精神和情愫，周身都荡漾着快乐与生动。近年来，海南岛服日益流行，花样和款式各异的“花衣裳”穿梭在椰林间，飘动在海岸边，流淌在城市里，销售在商场中，给美丽的海南增添了一道亮丽的风景线。

从一个概念到一个热门的旅游纪念品，从普普通通的花衬衫到深受岛内外游客喜爱的旅游商品，海南岛服不仅承载了海南岛丰富的旅游文化内涵和多姿多彩的热带民族风情，也为海南带来了蓬勃发展的“岛服业”。海南省旅游协会秘书长王健生认为，由于宽松的岛服适合在热带海岛度假休闲，且岛服的花样体现了独特的海南文化，因此这种特色得到了游客们的喜爱。

资料来源：佚名.海南岛服（海南衫）.

?想一想：结合资料，思考海南岛服对于海南旅游的作用有哪些?

8.2.3.2 商品推销工作流程

一是准备工作。

（1）企业介绍、产品知识、行业背景、市场竞争。要熟悉本公司产品，了解行业知识，不能一问三不知，对相关产品要有领先客户的资料和知识储备。了解公司产品的种类、产品用途、目标客户、竞争对手情况、客户群体划分、价格范围、产品的价格组成等。熟悉行业的动态：公司在行业的地位、行业分布、行业动态、行业宣传、行业趋势等。

（2）产品优劣势分析（信誉、质量、价格、运输、仓储，等等）。

（3）销售工具准备（产品样品、宣传资料、名片，等等）。

（4）销售心态（成功、受挫）。销售人员最大的心理障碍是怕被客户拒绝，记住销售的目的是帮助客户解决他的问题，所以是共赢的事情。加入一家公司就要对公司有很强的信心。对产品的信心就是最好的去除心理压力的办法。

二是了解顾客的问题、需求和渴望。了解顾客需求，知晓客户最想要的利益：价格空间、亟须解决的问题。

三是加强与客户的双向交流。注意倾听客户的意见，即使客户的言论“荒谬无知”，也不可以打断客户的话，更不能表现在态度或表情上，由此可以深入了解客户意向，更可能让客户加深对企业与产品及业务员个人的好感。

四是解决顾客的反对意见。事先把客户可能提出的问题一一列出来，然后再写出答案；提出对客户问题的解决方法并塑造产品价值，做让人信服的展示和讲解。

五是成交。不成交时留有余地，以便下次再协商和沟通。

六是要求顾客转介绍。

8.2.3.3 商品推销技巧

一是拉近与游客之间的距离。旅游景区商品的销售除了产品自身的吸引力外，销售人员自身也是一张名片，要注意自己的仪表和仪态，微笑真诚待客，先不要着急谈销售的问题，可以先从顾客感兴趣的话题谈起。比如在店里养一些颜色鲜艳的花，顾客来到店里后首先会被这些花吸引，然后导购员就从养花开始找到与顾客的共同话题，解除顾客的戒备心理，与他在一种轻松的氛围下进行交流；或者根据季节时令，在店里张贴一些温馨的话语，比如“天气变化，请预防感冒”等，体现店内的温馨感。

二是展示商品的技巧。展示旅游商品时，以语言为主、手势为辅，要灵活运用，如果有条件，拿出样品让顾客亲眼看到、摸到，从而对产品产生信任感和购买欲。如果不是昂贵的药品和食品而不能随便品尝外，可以请顾客亲自试用一下。此外，还可以设法让顾客看到商品的使用价值以及实际使用功能，使其获得更直观的感觉。

三是推荐商品的技巧。推荐产品前，应认真了解客户的基本情况，了解客户的需求点和问题点，然后根据客户需求，有重点地介绍产品，这样才能事半功倍。最关键的是要对顾客实谈价格、实谈功能，不能欺诈、哄骗顾客，不能哄抬价格。

四是提供热情细致的销售服务。销售服务的要点包括：

（1）善于接触旅游者。在通常情况下，旅游者进入旅游购物商店，或者是想购买商品，或者是想了解商品的行情，或者是要游览参观购物商店，没有明确的计划。因此，服务人员要有敏锐的观察力和判断力，善于通过旅游者的衣着打扮和言行举止，判断旅游者的心理状态，发现旅游者的潜在需求，并把这种潜在的需求变为实际的购买行为。

（2）准确推荐商品。在把握旅游者需求的基础上，服务人员要有针对性地为旅游者提供个性化的商品销售服务。一方面，针对不同心理特征的旅游者提供不同的商品销售服务，如针对老年旅游者，要根据其保守、固执的心理特点，推荐一些物美价廉的旅游商品；针对青年旅游者，根据其求新求奇的心理特点，推荐一些时尚、科技含量较高的旅游商品。另一方面，服务人员要准确地做好商品推荐工作，如提供咨询、推荐商品，介绍商品的性能、特点等。

（3）帮助旅游者决策。旅游者在景区购物的过程中，对旅游商品的了解有限，且考察和决策的时间较短，具有非经验性。因此服务人员要通过对旅游商品的详尽介绍和对旅游者需求的准确判断，帮助旅游者了解他们真正需要什么，推动他们做出购买决策。

五是完善旅游购物的售后服务。在旅游类消费投诉中，旅游商品的质量和售后服务方面的投诉很多，因此要实现旅游景区购物的可持续发展，就必须完善旅游购物的售后服务，通过建立完善的售后服务体系，降低旅游者的购买风险，增强旅游者的购买信心。完善旅游者购物的售后服务的环节有：

（1）旅游购物商店应提供售后服务。旅游购物商店提供的售后服务主要包括：大件商品的邮寄、托运，回访旅游者对所购商品的满意度，回答旅游者对商品问题的咨询等。另外，旅游者在旅行社安排的购物场所购买到假冒伪劣商品或失效、变质商品时，应当有权通过旅行社向旅游景区购物场所追偿。

（2）旅游景区主管部门应及时处理旅游者的购物投诉。旅游景区的行政主管部门应当建立健全旅游投诉制度，依法受理和及时处理旅游者的购物投诉，对不属于本部门职责范围内的投诉，应当自收到投诉之日起几日内移交相关部门并告知投诉者。另外，旅游景区的行政主管部门还应加强对旅游景区购物商店的指导和监督。

8.2.4 购物服务管理的典型任务处理

景区商品缺乏档次，游客直喊有钱没处花

武汉的王先生一家三口春节期间来南京旅游，除了中山陵、明孝陵、总统府、夫子庙这些经典的“必去”景区，买些特产带回家送亲友也是旅游的一项重要活动。王先生在南京市区跑了一个上午，也没决定到底买什么。“我们家参加华东三日游包括交通、住宿、景区的所有费用不过一千多元，全家在旅游购物上的预算也接近千元。可是旅行社带游客走进的卖场大多是‘老字号’或珠宝首饰店，除了夫子庙商业街和民间艺术大观园，很少发现成规模的大型旅游购物市场或商业街。”王先生说。

王先生的遭遇折射出一个无奈的现实：虽然南京旅游、美食等资源丰富，但却缺乏包装，一些旅游景点内或景点周围经营点布局比较分散、零乱。彩灯、剪纸、折扇、金箔、云锦、雨花石、雨花茶、南京板鸭等旅游商品，都分布在各主要景点的经营点。

一项调查显示，目前国内游客除了基本团费外，都愿意花费百元至1500元用于旅游购物。事实上，由于旅游商品质量和信誉太差，以及行程限制和商业购物街的缺乏等原因，国内多数游客都没有达到预期购买水平，造成很多游客“有钱没处花”。

点评：对旅游者来说，在景区内购物，购买食品类和工艺品类商品是其旅游消费的主要内容。那么景区内部购物商店经销的种类要丰富，要注重实用性、艺术性、纪念性和时代性，包装设计要能够融入当地的自然风光、名胜古迹、历史人物等，要富有地方特色，能让旅游者返程后睹物思情，留下美好的回忆。例如：海南用椰子壳来装饰纪念品，开封用包拯脸谱和清明上河图绘画装饰地方旅游工艺品等，都可以提升景区的购物服务质量。

多为客人想一想

几位游客到杭州西湖春酒店的商场购物，他们径直走到茶叶专柜前，看了看标价便议论道："这儿的东西有点贵，我们还是到外面去买吧！"这时，服务小姐走上前，关切地说："先生们去外面买茶叶一定要去正规的购物商店，因为市场上以次充好的茶叶很多，一般是很难辨别的。"客人立即止步问道："哪家商店比较好，茶叶又怎么进行选择呢？"

于是服务小姐便介绍茶叶等级的区分，如何用看、闻、尝等几种简易的方法区分茶叶好坏；又介绍了本商场特级龙井的特点，价格虽略高于市场，但对游客来说，买得称心、买得放心是最重要的。几位游客听了服务小姐的介绍，都爽快地买了几盒茶叶。

点评：旅游景区的购物商店（摊点）在经营时要诚信经营，服务人员要全面掌握店铺内出售的所有商品的情况。游客的购物心理主要体现为求实心理、求名心理、求美心理、求新心理、求廉心理、求尊重心理。在为游客提供服务时要尊重客人，无论游客是咨询还是购物，均要提供热情周到的优质服务。

8.3 景区餐饮服务与管理

8.3.1 餐饮服务管理的岗位职责

8.3.1.1 餐饮部部长岗位职责

餐饮部是整个景区的重要组成部分，以提供多种餐饮业态服务，保证各餐厅及餐饮售卖点的正常运营为宗旨，致力于带给游客快捷且优质的服务。关注游客的消费需求，设计和创造更多新、奇、特的产品，是餐饮部努力追求的目标。

（1）根据景区发展战略与目标，制定中长期餐饮部发展战略和整体规划，明确实施策略，并不断优化组织与策略相匹配，切实、有效完成公司下达的经营指标。

（2）构建和完善餐饮部管理体系，制定年度餐饮经营规划和成本预算费用管理。

（3）制定和完善餐饮部管理制度、流程，包括员工日常管理、员工培训、工作流程、业务技能及安全管理等，并推动其有效实施。

旅游景区的餐饮服务特点及要求

8.3.1.2 经营管理科经理岗位职责

景区餐饮经营管理科是整个景区餐饮部重要组成部分。景区餐饮经营管理科主要提供多种餐饮业态服务，进行科学分工，保证各餐厅及餐饮售卖点的正常运转，完成本科室的各项任务及目标，致力于带给游客快捷且优质的服务体验。

（1）制订餐饮部经营管理科年度、月度营业计划，负责完成餐饮部经营管理科各项工作经营指标，负责分析和报告年度、季度、月度、周、日的经营情况。

（2）按照餐饮部的经营战略，推广景区内饮食销售，根据每日营运情况和不同时期的需要制订餐品。

（3）制定餐饮部服务标准和操作规程，检查管理人员的工作和各餐厅的服务态度以及服务规程和各项规章制度的执行情况。

（4）负责提出食品和饮品的标准、规格，降低各项费用，增加盈利；反馈出品部门的食品（饮品）质量。

（5）制订培训计划和考核制度，定期与配餐科研究新菜点，并有针对性地组织服务人员单位的技术和实操培训考核。

（6）负责各餐厅设备、设施的维修保养工作，使之经常处于完好的状态并得到合理的使用，加强日常管理，防止事故发生。

（7）负责卫生工作和安全工作，组织个人、环境、操作等方面的卫生评比，贯彻执行饮食卫生制度；开展经常性的安全保卫、防火教育，确保各餐厅、厨房的安全。

（8）负责餐厅、餐饮点等的营业及服务情况，指导、监督日常经营活动。

（9）负责制定各餐厅、餐饮点的摆台标准，确保服务质量和工作效率。

（10）制订突发事件处理预案，处理游客投诉。

（11）计算每日各餐厅、餐饮点收入，并收集、整理餐厅每日报表。

（12）制定本科室的各种报表、表格，并对各种报表分类保存，定期装订存档。

（13）主导、整合 VIP 餐厅业务等相关工作。

（14）完成餐饮部交办的一切工作。

8.3.1.3 配餐管理科经理（行政总厨）岗位职责

景区餐饮配餐管理科是整个景区餐饮部的重要组成部分，负责提供优质、卫生的景区餐饮出品，保证配餐中心及各点位厨房的正常运营，完成本科室的各项任务及目标，致力于带给游客快捷且优质的美食体验。

（1）依据景区餐饮发展和加工规划，组织建立和完善公园餐饮加工管理体系，提升菜品研发能力；严格按照景区餐饮工艺标准和质量要求，进行加工制作。

（2）组织收集市场信息，建立制作加工信息数据库，并对各种信息进行分类整理。

（3）制订餐饮加工制作规划草案。

（4）指导、监督和控制配餐厨房加工制作规划的实施。

（5）负责制订业务计划、部门年度及月度工作计划，保证配餐管理科工作符合公司年度经营目标的要求。

（6）组织制定配餐厨房加工制作管理制度及业务流程，保证加工制作工作的规范化管理。

（7）负责依据加工计划合理领料，努力实现零库存。

（8）及时向餐饮部经营科的相关人员反映加工情况和原材料使用情况。

（9）对所有领用的原材料进行质量和重量的检验，并作相关记录。

（10）负责按照公司餐饮部规范要求，进行加工制作，保证加工质量，满足销售需要。

（11）负责组织加工作业计划的落实，做好配餐厨房各岗位人员的调配，并经常检查，控制食品成本。

（12）负责贯彻落实产品加工工艺规范和产品质量标准。

（13）负责与餐饮部经营管理科保持联系，了解、分析游客及单店对加工成品的意见和建议，提高加工能力与水平。

（14）保证安全生产，保证加工设备和设施的正常使用。

（15）执行食品卫生法规及有关政策，保证中心厨房各岗位人员的个人卫生及环境卫生达到标准，搞好清洁卫生。

8.3.2　餐饮服务管理的规章制度

8.3.2.1　餐饮服务管理的制度

（1）景区内的餐馆或摊点规模、数量应与接待游客规模相适应。

（2）装饰装修风格与提供的菜品服务相协调，就餐环境整洁优美，通风良好，空气清新，无异味。

（3）餐厅应整洁卫生，无灰尘、无污渍。桌布、口布等棉织品洗涤彻底，无污渍、无异味。香巾一客一清洗，一客一消毒。

（4）出售的食品、饮料卫生符合国家规定，配备消毒设施，禁止使用对环境造成污染的一次性餐具。

（5）各种餐具由专人洗涤保管，消毒彻底，摆放整齐，取用方便，有防止二次污染的措施。餐具、酒具等光洁明亮，无水迹、无油污，完好无损，无缺口、无划痕。

（6）厨房食品加工、存放，冷热、生熟、荤素分开，无交叉污染。地面干燥卫生，无水迹、无油污。

（7）厨房、餐厅有有效消杀蚊、蝇、蟑螂等虫害的措施。

（8）客人进入餐厅时，服务员应主动向前迎接客人，为客人拉椅让座，送上餐厅菜单和酒水单。菜单、酒水单要明码标价，印刷清晰，无污迹、无皱褶。

（9）客人点菜时，服务员应热情主动地向客人介绍菜品特点，并视情况提醒客人适量用餐。

（10）客人就餐时，服务员要及时为客人斟倒酒水，更换骨碟、烟灰缸等。

（11）客人用餐完毕，要按照客人要求，提供菜点打包服务，并将客人送至餐厅门口。

8.3.2.2 餐饮服务员工培训制度

（1）所有员工必须经培训合格后才能上岗。

（2）中餐部必须制订切实可行的年度培训计划，让员工清楚培训的时间、内容和目的等。

（3）建立培训员制度，具体落实培训计划。

（4）员工培训主要有以下方式：上岗培训、在职培训、换岗培训。

（5）员工培训方法主要有：课堂讲授、角色扮演、案例分析等。

（6）培训内容有：服务态度、职业道德、服务技能、服务知识等。

（7）受训者应遵守课堂纪律，认真记录，积极参与。

（8）培训员应认真备课、准备记录、注重效果。

（9）任何培训结果必须有评估，评估成绩记录并存入个人业务档案，对培训成绩优异者给予一定的奖励。

8.3.2.3 餐饮服务质量检查制度

（1）餐饮服务质量检查旨在找出服务工作中存在的问题，采取一定的措施，在原有基础上达到改进和提高服务质量的目的。

（2）餐饮部定期组织餐厅主任级以上人员对各营业点进行服务质量检查。

（3）餐饮部经理应采取定期或随时抽查的方式对各营业点在开餐过程中的服务质量进行检查。

（4）聘请专家对餐饮服务质量进行临时暗访检查。

（5）检查内容以餐厅卫生、口头提问、用餐、宾客意见反馈等为主。

（6）对检查结果进行认真记录，对有关严重违纪等事项进行处理并公布处理结果。

8.3.2.4 餐饮服务部考核制度

（1）考核的目的是为进一步提高管理水平和服务水平，使餐饮管理和餐饮服务保持一贯性，确保向宾客提供高效、优质、礼貌、热情、周到和规范化的服务。

（2）考核内容：工作态度、仪表仪容、礼节礼貌、工作规范、劳动纪律、清洁卫生等。

（3）考核方法：设计考核表格，建立考核标准，分别对经理、领班、服务员等进行每日工作情况考核。采用经理考核主管、主管考核领班、领班考核服务员、逐级考核、逐级打分的方法。

（4）考核表格的设计：包括但不限于“中餐部经理日考核表”“中餐部主任日考核表”“中餐部领班日考核表”“中餐部服务员日考核表”等。

（5）考核结果与员工经济效益直接挂钩，对表现较差的员工必须根据考核情况进行培训，培训合格后再上岗；对各方面表现较好的员工进行适当奖励。

（6）建立完善的考核制度，不断完善考核方法和考核内容，培训考核人员，确保考核工作公正严明。

（7）将员工考核情况纳入中餐部质量分析内容中去，每月在进行服务质量分析的同时分析、评估考核情况，使考核工作制度化。

（8）考核评分表由专人进行统计分析，每月一次做出考核情况分析报告，报中餐经理审阅。

8.3.2.5　餐厅物资领用制度

（1）餐厅物资领用以标准贮存量为依据，并根据营业情况而定。

（2）申领物品必须填写领货单，领货单必须由领货人签字，中餐经理签字生效，发货时由发货人签字，缺一不可。

（3）所有申领物品领入餐厅后需由领班清点记账，并根据用途分别存放。

（4）贵重物资领用后要有专人负责保管，严格控制用途。

（5）对物资使用量要有科学的预测，保证在规定的领用时间内领货，以增强工作的计划性。

（6）使用物资既要保证规格，又要杜绝浪费，节约成本费用。

8.3.2.6　餐厅交接班制度

（1）接班人员必须准点到岗，认真查看值班日志，有不清楚的必须及时问清情况，以防误差和遗漏。

（2）交班人员对需交接的事宜，要有文字记录，并口头详细交代清楚。

（3）接班人员在认真核对交接班记录后，再确认签字，并立即着手处理有关事宜。

（4）交接时应对下列事项特别注意：包括但不限于客人的预订、重要客人的情况、未办完的客人投诉、餐厅未办完的准备工作、客人的特别要求、中餐部交办的工作事项、餐厅工作上的变化情况等。

8.3.2.7 管事部库房贮发制度

（1）餐厅或厨房领用或借用餐具必须凭授权人签署的领用单方可领用或借用餐具。

（2）超常领用某物品，需由授权人在领用单上注明原因，否则，库房保管员应拒绝发货。

（3）领用单、借用单填写不清楚或涂改的，库房保管员有权拒发。

（4）对退还库房的物品必须逐一检查，如有破损、数量短缺等，必须赔偿或进行登记。物品退还后应及时注销标卡上的记录。

（5）库房内餐具用具必须按品种分类集中存放，库房货架上的物品必须摆放整齐，每个品种必须配有物品标卡。

（6）每月定期盘点，盘点结果向经理报告，盘点日不发货（特殊情况例外）。实物数量与账面数量应一致，若二者不一致必须立即查明原因。

8.3.2.8 餐具物品管理制度

（1）每月月底进行仓库盘点，列出下月物品补充计划，并交中餐部经理审核后去总库领取。

（2）各营业点一律凭领料单领货，库房保管员凭单发货，并做好记录。

（3）库存用具最低库存量为餐厅餐位数的1/3，最高不超过1/2，低于最低库存数需及时补充。

（4）餐厅、厨房所需特殊餐具、用品，应提前填写餐具、物品领用单，并注明使用日期，由管事部与采购部联系购买。

（5）领用餐具、物品必须有该部门主管签字方可发放。

（6）所有高档、贵重餐具、用品（金银器、不锈钢餐具等）需经中餐经理同意后方可领用。餐厅自存的金、银器和不锈钢餐具，每月清点一次，报管事部。

（7）每年底清点固定资产一次，每半年清点低值易耗品一次。

8.3.2.9 清洁用品和清洁剂管理制度

（1）清洁用品和清洁剂以班组为单位领用。

（2）管理部库房保管员负责发放、记录，并由领发人签字。

（3）每月由库房保管员汇总当月各班组清洁用品和清洁剂用量及费用情况。

（4）比较各班组当月用量，对于清洁用品和清洁剂耗用量较大的班组给予提示，分析原因，加强控制。

（5）控制清洁用品与清洁剂的库存量，以消耗量的1/3存货，减少积压，确保安全。

8.3.2.10 破损餐具管理制度

（1）管理部领班和管理员负责监督和检查餐厅、厨房及管事部员工的工作，随时纠正其不正确的操作方法。

（2）当班领班或管理员应真实记录每日餐具破损情况。

（3）将破损的餐具集中放在专用的硬纸包装盒里。

（4）破损较严重的，应及时通报员工所在部门经理、厨师长。

（5）管事部领班每月做一份餐厅、厨房及管事部破损餐具报告，交中餐部经理。

（6）管事部每月集中对破损餐具进行处理，并将处理结果报中餐经理。

8.3.3 餐饮服务管理的工作流程与规范

8.3.3.1 餐前准备

（1）准时到岗，参加班前会，接受领班和经理对当餐的工作安排和布置。

（2）员工进岗后，做卫生，定位摆台，如提前预订应按要求摆台。

（3）清理地面卫生和室内所属物品表面及死角卫生，做到地面无垃圾、无油垢、无水迹、无烟头、无墩布毛。每餐清扫一遍。

（4）检查台面餐具有无破损、水迹、油迹、污迹，保持台面干净整齐。

（5）由领班领用餐中一次性物品，分配后注意妥善保管，归档码放整齐。

（6）按点立岗定位，准备迎客。

8.3.3.2 迎客

（1）当迎宾员将顾客领到餐厅中时，服务员应微笑点头问好。

（2）拉椅让座，根据顾客人数添减餐具，递上菜单，示意顾客稍候，迅速沏茶倒水，示意顾客用茶。征求顾客是否点菜（如点菜当好顾客参谋，如不点菜示意顾客有事召唤）。

8.3.3.3 点菜

（1）翻开菜单，请顾客阅览，同时介绍本店的特色菜、特价菜、新推菜及酒水（看人下菜碟）。

（2）在记录顾客所点菜品、酒水时，写清日期、桌号、用餐人数、服务员姓名。

（3）顾客点菜完毕，给顾客唱单，以确认顾客所点菜品，然后示意顾客稍候菜品上桌。

（4）在吧台下单，核对单据与预结联是否一致。如有问题迅速解决。

8.3.3.4 餐中服务

（1）迅速及时将顾客所点酒水及一次性餐筷送上餐桌，征求顾客意见，启瓶将酒水倒入杯中。

（2）巡视自己所管区域顾客的用餐情况，及时补充顾客所需，整理台面，上菜报清菜名，划菜核单，征求顾客意见，随时撤下顾客餐桌上的空餐具和用具。菜品上齐后应告知顾客：“你点的菜上齐了，你是否还需要添加一些别的？”

（3）餐中推销，勤斟酒水，巡视餐台，如发现顾客酒水快用完或菜品不够时，应征求顾客是否加添。

（4）服务员有事暂时离开工作区域时，一定要向邻区的服务员打招呼寻求帮助。不要长时间离岗，办事完毕应迅速返回工作区。

（5）随时巡查地面和台面卫生，及时清理以保持清洁。

8.3.3.5　结账

（1）顾客示意结账时，服务员应及时到吧台结算。如遇顾客亲自到吧台结账，服务员应跟随，核对账单要准确无误。

（2）问清付款人，报清所消费的金额，双手递上账单，请顾客过目。顾客在看账单时如有疑问，服务员应马上核实，并耐心地做好解释工作。

（3）收到顾客付款，应双手接过，点清所收数目（收您 ××× 元，请您稍候或您的付款正好），到吧台找零后，在账单上签名，回到餐桌，双手递给顾客找回的零钱（找您 ××× 元，请您清点并收好，谢谢！）。如顾客需发票，问请单位。如本店的发票打完或因机器故障无法给顾客开发票，应耐心向顾客解释，出具其他证明，示意顾客下次用餐时一起开。

（4）顾客离座拉椅，提示顾客带好随身携带的物品，并致欢送辞。

8.3.3.6　收台

（1）餐具应按档码放，不得大餐具摞小餐具，前厅用品和厨房用品分开，使用规定的收台工具将餐具分别送到洗碗间和洗杯间。

（2）清理台面垃圾，擦净桌椅，及时摆台以便接下桌顾客。

8.3.4　餐饮服务管理典型任务处理

换一个地点用餐

某景区的餐厅门前，一位身穿泳裤的男士一定要进餐厅吃饭，被服务员阻拦，因为到餐厅用餐不能衣冠不整，所以，服务员请客人换了服装再来餐厅。但客人不同意，说过一会儿还要游泳，换装太麻烦。

这时服务人员并没有完全拒绝客人的要求，而是采用变通的方式满足了客人的需要："先生，您能不能先点餐，我们过几分钟送到游泳池来。"这样，既没有破坏规则，又满足了客人的需要。

点评：餐厅里尤其是在客人流动比较快的景区餐厅里，客人迫不及待的心情是正常的，因为游玩太久很容易感到饥饿，用餐完毕还要继续玩。服务人员在听到客人抱怨或责怪时，应保持良好的心态，学会换位思考，并始终保持礼貌的服务态度。

真假茅台

某景区酒店餐厅里，有一位已过半醉的客人在和服务人员纠缠不清："这瓶茅台肯定是伪劣商品，我喝了几十年酒，连茅台的真伪都辨别不清？"他口齿含糊，满脸通红。

客人说道："这瓶酒我不喝了，马上给我封好，明天送到质量检验所去鉴定！今天这顿饭钱我不会付的。我断定这是假酒，明天检查结果出来，我要你们赔偿经济损失！"

服务人员见状，知道在这种情况下很难用道理去说服这位客人，便悄悄让人给餐厅经理打电话。不一会儿，餐厅经理赶到，对客人说道："谢谢您对我们的服务质量提出宝贵意见。我们的饮料和酒都是从市糖烟酒公司直接进的货，这几年来还未发生过伪劣商品的事件，然而我们还是愿意重视您的意见，以维护酒店的声誉。明天一早我会派人把酒送去检验，对您今天的晚餐暂不收费，等鉴定结果出来再说。"这番话充满诚意，说得客人连连点头称是。经理请他先回房休息，明天再把鉴定结果通知他。

点评：服务过程中游客最在意的是礼貌服务、友好服务、超值服务等。礼貌服务表现在服务的语言和行为上，友好服务则体现在服务的全过程中，超值服务主要是指在服务中遇到问题所能提供的服务。

8.4　景区住宿服务与管理

8.4.1　景区住宿服务与管理的岗位职责

景区住宿服务的类型

8.4.1.1　酒店管理部部长岗位职责

为宾客提供超值满意的住宿和餐饮服务，创造美好的消费体验；为员工提供终身受益的工作经历。

（1）根据集团目标制定酒店全年任务指标及经营计划；

（2）制订市场拓展计划，结合各项资源完善酒店各项产品；

（3）组织各科室执行各项经营计划，全面完成经营指标；

（4）组织制订各项酒店促销奖励计划，提升全员销售意识；

（5）负责落实酒店各科室对客服务质量体系的实施，保证酒店宾客满意度；

（6）负责每月酒店内部及 OTA 宾客意见收集反馈；

（7）负责组织各科室定期进行服务质量分析，整改、提升对客服务；

（8）负责各科室每月培训计划的落实，提升员工的综合素质；

（9）负责督导各科室制定各项经营成本预算，落实月度、季度、年度经营成本的管控；

（10）负责各项经营成本的测算，跟踪监控目标成本执行情况，建立目标成本动态管理体系；

（11）负责每月酒店食品成本、经营成本分析会的召开，提升各科室成本管控能力；

（12）组织落实各科室及员工安全责任书的签订，明确各层级安全责任；

（13）负责各科室每月安全培训的督导及落实；

（14）负责每月酒店安全大检查的实施，及时整改相关问题；

（15）负责酒店定期组织各类应急预案的演练；

（16）建立健全酒店管理部各科室资产管理台账；

（17）负责督导各科室指定专人为资产保管员工，根据财务制度建立相关管理及资产报废制度；

（18）负责配合财务部定期对酒店管理部资产进行检查、盘点；

（19）负责督导各科室加强对酒店资产的维护保养，延长使用寿命。

8.4.1.2 客房科经理岗位职责

客房科是酒店最重要的收入来源，是衡量酒店服务质量的重要指标，为宾客提供主动、热情、周到的服务，创造舒适、贴心的住宿体验。

（1）根据酒店经营管理方针和计划安排工作并负责组织实施；

（2）配合酒店完成各类宾客住宿接待活动；

（3）配合销售宣传、推广酒店各类促销活动；

（4）加强客房设备设施的检查保养，确保客房资产的完好；

（5）组织实施员工培训，为宾客提供高质量的服务；

（6）收集宾客的意见和各项要求，不断改进工作，提高服务水平；

（7）有效地监控和分析各项经营指标，合理控制客房各项成本；

（8）做好和其他科的日常沟通协调。

8.4.1.3 前厅科经理岗位职责

前厅是酒店的门面和信息中心，是酒店经营管理的参谋与助手。为宾客提供主动、热情、周到的服务，使宾客获得美好的体验是前厅科的宗旨。

（1）贯彻落实酒店的经营决策和各项计划；

（2）根据酒店总体经营目标，最大限度地提高客房收入和客房出租率；

（3）定期总结部门经营及服务质量情况，并组织制定有关整改措施；

（4）提供有利于客房销售及部门其他费用情况控制的预算和预报；

（5）调整和完善本部门的组织机构及各项规章制度以适应发展；

（6）组织实施员工培训，使员工保持良好的业务技能状态；

（7）做好和其他科的日常沟通协调。

8.4.2　景区住宿服务与管理的规章制度

（1）遵守酒店《员工手册》和其他规章制度。

（2）主动、热情、礼貌、耐心、细致、周到地为宾客服务，不做有损宾客利益和部门声誉的事。

（3）熟知酒店和本部门的主要服务项目，能随机应答宾客的有关问题。

（4）爱护酒店的一切工作用具，定期保养，不得损坏公物；在保证工作质量的前提下，节约各类材料、用剂，降低费用，延长设备寿命。

（5）各级管理人员须做到尽心尽职，现场督导，严于律己，做员工表率，不得以权谋私，以情违章。

（6）严格按照各部位班次表上班、休假，提前到岗上班，以便有足够的时间更换制服，准时签到。

（7）不能无故旷工，因有事不能前来工作（或在岗因事不能继续工作），应事先向主管请假，如果迟到要先向主管说明理由方能上岗；调班必须经过主管同意。

（8）凡是个人在工作中遇到的疑难问题要首先向领班报告，假若不能解决，再由领班向客房部汇报。

（9）坚守工作岗位，不得擅自进入其他工作区域与其他服务员聊天。

（10）非工作时间不得在楼层和饭店其他区域逗留和休息，影响他人工作。

（11）工作中注意说话轻、走路轻、操作轻。

（12）谈吐得体，态度温和，不得高声喧哗或扎堆聊天，不得与宾客争辩，宾客有无礼言行时，应克制忍让，报告上级妥善处理。

（13）有礼貌地向宾客打招呼，尽可能称呼客人姓氏和职称。

（14）在岗工作期间严禁接打私人电话。

（15）保持工作区域每一个地方都干净、整齐，包括防火楼梯和员工出入口。

（16）客房服务员在离开客房时，须将客人离开忘记关上的灯、电视关上。

（17）在酒店内发现任何物品损坏、丢失或其他异常现象立即报告上级管理人员。

（18）工作前、下班后将工作区域清理干净，布置整齐。

（19）不得在客区坐卧沙发，使用客桌、客椅、电话等客用设备。

（20）不要向客人或无关人员提供有关饭店管理和其他客人的秘密。

（21）对客人额外的要求如加椅子、毛毯、枕头、拖鞋等应立即报告客房服务中心登记。

（22）严禁向客人索要或变相索要小费。

（23）客房部员工必须树立强烈的服务意识，努力为宾客提供优质服务，对于宾客的正当要求不可拒绝。

（24）客房部员工必须努力钻研业务技能，以便为宾客提供更加专业、标准、人性化的服务。

8.4.3 景区住宿服务与管理的工作流程与规范

8.4.3.1 欢迎客人

（1）客人进店后，接待员面带微笑地向客人致意问候。获悉客人要住店后，应询问客人有无预订。

（2）若客人有预订，询问客人姓名，找出预订单；复述客人的预订房间、数量、离店时间并与客人核实有无变更。

（3）若客人没有预订，问清客人所需房间类型及有无特殊要求，对于第一次光临酒店的客人，要主动将房价表双手呈递给客人，按由高到低的原则向客人做简单的介绍和推销。客人确认房间类型后，迅速在电脑上查找，根据分房原则，将房号告诉客人并征得客人同意。

8.4.3.2 登记、验证

（1）接待员请客人出示有效证件，检查证件照片和客人本人是否相符，检查证件印章、证件期限是否有效。

（2）证件检查完毕后，请客人填写登记表，同时在电脑中选出客人要求的房型并将房号在“房间状况表”上标明“OC”，表明该房已出租。

（3）审核客人是否已按入住登记表上的列项填写清楚、完整。

（4）准备好房卡，向客人介绍房间情况、酒店设施及酒店的各种规定。

（5）对于预订的客人，要检查是否有为其代收的信件或物品，如有应及时转交给客人并办理相关手续。

8.4.3.3 收取押金

（1）接待员询问客人押金支付方式并协助前台收银员收取押金。

（2）接待员在入住登记表上写清房价、押金支付方式及数目并签字。

8.4.3.4 送客进房

（1）入住手续办理完毕后，接待员询问客人是否需要其他帮助。

（2）若客人需要搬行李，则将房卡交给行李生，由其引领客人进房间。

（3）若客人不需要帮助，用双手将房卡交给客人并告诉其电梯方位。

（4）客人离开时，与客人道别并祝客人入住愉快。

8.4.3.5 资料存档

（1）接待完毕后，接待员按照登记表上填写的内容，准确地将信息输入电脑。

（2）将登记表放入客人入住档案中，以便随时查询。

8.4.4 景区住宿服务与管理的难点问题处理

突然的退房

正值旅游旺季，两位外籍游客出现在景区宾馆总台前。总台服务员小刘是个新手，他查阅了一下订房登记单，马上简单地对客人说："你们预订了一个标准间B档客房，明天一早退房。"

客人听后脸色陡然一变，很不高兴地说："接待单位说给我们订了3天，怎么变成1天了呢？"小刘仍用刻板的毫无变通的语气说："我们这两天房间特别紧张，明天已经没有标B的房间，当时你们接待单位来订房的时候，已经跟他们说过了，他们也同意了的。"客人非常愤怒，一定要投诉。

点评：订房是属于临时性的预订，是指客人即将抵店前或在抵店当天的订房。通常酒店没有足够的时间予以书面确认，只是给予口头确认，以免引起不必要的麻烦。一旦口头确认客人预订，就必须严守承诺，绝不能毁约，若客人如期到达，而预订员不能兑现口头承诺与确认房间，必然引起纠纷。

8.5 景区体验服务与管理

8.5.1 景区体验服务管理的主要类型与岗位职责

8.5.1.1 运营部长岗位职责

（1）以集团运营服务管理体系为基础，建立公司运营服务管理体系，并在工作中对制度、标准不断完善、补充，保证运营服务工作有章可循。

（2）负责园内前场对客服务运营安全管理工作，确保各项服务设施、游乐设备、展馆剧场在安全的前提下高效运营，给游客提供安全、舒适、欢乐的游玩环境。

（3）加强员工培训，联合公司人力行政部门，从职业技能、服务意识、素质提升等方面不断提高员工对客服务水平、服务效率，给游客创造舒适、欢乐的游玩环境。

（4）加强服务工作的档案管理，对相关日志、数据进行整理和分析，为公司的改进、决策等提供重要的参考依据。

（5）打造积极、向上、健康的运营服务团队，做好员工梯队建设及培养，创造良好的工作环境。

（6）负责本部门运营成本预算的制定、控制和管理工作。

（7）协调本部门与公司其他部门的关系，相互支持，积极配合协作，共同完成各项工作。

8.5.1.2 乘玩经理岗位职责

（1）遵守国家相关特种设备法律法规、游乐操作规程，确保公园所有游乐设备安全运行。

（2）根据景区运营原则制定安全、服务管理标准，确保科室严格执行安全、规范的工作标准。

（3）负责部门员工的在岗培训及日常管理，使员工的职业道德、工作技能、在岗状态与岗位要求相匹配。

（4）执行标准服务礼仪，积极、主动地提供对客服务，为游客营造安全、欢乐的搭乘游乐设备氛围，努力提升游客满意度。

（5）确保搭乘游客的人身安全，观察搭乘游乐设备游客的精神状态，对身体出现异常的游客及时给予帮助。

（6）负责维护等候搭乘游乐设备排队秩序，负责排队动线、设备运转区域卫生清洁，给游客提供安全、有序、舒适、整洁的游玩环境。

（7）负责游客在游玩时产生的投诉不满和意外伤害的初期处理，配合进行游客安抚、医疗救护等事宜。

（8）负责记录、整理游乐设备相关运营数据并分析总结，为提升运营效率、服务品质及整改等提供重要参考依据。

8.5.1.3 客服经理岗位职责

（1）根据景区运营原则制定安全、服务管理标准，确保科室严格执行安全、规范的工作标准。

（2）负责部门员工的在岗培训及日常管理，使员工的职业道德、工作技能、在岗状态与岗位要求相匹配。

（3）执行标准服务礼仪，积极、主动地提供对客服务，为游客营造舒适的游玩环境及良好的游玩秩序。

（4）负责园区入口的疏导工作，指引游客有序检票入园。

（5）负责游客服务中心的日常接待及对客信息公示发布工作。

（6）负责 VIP 贵宾的接待与讲解服务工作。

（7）负责园区内失物招领、失物认领、迷童协寻工作。

（8）负责园区内母婴室、迷童室的管理、服务接待及清洁工作。

（9）负责园区背景音乐播放及广播服务工作。

（10）负责填写及整理科室各类表格，认真记录及保管科室运营数据。

（11）受理游客咨询，对游客提出的问题进行解释及反馈；定期收集游客对景区的意见与建议，并及时向公司反馈相关数据，为景区运营管理及服务品质提升提供依据。

（12）受理游客在园区内游玩过程中产生的投诉及意外伤害，配合进行游客安抚、医疗救护及理赔事宜。

（13）负责日常的游客医疗救护工作，进行日常药品进出管理，配合公司各项应急预案的执行。

（14）负责园区内部工作流程、服务、安全、卫生等方面的督导，并根据实际情况向公司反馈服务品质提升建议，维护公司品牌形象。

8.5.1.4　巡馆经理岗位职责

（1）根据景区运营原则制定安全、服务管理标准，确保科室严格执行安全、规范的工作标准。

（2）制定展馆、剧场运营体系，提高运营接待能力，提升游客满意度。

（3）负责展馆日常运营管理，给游客提供安全、专业、高效、舒适的观赏环境。

（4）负责游客导览、VIP 接待、展馆内导游讲解服务等工作。

（5）负责大客流接待、疏导，管控展馆内游客动线秩序及参观导向，如达到预警标准，及时上报启动预案。

（6）负责剧场接待，根据游客量确认演出场次及时间，引导游客安全、有序地进、退场。

（7）主动提示、引导游客座位方向，照顾好特殊群体的游客，给游客提供更多人性化的服务。

（8）负责公园巡游表演道路安全秩序维护及所使用的设施管理工作。

（9）如遇突发事故，应于第一时间向领班及主管汇报，并及时做出应急处理。

8.5.1.5　综合调度经理规章制度

（1）外部信息的关注、收集、整理、存档，外部信息包含但不限于天气、交通、竞品项目营销活动、行业动态、重大活动赛事等。

（2）乐园运营、经营的数据、信息的实时收集、整理、存档。包含但不限于停车场、游客量、场馆、演出、游乐设备、售票处、商店、餐饮店、衍生娱乐的数据与信息，也包含各部门开台、点检、清园信息确认。收集形式为各科室、部门日志、IT 系统、监控探头、实时对讲 / 微信汇报。

（3）园区运营、经营信息以及临场决策的定向发布，发布形式为运营日报、运营预报、对讲机、微信群等。

（4）园区运营时段突发状况的综合调度，在意外状况发生的初期，调度需要到场支援的人员，知会需要知晓、准备的人员。

（5）开业初期做好值班经理的辅助工作，运营半年后统筹安排，督办值班经理制度。

（6）针对收集的各类信息，进行统计分析。

（7）基于内部、外部的历时数据预测次日入园游客量。

8.5.2 景区体验服务管理的规章制度

（1）保证各种娱乐设施、设备完好。

（2）注重娱乐服务人员的素质培养。

（3）做好娱乐项目的配套工作。

（4）熟练掌握售票工具和设备性能及操作技术。

（5）售票设备出现故障时应立即与系统维护员取得联系并及时修复。

（6）不使用售票设备做与售票业务无关的事情。

（7）按时填写当班工作记录、原始台账，负责交接好当班工作。

8.5.3 景区体验服务管理的工作流程与规范

8.5.3.1 机械型游乐项目服务程序及规范

（1）服务员应比规定的时间提前到岗，换好工作服后在考勤登记册上签到。

（2）搞好游乐项目所在场地的卫生和设备卫生，打扫场地，擦拭设备。

（3）检查所负责项目的设备情况，对电源部分、动力部分、传动部分、出入口等部位要逐一检查，确认设备情况完全正常后方可转入下一工作程序。

（4）营业时间一到，打开围栏门。当游客来消费时服务员应主动问好并请游客出示票券，在票券上打上印记后请游客进入。

（5）需要游客坐下的设备，服务员应引导入座，然后提示游客系好安全带，服务员要再检查一遍，确认游客的安全带系好后再关上仓门并关好门闩。不要求游客坐下的项目如蹦极等应帮助游客系好保险绳等安全设备，经检查确认无问题后进入下一程序。

（6）服务员离开即将运行的设备，控制人员启动设备。

（7）设备开始运行后，服务员应注意观察，一方面观察设备运行情况，另一方面观察游客反应。如有异常，应立即按动紧急制动钮。如果有游客出现明显的不适应，如剧烈呕吐、休克等现象，应该主动搀扶游客，并送到医务室诊治。

（8）设备运行结束后，服务员应主动为游客打开仓门，解下安全装备，引导游客离开项目活动场地。

（9）游客临走时，服务员应主动与游客告别。

（10）营业结束时，应再次清理卫生并检查和保养设备，为下一日的营业做好准备。

8.5.3.2　戏水项目水滑梯岗服务程序及规范

（1）服务员提前 10 分钟上滑梯岗，打扫地面、滑梯口的卫生，清洁沙滩椅，保持水滑梯的清洁，做到每周不少于两次检查水滑梯有无损坏，并及时去除水锈及污物。

（2）检查水温、室温，要保持水温在 26℃ ~28℃之间，要保持室温在 28℃ ~30℃之间。

（3）备好救生圈等用具。

（4）指导客人按顺序排队，间隔 15 秒放一人滑下。

（5）提醒客人不要佩戴眼镜（除水镜外）滑梯，不要头朝下或两人以上一起滑梯。

（6）随时注意观察游客的动向，一旦出现游客呛水、抽筋等危急情况时要及时协助救生员进行救助。

（7）客人有疑难时，主动帮助客人解决。客人如对规定不理解，要耐心说明违反规定的后果。如有解决不了的问题，应及时上报主管或领班。

（8）场间休息时，将波波球（一种漂浮在水面上的塑料球，可增加戏水情趣）捡回池中。

（9）游客临走时，服务员应主动与游客告别。

（10）营业结束时，应再次清理卫生并检查和保养设备，为下一日的营业做好准备。

8.5.4　景区体验服务管理的典型任务处理

自带物品受损，责任究竟谁负

过山车项目前，人潮拥挤。这是 A 景区最为知名的游乐项目，很受游客青睐。小李和小张是项目入口的服务人员。她们的职责是有序疏导游客进入，并帮助游客检查身上所带物品是否合适，劝说游客将随身携带物品放入储物柜。因为该项目属于空中旋转运动，游客身上携带多余的物品会造成遗失，如果坠落，还可能会伤及其他游客，造成不必要的事故。因此，在《游客须知》中一般均会提醒：“参与本项目请勿佩戴眼镜、帽子，请做好易坠落物品的安全保管。”可是小李和小张每天都会遇到不愿意配合此项工作的游客，这让她们非常头疼，甚至会发生不愉快的争执。游客 M 就是其中较典型的一位。

游客 M 在寄存手提包时，爽快地将最大的旅行包放入了储物柜，但在整理手中小包时，神色犹豫，左右观察了半天，还是把相机和手机拿了出来。小李是一名具有丰富经验的服务人员。见到这种情况，她揣摩到游客的心思：一定是对储物柜的安全不信任。于是，她走上去对这位游客说：“您好！请您把手机、相机也寄存在储物柜中。”

游客 M 见小李这样说，于是又以商量的口吻笑着说：“我想在上面拍些空中全景。

我自己会注意的，没事！”小李继续劝说道：“这是很危险的，万一相机掉下来，对你来说也是损失。我们景区不希望发生这样的事。”游客M有些急躁了：“我会注意的，这是我自己的东西，我还不知道该怎么保管吗？再说了，你们这些储物柜这么简陋，我还不相信呢。我这相机可是从日本买来的，如果丢了你能负得起责任吗？”

小李见状，也开始受游客情绪的感染了：“我们景区对游客是绝对负责任的！如果你对自己不负责任，一旦自带物品受损，责任究竟谁负？！”眼看一场争执愈演愈烈，这时小李的同事小张赶紧上前劝说。

点评：客人有疑难时，主动帮助客人解决。客人如对规定不理解，要耐心说明违反规定的后果。如有解决不了的问题，应及时上报主管或领班。

任务小结

景区商业服务是指满足游客吃、住、购、娱等方面需求的服务。餐饮和住宿是游客的基本需求，而娱乐和购物则是游客更进一步的需求。景区商业服务内容丰富、形式多样，是增强游客的旅游体验、提高景区经济效益的重要手段。为了规范景区经营管理秩序和加强景区精神文明建设，紧紧围绕景区的建设、经营和管理，全面构建和谐景区，学生务必熟悉景区商业服务的主要特点，掌握景区内商业服务的技能，培养景区商业服务的业务素质和职业素养。

任务测验

一、名词解释

1. 商铺

2. 景区购物

二、选择题

1. 景区商铺是围绕（A）这一核心功能，在景区内形成产业链而构成的旅游要素聚集区。

A. 旅游服务　　B. 景区管理　　C. 销售产品　　D. 餐饮住宿

2.（B）是指旅游者重视旅游商品的艺术欣赏价值的购物心理。

A. 求实用　　B. 求审美　　C. 求新异　　D. 求珍藏

3. 以下哪项不是景区商铺管理的主要特征（C）。

A. 顾客流量大　　B. 服务要求高　　C. 管理点集中　　D. 营业时间性强

三、判断题

1. 收银员要在上班前20分钟到岗，做好营业前的准备工作。（错误）

2. 求馈赠是旅游者购买旅游商品以留作纪念的购物心理。（错误）

3. 展示旅游商品时，以语言为主、手势为辅，要灵活运用，如果有条件，拿出样品让顾客亲眼看到、摸到，从而对产品产生信任感和购买欲。（正确）

四、简答题

1. 景区商铺涉及的相关业态有哪些？

2. 简述景区商铺管理的主要特征。

3. 简述景区商铺管理的基本要求。

4. 简述游客购物心理有哪几类。

五、讨论题

1. 游客来到景区想花钱却不知买什么，如何让游客自愿买买买？

2. 请思考在与游客接触的过程中，如何拉近与游客之间的距离。

参考文献

[1] 温燕. 旅游景区服务与管理［M］. 武汉：华中科技大学出版社，2017.

[2] 陈才，黄丽. 旅游景区管理（第二版）［M］. 北京：中国旅游出版社，2016.

[3] 曾兰君. 景区服务与管理［M］. 北京：北京理工大学出版社，2015.

[4] 邹统钎，吴丽云. 景区服务与管理［M］. 南京：南京师范大学出版社，2013.

任务 9　景区卫生服务与管理

❖情景案例

《案例 9-1》

2017 年 12 月，洪崖洞景区环境卫生整治大行动全面启动，针对景区环境不卫生、商铺经营不规范、游客参观不文明等方面内容展开集中治理。洪崖洞景区为重庆市“网红景区”，景区 1.6 万平方米的公共区域，日均人流量为 1.5 万 ~1.8 万人，环境卫生治理压力较大。此次启动的环境卫生整治大行动，以杜绝景区环境“脏乱差”为切入点，从治脏、治乱、治差、治本入手，旨在全面提升洪崖洞景区旅游环境。

该次环境卫生整治大行动的细则较多。以治脏为例，针对洪崖洞观景平台、内部公共区域、平层出口等区域的卫生保洁工作，景区要求保洁员每三天开展一次“地毯式”清理，重点解决游客乱扔垃圾、乱丢乱吐等造成的不卫生问题。同时，景区还要求加大卫生保洁力度，从早上 8 时至次日凌晨 3 时分 3 个班次，每班 18 人次，对洪崖洞景区及周边环境卫生进行保洁并巡查，整改下水管清渣、餐饮垃圾清运等 8 个方面的突出问题。

针对景区内的 100 多家餐饮店、小吃商铺经营者，此次环境卫生整治大行动也要求其签订环境卫生责任书：凡是不符合规范经营要求、环境卫生不达标的，将取消其在景区内的经营资格。此前，因排放油污过多、垃圾处理不及时等原因，一家经营“串串”的小吃店被清除出景区。

（资料来源：https：//www.cqrb.cn/content/2017-12/06/content_134172.htm，重庆日报 .）

《案例 9-2》

为提升甘肃省肃南县整体旅游形象，优化旅游服务环境，切实解决旅游景区景点环境卫生方面存在的突出问题，按照《关于印发肃南县全域无垃圾三年行动实施方案》文件要求和部署，肃南县迅速行动，采取五项措施积极开展景区环境综合整治活动。

（一）召开景区环境卫生整治工作会议。组织旅行社、农家乐和旅游景区（点）等经营机构对相关文件进行认真学习，并要求各旅游企业及经营机构积极主动开展好环境卫生整治工作，发挥引导教育作用和企业的监督作用，通过旅游部门和旅游企业的共同努力，不断提高文明旅游、文明消费的自觉性。

（二）开展旅游景区环境卫生整治督查检查工作。旅游执法大队先后联合环保、公安、市场监管局等部门开展景区联合检查 8 次，下发整改通知书 60 余份，要求各旅游企业做好景区内游客行为规范指引，重点整治乱刻乱画、乱丢乱吐、在禁烟区吸烟、破坏生态环境和公共设施等不文明行为。

（三）为重点景区配备专职保洁人员。在各景区先后配备专职保洁人员 10 余人，有效改变了旅游景区环境卫生无人管理现象。

（四）为重点景区配备垃圾环卫设施，清运景区垃圾。马蹄寺、中华裕固风情走廊等旅游景区共清理各类垃圾 20 余吨，各景区先后配备垃圾箱、垃圾桶、垃圾清运车等设施，并对景区裸露土地进行植被覆绿活动，种植各类树木 800 多株。

（五）综合整治，提升景区品质。通过对景区内部环境卫生、旅游厕所、绿化、水环境、经营环境、标识系统等内部环境的整治，改善景区环境质量，优化景区服务水平，提升景区旅游品质。

（资料来源：http：//www.zgzyw.com.cn/zgzyw/system/2018/12/25/030060430.shtml，中国张掖网 .）

想一想：基于案例中洪崖洞和肃南县整治景区环境卫生的做法，思考为什么各地方如此注重景区环境卫生的治理工作？

❖学习导引

西湖景区：出台景区环境卫生作业管理标准

2019 年 9 月，由杭州西湖风景名胜区市政市容环卫管理中心等单位联合制定的《风景名胜区环境卫生作业管理标准》正式出炉。

风景名胜区的保洁服务水平是集中反映景区形象和品质的一个窗口。2016 年，利用 G20 杭州峰会召开的契机，西湖景区整体环卫作业水平得到进一步提升，道路“席地而坐”“席地而卧”成为新标准、新风尚。

“不过，如何持续稳固、提升整体环卫作业水平一直面临困难。”杭州西湖风景名胜区市政市容环卫管理中心工作人员蒋虹介绍。不仅仅是西湖，我国景区普遍存在公共设施分别涉及不同部门、缺乏标准化工作机制和作业规范、设备和人员不完善、公众卫生行为缺乏规范或监管等问题，阻碍旅游品质的进一步提升。

实现市容环卫工作的新跨越，需要建立量化管理标准体系。据悉，该标准重点规范了保洁人员的数量设置、设施设备的配置及保养、保洁标准的规范确定、安全与应急管理的要求四大方面的内容，为包括西湖景区在内的浙江省风景名胜区树立了环境卫生作业新标杆。

❖学习目标

素质目标

· 能充分认识卫生状况在旅游景区服务与管理中的重要性；

· 培养学生自身爱护和保护旅游景区环境卫生的意识，强化职业道德素质。

知识目标

· 熟悉旅游景区卫生服务管理的基本标准与要求；

· 熟悉旅游景区厕所卫生、公共卫生等相关基础知识；

· 熟悉景区卫生服务管理相关岗位的职责与工作流程。

技能目标

· 能全面掌握旅游景区卫生服务与管理相关岗位的要求及工作流程；

· 能够完成景区厕所卫生、公共卫生服务与管理的实施与执行。

9.1 认识景区卫生服务与管理

9.1.1 景区卫生服务管理的重要性

卫生状况是景区环境质量最重要的外在表现，直接影响着顾客的消费过程和消费质量。卫生状况也是生活质量的重要表现，无论是当地居民还是外地游客，都希望有一个良好的卫生环境。卫生是景区服务与管理活动中最基础的工作内容之一，是旅游景区服务与管理水平的重要体现，也是景区形象的重要表现之一。由于卫生状况是整个环境状况中的一个变量，不像生态环境、设施环境那样有时间上的稳定性，因此，卫生服务与管理便成为旅游景区环境管理工作的一个特殊内容。卫生服务与管理的重要性表现在以下几个方面：

9.1.1.1 卫生状况是景区环境质量的重要表现

游客进入旅游景区首先感受到的是景区的卫生状况，并且卫生状况自始至终都影响着游客的整个游览过程。清洁的路面，干净且分布有序的各种设施、设备，服务人员的整洁仪表等都能给游客舒适、美好的感受，同时能增加游览的兴趣，提高精神享受的程度。文化和旅游部对旅游景区开展质量等级划分与评定，其依据的标准《旅游区（点）

质量等级的划分与评定》中对景区内餐饮场所、文化娱乐场所、垃圾箱、公共厕所的卫生状况都有明确要求。

9.1.1.2　卫生状况反映了景区的管理水平

卫生状况是景区服务与管理活动中最基础的管理工作，它是景区服务与管理水平的重要体现，也是旅游地整体形象的重要表现之一。因此，要提高景区和旅游地在游客心中的形象，增强景区的吸引力，提高景区卫生服务与管理质量是必不可少的手段之一。

9.1.1.3　卫生状况对景区吸引力有着重要的影响

影响游客对景区评价的重要因素之一就是景区的卫生状况。一个拥有良好卫生状况的景区必然会受到游客的青睐，从而更具吸引力。相反，如果一个景区具有较高价值的旅游资源但卫生状况不好，游客对其评价也不会高，将导致景区吸引力的下降。

9.1.1.4　良好的卫生环境有利于扩大景区客源市场

无论是当地居民还是外地游客，都希望在一个良好的环境中生活。特别是旅游景区，作为旅游业的先驱部门，对客源市场有着最直接的影响，景区如果在游客心中留下了脏、乱、差的印象，影响到的将不仅仅是该游客的重游概率，甚至是与此名游客相关的人群的出游概率。没人会愿意到一个“垃圾场”般的景区度假休闲的。所以，要提高旅游景区在游客心中的形象，给游客留下美好印象，扩大客源市场，提高景区卫生质量是必不可少的手段之一。

9.1.1.5　卫生状况直接影响着游客的游览质量

景区内的卫生状况是景区环境质量最重要的外在表现。如同一个家庭的居家环境直接影响到家人对家里的评价一样，景区的环境卫生状况也直接影响着游客的游览质量以及游客对景区的整体印象。良好的卫生环境会给旅游者提供享受，增加旅游者的游览乐趣。

9.1.2　景区卫生服务管理的主要类型

按照景区卫生服务管理的主要内容，可分为景区景观资源卫生管理、公共区域卫生管理、游览设施卫生管理、景区员工卫生管理、景区餐饮卫生管理、景区住宿卫生管理及游客行为卫生管理。

9.1.2.1　景区景观资源卫生管理

景区景观资源卫生管理主要包括景区的自然旅游资源如水体、森林、地质地貌、土壤等，人文旅游资源中的建筑、古迹等。景观资源的卫生情况影响着游客对景观吸引力的评判。

9.1.2.2　公共区域卫生管理

公共区域卫生管理主要包括旅游景区的大门、广场、游客中心、卫生间、厅堂、商场等各种服务场所周围环境的卫生管理。

9.1.2.3 游览设施卫生管理

游览设施卫生管理主要包括景区内游步道、游客乘坐的交通工具（游览车、游船、索道、缆车、休息座椅等）等部位的卫生管理。

9.1.2.4 景区员工卫生管理

景区员工卫生管理主要是指旅游景区的一线从业人员，包括导游、售票员、保安以及各级管理人员的身体健康状况、仪容仪表、着装以及个人卫生等各个方面的卫生管理。

9.1.2.5 景区餐饮卫生管理

景区餐饮卫生管理是卫生管理的重要内容，主要以《食品卫生法》为准则，以预防食物中毒和疾病传染为重点。具体内容包括食品原材料采购、储藏、加工制作及产品销售、食品化验、消毒等各个环节的卫生管理。

9.1.2.6 景区住宿卫生管理

景区住宿卫生管理主要指提供住宿服务的旅游景区，它以为游客提供清洁、舒适的住宿条件为重点，具体内容包括客房卫生、卫生间卫生、客用的各种消耗品卫生等的管理。

9.1.2.7 游客行为卫生管理

游客行为卫生管理主要包括游客在景区内的卫生行为，如随地吐痰、吸烟、乱扔垃圾等行为的引导和管理。

9.1.3 景区卫生服务管理的主要岗位

景区卫生服务管理所涉及的岗位人员主要为环卫保洁岗位人员。按照其负责的区域场所可进一步细分为公共区域保洁岗位人员、卫生间保洁岗位人员、餐饮保洁岗位人员、客房保洁岗位人员。

9.1.4 景区卫生服务管理的基本要求

9.1.4.1 服务基本要求

（1）身着工作服，佩戴服务标牌，仪容仪表得体，举止文明。

（2）熟练掌握本岗位业务知识和服务技能，熟练操作卫生保洁设施设备。

（3）按照规定的岗位程序提供卫生清扫服务。

（4）遵守服务职业道德，树立文明、优质服务意识。

9.1.4.2 管理基本要求

（1）重视景区卫生管理，配备各项充足的卫生服务设施。

（2）遵守国家、地方政府的各项卫生法规。

（3）研究制定符合景区实际的各项卫生制度、标准和措施。

（4）开展各项卫生服务技能相关培训，确保景区卫生服务质量。

（5）根据景区实际，明确各岗位卫生服务任务和职责。

（6）定期进行各项卫生检查和员工考核。

（7）实行游客卫生文明行为监督。

9.1.5　景区卫生服务管理的基本标准

《旅游景区质量等级的划分与评定》（GB/T 17775-2003）中按照景区等级评定导向，对不同等级的旅游景区应达到的卫生标准作出了详细规定。以 5A 级景区为例，标准中规定其卫生应达到以下要求：

（1）环境整洁，无污水、污物，无乱建、乱堆、乱放现象，建筑物及各种设施设备无剥落、无污垢，空气清新、无异味。

（2）各类场所全部达到 GB 9664 规定的要求，餐饮场所达到 GB 16153 规定的要求，游泳场所达到 GB 9667 规定的要求。

（3）公共厕所布局合理，数量能满足需要，标识醒目美观，建筑造型景观化。所有厕所具备水冲、盥洗、通风设备，并保持完好或使用免水冲生态厕所。厕所设专人服务，洁具洁净、无污垢、无堵塞。室内整洁，有文化气息。

（4）垃圾箱布局合理，标识明显，造型美观独特，与环境相协调。垃圾箱分类设置，垃圾清扫及时，日产日清。

（5）食品卫生符合国家规定，餐饮服务配备消毒设施，不应使用对环境造成污染的一次性餐具。

一般而言，旅游景区的卫生服务与管理应达到以下标准：

（1）景区内环境卫生面貌良好，无游人乱丢弃的各种垃圾和其他废弃物。

（2）各类自然景物、人文景物保存完好，无破败荒芜现象。周围环境整洁、清新，无损伤景物和影响观瞻现象。

（3）景区内供游人游览、休息的设施、建筑物完好、整洁，无残墙断壁。景点的山石、树木以及各处墙壁上无乱写、乱画及任意钉凿涂抹现象。

（4）景区的河、湖等各种水域水流畅通、水面清洁。

（5）景区内有为游人准备的垃圾箱、果皮箱等公共设施，且完好美观，定期清理。

（6）景区有垃圾集中收集或处置设施，垃圾收集、处理措施有效合理。

（7）景区内的游览设施定期维修、油饰，保持图文清晰、清洁美观。

（8）有专人负责景区内的清扫保洁工作，并能及时清除垃圾。

（9）各类餐饮场所环境清洁卫生，设有垃圾存放容器，加盖，不遗漏，使用规范。餐具进行消毒处理，有完善的防蝇防鼠设施。

（10）客房环境清洁卫生，床上用品、茶具等规范清洗、消毒。

（11）景区厕所环境整洁，厕所内部保持“六面光”，做到无蛛网、无积土、无烟头、无纸屑、无杂物、无积水；内部干净，便池无污迹、无尿碱、无便垢，不堵塞；全日保洁，多次冲洗，做到无异味；定期药物消杀，做到无蚊蝇。

（12）景区员工个人卫生符合景区规定要求。

9.2 景区厕所卫生服务与管理

旅游厕所是游客出行必备的生活设施，旅游厕所的卫生情况直接影响游客对旅游景区游览的感受，是衡量旅游服务质量的重要因素。在我国旅游业发展相当长的时期内，景区厕所一直存在“脏、乱、差”的现象，很多去景区旅游的人都曾遭遇过这样的尴尬：一路风光旖旎，突然内急，到处寻找厕所，可是一走进去，立马进退两难，满是污秽不堪，气味更是扑鼻难闻，“只能抬头，不敢低头”，但自己又内急得难耐，只能硬着头皮进去、又急匆匆逃出，严重影响了景区在游客心中的良好印象。

2015 年，原国家旅游局提出开展“厕所革命”，针对旅游景区厕所脏、乱、差的现象，发起了一场专项清理整治行动，计划用三年左右时间在全国开展旅游厕所建设管理行动，先后制定并实施了《全国旅游厕所建设管理三年行动计划（2015—2017）》和《全国旅游厕所建设管理新三年行动计划（2018—2020）》等系列文件。自“厕所革命”开展以来，各地探索出很多富于创造性的成功经验，有效提升了景区旅游厕所建设与管理水平，游客的旅游环境得到明显提升。

9.2.1 景区厕所卫生服务管理的岗位职责

9.2.1.1 景区厕所卫生服务的岗位职责

（1）负责责任厕所的保洁工作，全天候保持厕所内清洁卫生，做到无污垢、无异味、无蚊蝇、无蜘蛛网、无烟头、无废纸、墙面地面无污迹。

（2）正确使用清洁设备及安全使用化学清洁剂。

（3）工作期间保证厕所内的公共设施完好，不出现被盗或被恶意破坏现象。值夜班时认真做好看护和管理工作，有问题及时反馈给上级领导和相关部门。

（4）定期对厕所进行消毒、除臭处理。

（5）负责填写景区厕所清扫、消杀与维护记录。

9.2.1.2 景区厕所卫生管理的岗位职责

（1）安排专人进行厕所卫生清扫，做好人员排班和任务划分。

（2）制定厕所卫生清扫标准、清扫计划和岗位人员规章制度。

（3）负责进行厕所卫生检查。

（4）组织开展厕所卫生服务岗前会议等，组织开展厕所卫生服务培训。

（5）根据员工表现进行考核、评比、激励等。

9.2.2 景区厕所卫生服务管理的规章制度

9.2.2.1 景区厕所卫生服务的规章制度

（1）卫生间实时保持地面、便槽、洗手盆无垃圾杂物和斑迹，镜面无水渍，明亮干净，室内干净卫生无异味。

（2）厕所内的垃圾杂物要及时送到指定地点，不能任意堆放或抛撒，做到垃圾日产日清。

（3）发现游客有不讲卫生行为要及时制止，不得与游客发生争吵。

（4）爱护保洁工具，不有意损坏工具，工具、物品要摆放整齐。

（5）保证洗手液、手纸、抽纸等卫生间必备物品全天供应到位，无缺漏现象。

（6）提醒游客不要遗失物品。

（7）做好安全防范工作，保证防火和用电安全，下班时彻底检查火源，关闭所有电源。

9.2.2.2 景区厕所卫生管理的规章制度

（1）责任到人，不定时、不定期监督考核。

（2）使用器具完好，保证厕所能正常使用，照明、供水、排污设施完好，如有损坏，要及时修复。

（3）管理用房只供管理人员使用，不得用作其他用途。

（4）厕所内公示责任保洁员和厕所保洁标准，接受游客监督。

（5）保洁频次根据景区游客接待量进行调整，旅游旺季按照即清、即理的原则，保证厕所干净整洁。

9.2.3 景区厕所卫生服务管理的工作流程与规范

9.2.3.1 工作流程

（1）准备工作：准备好清洁工具及药剂（干湿抹布、百洁布、马桶刷、胶手套、水桶、墩布、清洁剂、洁厕灵、消毒液、“清洁中”提示牌等）。

（2）进入卫生间准备开始保洁工作：进入厕所保洁时，保洁员应注意保护游客隐私，在对游客无打扰的情况下进入卫生间保洁，将“清洁中”人字牌立于门口处，提醒游客。

（3）厕所打扫：清捡洗手台面、地面垃圾；分别用清洁剂、消毒液清刷洗手台、洗手池、镜面及电镀五金部件等，用清水冲净后，用干布擦拭干净；放水冲便池，分别用清洁剂、消毒液、马桶刷清刷便池、水箱等，用清水冲净后，用干布擦拭其外部表面；

擦拭厕所隔板等设备、设施；清洁地面，刮去地面上口香糖等，使用浸有清洁剂的潮湿拖布拖地，使用刮水器，将多余的清洁剂送入地漏，用清水清洗，拖布拧干后再拖地面，最后干拖布吸水整理地面。

（4）物品补充：补充香皂、洗手液、面巾纸、手纸等，更换垃圾袋。

（5）全面检查：目视检查一遍有无遗漏，撤除“清洁中”人字牌。

9.2.3.2 注意事项

（1）电镀五金部件禁止使用百洁布、酸性清洁剂进行清洁。

（2）清洗墩布、抹布应在墩布池内进行，并挤干晾晒。

（3）清洁过程中，应注意检查厕所内设备设施完好情况，如发现破损问题，应及时报修。

（4）清洁人员应在“厕所清扫签到记录表”上做好登记，检查人员也需进行登记。

（5）使用带腐蚀性清洁剂时，做好自我保护，小心使用，防止滴落在电镀器件、石材上等。

（6）对沾有腐蚀性清洁剂的工具、抹布分开摆放，单独留存，避免交叉污染。

（7）节约能源、用水和日常消耗品。

9.2.4 景区厕所卫生服务管理的典型任务处理

9.2.4.1 厕所设施损坏，无法正常使用

（1）立即上报值班主管，请相关部门前来维修。

（2）迅速关闭厕所大门或在门口放置“暂停使用”等提示牌。

（3）在厕所入口附近值守，当发现游客欲进入时及时劝阻，并为游客指引其他厕所位置。

（4）维修人员到场后及时协助，并做好善后清洁工作。

（5）处理完现场后，填写“突发事件记录表”，内容应详细准确，并由本人及主管领导签字确认、备案。

（6）撤掉“暂停使用”等提示牌或打开厕所大门。

9.2.4.2 厕所水管爆裂、跑水

（1）保持冷静的头脑，迅速关闭水管阀门，并立即上报主管，请维修人员来协助。

（2）在维修人员到来前，用就近的可吸水工具采取应急措施。

（3）迅速将“暂停使用”告示牌立于厕所门口。

（4）主管接到报告后应立即组织人力、设备及时奔赴现场，做好现场清洁工作并配合工程维修人员处理好跑水事件。

（5）现场情况得到有效控制、处理后，主管应安排有关人员迅速做好善后清洁工作。

（6）处理完现场后当值人员应填写“突发事件记录表”，内容应详细准确并由本人及主管领导签字确认、备案。

（7）处理跑水或水管爆裂事故要防止触电。

9.2.4.3 游客在厕所摔倒受伤

（1）立即放下手边工作，将工具放置边角，询问游客受伤情况。

（2）马上向安保人员、游客中心及上级主管汇报情况，请求工作人员及医疗人员协助。

（3）若伤情严重，应在医疗人员正确指导下进行简单应急处理。

（4）医疗人员到达后，协助开展救助工作。

（5）处理完成后，做好现场善后清理工作，填写“突发事件记录表”，内容应详细准确并由本人及主管领导签字确认、备案。

9.2.4.4 游客贵重物品掉入厕所

当游客在景区厕所内发生手机、钱财等贵重物品不慎落入便池的情况时，现场工作人员未经游客允许切记不要帮忙捞取，可以将工具借予游客，由游客自行解决，并及时将情况报告上级主管。

旅游厕所质量等级的划分与评定

9.3 景区公共卫生服务与管理

9.3.1 景区公共卫生服务管理的岗位职责

9.3.1.1 景区公共区域卫生服务的岗位职责

（1）负责完成责任区域内的清扫保洁工作，重点公共区域随时清洁，保证干净整洁，无卫生死角，并做好检查。

（2）负责责任区域内卫生设施设备的维护和保养，发现问题，及时报修处理。

（3）负责按时按要求清倒责任区域垃圾桶内的垃圾，做到日清日运，并做好垃圾桶的清洗。

（4）为游客提供简单咨询和介绍。

（5）监督并及时纠正责任区域内施工垃圾及生活垃圾的乱堆乱放行为。

（6）监督并礼貌纠正游客的不文明行为。

9.3.1.2 景区公共区域卫生管理的岗位职责

（1）做好人员排班和任务划分。

（2）制定公共区域卫生清扫标准、清扫计划和岗位人员规章制度。

（3）负责进行景区公共区域卫生检查，对保洁人员卫生服务情况进行监督。

（4）组织开展公共区域卫生服务岗前会议等，组织开展公共区域卫生服务培训。

（5）根据员工表现进行考核、评比、激励等。

（6）负责对景区各部门、各员工违反景区公共区域卫生管理规定的行为进行监督处罚。

9.3.2 景区公共卫生服务管理的规章制度

（1）熟练掌握景区内各类道路、景点、草坪、绿化带应达到的卫生清洁指标和上级有关部门要求，坚守岗位，遵守纪律，积极工作，创造优美环境。

（2）妥善保管清洁工具和用品，不得丢失和人为损坏，不得将清洁工具和用品私借他人使用或带回家中使用，如损坏或遗失工具照价赔偿。

（3）时刻把安全放在第一位，自觉提高安全意识和自我保护意识；同时，对景区内、游客存在的安全隐患报告领导及时解决。

（4）遵守考勤制度，按时上下班，不迟到、早退，不旷工离岗，工作时间不干私活，不做与工作无关的事情。

（5）发扬互助精神，支持同事工作，当有紧急保洁任务时必须服从跨责任区域保洁任务的命令。

（6）清洁过程中若发现异常现象，如跑、冒、漏水和设备设施损坏、故障等，及时报告主管领导或专管人员，并有义务监督事态过程或采取有效措施，控制事态发展，必要时积极协助专业人员排除故障。

（7）拾金不昧，拾到物品立即上交或送还失主。

（8）加强自身环境卫生意识，以身作则。

9.3.3 景区公共卫生服务管理的工作流程与规范

9.3.3.1 准备工作

（1）检查着装、仪容仪表：着装整洁，衣物无污渍及破裂；仪容仪表大方得体，切忌浓妆艳抹；个人卫生干净，手指保持清洁。

（2）参加岗前例会，接受工作安排：参加岗前例会，回顾、总结昨日工作情况；认真做好工作记录；接受工作安排，并准备到岗作业。

（3）检查个人工作区域：检查个人工作区域的公共服务设施情况，确保故障设施及时报修；检查工具房设备安全，做好安全隐患排查工作；准备清洁工具物资，做好盘点工作，及时上报补充。

9.3.3.2　清扫工作

（1）清洁及维护责任区的环境卫生：保持责任区的卫生、整洁；在景区发现垃圾及时清理。清洁工作一般应达到以下标准：

·景区路面：干净卫生，无积水、纸屑及瓜果皮等杂物，道路畅通无阻。

·景区公共设施：干净整齐，无异物、灰尘、蜘蛛网和虫类，物品摆放整齐。

·景区园林：无枯朽树枝，无杂草。

·景点垃圾箱：干净、美观、无污迹、无异味。

（2）维护及检查、报修设备：按时检查工作区间设备设施；做好设备使用状况登记；发现问题及时上报。

（3）完成上级分配的工作任务：认真落实上级分配的任务，工作中发现困难及时上报。

（4）清理垃圾：定期清理所辖范围内的垃圾；将垃圾清理至指定区域。

9.3.3.3　岗后收尾工作

（1）将清洁工具等整理、摆放好。将清洁工具清洁干净，放到指定的区域；盘点物资，做好统计，将剩余物资收纳妥当。

（2）设备设施检查。做好设施设备检查工作；做好记录工作；发现问题及时上报。

（3）做好交接班登记。结合当班时工作情况做好登记；未完成的工作做好记录并注明原因。

（4）做好安全检查。做好下班前安全检查工作；拔下插座，关闭电源；填写“保洁员工作检查表”。

9.3.4　景区公共卫生服务管理的典型任务处理

9.3.4.1　遇到游客，解答游客疑问

（1）暂停手上工作，站立服务，面带微笑，主动问候：“您好，欢迎来到 ××，有什么可以帮您？”

（2）回答游客咨询时，语言清楚，态度平和，耐心细致地解释或介绍。

（3）咨询完成后与游客礼貌道别，祝游客游玩愉快，等到游客走远以后，再开始清洁工作。

9.3.4.2　拾到财物

（1）当在景区内公共区域拾获财物时，应立即向上级主管和景区游客中心报告。

（2）利用财物中的资料尽量寻找失主，交回失物。失主领回失物前，失主应说出失物日期、地点及详情，并应签收，做好交付记录。

（3）无法联系上失主时，及时将财物交到游客中心，做好财物清点，填写“失物登记表”。

（4）如有可疑之处，可及时报警处理。

9.3.4.3 大风天气

根据天气预报，如遇大风天气时，值班主管应安排专人随时清扫路面落叶、杂物及清理外围垃圾筒，以免垃圾到处飞扬。各重要公共区域应增加清扫频率以保证景区卫生质量；检查所辖范围内门窗关闭情况。大风天气时应远离高楼作业，以免坠物伤人。大风过后将外围区域全面清扫一遍。

9.3.4.4 暴风雨天气

（1）暴风雨后环卫人员要及时清扫责任区地面上的积水、树叶、垃圾、纸屑、泥沙等杂物。

（2）发生塌陷或大量泥沙冲至路面、绿地，环卫人员要及时清运、打扫，协助工程部门处理好现场。

（3）检查责任区内污、雨水井排水是否畅通，如发生外溢或堵塞，及时报告上级主管，请相关部门处理。

9.3.4.5 雨雪天气

（1）遇雨雪天气应在重点区域放置防滑垫及“小心地滑”告示牌，防止游客滑倒摔伤。

（2）及时清扫景区积雪，在下雪过程中每隔一段时间（视雪的大小）将主要路面、入口、三包地带的积雪扫到两侧，避免结冰引起交通事故和行人滑倒。

（3）各室内场所入口处根据现场实际情况将推尘法改为墩布擦法，增加地面拖擦频度以防地面湿滑造成行人滑倒。

（4）雨雪天气过后，应根据现场情况进行一次彻底清洁，以保证达到清洁标准。

9.3.4.6 污、雨水井、管道严重堵塞

（1）当现场发现污、雨水井、管道堵塞、污水外溢的情况时要迅速报告上级主管及维修人员。

（2）维修人员迅速赶到现场，进行疏通，环卫人员协助处理，将从井、管内捞出的污物直接装上垃圾车，避免二次污染。

（3）疏通后，环卫人员迅速打扫或用水清洗地面被污染地方，直到干净。

9.3.4.7 工作场所发生闹事情况

当工作现场发生他人闹事事件时，应及时避让并转移清洁工具，同时报告安保人员及上级主管，事件处理完毕后及时清理好现场。

任务小结

本项目主要明确了旅游景区卫生服务与管理的相关内容。卫生服务与管理是景区运营过程中的重要内容，与游客对景区的游览印象息息相关。按照卫生服务管理的主要内

容，可进一步细分为景观资源卫生管理、公共区域卫生管理、游览设施卫生管理、景区员工卫生管理、景区餐饮卫生管理、景区住宿卫生管理及游客行为卫生管理 6 大类型，所涉及的岗位人员主要为环卫保洁人员，按照其负责的区域场所可进一步细分为公共区域保洁人员、卫生间保洁人员、餐饮保洁人员、客房保洁人员。其中，针对厕所卫生及公共区域卫生两大主要岗位类别，从岗位职责、规章制度、工作流程及典型任务处理等方面进行了详细阐述。

任务测验

一、简答题

1. 简述旅游景区卫生服务与管理的重要性。
2. 简述旅游景区卫生服务的基本要求。
3. 简述我国“旅游厕所革命”的缘起及所取得的成果。
4. 简述景区公共区域卫生管理的岗位职责。

二、讨论题

1. 保持景区良好的卫生状况需要从哪些方面着手？
2. 如何监督游客的卫生行为？
3. 是不是旅游景区环卫人员的数量越多，景区卫生状况就越好？为什么？

三、案例题

前文学习导引中提到西湖景区出台《景区环境卫生作业管理标准》，思考该标准的出台对杭州西湖景区及其他景区有何重要意义。

参考文献

王昕，龚德才，张海龙，等 . 旅游景区服务与管理［M］. 北京：中国旅游出版社，2018.

任务 10　景区安全服务与管理

❖情景案例

《案例 10-1》

据新京报报道，2019 年 10 月 1 日，山东省烟台市马家沟景区，一氦气球因固定钢缆脱落，飞向空中，在上升过程中破裂，致使气球上一对母子坠落遇难。10 月 3 日晚间，烟台市公安局经济技术开发区分局通报称，事发后警方当场控制 5 名涉事人员。经调查，该气球经营业主涉嫌重大责任事故罪，目前已依法对犯罪嫌疑人采取强制措施。

同日，马家沟景区一名工作人员告诉新京报记者，这个氦气球并非景区所有，但场地由景区提供，氦气球有经销商，与景区是合作关系：“(游乐场)门票里面就包含了这个项目。”

烟台区文旅局官网显示，马家沟生态旅游景区是 3A 级景区，位于烟台开发区刘家沟镇马家沟村。公开资料介绍，该景区已经初步形成葡萄酒文化体验区、滨河临水垂钓区、特色果蔬采摘区、农家乐休闲区、综合餐饮服务区、特色夜景观赏区 6 大板块，融合了酒堡临风、休闲垂钓、茂园采摘、木屋风情、花港观鱼等近 10 个景点，其特点是“村在景中走，人在画中游”。

该氦气球体验项目的介绍称，载人氦气球“更为安全”，热气球系留飞（体验性），升空最高 50 米，当风力超过 3 级时则停飞。其中还提及，3 周岁以下、60 周岁以上的游客禁止乘坐，3 到 10 周岁的儿童，需成人陪同乘坐。

针对此次事故及氦气球项目详情，新京报记者今日多次致电马家沟生态旅游景区，电话处于无人接听或忙线状态。

（资料来源：https：//baijiahao.baidu.com/s?id=1646478514342199955&wfr=spider&for=pc.）

《案例 10-2》

据中新网嘉兴 5 月 15 日电，2019 年 5 月 14 日，浙江安吉的中南百草园观光小火车发生一起侧翻事故，导致导游 1 人死亡，游客 15 人受伤。

当晚 10 时 44 分，嘉兴市南湖区文化和旅游局官方微博“南湖文旅”发布消息，5 月 14 日下午 1 时 30 分，接中环国际旅行社法人代表电话报告：该旅行社组织的“安吉两日游”一行 35 人（游客 33 人＋导游 1 人＋司机 1 人），导游带领游客在安吉中南百草园景区游玩时，因景区小火车侧翻事故，导致导游 1 人死亡，游客 15 人受伤（其中 5 名游客因皮肤缺损、肌腱断裂和皮肤挫伤住院治疗，10 名游客轻微擦伤就医包扎处置后回家）。

一名熊姓员工在接受媒体采访时说，公司组织团建去中南百草园景区玩，根据旅行社的安排，乘坐园区内观光小火车。没想到，意外就这样发生了。“我根本来不及反应，就感觉自己被压在了下面，然后被拖行了好几米。当时小火车刚刚起步，准备掉头。但车速很快，在转弯的过程中，小火车突然发生侧翻，拖行了三四米才停了下来。”熊姓员工说。

目前，安吉当地由县卫健局、市场监管局、文广旅体局、公安局、应急局等部门组成的应急小组已赶到现场处置，景区也已暂停运营，司机已被控制，原因正调查中。

（资料来源：https：//baijiahao.baidu.com/s?id=1633567597903245776&wfr=spider&for=pc.）

想一想：比较分析案例10–1和案例10–2，请思考旅游景区安全事故频发的原因有哪些？应如何避免这些安全事故的发生？

❖学习导引

2020 年浙江省文化和旅游安全工作会议在杭召开

2020 年 1 月 19 日，2020 年全省文化和旅游安全工作会议在杭州召开。会议回顾总结了 2019 年全省文化和旅游安全工作，研究部署了 2020 年文化和旅游安全工作。省文化和旅游厅与 11 个市文化和旅游局及厅属单位签署《浙江省文化和旅游市场安全生产监管责任书》。厅党组书记、厅长褚子育出席会议并讲话，厅党组成员、副厅长、一级巡视员许澎主持会议。

会议指出，2019 年，在省委、省政府的坚强领导下，在相关部门的大力支持下，全省文化和旅游系统深入开展安全生产大检查活动，着力加强事故预防，及时消除安全隐患，安全生产工作保持了持续稳定的良好态势，全年未发生较大安全生产责任事故，重大活动安全保障任务出色完成，以实际行动向新中国成立 70 周年献礼，为全省文化事业、文化和旅游产业持续健康发展发挥了重要保障作用。

会议明确，2020 年，全省文化和旅游系统要“稳字当头，稳中求进”，坚持不懈地把安全生产各项要求贯穿到工作全过程。要提高政治站位，严守安全底线，增强“四个意识”，做到“两个维护”，切实承担起“促一方发展、保一方平安”的政治责任；要强化担当作为，切实担负起领导责任，强化好企业主体责任，履行好行业监管责任；要坚持预防为先，加强安全监管，抓住源头治理，遵循文化和旅游安全工作的规律和特点精准执法、刚性执法，强化社会共治；要健全防控体系，提升治理能力，积极融入“大安全、大应急、大减灾”体系，推进安全生产、应急治理能力和治理体系现代化。

（资料来源：http：//ct.zj.gov.cn/art/2020/1/19/art_1652990_41760635.html.）

想一想：根据上述材料，并结合实际案例，请思考当前浙江省文化和旅游安全生产现状、存在问题，以及未来可以采取哪些措施，保障文化和旅游安全生产？

❖学习目标

素质目标

· 认识旅游景区安全工作的重要性；

· 培养学生树立旅游景区安全管理的意识与使命；

· 树立旅游景区“安全第一”的理念与思想。

知识目标

· 了解并掌握旅游景区安全、旅游景区的安全服务管理等相关概念；

· 了解并掌握旅游景区安全服务管理的类型、岗位及基本要求；

· 了解并掌握旅游景区应急指挥中心的岗位职责、规章制度、工作流程及典型任务处置；

· 了解并掌握旅游景区现场安全管理的岗位职责、规章制度、工作流程及典型任务处置；

· 了解并掌握旅游景区安全巡查管理的岗位职责、规章制度、工作流程及典型任务处置。

技能目标

· 能够以“第一责任人”的身份，警示、识别、处理旅游景区安全工作的能力；

· 能分析影响旅游景区安全的环境因素，积极构建旅游景区安全生产环境；

· 能掌握旅游景区安全管理体系的构建方式；

· 能辨识旅游景区主要安全问题；

· 能够实操旅游景区典型安全事件的处理流程和操作规范；

· 能分析旅游景区及其从业人员如何做好安全管理工作；

· 培养分析和解决旅游景区安全问题的业务能力。

10.1　认识旅游景区的安全服务与管理

10.1.1　旅游安全的基本概念、特征

旅游安全是旅游业的生命线，是旅游业发展的基础和保障。旅游业发展的事实证明，旅游安全事故的出现，不仅影响旅游活动的顺利进行，而且可能带来巨额经济损失；旅游安全事故危及旅游者生命和财产，直接影响社会的安定团结；旅游安全事故还会损害国家的旅游声誉，阻碍旅游业发展。

安全从传统的认识上理解是指不受到社会不安定影响因素的危害。旅游安全则是指在旅游状态开展过程中与之相关的行动主体免遭危害的状态，在整个系统性体系中屏蔽外界带来的一切危害和损失，保证各行动单位特别是旅游者的人身和财产安全。

从旅游事故发生的经验和教训来看，由旅游不安定因素导致的事故发生的主要因素归咎于旅游景区的防范和管理出现的疏漏，带给前往旅游景区旅游的游客身体与生命层面不同程度的伤害。旅游安全的定义也可以拓展到游客精神层面的安全感知需求和财物方面的安全。所以学界也根据不同的角度和研究视角，对旅游安全进行不同的定义。但是从旅游管理中主要的参与对象出发，旅游安全主要包括衣食住行的各个方面，包括在旅游的各项流程中饮食、交通、住宿、购物、休闲娱乐等涉及的安全。

10.1.1.1　旅游安全的概念

旅游安全就是旅游活动中，出现的一切不安全的现象及矛盾冲突，包括旅游主体自身的安全意识问题和旅游过程中发生的涉及安全的事件。

10.1.1.2　旅游安全的分类

根据旅游安全的研究视角不同，可以将旅游安全问题分为传统和非传统两类。出现频率较高、解决难度较低的安全事故归类为传统安全事故；而影响范围较大、不可控因素较多的旅游安全事故称为非传统安全事故。

10.1.1.3　旅游安全的特征

一是隐蔽性。旅游活动中的安全问题为数不少，但由于旅游安全问题本身的敏感性和所带来的负面影响往往易被旅游经营管理者所掩盖，因此，旅游活动中实际发生的安全问题具有隐蔽性特征。

二是复杂性。旅游活动是一种开放性的活动，而旅游企业正是为开放性活动提供各种服务的企业。旅游景区作为一个公共场所，每天接待大量的人流，鱼龙混杂，同时也存在着天然的不安全因素。因此，旅游安全表现出极大的复杂性。

三是特殊性。旅游活动中，旅游者为追求精神愉悦与放松，常常对安全防范有所放

松，因此，旅游活动过程中发生的各类事件不同于一般的民事或刑事案件，有其自身的规律性和特殊性。

四是突发性。发生在旅游活动中的各种安全问题，往往带有突发性。例如旅游活动中的许多安全问题都是在极短的时间内、在毫无防备的状况下发生的。旅游中的自然灾害也具有突发性。

五是广泛性。旅游安全问题存在于旅游“六要素”的各个环节与过程，几乎所有的环节都有安全隐患存在，因此，旅游安全具有广泛性特征。

六是巨大性。旅游安全问题造成的危害和破坏巨大。旅游安全问题不仅将使旅游者蒙受巨大的经济与名誉损失、遭受生命威胁，而且更进一步从社会角度看，将可能造成旅游企业的财产损失等，从而使整个社会受到巨大的损失。

10.1.2 景区安全事故的表现及成因

10.1.2.1 景区安全事故的表现

旅游景区安全事故的表现及成因

一是旅游景区交通安全事故。机动车驾驶人员、行人、乘客以及其他在道路上进行交通活动的人员因其行为违反了国家有关道路交通安全的法律法规的规定，而造成了人身伤亡和财产损失的事故。根据交通工具及事件发生空间的不同，旅游景区交通事故可分为道路交通事故、景区水域交通事故、景区特种旅游交通事故。

（1）道路交通事故。按照我国相关法律的规定，道路交通事故是指车辆在道路上的行驶过程中因过错或意外造成的人员伤亡或财产损失的事件。景区的道路交通事故通常是旅游车辆由于各种原因相撞、追尾、坠落、陷落或撞到行人等。

【延伸案例】

泰国“3.3”涉旅交通事故：游客暂无生命危险

当地时间3月3日下午，一辆载有中国游客的中巴在从泰国拜县返回清迈的途中发生重大交通事故，车辆失控撞向路边便利店，造成车上9名中国游客不同程度受伤，暂无生命危险。

国家旅游局获悉事故消息后，立即要求中国驻泰国曼谷旅游办事处了解情况，全力协助我驻泰使领馆做好受伤游客救治工作。同时，联系并敦促泰国旅游主管部门、旅游警察尽快查明事故原因，要求相关司室全面了解游客相关信息，并指导做好善后处置和保险理赔等工作。

（资料来源：https：//baijiahao.baidu.com/s?id=1594058089238380096&wfr=spider&for=pc，有删改）

（2）水域交通事故。景区水域交通事故是指在湖区、海域、江河、溪流等水域的水上运载工具因为各种原因而发生的碰撞、翻船和沉船事故。

漂流项目的安全管理

游船项目的安全管理

（3）特种旅游交通事故。特种旅游交通是指为满足旅游者游览、娱乐的需要而产生的特殊交通运输方式，主要可以分为以下几类：在景区（点）内的某些特殊地段，为了游客的安全或节省体力而设置的交通工具，比如缆车、索道、直达观光电梯等，可能发生的安全事故为突然停运、坠落或滑落；带有娱乐性质，并能辅助体力较弱的老幼妇孺旅游者完成观光游览的交通工具，比如滑竿、骆驼、马匹等，其可能发生的安全事故为失控和冲撞；带有探险性质及在特殊需要下使用的交通工具，比如羊皮筏子、热气球等，其可能发生的安全事故为翻覆和坠落。

【延伸案例】

土耳其热气球坠落事故致 1 人死亡、20 人受伤

当地时间 9 号清晨，土耳其中部旅游胜地卡帕多基亚发生一起热气球坠落事故，造成至少 1 人死亡、20 人受伤。

意外发生后，救援人员迅速赶往现场，不幸的是，一名法国游客因伤势过重当场死亡。其他 20 名伤者被迅速送往当地的三家医院进行救治，伤者的伤势均没有危及性命，大部分人在接受治疗后 已经出院。

据当地媒体报道，这起事故是由于热气球在降落时遭遇大风天气，随后碰到高压线后导致的。

据了解，由于近期天气不佳，在 5 号到 8 号期间，民航部门曾要求当地的热气球旅游项目停运，直到 9 号才恢复运营。

（资料来源：https：//news.qq.com/a/20170410/036420.htm，有删改）

二是旅游景区治安事故。由于刑事案件导致的各种事故，都可以称为旅游景区治安事故。近年来中国旅游发展迅速，旅游景区游客数量猛增，因此，在旅游景区发生的与旅游者相关的治安事故数量也明显增加。从表现形式来看景区治安事故主要有以下几类：在景区、交通工具及住宿、餐饮、购物场所发生的偷盗和抢劫事件；因强买强卖引发的言语争执、肢体冲突甚至人身伤害事件；以模糊标价误导消费者的价格欺诈事件等。轰动全国的“2015 年青岛大虾事件”和“2016 年黑龙江天价鱼事件”都是典型的旅游景区治安事件，这两个事件不仅仅引发了大众对于旅游消费安全的高度关注，也对这两个城市的旅游形象和旅游声誉造成了恶劣的影响。

三是旅游景区火灾事故。旅游景区的火灾事故主要是指非自然因素引发的火灾，导致人员生命安全和财产安全受到威胁和损害的事件。火灾的发生原因有故意纵火和过失致火两种，发生的场地主要是旅游景区草木较为集中的区域、住宿设施、餐饮设施和游乐设施等。

【延伸案例】

日本冲绳世遗景点失火几乎尽毁

日本冲绳县警方 2019 年 10 月 31 日证实，那霸市琉球王国都城遗址首里城当天凌晨失火，正殿及附属建筑几近烧毁。

当地时间 10 月 31 日凌晨 2 时 40 分左右，那霸市消防局接到火警电话，出动数十辆消防车和 100 多名消防员参与灭火。周边居民已疏散至安全地带。截至当地时间 9 时，警方尚未接到人员伤亡报告。

首里城主体建筑为木质结构，正殿、北殿和南殿几乎全部烧毁。“火情从正殿开始，似乎迅速蔓延到所有主要建筑……消防员们仍在灭火，”冲绳县警方一名发言人告诉法新社记者，“起火原因还在调查中。”电视画面显示，首里城建筑冒出橙色火焰，火势凶猛。

首里城是琉球王国历史象征，建于 500 多年前，在“二战”中烧毁，1992 年经重建复原。2000 年，包括首里城在内的琉球王国都城遗址被联合国教科文组织列为世界文化遗产。

10 月 27 日至 11 月 3 日，首里城举办“首里城节”，其间将举行各种活动重现琉球王国的宫廷仪式。

（资料来源：http：//enews.xwh.cn/shtml/xwhb/20191101/349260.shtml，有删改）

四是旅游景区自然灾害事故。因自然灾害导致的旅游景区安全事故称为旅游景区自然灾害事故。自然灾害是指给人类生存带来危害或损害人类生活环境的自然现象，包括：洪涝、台风、山洪、龙卷风、雾霾、沙尘暴、雷暴等气象灾害；火山喷发、地震、山体崩塌、滑坡、泥石流等地质灾害；风暴潮、海啸等海洋灾害；因自然原因引发的森林草原火灾等。

【延伸案例】

九寨沟瀑布垮塌 诺日朗瀑布因地震垮塌！

2017 年 8 月 10 日下午 3 时许，九寨沟著名的诺日朗瀑布发生垮塌。现场图展示，昔日壮美的诺日朗瀑布，泥土垮塌，此前的无数涓涓细流也变成了一股急流。

九寨沟美景享誉世界，有“童话世界”之称，7.0 级地震让九寨沟景区遭到重创。《西游记》经典场景取景地诺日朗瀑布垮塌，满目疮痍！

诺日朗瀑布位于九寨沟景区，海拔 2365 米，瀑宽 270 米，高 24.5 米，是中国大型钙化瀑布之一，也是中国最宽的瀑布。藏语中诺日朗是伟岸高大的意思，因此诺日朗瀑布意思就是雄伟壮观的瀑布。

诺日朗瀑布也是中国国家地理杂志社评选出的中国最美的六大瀑布之一。

（资料来源：http：//www.sohu.com/a/163868735_426502，有删改）

五是旅游景区食物中毒事故。旅游景区食物中毒事故是指因旅游景区饮食卫生条件差、食品不洁而导致的游客集体突发病。

【延伸案例】

花果山景区发生一起疑似食物中毒事件

2 月 4 日中午，淮安 10 位游客在连云港花果山景区内“农家实惠饭店”就餐，随后乘旅游巴士前往玉女峰景点，抵达目的地后 4 名成人出现呕吐现象。当地派出所接警后迅速联系 120 救助，并将其紧急送往连云港市第二人民医院救治。事件发生后，派出所以及新浦区疾控中心立即前往“农家实惠饭店”提取中午就餐菜单，核实中午就餐情况，进行取样调查。花果山景区管理处启动景区旅游安全应急预案，安排相关人员前往连云港市第二人民医院看望就诊病人，积极开展援助。据了解，四人中 42 岁姜姓游客因症状较重，当晚转到连云港市第一人民医院抢救，该院开通“绿色通道”，并组织专家会诊，终因抢救无效于 2 月 5 日早 7 点 25 分死亡。其他出现症状的 3 名患者通过输液等治疗手段，已顺利出院。2 月 5 日早 8 点 15 分左右，另有两名儿童也出现轻微症状，但经及时救治，目前症状得到控制，病情平稳。

（资料来源：http：//news.sina.com.cn/c/2014-02-05/170029402311.shtml，有删改）

六是旅游景区环境安全事故。景区环境安全事故一般是指景区内的自然环境、游览场所因自然因素（非灾害因素）或人为因素而导致的安全事故，如海滨旅游景区游客误触危险海洋生物水母、海蜇等，峡谷旅游景区狭窄游道在游客数量较多时可能引起的游客拥挤、踩踏事故，山岳型旅游景区的悬崖、峭壁、险峰等处可能发生的游客坠落伤亡事故。

七是旅游景区溺水事故。景区溺水事故，近年来时有发生，一般是游客因自身没有注意人身安全随意到水域型旅游景区、有水体景观的旅游景区或以水上游乐项目为主的主题乐园而受到伤害的事件。夏季是景区溺水事故的高发季节，多为游客在沙滩玩耍、在泳池游泳时不慎发生溺水，也有因不熟悉水情或不顾警示在危险水域擅自下水而导致意外发生。

【延伸案例】

景区溺水谁担责

5月17日，宣城市中级人民法院二审宣判一起生命权纠纷案件，女子刘某因在景区内无视警示标识下河戏水导致溺亡，法院依法判决其自身承担85%责任。

法院审理查明，2018年7月，江苏无锡的女子刘某与男子朱某结伴到绩溪小九华风景区游玩。在景区内铁斧潭水域，朱某下水游泳，刘某不会游泳蹲在岸边观看，后刘某到浅水区戏水，不慎滑向深水区，朱某随后大声呼救。绩溪县公安局荆州乡派出所民警赶到现场后将刘某打捞上岸，此时已无生命体征，经医务人员确认刘某系溺水死亡。事后，刘某家属将绩溪县小九华旅游开发有限公司和朱某告上法庭，要求共同承担30%的责任。

（资料来源：http：//epaper.anhuinews.com/html/ahfzb/20190528/article_19575.shtml，有删改）

八是旅游景区游乐设施安全事故。近年来，诸多游乐设施因其惊险刺激，能极大满足人们挑战自我、挑战极限的需求。热气球飞行、蹦极、跳伞等旅游项目，以及大摆锤、海盗船、极速飞车等大型游乐设施吸引了越来越多的游客。但是，这些惊险刺激的旅游项目或旅游设施本身都存在不小的安全风险，稍有不慎，甚至只是一个小细节出现小问题，就有可能发生意外事故，酿成游客伤亡的惨剧。

【延伸案例】

成都一游乐场发生事故致 2 死 14 伤，景区安全事故频发谁之过?

随着五一黄金小假期的到来，不少家长选择带着孩子趁着这个短暂的假期游玩一下，可是很多的旅游景点会有重大的安全隐患，一定要注意安全。5 月 1 日，位于成都天府新区的一处儿童室外游乐场名叫“孩子的院子”就发生了严重的安全事故，事故造成了多名儿童和成年人受伤，目前据调查事故已经造成 2 死 14 伤的惨剧。

该处室外游乐场是一座拥有 33 座超级滑梯的游乐园，有着世界最长的滑梯，总长 235 米。很多孩子喜欢滑梯，所以园区里游玩的家长和孩子有很多。此次事故发生的园区，在 2017 年曾经发生一次事故，一家三口在一个“云梯”上玩时，底下的钢结构突然发生了断裂和倒塌现象，三个人被压在底下受伤。事故发生之后该园区被勒令整改，停园了很久。一直到今年的五一才重新开园，没想到开园的第二天就发生了这么严重的事故。

（资料来源：https：//baijiahao.baidu.com/s?id=1632383033958109644&wfr=spider&for=pc，有删改）

九是旅游文化冲突事故。文化冲突事故是指因游客对旅游目的地的文化背景缺乏了解而产生的意外事故。这种事故主要是由于旅游者自身文化背景与前往旅游目的地景区文化背景有差异而造成的。如游客前往伊斯兰教等宗教型旅游景区、泰国等宗教文化盛行国家，游客就应该入乡随俗，严格遵守当地习俗、文化。

【延伸案例】

中国游客让泰国人又爱又恨：经济收入 vs 文化冲突

随着中泰两国在经济等各方面的合作不断扩大，泰国入境政策不断放开，泰国游已经成为许多中国内地、港澳台游客的选择，但中国客的到访让泰国人又爱又恨，一方面是经济收入的增加，另一方面是文化冲突及不文明行为。

泰国国家旅游局今年发布一项调查报告，名为“影响泰国旅游快速发展”的调查报告显示，泰国人最不喜欢中国游客的行为是说话大声、在公共场所争吵。

（资料来源：https：//world.huanqiu.com/article/9CaKrnJCXwx，有删改）

10.1.2.2　景区安全事故的成因

旅游景区安全事故的表现形式多样，产生的原因也是多方面的，根据相关研究文献和案例研究，主要成因集中在旅游者、旅游景区、自然环境方面，以及其他的一些因素。

一是旅游者因素。旅游者因素是产生景区安全事故非常重要的一个因素。旅游者的安全意识薄弱，以及其盲目追求个性化体验是最重要的两个因素。

（1）旅游者安全意识薄弱。旅游者在旅行过程中由于其愉悦的旅游体验而放松了对危险的警惕，行为上更具有冒险性，因此，为一些安全事故的发生埋下了隐患。比如在山顶观景平台拍照留念时，为了拍摄更佳角度的照片而做出了一些危险动作，甚至翻越护栏；在进行漂流活动时，不顾工作人员的劝阻，将身体探出竹筏（橡皮艇）之外等，诸如此类的旅游者行为随处可见，给旅游者和旅游景区带来了不可挽回的生命与财产损失。

（2）盲目追求个性化体验。近年来，诸如探险旅游，需要个人户外生存经验、生存技能，作为一种新兴的户外旅游活动，因其独特的体验性、新奇性和刺激性，受到了越来越多人的喜爱。然而，这种旅游方式却隐藏着巨大的安全隐患，也极大地增加了旅游景区的安全管理难度。

【延伸案例】

“任性”驴友违规探险安全谁来买单

近年来，随着旅游业的发展和户外运动的兴起，越来越多的人迷上攀岩、户外探险，甚至闯入了禁止游客进入的无人区，屡屡曝出驴友遇险事件。特别是在青海省青南及海西地区，海拔高、地广人稀、氧气稀薄、地理环境极度恶劣，且分布多种珍稀动物，进入无人区需要得到相关部门的审批，禁止违规穿越，但曾多次发生游客穿越无人区遇险事件。

（资料来源：https：//baijiahao.baidu.com/s?id=1624146210296666045&wfr=spider&for=pc，有删改）

二是旅游景区因素。旅游景区的安全管控存在漏洞、安全管理人员不足、安全管理方法落后等都是造成旅游景区安全事故发生的重要因素。

（1）旅游景区安全管控存在漏洞。受旅游景区的开放性，以及旅游景区经营管理者注重经济效益等因素影响，旅游景区安全管控存在漏洞，导致旅游景区安全事故发生。

（2）旅游景区安全管理人员不足。因旅游景区安全事故发生具有一定的偶然性，发生频率较低，因此，大多数旅游景区安全管理没有被足够的重视，从事旅游安全管理工作的人员大部分由安保人员兼任，安全管理人员数量、质量都存在一些问题。一方面，未经专业培训的工作人员安全意识淡薄、安全敏感性不够，无法在安全管理中及时发现和排除安全隐患；另一方面，一旦发生安全事故，他们很可能因为经验的缺乏而延误事故处理的最佳时机。

（3）旅游景区安全管理方法落后。目前，不少旅游景区对安全的管理主要是定点、定时巡逻，这些被动、落后的工作方式无法实时、有效地监控旅游景区的安全状态。一方面，旅游景区地域范围广阔、地理环境复杂，监控盲点原本就较多；另一方面，景区游客数量多、流动性大，安全隐患也比较多。因此，旅游景区安全管理更多的是做好事故发生前的隐患排查和风险防控工作，巨大的工作量光靠有限人手的人工作业是无法完成的。

三是自然环境因素。自然环境因素是影响旅游景区安全管理最复杂的因素之一。地质地貌特征、各类自然灾害，都决定了旅游景区安全管理的复杂性和突发性。

（1）自然环境复杂。我国地形以山地为主，山地、高原和丘陵约占陆地面积的67%，所以大部分旅游景区以地文景观为主，多样的地文景观和丰富的动植物景观及相关景观是吸引游客前来游玩的重要因素，但也存在一些安全隐患让游客受到伤害。陡崖、险峰、瀑布、峡谷等这些观赏性较强的景点也是旅游安全事故的多发地。

（2）突发自然灾害。自然灾害的发生，具有一定程度的难预测性。因此，旅游景区内突发的自然灾害，给旅游景区带来破坏的同时，也严重威胁到旅游者的安全出行与游览。

【延伸案例】

暴风雪袭击奥地利，多地区发生雪崩致多人死亡

由于暴风雪袭击，包括游客在内的大约2000人被困在奥地利的村庄。维也纳当局周一表示，大雪和雪崩袭击奥地利，造成3名滑雪者和2名雪鞋徒步旅行者死亡，奥地利山区数个地区被隔离。

（资料来源：http：//www.sohu.com/a/287490099_120050168，有删改）

四是突发公共卫生事件。突发公共卫生事件是指突然发生，造成或可能造成社会公共健康严重损害的重大传染病疫情、群体性不明原因疾病、重大食物和职业中毒、重大动物疫情，以及其他严重影响公众健康的事件。突发公共卫生事件，将会直接或间接影响到旅游景区的安全管理工作，也是旅游景区安全事故发生的原因之一。

【延伸案例】

疫情下，旅游景区的“阵痛”与“守望”

全国旅游景区在这次新冠肺炎疫情中响应号召，全面关门，停止营业，及时切断了疫情在旅游业的传播渠道，为抗击疫情作出了贡献；但同时这种“休克式”疗法，也使

旅游景区损失惨重。

疫情发生在2020年的第一季度，使旅游景区在2020年第一季度开局不利，第二季度蒙上阴影。第一季度虽然不是旅游最旺的时节，但有其自身特征，影响面还是很广。

（资料来源：https：//view.inews.qq.com/w2/20200213A09EQ100?tbkt=C1&strategy=&openid=o04IBAANtluaqqhL8KjEij7Zdr0Q&uid=&refer=wx_hot，有删改）

五是其他方面的因素。

（1）旅游景区管理“混乱”。我国旅游景区“多头管理”现象明显。目前，涉及旅游景区的管理机构有工商、林业、海洋、地质、建设、文物、宗教、文化等多个部门，势必形成管理“混乱”。同时因为归属不明、责任落实不到位导致管理上的“真空地带”，出现事前防控不力、事后多方推诿的现象，这对旅游景区的安全管理没有任何益处。

（2）法律法规不健全。虽然，我国目前已经出台了与旅游安全有关的一些法律法规用于规范、约束旅游景区安全生产问题，明确了旅游主体责任义务，强化了旅游安全防控意识，规范了旅游行为，为旅游安全提供了制度保障，但伴随着旅游产业的快速发展，旅游景区活动形式多样，推陈出新，所以导致了一些法律法规滞后于旅游景区安全管理实际。

（3）游客出行时间集中。目前，由于我国特有的“节假日制度”，导致游客出行时间比较集中，尤其是黄金周期间，激增的游客数量使旅游景区呈现人满为患的景象，不仅容易产生矛盾纠纷，而且也增加了旅游景区安全管理的难度。

10.1.3 景区安全服务管理的主要类型

景区安全服务管理是指景区为了确保游客、员工和景区的安全，消除安全问题发生的各种潜在因素，确保景区秩序井然，保持良好运营状态而实施的一系列计划、组织、指挥、协调、控制等服务管理活动。

10.1.3.1 景区防火安全服务管理

景区应该重视防火安全工作，认真贯彻公安消防部门有关消防安全的各项规定，与上级部门签订防火安全责任状，对存在消防安全隐患的区域应建立消防设施，添置消防设备，并设专人巡视和养护；大风、天气干燥的季节应禁止当地居民在远离水源地的森林、草原烧荒，明火作业确保不出现火灾险情，各项防火设施设备运转正常；在员工与旅游景区内住户中普及消防知识，可采取挂横幅、贴标语、开辟专栏、分发手册、专家培训等方式进行；可联合旅游景区内住户举行群众性的消防演练，消防安全重点单位应制订消防灭火与疏散应急预案；对于旅游景区内属于省级以上文物保护单位的木结构古建筑等游览设施在未经当地公安消防部门验收、审核的情况下，不得开放，文物类的游览设施在日常维护、修缮、改建时，应配置消防疏散通道、隔火通道、灭火器材；禁止乱拉电线、乱接电线，避免烟火、香烛进入古建筑内，禁止在古建筑内使用高功率电器、电工设备和明火作业。

文物古迹类景区的安全管理

10.1.3.2　景区治安服务管理

景区治安服务管理部门应在上级政法、公安、城建等部门的指导下，会同当地公安机关、城管部门严厉打击各类侵害游客利益的违法犯罪活动，加强景区的巡逻防控，组织安防、联防队伍，增加巡逻力量，更新巡逻装备，加大巡逻密度，将景区游览区域分为若干个责任区，每个责任区以主要路段、村寨、码头为中心设岗布控，并安装报警设备，建立巡逻等级制度；大型游览区可与公安派出所、区内社区联动设立警务室，对重点部位、治安事故高发地段实行不定时巡逻，延长巡逻时间，保障通信条件，必要时可使用卫星导航和电子监控；发现形迹可疑的人员或游客不法行为应跟踪调查，及时制止；制订有效的安保预案，构建“群防群治”的长效防控体系，切实维护景区良好的治安秩序。此外，定期在区内开展法制宣传，对当地居民、经营者进行法制教育，帮助其树立法治意识、守法观念；景区导游在进行讲解时，应提醒游客注意自身安全。

10.1.3.3　景区自然灾害服务管理

针对自然灾害给旅游景区带来的破坏和对游客生命安全构成的威胁，旅游景区可以与气象、水利、防汛、国土、林业、农业、建设等部门密切合作，搞好旅游景区监控和旅游警报工作，设置警示标志，制定针对突发性灾害的应急措施；确定排洪防涝标准，搞好水土保持和小流域治理，建筑塘坝沟渠，利用水利设施进行水量调节，预留泄洪通道，疏通淤塞河道；雨季来临前加固防洪设施；保证旅游景区交通沿线的植被覆盖率；对易发生灾害的区域设置防护设施，加固原有设施，条件成熟时可以运用工程治理与生物治理相结合的模式；加大宣传力度，普及防灾减灾知识。

10.1.3.4　景区环境安全服务管理

有计划和有针对性地对可能存在安全隐患的区域进行专项监测；研究危害发生的特性和规律，邀请专家，有针对性地调查、追踪、排查；设立警示标志、宣传告示；增设和加固防护设施；控制游客数量；设置符合紧急疏散需要，且标志明显的出口、通道，并保持其畅通；配备消防、通信、广播、照明等应急设施和器材，并确保其正常使用；禁止存放易燃、剧毒、强腐蚀性和放射性的危险物品；搞好环境卫生建设，景区游览路线附近有在建施工项目，要协助做好施工现场的监护工作；对景区游客分发环境安全常识小册子，提高游客自我保护意识和自救能力。

10.1.3.5 游乐园安全服务管理

游乐园景区安全部门应会同旅游、质监、文化、建设、林业等行政部门定期对游乐场所、动物表演场所的设施设备开展检查，对检查中发现的问题提出整改意见并进行有效监督。景区要针对惊险刺激的游乐设备进行必要的保养和检修，或请有资质的机构或部门进行安全检测与鉴定，保障设备的良好运行；对动物娱乐表演的相关人员和场地进行安全认定；定期开展对设备操作人员的安全技术培训，保证从业人员上岗安全操作，掌握安全操作技能；规范设备安全警示、安全引导用语的使用，告知游客正确使用设备，并明确双方当事人的责任，尤其是经营者的责任，不可将责任强加给游客。

10.1.3.6 景区住宿设施安全服务管理

一是住宿设施防火安全服务管理。景区内开办的度假村、度假酒店、机关企事业单位培训中心、乡村旅馆等经营单位，应重视防火安全工作，在落实安全生产责任制的同时，更要把消防工作纳入正常的安全服务管理范围，认真贯彻公安消防安全的各项规定和消防技术规范，未经公安消防部门验收、审核的，不得营业，在职工岗位职责中突出消防安全的内容，做到重计划、重布置、重检查。对存在消防安全隐患的场所应布设消防设施、添置消防器材和隔火材料，并设专人维护，确保设施设备完好、运转正常；厨房内的煤气管道、燃烧器具附近不准堆放可燃、易燃易爆物品和化学危险品，可燃物体与火源的距离不得小于 1.5 米；使用明火作业的人员不得擅自离开岗位，使用完毕要仔细检查火种是否充分熄灭；瓶装液化石油气不得放置在宾馆入住的楼层内；定期对消防设施设备、电器线路元件、照明与加热部位进行检查，不符合要求的一律更换；住宿设施在筹建、改造、扩建项目时应使用安全性能高、阻燃性能好的材料设备，并对电器、电路安装漏电保护装置，禁止在营业场所内使用高功率电工设备、明火作业；对员工进行消防知识宣传，开展集中培训与演练，要求员工意识到火灾的危险性，懂得预防、扑救火灾的方法，学会报警、使用灭火器材，掌握灭火和帮助住客逃生的基本知识，牢记“太平门、灭火器、消防栓”的位置和易燃易爆用品的合理放置位置。

二是住宿设施治安服务管理。景区住宿设施治安服务管理以预防偷盗为主，盗窃案件是发生在住宿设施内最普通、最常见的犯罪行为，景区饭店设施盗窃案件主要分为外部不法分子作案和内部员工借工作之便作案两类。景区内的住宿设施要建立健全治安管理机构，在公安机关的指导下，不断加强饭店安全保卫工作，重视并打击各类违法犯罪活动。

10.1.3.7 景区餐饮设施安全服务管理

景区内所有餐饮经营单位开业均需向当地卫生部门申请卫生许可证，餐饮设施需达到国家规定的卫生水平，服务人员需通过体检，持健康证上岗；景区管理部门需会同当地食品卫生监督部门定期开展对区内饮食单位的卫生大检查、抽查工作，重点检查厨房卫生状况，防止生熟制品、原材料混放，避免交叉污染，检查器具消毒不力等现象，督促经营人员在食品采购、运输、生产、加工、烹饪、保藏环节严把卫生质量关；每日固定对炊具、餐具等进行卫生消毒；每日定时对餐饮服务场所、厨房场所、食品储藏场所及灶台、餐台、餐桌椅等设施设备进行卫生保洁；对卫生条件不过关的饮食经营单位进行处罚，责令其暂停经营甚至取缔；提高服务员保洁服务意识和服务水平，有针对性地加强这方面的培训。

10.1.3.8 景区购物设施安全服务管理

景区内购物场所，包括各类大中型纪念品商场、购物中心、土特产批发市场、购物街、购物城等，应建立消防、治安、环境安全管理制度，配备安全指示标志、消防器材、报警装置、防盗装置、照明应急系统、寻人广播系统等，设置安全疏散通道、安全救护设施，增加安防岗位，定时巡查，定期开展员工安全救护与逃生演练。

10.1.3.9 景区游览安全服务管理

根据国家文化和旅游部《旅游景区恢复开放疫情防控措施指南》，公共卫生事件背景下，旅游景区应做好游览安全服务管理，包括严控游客容量、防止人员聚集、落实实名登记、加强游客防护、加强现场巡查、加强防控知识宣传等。

10.1.4 景区安全服务管理的主要岗位

根据旅游景区安全服务管理的主要类型，结合景区内部安全服务管理的组织架构，将景区安全服务管理的主要岗位分为景区防火安全服务管理岗位、景区治安服务管理岗位、景区自然灾害服务管理岗位、游乐园安全服务管理岗位、景区特种设备安全服务管理岗位等。

10.1.4.1 景区防火安全服务管理岗位

景区防火安全服务管理岗位主要负责景区内防火安全工作。景区应根据政府相关职能部门要求和景区防火安全工作实际，制定防火安全工作制度和职责，确保景区防火安全。

10.1.4.2 景区治安服务管理岗位

景区治安服务管理岗位是负责景区各类治安工作的岗位。景区治安服务管理部门应根据上级相关政策，会同当地公安机关、城管部门建立景区治安服务管理制度和职责，全面负责景区内各场所的治安服务管理工作。

10.1.4.3 景区自然灾害服务管理岗位

景区内自然灾害的发生是不以人的意志为转移的，具有偶发性，会给景区及景区游客带来生命财产安全隐患。因此，景区自然灾害服务管理岗位应根据景区自然灾害发生情况，制定相关制度和职责，全面负责景区自然灾害服务管理工作。

10.1.4.4 游乐园安全服务管理岗位

游乐园作为诸多旅游景区重要的参与性和体验性活动聚集区，加之游客会在短时间内在游乐园集聚，存在安全隐患。因此，有关部门应该积极同政府相关部门定期对景区游乐园区域进行安全检查和监督。

10.1.4.5 景区特种设备安全服务管理岗位

诸多景区内都或多或少地存在一些特种设备，这些设备的安全运行对于景区整个的安全服务管理非常重要。因此，景区应根据实际，设置景区特种设备安全服务管理岗位，并制定相应制度和职责，全面负责景区内特种设备设施安全管理工作。

10.1.5 景区安全服务管理的基本要求

10.1.5.1 景区安全服务管理的总体要求

（1）建立景区安全管理组织，建立健全景区安全管理制度；

（2）建立景区安全的预警、控制与保障体系，保证游客和工作人员的人身安全、财物安全；

（3）建立预案管理制度，制订景区应急预案，并落实本景区的安全生产责任制，将景区安全管理的责任落实到每个部门、岗位和职工；

（4）加强景区设施设备的管理与维护，制定景区设备的安全操作规程；

（5）对景区基建工程进行安全审查，组织落实各项安全检查工作；

（6）配置必要的安全设施设备，对景区进行安全监控；

（7）防范、控制与处理各类安全突发事件；

（8）提升景区的安全形象，积极提升景区从业人员的安全素质。

10.1.5.2 公共卫生安全事件的旅游景区安全管理要求

（1）坚持分区、分级原则，不搞“一刀切”。按照外防输入、内防扩散的要求，对旅游景区开放条件和必要性进行全面评估。疫情高风险地区旅游景区暂缓开放，疫情中风险和低风险地区旅游景区开放工作由当地党委、政府决定。

（2）健全疫情防控应急机制。要继续把疫情防控放在首位，毫不放松抓紧抓实抓细各项防控工作。景区恢复开放前应提前做好《旅游景区疫情防控应急预案》，明确疫情防控应急措施和处置流程。旅游景区主要负责人是景区疫情防控的第一责任人，要把防控责任落实到部门和个人，确保各项措施执行到位。

（3）主动做好宣传引导。要从防控大局出发，主动做好公众宣传引导，提升公众疫情防控意识，避免因景区开放造成大范围跨区域人员流动，增加疫情防控风险，或引发公众对疫情防控形势的误判。

10.2 应急指挥中心管理

景区应急指挥中心具有保障公共安全和处置突发公共事件的能力，最大限度地预防和减少突发公共事件及其对景区内游客、居民及相关利益群体的损害，保障其生命、财产安全。

10.2.1 应急指挥中心的岗位职责

景区应急指挥中心的岗位职责是：负责景区区域内公共安全、恐怖袭击、安全生产、自然灾害等突发公共事件的报警受理、应急指挥救援、结果反馈、指导督办；负责景区求助受理处置。

（1）统一受理景区区域内各类突发公共事件及其隐患报警，提出启动应急响应的意见和建议。

（2）统一协调处置景区内突发事件应急救援工作，按照景区应急预案要求及时处置，启动预案，指挥顺畅，反应灵敏，协调有序，运转高效。

（3）负责应急救援联动单位（救援小组）的管理及储备应急物资、安全救援设备的指挥调度。

（4）负责上报突发事件和事件升级时向当地相关部门请求支援工作。

（5）负责有关突发事件现场调查和善后处置工作。

10.2.2 应急指挥中心的规章制度

10.2.2.1 值班制度

（1）值班人员必须坚守岗位，严禁擅离职守。如确有急事需请假的，必须报请主任批准，与其他班次人员换班。值班人员要认真记录当班情况。

（2）值班人员必须按时交接班，严格履行交接班手续，严禁空岗。

（3）值班人员要着装整齐，做到服务热情，文明用语，认真接待报案，妥善处理紧急文件、电话等，遇有重大事件或紧急事件要在采取应急措施的同时及时向值班领导汇报。

（4）值班人员要提高警惕，做好随时应付突发事件的准备。

（5）值班人员在交班前必须将值班室打扫干净，并保持室内各种物品摆放有序。

10.2.2.2 请示报告制度

（1）对收集到的重要警情信息，要按照逐级请示报告的原则，立即向领导报告，并根据领导指示或批示，迅速采取相应措施。

（2）对一般治安事件，在妥善处理后，应认真填写记录。

（3）对正在发生的重大事件，情况紧急时，可采取边处置边报告的原则。

（4）在请示汇报时，要做到反应迅速，语言流利，用词准确，言简意赅。

10.2.2.3 监控大厅管理制度

为确保应急指挥中心监控系统的安全运行，规定值班秩序，特制定本规定。

（1）值班人员应具有高度的工作责任心，严格按照操作规程进行操作，密切关注各类监控信息；发现事故、异常情况和接到报警应按规定处理，并立即上报值班领导和相关部门。

（2）值班人员严守岗位纪律。不得擅自脱岗，未经允许不得随意代班、调班：值班人员严禁在监控大厅做与工作无关的事情，不得在监控大厅内会客或进行娱乐活动；值班人员按时交接班，交接班时须交接当班情况和待办事项，并认真登记交班记录。

（3）保持监控大厅整洁。禁止带入食品，禁止吸烟，禁止大声喧哗，液态物质远离电器设备放置。严禁使用干扰仪器正常运行的电子设备和使用电热器具。

（4）节约能源。空调温度设置应确保设备安全正常运行优先，杜绝“长明灯”现象发生。计算机、打印机、复印机等办公设备长时间不用或下班时应切断电源，减少待机能耗。

（5）合理使用监控大厅大屏幕显示系统，监控大屏幕系统除每日 8：00—8：30 定时开机进行功能性检查外，其余开机时间由指挥中心统一安排。

（6）外来单位人员来大厅参观，须经领导同意，并由专任引领陪同方可进入大厅。接待来宾和接打电话要注重礼仪，使用文明、礼貌用语。

（7）所有指挥中心工作人员必须严格遵守保密制度。

10.2.2.4 行政值班制度

（1）负责公休日、节假日以及夜间值班期间电传的接收及值班电话的接听，上级有关指示的传达、汇报。

（2）负责节假日、公休日和夜间值班期间的情况，按照要求向上级部门汇报。

（3）负责节假日、公休日和夜间值班时段有关紧急文件的及时处理。

（4）负责节假日、公休日和夜间值班期间景区安保人员、车辆的调动和其他事项的综合协调。

10.2.2.5 日常工作制度

（1）负责景区内监控设备、报警设备、门禁设备、通信设备、网络设备的维修和维护。

（2）对景区各部门计算机的管理和维护。

（3）做好对讲机的管理和配备。

（4）办公电话的安装、报修和电话表的编排制作。

（5）景区闭路电视的管理和维护。

（6）会议音响、会议电话的管理维护，全景区摄像、录像及编辑、音像资料的工作。

（7）制订和完善各类应急处置预案，组织、协调全景区的应急演练。

10.2.2.6 安全事故和自然灾害应急管理制度

（1）组织制定、完善景区安全事故和自然灾害应急救援管理办法、应急救援预案；指导、协调各单位、项目的应急管理工作。

（2）监督、检查景区各部门贯彻执行景区安全事故和自然灾害应急管理制度。

（3）组织、协调安全事故和自然灾害应急管理工作。

（4）景区各部门应建立健全安全事故和自然灾害应急救援组织体系。各部门安全生产第一责任人为本部门应急救援工作负责人。

（5）景区编制的应急预案应经主要负责人签字后下发。

（6）景区各部门应采取多种形式开展应急预案的宣传教育和培训，普及安全事故预防、避险、自救和互救知识，提高全体员工的应急处置能力。

（7）在应急预案演练结束后，各部门应组织有关人员对预案演练效果进行评估，分析存在问题，提出整改意见。

（8）景区应当至少每三年对应急预案修订一次，应根据景区发展实际情况，及外部环境变化，及时对预案进行动态修订，并按照报备程序重新备案。

（9）景区应根据《安全生产考核管理办法》，每年对各部门的应急预案编制和管理进行考核。

10.2.3 应急指挥中心的工作流程与典型任务处理

10.2.3.1 景区突发火灾应急处理

（1）景区发现火灾警情，规定时间内尽快报告景区值班领导。

（2）同时拨打火警电话（119），报警内容应包括：起火地点、燃烧物体、火势大小、有无人员被困、报警人姓名、联系电话等。

（3）现场工作人员 1 分钟内进行初期灭火，立即关闭现场电源，转移易燃易爆物品等。

（4）使用灭火器材，投入救援。

（5）导游人员应立即疏散并安抚游客，火势加剧时，立即播放疏散通知。

（6）疏散时应避免堵塞道路，以便于消防员及时进行救火。

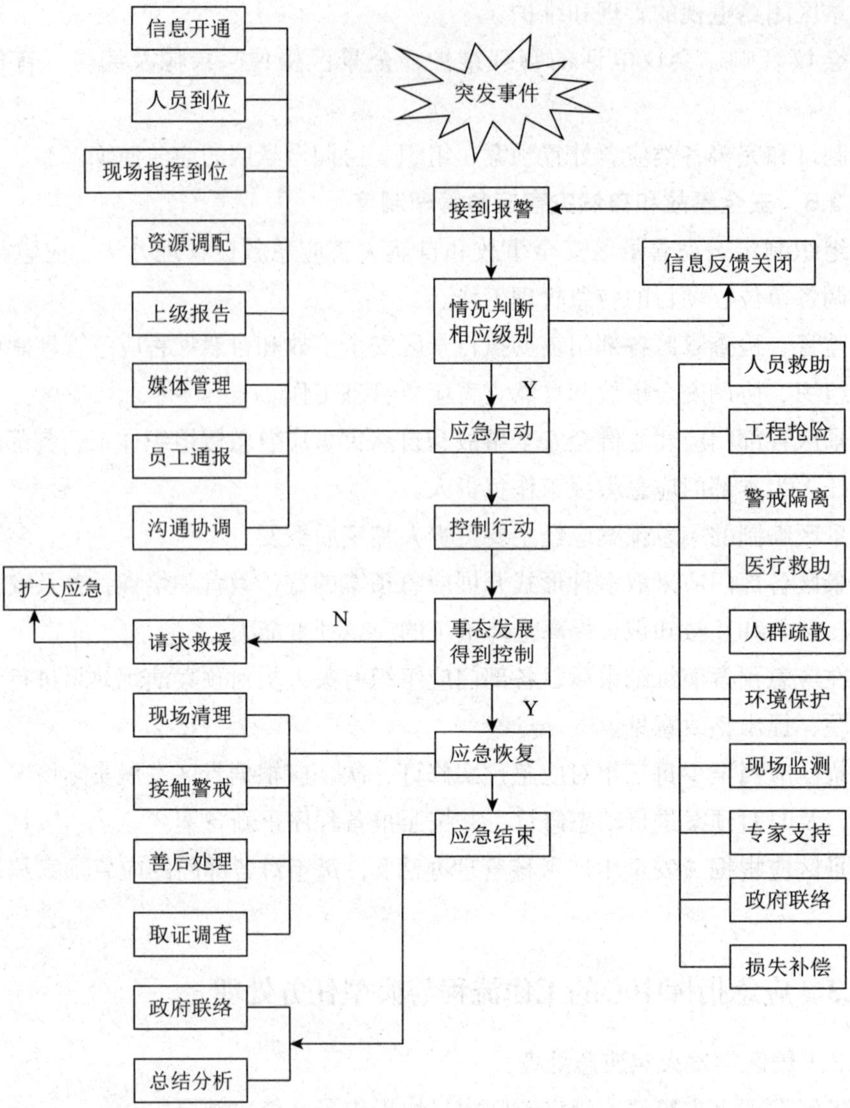

图 10–1　应急指挥中心工作流程图

10.2.3.2　景区突发交通事故处理

（1）立即组织现场人员迅速抢救受伤游客，特别是重伤员，尽快让游客离开事故车辆。

（2）立即报案，打电话叫救护车。

（3）迅速向主管领导报告，讲清楚交通事故的发生和游客的伤亡情况。

（4）保护好现场，同时做好其他游客的安抚工作。

（5）请求支援，把未受伤和轻伤的游客接走或继续旅游活动。

（6）事故现场处理完后，填写“意外事故记录表”备案。

10.3　景区现场安全服务与管理

景区现场安全服务管理，是确保游客人身和财产安全、杜绝重大安全生产事故发生的重要举措。同时，加强景区各部门在事故、灾害应急救援时的协调、联动，最大限度地降低事故及灾害造成的人员伤亡和财产损失。

10.3.1　景区现场安全服务管理的岗位职责

（1）认真贯彻、执行旅游景区安全管理工作的有关规定，遵循“安全第一、预防为主”的方针。

（2）统一指挥，分组管理，坚持“谁主管，谁负责”的原则。

（3）景区负责人负责督促、检查景区、各部门的安全生产措施执行情况。

（4）行政部门领导负责设施设备日常安全运营的检查和监控。

（5）行政部门负责日常采购，确保安全作业及应急器材和物资到位。

（6）行政部门负责景区设施设备的检查、维护及更换，确保游客游览安全。

（7）景区行政部经理负责贯彻、落实景区的各项规定，监督、检查各岗位安全作业实施情况。

（8）景区各安全小组负责日常安全作业的具体措施。抢救救援部门负责设施设备类检查维护、抢修维修施工作业；警戒保卫部门负责景区游览秩序及确保游客人身、财产安全；通信联络部门负责对景区日常运营情况的监控，并及时联络各部门协同作业，确保运营安全；医疗救护部门负责游客轻度伤病的处理及重大伤病游客的应急处理；疏散引导部门负责突发事件中游客的疏散、引导工作。

10.3.2　景区现场安全服务管理的规章制度

10.3.2.1　景区安全管理制度

（1）确保旅游景区游览秩序正常，保障游客生命、财产安全。

（2）景区安保部门负责景区的游览秩序、日常安全保卫、消防安全及贵宾接待的安保工作。

（3）按照规定和景区规划测算的容量，将游客数量控制在最佳接待容量之内。

（4）正确约束游客在景区内的游览行为，防止不安全行为导致的事故发生。

（5）在景区的重点部位和危险地带加强安全防护措施。

（6）工作人员严格按照设施设备操作规程操作，防止违章作业导致安全生产事故的发生。

（7）治安管理人员要搞好安全保卫工作，防止抢劫、盗窃等犯罪行为发生。

（8）景区内建设施工场所要做好安全防护措施，避免伤及游客和工作人员。

（9）景区内道路交通设施如车辆等要做好安全管制工作，特别是旅游旺季和游客高峰期期间。

（10）在节假日、黄金周等重要时期，景区应设立游客安全疏导缓冲区域。

（11）尽量避免游客集中出现在某区域，导致安全问题，防止踩踏、拥挤等事故的发生。

（12）做好景区特种项目的安全防护工作，如拓展类运动等。

（13）禁止游客在非旅游活动区域或无安全保障的地域开展旅游活动。

（14）景区安保人员要加强景区内的巡查，保证景区内良好的游览秩序和环境。

10.3.2.2 景区安全值班制度

（1）景区安全值班包括节假日值班、双休日值班、防汛值班、大型事件期间的值班（值周）以及按上级要求进行的其他值班等。

（2）景区安全值班由景区主要负责人带头，安全员或指定景区安全人员共同值班。

（3）景区安全值班的内容包括安全巡逻、财产管理、游客安全监测、景区环境安全监测、地质灾害的监测、防火防盗等工作。

（4）景区安全值班主要负责人要负责处理值班过程中的突发安全事件。

（5）景区安全值班主要负责人和值班人员必须保证 24 小时通信畅通。

（6）严格执行报告制度，对景区安全值班期间发生的安全事故或发现的安全隐患，必须在第一时间报告旅游景区安全第一责任人，以便做应急处理。

（7）景区安全值班人员必须详细做好当天值班情况记录。

（8）凡因在景区安全值班期间值班主要负责人和值班人员玩忽职守、不履行职责而发生的安全事故，将追究相关责任人的责任。

10.3.2.3 景区安全检查整改制度

（1）景区安全检查整改制度是针对岗位安全、设备设施安全、区域安全等进行排查和管理的工作制度，对于安全检查时发现的情况、隐患应及时进行整改落实，并应将整改落实情况记录在案。

（2）根据景区的部门或工作区域划分来划定安全责任区，部门或工作区域的负责人是该安全责任区的负责人。

（3）景区安全工作人员每天要对所负责的安全责任点（区域）进行认真检查，确保日常安全检查无空白、无死角，并认真记录。发现景区安全隐患要在第一时间报告分管景区安全工作的主要负责人，并果断采取必要的安全措施，详细记录在案。

（4）景区每周进行一次安全常规检查，并进行周汇总，对未排除的安全隐患及时整改。

（5）景区每月组织一次全景区性的安全大检查，形成安全检查记录，确保不留下任何安全隐患。

（6）景区每月定期召开安全工作会议，认真分析景区安全工作人员各责任区域内安全工作的各种情况，对可能存在安全隐患的区域及时排查，对已发现的安全隐患必须立即整改。

（7）景区安全检查坚持有章可循、违章必纠、有患必改，坚持“谁检查、谁签字，谁主管、谁负责”的原则。

（8）对于景区重大安全隐患设立警戒线，制定整改措施，落实整改责任人，确定整改时间。

（9）对存在的景区安全隐患或安全工作中存在的问题及时进行整改，凡下达了整改通知书，在规定时间内而未整改或整改不到位的，将追究相关景区安全责任人的责任。若因此出现任何安全事故还将承担相应的责任。

10.3.2.4　景区消防安全管理制度

（1）景区的消防工作贯彻预防为主、防消结合的方针，实行防火安全责任制。

（2）景区应当将消防工作纳入总体规划，确定本单位的消防安全责任人与消防安全管理人，使消防工作与景区建设相适应。

（3）景区应当根据景区建设的需要，成立安全防火委员会，建立专职或义务消防队。

（4）景区新建、改建、扩建建筑工程时，应将建筑工程的消防设计图纸及有关资料报送公安消防机构审核，审核合格后方可施工。

（5）经审核的建筑工程消防设计需要变更的，应报原审核单位的公安消防机构审核，核准后方可变更。

（6）建筑工程竣工时，必须经公安消防机构验收，验收合格后方可投入使用。

（7）景区的建筑工程室内装修、装饰应当根据国家工程建筑消防技术标准的规定，使用耐火材料。

（8）景区应当经常对职工进行消防宣传教育，提高消防安全意识。

（9）景区应当制订灭火和应急疏散预案，定期组织消防演练。

（10）景区应当定期组织防火检查和每日防火巡查，并建立记录，对发现的火灾隐患及时消除。

（11）景区应当按照国家有关规定配置符合国家标准或行业标准的消防设施和器材，设置消防安全标志，并定期组织检验、维修，确保消防设施和器材完好、有效。

（12）景区应当保障消防安全疏散通道、安全出口畅通，并设置符合国家规定的消防安全疏散标志；不得损坏或者擅自挪用、拆除消防设施、器材；不得埋压、圈占消火栓；不得占用防火间距；不得堵塞消防通道。

（13）在禁止烟火的地域，旅游景区应当设置“禁止烟火”的标志牌，对游客的吸烟、使用明火行为加以制止。

（14）景区电器产品、燃气用具的质量必须符合国家标准或行业标准。电器产品、燃气用具的安装、使用和线路、管路必须经持证上岗的员工设计、敷设，符合国家有关消防安全技术规定。

（15）发生火灾后，应当立即利用现有消防设施、器材，组织专职或义务消防队队员进行扑救，并及时拨打“119”火警电话报警。

（16）在公安消防队赶到火场扑救火灾时，旅游景区应当在条件允许的情况下，为火灾的扑救工作提供便利条件。

10.3.2.5 景区安全救援管理制度

（1）景区员工指引或护送需急诊的游客到医务室就医，病情较严重或行动不便者，由现场员工及时通知医生到现场救护，或由工作人员联系景区内的车辆送病人到医务室处理。

（2）对就诊的伤病游客，医务人员进行耐心、细致的检查、诊断、治疗，并做好诊断记录。

（3）景区医护人员均需持执业资格证上岗，并接受卫生管理部门对医务室进行的有关检查。

（4）在医务室就诊或现场救治的急诊游客，如病情危重，医务室不能处理者，经景区医护人员初步处理后，由景区车辆及时送就近的医院治疗，转送时由景区医护人员或指定的其他人员随同前往。

（5）对所有为重病人所做的处理，均应做好有关记录，包括病情经过、初步检查诊断结果、所采取的措施等，以便进一步的治疗及处理。

（6）需转诊的病人由医护人员直接通知车辆管理部门派车转诊。

（7）如遇重大伤、病或生命危险的游客，医护人员应及时向景区有关领导报告，协调有关各方及时、妥善地进行救治。

10.3.2.6 景区安全检查管理制度

（1）安全管理员负责每天上班后，检查安全操作规程的执行情况及劳动纪律，对事故苗头和违章作业的现象及时纠正、制止和教育，并提出防范措施。同时，检查游玩设施、安全通道、防护栏杆等设施是否完好。

（2）景区安全管理人员应结合日常情况，对重点部位，每天要巡回检查，做好记录，及时消除事故隐患，确保景区安全。

（3）景区领导每年2~4次组织有关部门和人员，进行景区全面的安全大检查。

（4）安全管理员要不定期地联合有关人员进行专业性、季节性、节假日前后等专项安全检查，发现问题提出整改方案，及时向上级汇报，并落实按期实施。

（5）安全检查实行“边检查，边整改”的原则，对检查出来的问题必须做到“条条有着落，件件有交代”，并且及时地总结和推广先进经验。

10.3.2.7　景区安全设施管理制度

（1）各部门要加强对管辖范围内无障碍设施的日常检查工作，发现残疾人通道等设施损毁的，安排专人进行看护，做好引导，同时根据设施设备保修维护规范上报维修。

（2）根据检查情况填写设施设备报修单，注明维修项目和准确地点，经主管领导同意签字后，由后勤公司负责维修。紧急情况下可电话报修，事后及时补填报修单。

（3）各部门负责人要定期派人对景区内安全栏杆和步道进行检查，发现问题及时上报维修。

（4）定期对扶手、栏杆进行检查，保证扶手、栏杆完好无损，为游客创造一个安全、舒适的旅游环境。

（5）厕所管理人员每天要对残疾人厕位进行检查，发现损坏及时上报维修。

（6）老年人通道、台阶等有障碍物时要及时清理，确保通道安全、通畅。

（7）如轮椅、拐杖、儿童车等设施损坏严重，没有维修价值的要做报废处置，并及时购置以满足需要。

（8）如景区的无障碍通道、安全栏杆、扶手等设施有损坏，不能继续使用时，后勤公司要及时联系施工队进行拆除，并及时修建以满足游客需要。

10.3.3　景区现场安全服务管理的典型任务处理

10.3.3.1　景区紧急事件疏散处置

（1）当景区发生紧急事件时，安全工作人员应迅速对出现险情区域的人员按照应急疏散方案，将其疏散到安全地带，并停止游客进入景区。

（2）抢救人员在确定安全的情况下，应迅速对已出现紧急事件的遇险人员实施紧急救援，并将其迅速转移到安全地带。

（3）安全工作人员在紧急疏散游客的同时，立即封锁已发事故现场，严禁一切无关的人员、车辆进入事故危险区域，保持应急救援安全通道的畅通，维持事故现场的治安和交通秩序，协助做好事故的排除和受伤人员的安全转移。

（4）险情排除人员应根据险情、已发事故现场情况，及时组织人员疏散，采取措施有效地控制事故的扩大，消除事故危害和影响，并防止可能发生的次生灾害。

（5）景区紧急事件疏散应急小组应根据已发事故的危害、初始评估等因素，确立现场抢救救援的工作方法，及时调整疏散路线和方法。

（6）救援人员应及时、科学地开展对遇险人员的抢救工作，120 到达后，配合对受伤人员进行救治，不能现场救治的要立即送往地方上医院，尽最大可能降低人员的伤亡，减少损失。

（7）做好紧急事件疏散处置记录台账。

（8）按照景区紧急疏散应急处置小组和主管领导的指示，及时将灾难情况及抢险救援情况向社会公布，向上级主管部门汇报。

10.3.3.2 景区游客高峰疏散处置

（1）安全工作人员应迅速上报领导，启动应急疏散方案，将游客疏散到安全地带，并停止游客进入景区或特定区域。

（2）抢救人员在确保安全的情况下，应迅速对已经出现游客高峰险情区域的遇险人员实施紧急救援，并将其迅速转移到安全地带。

（3）安全工作人员在紧急疏散游客的同时，若发生事故，应立即封锁事故现场，严禁一切无关人员、车辆进入事故危险区域，保持应急救援通道畅通。

（4）险情排除人员根据实际情况，组织人员疏散，有效控制事故的扩大，消除事故危害和影响，防止次生灾害发生。

（5）景区发生安全高峰事件时，应急处置小组应当根据已发事故的危害、初始评估等因素，确立现场抢险救援的安全工作方法。

（6）抢救人员应及时、科学、有序地展开对遇险人员的抢救，配合 120 人员对受伤人员进行救治，不能现场救治的要立即送往地方上医院救治。

（7）景区高峰期游客疏散应急处置小组应根据已发事故的类别、规模和危害程度，在必要时应当果断、迅速地划定危险波及范围和区域，组织相关人员安全撤离危险波及的范围和区域。

（8）工作人员按照高峰期游客疏散应急处置小组和主管领导的指示，及时将灾难情况及抢险救援情况向社会公布，向上级主管部门汇报。

（9）根据相关要求，做好紧急事件疏散处置记录台账。

10.3.3.3 景区紧急疾病处置

（1）景区内员工、游客发生突发急性伤病或传染性疾病时，工作人员都应予以帮助。

（2）对意识清醒的送景区医务室处理，在询问伤情和病情后，医务室决定是否需要送医院，同时来联系其亲属。

（3）对意识不清楚的、有骨折等严重外伤的人员就地平躺，由景区医务室或医务工作人员联系协议医疗机构处置；对于传染性极强的疾病，应逐级报告，并对病人进行隔离，疏散游客。

（4）严禁工作人员为游客使用口服药品。

10.3.3.4 地质灾害事件的安全处置

（1）安保人员应根据景区应急预案及相关要求，将有关情况及时向领导汇报，并向上级主管部门汇报，请求支援。

（2）如需转移游客采取措施，由现场工作领导及工作人员负责执行，及时划定地质灾害危险区，设立明显警示标志，确定预警信号和游客撤离转移路线，组织游客转移避让或采取排险防止措施，根据险情和灾害具体情况提出应急对策。

（3）根据灾害实际情况，景区后勤保障人员联系自然资源等部门进行调查，并由国土部门出具调查报告，根据报告制定方案，组织人员进行抢救，消除灾害。

（4）对外宣传人员根据相关要求及安排，第一时间发布信息，减小负面影响。

10.3.3.5 游乐设施安全故障处置

（1）根据游乐设施安全故障原因，启动相应应急预案与流程。

（2）工作人员按下设备紧急停止按钮，并通知维修人员。

（3）上报部门领导，同时着手游客的安抚和疏散工作。

（4）固定好故障游乐设施后，维修人员尽快消除故障，解救游客，并护送至安全位置。

（5）医护人员对身体不适的游客进行检查，并发放药品。

10.3.3.6 汛期安全处置

（1）各经营管理单位要迅速排除景区各漏雨处的险情，保证排水管道的畅通，遇突发情况要及时关闭设备电源。

（2）要做好所需防汛器材的采购工作，确保防汛工作顺利开展。

（3）要明确涉河、涉水旅游项目岗位责任人，对涉河、涉水旅游项目进行隐患排查、整改，逐项落实人员逃险避险预案。

（4）各经营管理单位要在防汛抢险领导小组的指令下迅速调度车辆配合抢险工作。

（5）各经营管理单位各岗位队员要及时疏散游客到安全区域，第一时间向防汛抢险领导小组报告发生险情的准确位置。

（6）医务室要及时对受伤游客进行治疗，对重症患者应及时联系 120 进行治疗。

（7）各经营管理单位要现场督导各部门的抢险救援工作，对受损情况进行清点。

（8）各经营管理单位要保护好财务凭证的安全，防止漏雨、漏水时损坏财务票据和设备。同时要协助经营商户将漏雨处的财产及时搬离到安全区域，协助旅行社做好团队游客的疏散及人员清点工作。

（9）各经营管理单位要通过景区广播，通知游客到景区指定的安全区域避雨、避险，提示游客注意安全。

（10）要不断收集游客已撤离和未撤离等信息，了解旅游景区内的安全情况，并及时逐级上报。

（11）强降雨和暴雨来临时，要组织有关人员对辖区内的旅游景区周围环境与安全设施进行全面排查，以防范因水位暴涨、岩石崩塌、山体滑坡等造成游客意外伤害事故发生。

（12）要及时疏通旅游干道积水，安排专人做好地质灾害易发路段、地质灾害点的值守、巡查工作，增加对景区公路、桥涵的巡查频次。

10.4 景区安全巡查管理

10.4.1 景区安全巡查管理的岗位职责

（1）熟悉景区安全巡查管理岗位的工作流程。

（2）熟悉和掌握景区内各游乐设施的技术状况和安全状况，及时做好安全教育和安全监督工作。

（3）准确、及时记录安全事故及处理结果，并将事故的具体情况及时报告主管经理及有关领导，分析事故原因，制定防范措施。

（4）熟悉景区内地形及消防设施的分布和使用方法。

（5）爱护通信器材和岗位上的各种设施。

（6）果断处置本岗位发生的问题。若有可疑人员和事件要有礼貌地进行盘查和监控。

（7）遇有火情及其他事故应及时报告、迅速扑救，或采取其他有效措施，保护好现场。

（8）定时、定点对景区内消防、防火等存在安全隐患的区域进行巡查。

（9）落实景区24小时安全巡查制度。

10.4.2 景区安全巡查管理的规章制度

10.4.2.1 安全巡查要求

（1）全体景区管理人员必须牢固树立“安全第一，游客至上”的思想，自觉维护景区秩序，及时制止游客的不安全行为发生。

（2）每天游客进入景区之前，各部门要组织安全人员对责任区域内的安全状况进行巡查，及时排除安全隐患；不能及时排除的，要在监控的同时，将隐患情况及解决方案迅速报告办公室和主管领导。驾驶员在车辆运行前也要认真进行安全检查，确保行车安全。

（3）各部门负责人要认真督促安全员每天巡查，并将巡查情况做好记录，由巡查人员签字，在次月初前将本月安全巡查记录汇总，由部门负责人签字后交办公室存档。

（4）按照“谁主管谁负责”“谁属地谁负责”的原则，严格实行责任追究制。

（5）各级责任人切实负起责任，要按照规定定期对分管工作进行安全巡查，发现问题应按级汇报，并及时处理，消除安全隐患。

（6）巡查情况由各负责人记录备案，并签字认可。

10.4.2.2　安全巡查人员及时间

（1）分管领导要和安全办公室人员每月至少进行两次安全巡查，检查、督促各部门责任人担负起具体分工事项，确保景区安全和稳定。

（2）部门负责人要每周至少进行一次安全巡查，检查、督促本区域的安全稳定工作，确保工作落到实处。

（3）安全员应坚持天天巡查，确保责任区域安全。

（4）重要节假日前、进入防汛或防火期间要进行综合安全大检查，对检查中发现的问题提出整改意见。如遇有突发天气情况，如冰雪灾害、大暴雨等，在灾前和灾后各责任人要对自己分管的区域进行重点检查，防患于未然。

10.4.2.3　检查内容

（1）各科室及部门制定安全措施及执行情况。

（2）各岗位员工落实岗位安全责任制情况。

（3）各科室及部门安全管理上有无漏洞及安全隐患。

（4）责任人对治安保卫条例的执行落实情况。

（5）需要整改的部位和隐患。如定期检查消防设施、重点要害部位监控情况等。

10.4.3　景区安全巡查管理的工作流程与规范

10.4.3.1　检查与巡查内容

（1）查意识：以相关检查与巡查规定、制度等为依据，检查与巡查相关制度、规定在旅游景区各部门的落实情况，对安全生产的认识是否正确等。

（2）查制度：检查和巡查相关制度是否健全，以及其落实情况。对于存在的问题及时整改。

（3）查措施：检查与巡查安全技术措施是否到位，是否有针对性，对于不符合安全技术的措施及时纠正。

（4）查隐患及整改：检查与巡查景区内各种安全生产条件、设备设施、装置、电气设备、安全用具、易燃易爆物品管理等是否符合安全生产法规、标准。

（5）查领导：领导对安全生产是否重视。

（6）查组织：是否成立景区安全生产领导小组，安全服务管理人员是否严格按照规定配备。

（7）查岗位职责：各级负有安全生产管理职责人员的岗位安全责任落实情况。

（8）查纪律：是否有擅离岗位、做与工作无关的事情。

（9）检查现场安全生产标志是否齐全到位。

10.4.3.2　检查与巡查方法

（1）看：看景区整体环境，包括景区施工现场的环境作业情况，以及安全生产情况。

（2）听：听汇报、介绍、反映、意见等，深入了解景区安全生产情况。

（3）闻：景区内是否存在易燃易爆物品、油料、化学材料、腐蚀物等安全隐患。

（4）问：询问景区各岗位安全状况，查找危险源和不利安全的环境因素。

10.4.3.3　检查与巡查形式

景区安全检查与巡查可以采取经常性、专业性、季节性检查与巡查方式进行。

10.4.3.4　检查与巡查实施

（1）班查：景区安全生产人员实施班前、班中、班后岗位检查与巡查，并做好相应记录。

（2）日查：景区带班领导每日检查与巡查，对安全隐患及存在安全问题的景区各区域进行检查与巡查，并做好记录。

（3）周查：景区各部门负责人对部门的安全生产检查与巡查。

（4）月查：景区安全工作领导小组每月对景区安全生产的检查与巡查。

（5）季查：景区负责人对景区安全生产的检查与巡查。

10.4.3.5　安全巡查工作流程

一是安全巡查准备。包括巡查的对象、目的、任务等；了解工作流程、可能存在危险的情况，制定安全员巡查记录表；安全巡查的内容、方式方法；编写巡查表或巡查提纲；书写表格或填写记录；挑选和训练巡查人员，并进行必要的分工等。

二是安全巡查实施。

（1）访谈，与有关人员谈话了解相关规章制度执行情况。

（2）查阅文件和相关记录。

（3）现场观察，到现场寻找不安全因素、事故隐患、事故征兆等。

（4）仪器测量，利用一定的检测仪器设备，对在用的设施设备、器材等进行测量，以发现隐患。

（5）掌握情况之后，就要进行分析、判断和检验。必要时可以通过仪器检验。

（6）对隐患进行及时处理，下达隐患整改通知书，提出整改要求和意见。

（7）复查整改落实情况，对不能立即整改的安全隐患，要采取有效的防范措施，并再次组织复查。

【延伸案例】

九寨沟管理局党委书记徐荣林率队检查指导景区安全生产工作

5 月 18 日上午，九寨沟管理局党委书记徐荣林，带领安监、消防、护保处等部门负责人，深入景区，就地灾防治、项目施工、游客接待、护林防火等方面安全生产工作进行了检查、指导。九寨沟管理局副局长刘春龙一同参加检查、指导。

（资料来源：https://www.jiuzhai.com/news/scenic-news/6362-2018-05-18-08-02-10）

10.4.4　景区安全巡查管理的典型任务处理

10.4.4.1　旅游景区汛期安全巡查典型任务处理

（1）提高思想认识，要有“防大汛、抢大险、救大灾”的汛期防范意识，克服麻痹思想，全面落实汛期安全责任。

（2）开展安全检查，全面分析汛期安全形势，深入开展隐患排查、治理工作。

（3）密切关注气候变化和雨情、水情等信息，及时掌握国土、水利、气象、交通等相关部门发布的道路交通、气候气象、自然灾害信息预报，采取有效措施进行预防。

（4）加强汛期值班制度，坚持领导带班和应急值守制度，确保防汛信息畅通。

（5）加强旅游景区安全防范工作布置与管理。

（6）进一步落实汛期防范、地质灾害、医疗救护、卫生防疫等安全管理制度的完善与实施。

（7）进一步落实汛期安全巡查责任制，根据景区汛期安全巡查制度，动态巡查景区防汛工作。

10.4.4.2　新冠肺炎疫情安全巡查典型任务处理

（1）加强巡查力度，在早、中、晚等不同时段开展景区安全巡查。

（2）对公共区域进行消毒，建立一小时保洁机制，抓好景区公共区域和旅游公厕的卫生保洁。

（3）强化疫情防控知识和安全生产知识宣传，引导景区居民以及客栈、宾馆经营人员安全用电用火，确保景区消防安全。

（4）组织技术人员对景区内游览设施如游船进行全方位检修。

（5）劝阻游客自发的聚集性活动开展。

（6）严禁与疫情防控工作无关的一切人员进入核心景区。

任务小结

旅游景区安全，对旅游景区自身以及对旅游景区所在区域旅游业发展，都具有极其重要的意义和作用。它关乎到旅游景区及旅游景区所在区域旅游业健康、可持续发展的"命脉"！因此，地方各级政府，以及旅游景区自身都将旅游景区安全作为景区管理"第一要务"！本任务从旅游景区安全服务管理概念、特征入手，在深入阐述相关概念、分类、特征、表现及成因的基础上，重点围绕景区安全服务管理类型、主要岗位及其职责，以及能够及时、全面处理景区安全管理的应急指挥中心进行详细分析。最后，围绕景区现场安全服务管理、景区安全巡查管理两个大方面，阐述其岗位职责、工作流程，为旅游景区安全管理奠定了坚实的理论与实践基础，为国内外旅游景区安全管理提供了借鉴。

任务测验

一、名词解释

1. 旅游安全
2. 旅游景区交通安全事故
3. 旅游景区治安事故
4. 旅游景区火灾事故
5. 旅游景区自然灾害事故
6. 旅游景区食物中毒事故
7. 旅游景区环境安全事故
8. 旅游景区溺水事故
9. 旅游景区游乐设施安全事故
10. 旅游文化冲突事故

二、填空题

1. 旅游安全就是旅游活动中，出现的一切不安全的现象及矛盾冲突，包括旅游主体自身的安全意识问题和旅游过程中发生的涉及安全的事件。

2. 在景区（点）内的某些特殊地段，为了游客的安全或节省体力而设置的交通工具，比如缆车、索道、直达观光电梯等，都被称为特种旅游交通工具。

3. 景区环境安全事故一般是指景区内的自然环境、游览场所因自然因素或人为因素而导致的安全事故。

4. 文化冲突事故是指因游客对旅游目的地的文化背景缺乏了解而产生的意外事故。

三、选择题

1. 旅游安全的特征包括（ABCD）。

A. 隐蔽性　　B. 特殊性　　C. 复杂性　　D. 广泛性

2. 下列（ABCD）因素可以导致旅游景区自然灾害事故的发生。

A. 台风　　B. 山洪　　C. 地震　　D. 海啸

3. 造成旅游景区安全事故发生的原因有（ABD）。

A. 旅游者安全意识薄弱　　B. 旅游景区安全管控存在漏洞

C. 旅游景区安全事故是不可避免的　　D. 旅游景区突发自然灾害

四、讨论题

1. 旅游景区内购物场所应如何做好安全服务管理？

2. 旅游景区安全事故发生的原因有哪些？

3. 旅游景区安全服务管理的主要类型有哪些？

4. 以某一旅游景区为例，分析其面临的安全管理隐患，并提出相应的措施。

5. 以某一旅游景区为例，结合智慧旅游发展情况，分析现代技术手段在旅游景区安全管理中的应用。

6. 新冠肺炎疫情情况下，如何做好旅游景区的安全管理工作？

参考文献

[1] 温燕．旅游景区服务与管理［M］．武汉：华中科技大学出版社，2017.

[2] 席建超．旅游景区安全管理［M］．北京：旅游教育出版社，2015.

[3] 李洪波，陈金华．旅游景区安全管理指南［M］．北京：中国旅游出版社，2010.

[4] 国家旅游局综合协调司．旅游景区安全管理实务［M］．北京：中国旅游出版社，2012.

[5] 钟永德．旅游景区管理［M］．长沙：湖南大学出版社，2005.

[6] 张河清．旅游景区管理［M］．重庆：重庆大学出版社，2018.

[7] 邹统钎．旅游景区管理［M］．天津：南开大学出版社，2013.

任务 11　景区环境与绿化管理

❖情景案例

《案例 11–1》

据北京青年报 2016 年 10 月 3 日报道，“十一”长假第二天，北京遭遇了雾霾的困扰。昨天（10 月 2 日）8 时，本市发布了入秋以来首个空气重污染黄色预警，预计雾霾天将持续到明日白天。而受雾霾困扰的北京城游客量也出现了下降，全市监测的 180 个主要 A 级景区昨天接待旅游者 187 万人次，同比减少 11.2%。

昨天 8 时，全市大部分地区均达到重度污染级别，只有东北部地区的空气质量略好一些，处于中度污染水平。北京市空气重污染应急指挥部办公室发布空气重污染黄色预警，本市将持续两天维持重度污染状态。

北京环保监测中心的预报显示，昨天夜间，本市继续处于均压场控制，扩散形势较差，而今天白天的逆温较强，扩散条件依然不利，将持续处于重度污染状态。今天北京扩散条件仍然较差，有轻度到中度霾。根据气象部门的预测，今天夜间到明天白天，京城将再次迎来降雨天气，明天傍晚到夜间降雨结束后，将有二三级间四级的北风，霾天气将逐渐减弱消散，5 日和 6 日可以恢复至良好水平。

？想一想：遭受雾霾困扰，北京2016年国庆景区游客同比减少一成，景区的环境质量为什么对游客量有这么大影响？

❖学习导引

据钱江晚报 2019 年 12 月 5 日报道。

每年春天，太子湾的郁金香是杭州最不能错过的春日盛宴。

这两天，太子湾公园的郁金香开种了。从荷兰漂洋过海来的郁金香，与太子湾公园再度相会。今年，足足近 40 万球的郁金香、洋水球、风信子将在太子湾公园安家落户。

那么，郁金香究竟是怎么种的呢？

原来，为了迎接这些从荷兰来的“贵宾”，花港管理处郁金香大师工作室的师傅们可是做了不少工作。

11 月初，他们就开始早早对种植地块的土壤进行翻地、消毒等工作。花港管理处园林科的王凯介绍说：“消毒杀菌，为的就是防止得病后成片感染，毕竟有 40 万球呢，一旦得病了就不好说了。”

郁金香泡“牛奶浴”

光是土壤消毒还不够，这周开始，漂洋过海的郁金香都泡起了“牛奶浴”，目的也是为了消毒杀菌。

准备工作做好了，师傅们就根据设计图纸一颗一颗地种进土里。

郁金香的种球长得很像一颗放大版的好时巧克力，底部有根须，顶上冒着小芽瓣。种的时候，师傅们要先用锄头挖出个小坑，然后将一颗颗郁金香的种球放进去，随后覆土即可。整个过程不过几秒，但实际上还是有讲究的：每个花球种植的间隔最好 10~15 厘米，整个坑的深度也在 10 厘米左右最好，这样郁金香来年长势会比较好。

放大版的“好时巧克力”

40 万颗种球，差不多有 20 个师傅在现场种植，整个种植过程，大概要持续两周左右。

另外，今年郁金香的种植手法与往年有所不同，以往郁金香种下去之后，在冬季发芽期间，上面都是光秃秃的土层，景观不太好。今年，在望山坪北侧，就是大风车草坪的前面，采用了郁金香与角堇相间种植的形式。虽然种植难度高，但是景观效果好了可不是一点点。

角堇是一种冬季草花，在郁金香育苗、发芽期间，角堇就会盛开，绿叶紫花，形成一片亮丽的花海。冬天的太子湾公园，从未如此绚烂。

角堇

今年的郁金香品种，增加了较多复色和重瓣系的品种，新品种达 14 个，像蓝宝石、白雪公主、米兰达等，到了明年春天，这些各色花儿争奇斗艳，将公园装点成五光十色、芳香袭人的花海。想把这些新品种看个齐全，大家可以来望山坪北侧一带，都能找到。

在坡地上画出各种各样的图案

此外，太子湾公园还“调皮”了一下：在琵琶洲附近的坡地和林下地设计了一些与众不同的图案，根据不同的花色设计成郁金香、彩虹、爱心等图形，再种上郁金香，让明年的游园赏春变得更有趣味，大家来太子湾公园也有了新的打卡方式。

明年 3 月中旬以后，郁金香会慢慢盛开，等着你们来这片芳香袭人的花海踏春。

?想一想：每年春天杭州太子湾公园因为郁金香吸引了大批游客，绿化环境的养护对太子湾公园吸引游客起到了怎样的作用？

❖学习目标

素质目标

· 能认识到人与自然和谐共生对于景区生态可持续发展的重要性；

· 能掌握景区管理人员对景区环境的管理方式；

· 能掌握利用环境要素打造景区休闲氛围的方式方法。

知识目标

· 了解旅游景区环境绿化相关的法律法规、标准等相关知识；

· 掌握处理景区环境突发状况的基本方法；

· 掌握景区绿化工程和绿化环境管护的基本方法。

技能目标

· 能有效应对景区环境与绿化方面的突发事件；

· 能分析、诊断景区环境与绿化管理方面存在的问题及其深层次原因；

· 能结合景区实际情况，设计出景区环境与绿化的优化方案。

11.1　认识景区环境与绿化管理

一般而言，景区环境包括多方面的内容，通常指影响景区条件和状况的各种环境因素，如自然环境、经济环境和社会环境等。

景区自然环境是指景区的大气、土壤、动植物资源多样性、地表水和噪声状况等，这些自然状况直接影响景区的吸引力、规模、水平和实现可持续发展的能力。

景区经济环境指景区的经济运行状况，它受到很多因素的影响和制约，如所在地的经济发展水平、宏观经济形势、市场腹地大小、交通条件、劳动力规模和素质状况等。

景区社会环境指景区所在地所处的社会发展程度，它受到当地居民文化水平、职业构成、年龄构成、收入水平、风俗习惯、宗教信仰等多种要素的制约。旅游景区的安全性、文明程度、友好程度、开放程度、对外来文化的接受程度等是旅游景区社会环境的最明显的衡量指标。

景区环境系统是一个非常复杂的系统，自然环境、经济环境和社会环境三者之间是相互作用、相互影响的。在景区的开发过程中需要对这三方面进行深入的调研与规划，对于已经建成投入使用的景区，其日常的经营管理工作主要针对景区自然环境。所以，本次任务将着重从景区自然环境管理的角度出发，通过对大气环境、水环境、声环境、植被绿化这四个方面的阐述，让大家了解景区环境管理的基本工作制度及工作方法。

11.1.1　景区环境与绿化管理的主要类型

《旅游景区质量等级的划分与评定》(GB/T17775-2003)对景区的空气质量、地表水质量、噪声指标提出了要求，因此景区日常的环境管理工作也围绕这三个方面展开。

目前国内越来越多的景区采用了植物群落造景的方式，如度假村、游乐场、古镇古街等。这些景区中的植物多为人工栽种的园林景观植物，对于整个景区环境的营造起到了非常重要的作用。业内常说园林景观绿化“三分种，七分养”，可以说景区植被绿化管理是景区环境管理工作中非常重要的组成部分，因此将其单独罗列。

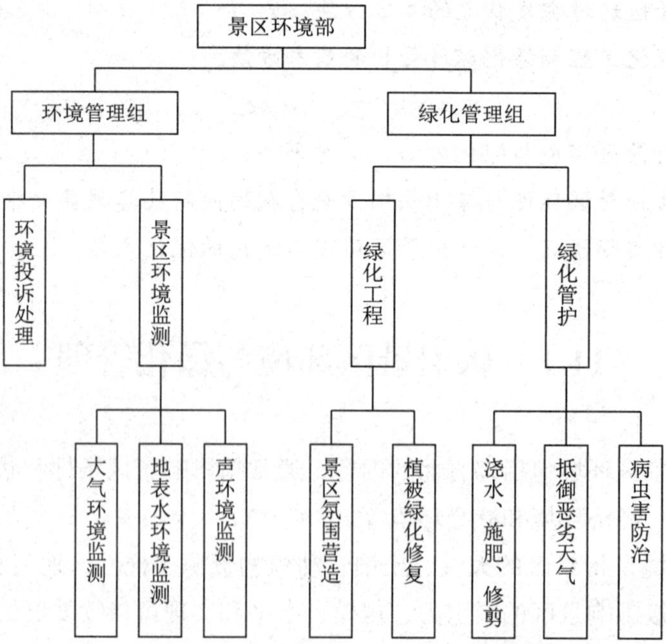

图 11-1　景区环境与绿化管理组织架构图

11.1.2　景区环境与绿化管理的主要岗位

景区环境与绿化管理所涉及的岗位人员主要可以分为景区环境管理人员和景区绿化

管理人员两类。在一些规模较小的景区中，这两类岗位也可以合并成一个岗位，同时兼任这两方面的职能。

景区环境管理人员，主要职责包括景区环境投诉的处理；协助专业机构进行景区环境监测（对于国家级自然保护区或国家公园，也会设置专门的环境监测部门进行监测）；控制景区环境主要污染源；景区环境突发事件的处理。

景区绿化管理人员，主要职责包括景区的植被维护保养；配合节假日或者景区特定活动布置植被景观；预防威胁到景区植被生存的危险，如极端天气和病虫害。

11.1.3　景区环境与绿化管理的基本目标

11.1.3.1　环境管理的目标

（1）景区内空气清新，水质清澈，环境幽静，生态宜人。

（2）清除可能影响景区环境的污染源，如污染源实在不能清除，应该做到有效控制。

（3）及时处理游客关于环境方面的投诉，提供良好的游赏体验。

（4）做好突发环境事件的应急预案，保障游客人身安全。

11.1.3.2　绿化管理的目标

（1）景区植物生长健壮、旺盛，观叶植物颜色鲜艳。

（2）无病虫害、无死树、无枯枝、无残花、无败叶、无野生藤萝缠生、无缺株、无杂草。

（3）枯萎和倒伏的乔、灌木及时处理，并做好严寒、酷暑、台风等极端天气的预防工作。

（4）草坪要求保持青绿旺盛，边缘草要修剪整齐，无黄土裸露，现场边缘整齐、美观、无杂草。

（5）在重要节庆日或活动中运用园林植物营造主题氛围，特别是应配合春节、五一、国庆等重大节日。

11.2　景区环境监测管理

景区是人们欣赏游玩、休闲放松的地方。清新的空气、干净的水体、幽静的环境往往是让人畅游其中、恋恋不舍地必要条件。然而，景区的环境往往容易因为各种原因而遭到污染，为了让游客能有上佳的游览体验，对景区环境的管理工作是必不可少的。景区的环境管理工作主要针对大气环境、地表水环境以及声环境三个方面进行。

景区的环境管理，就是在确定监测指标的基础上，按照国家出台的标准对景区实施环境管理。主要内容包括：

（1）处理景区中关于环境问题的投诉，保障游客良好的游赏体验。

（2）通过追溯景区中的污染源，有效控制、预防景区的环境污染。

（3）通过对监测指标的定量评价，为景区资源合理开发利用、生态环境综合整治提供科学依据。

11.2.1 景区环境监测管理的岗位职责

景区的环境管理的目的在于了解现状、发现问题，有针对性地采取保护措施。岗位职责在于保障景区环境安全，处理游客关于景区环境问题的投诉。根据环境监测数据，对景区的环境污染因子、环境质量现状进行分析；同时根据现有的环境状况，对环境质量的变化规律、未来的环境变化趋势及形成原因进行预测，在预测的基础之上，提出合理的保护措施和科学管理方案。具体岗位职责如下：

（1）遵守公司的规章制度，服从工作安排，自觉维护景区形象。

（2）及时处理游客关于景区环境问题的投诉，保障游客游赏体验。

（3）从景区具体实际出发，对景区环境监测的需求进行细致、深入的调研，协助专业的环境监测单位制定总体监测方案。

（4）从景区具体实际出发，对景区各功能区域进行调研，做好景区突发环境事件的应急预案。

（5）搜集、分析景区及其周边历年空气质量、水质、声环境方面的数据，组织研判可能的污染源。

（6）对于常规的景区环境监测项目如水温、pH 值、气温、湿度等，应该及时做好监测工作，并按规定做好相关记录。

（7）对于需要送实验室监测的相关项目，应该严格按照国家相关规范，协助环境监测部门及时、准确地做好样品采集工作。

（8）对日常检测所得到的数据进行分析处理，做好相关的记录备案工作。

（9）如遇到检测结果显示景区环境质量不符合国家相关标准，应该及时上报，并配合其他岗位的人员及时解决问题。

（10）应保持景区各监测点的各项监测设备处于最佳位置，如因水流、风力等原因导致仪器偏离预定位置，应该及时矫正。

（11）注意设备的维护和保养，对仪器设备至少每天检查一次。如果出现监测设备故障，应及时通知维修员进行维修。

（12）除监测人员和维修员，严禁其他人员触碰仪器设备，做好监督工作。

（13）做好监测数据、监测点情况记录表的保存工作。

（14）如遇到突发的环境危机事件，应该及时上报，并封存事件发生前的环境监测数据以备查。

（15）负责新入职员工的岗前培训。

（16）完成领导交办的其他工作。

11.2.2　景区环境监测管理的规章制度

11.2.2.1　目的

为了加强景区环境监测管理工作，落实景区的环保责任，贯彻国家环境保护方针、政策，为游客提供优质的景区环境，特制定本制度。

11.2.2.2　适用范围

本制度适用于景区内环境状况和对于大气环境、水环境以及声环境的监测管理。

11.2.2.3　职责与分工

（1）景区环境部是景区环境监测工作的监管部门，负责监督、管理景区环境监测工作的开展情况，负责监督各部门对本制度的执行情况。

（2）各工作小组及相关部室是环境监测工作的具体执行部门，具体执行本制度中的规定，接受景区环境部的监督、管理。

（3）检验中心（可由景区自行创建，或委托第三方中立机构）是环保数据的测量、提供部门，为景区环境监测管理提供技术支持。

11.2.2.4　内容与要求

（1）景区环境部要做好对景区各区域日常环境监测管理的监督、检查工作。

（2）定期组织召开环境监测分析会，掌握主要污染物质的排放规律和环境质量的发展趋势，按规定编制报表和报告。

（3）定期采用暗访、问卷调查、访谈等形式，及时了解游客对于景区环境状况的满意程度，以及景区环境部门处理游客投诉情况的满意度。

（4）科学检测，严格执行标准，遵守检测程序，保证检测质量，做到数据准确、有效。

（5）各环保设备设施操作人员、环境监测人员必须严格执行公司环境管理相关制度，钻研业务，提高监测技术。

（6）现场监测采样以及样品保存、运输、交接、处理和实验室分析的原始记录是监测工作的重要凭证，应在记录表格上按规定格式填写。

（7）原始记录应使用墨水笔或档案用签字笔书写，字迹端正、清晰，数据规范，不得涂改或撕毁原始记录。

（8）监测人员必须具有严肃认真的工作态度，对各项记录负责，及时记录，不得以回忆方式填写。

（9）测试人和审核人在原始记录上签名后方可报出数据。

（10）原始记录应有统一编号，按期归档保存。

（11）监测点所在区域的部门应积极配合，主动提供相关资料和情况，并为采样、取证、检验等现场工作提供必要的条件。

（12）景区活动、项目施工等工作有可能影响环境监测的，监测点所在区域的部门要及时通知景区环境部。

（13）对于发生的环境监测事故，应及时上报，并由景区环境部组织事故有关部门、监测小组、化验中心等部门召开分析会，参照《安全生产事故报告和调查处理制度》处理。

（14）遵守保密规定，妥善保管检测资料。采样计划、检验报告、原始记录和数据未经景区环境部许可，一律不准以任何形式向无关人员泄露、扩散。

（15）当监测需求超出景区自身技术支持条件时，可委托外部合法单位进行监测，并积极配合协助完成景区环境监测工作。

11.2.3 景区环境监测管理的工作流程与标准

11.2.3.1 景区环境监测管理工作流程

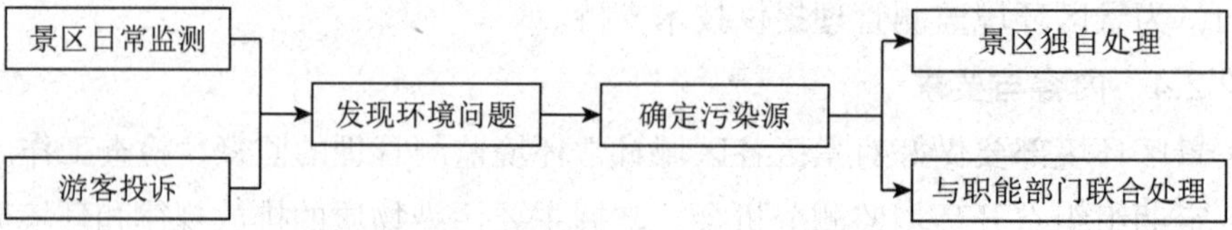

图 11-2 景区环境监测管理流程图

11.2.3.2 景区空气质量标准

根据《旅游景区质量等级的划分与评定》（GB/T17775-2003）要求，景区空气质量应达到 GB3095 中的一级标准。

依据《环境空气质量标准》（GB3095-2012），环境空气功能区分为二类：一类区为自然保护区、风景名胜区和其他需要特殊保护的区域；二类区为居住区、商业交通居民混合区、文化区、工业区和农村地区。

一类区适用一级浓度限值，二类区适用二级浓度限值。一、二类环境空气功能区质量要求见表 11-1 和表 11-2。景区的空气中的污染物限值应该达到表 11-1 和表 11-2 中的一级标准。

表 11-1　环境空气污染物基本项目浓度限值

序号	污染物项目	平均时间	浓度限值		单位
			一级	二级	
1	二氧化硫（SO_2）	年平均	20	60	μg/m³
		24 小时平均	50	150	
		1 小时平均	150	500	
2	二氧化氮（NO_2）	年平均	40	40	
		24 小时平均	80	80	
		1 小时平均	200	200	
3	一氧化碳（CO）	24 小时平均	4	4	mg/m³
		1 小时平均	10	40	
4	臭氧（O_3）	日最大 8 小时平均	100	160	μg/m³
		1 小时平均	160	200	
5	颗粒物（粒径小于、等于 10μm）	年平均	40	70	
		24 小时平均	50	150	
6	颗粒物（粒径小于、等于 2.5μm）	年平均	15	35	
		24 小时平均	35	75	

表 11-2　环境空气污染物其他项目浓度限值

序号	污染物项目	平均时间	浓度限值		单位
			一级	二级	
1	总悬浮颗粒物（TSP）	年平均	80	200	μg/m³
		24 小时平均	120	300	
2	氮氧化物（NOx）	年平均	50	50	
		24 小时平均	100	100	
		1 小时平均	250	250	
3	铅（Pb）	年平均	0.5	0.5	
		季平均	1	1	
4	苯并［a］芘（BaP）	年平均	0.001	0.001	
		24 小时平均	0.0025	0.0025	

除了上述国家规范要求的必须监测的项目外，景区也可根据实际情况对以下项目进

行监测：负氧离子浓度、空气温度、空气湿度、风力、风向、阳光照射强度、阳光辐射指数、气压等，引导游客走向优质环境区域，或者为景区优良环境的发展提供参考依据。

11.2.3.3 景区地表水质量标准

根据《旅游景区质量等级的划分与评定》（GB/T17775-2003）要求，景区地表水质量达到 GB3838 中的 II 类标准。

在《地表水环境质量标准》（GB3838-2002）中，依据地表水水域环境功能和保护目标，按功能高低依次划分为五类：

（1）Ⅰ类：主要适用于源头水、国家自然保护区；

（2）Ⅱ类：主要适用于集中式生活饮用水地表水源地一级保护区、珍稀水生生物栖息地、鱼虾类产卵场、仔稚幼鱼的索饵场等；

（3）Ⅲ类：主要适用于集中式生活饮用水地表水源地二级保护区、鱼虾类越冬场、洄游通道、水产养殖区等渔业水域及游泳区；

（4）Ⅳ类：主要适用于一般工业用水区及人体非直接接触的娱乐用水区；

（5）Ⅴ类：主要适用于农业用水区及一般景观要求水域。

如在景区中的同一水域兼有多类使用功能，执行最高功能类别对应的标准值，地表水的总体质量应该达到 II 类标准（见表 11-3）。

表 11-3 地表水环境质量标准基本项目标准限值（单位 mg/L）

序号	标准值项目	Ⅰ类	Ⅱ类	Ⅲ类	Ⅳ类	Ⅴ类
1	水温（℃）	人为造成的环境水温变化应限制在：周平均最大温升≤ 1；周平均最大温降≤ 2				
2	pH 值（无量网）	6~9				
3	溶解氧≥	饱和率 90%（或 7.5）	6	5	3	2
4	高锰酸盐指数≤	2	4	6	10	15
5	化学需量（COD）≥	15	15	20	30	40
6	五日生化需氧量（BOD_5）≤	3	3	34	6	10
7	氨氮（NH_3-N）≤	0.15	0.5	1.0	1.5	2.0
8	总磷（以 P 计）≤	0.02	0.1	0.2	0.3	0.4
9	总氮（湖、库，以 N 计）≤	0.2	0.5	1.0	1.5	2.0
10	铜≤	0.1	1.0	1.0	1.0	1.0
11	锌≤	0.05	1.0	1.0	2.0	2.0
12	氟化物（以 F^- 计）≤	1.0	1.0	1.0	1.5	1.5

续表

序号	标准值项目	Ⅰ类	Ⅱ类	Ⅲ类	Ⅳ类	Ⅴ类
13	硒≤	0.01	0.01	0.01	0.02	0.02
14	砷 ≤	0.05	0.05	0.05	0.1	0.1
15	汞≤	0.00005	0.00005	0.0001	0.001	0.001
16	镉 ≤	0.001	0.005	0.005	0.005	0.01
17	铬（六价）≤	0.01	0.05	0.05	0.05	0.1
18	铅 ≤	0.01	0.01	0.05	0.05	0.1
19	氰化物≤	0.0050.05	0.05	0.2	0.2	0.2
20	挥发酚 ≤	0.002	0.002	0.005	0.01	0.1
21	石油类≤	0.05	0.05	0.05	0.5	1.0
22	阴离子表面活性剂≤	0.2	0.2	0.2	0.3	0.3
23	硫化物≤	0.05	0.1	0.2	0.5	1.0
24	粪大肠菌群（个/L）≤	200	2000	10000	20000	40000

11.2.3.4　景区声环境指标

根据《旅游景区质量等级的划分与评定》（GB/T17775-2003）要求，景区噪声指标达到 GB3096 中的 1 类标准。

在《声环境质量标准》（GB3096-2008）中，按区域的使用功能特点和环境质量要求，声环境功能区分为以下五种类型：

（1）0 类声环境功能区：指康复疗养区等特别需要安静的区域。

（2）1 类声环境功能区：指以居民住宅、医疗卫生、文化教育、科研设计、行政办公为主要功能，需要保持安静的区域。

（3）2 类声环境功能区：指以商业金融、集市贸易为主要功能，或者居住、商业、工业混杂，需要维护住宅安静的区域。

（4）3 类声环境功能区：指以工业生产、仓储物流为主要功能，需要防止工业噪声对周围环境产生严重影响的区域。

（5）4 类声环境功能区：指交通干线两侧一定距离之内，需要防止交通噪声对周围环境产生严重影响的区域，包括 4a 类和 4b 类两种类型。4a 类为高速公路、一级公路、二级公路、城市快速路、城市主干路、城市次干路、城市轨道交通（地面段）、内河航道两侧区域；4b 类为铁路干线两侧区域。

景区的声环境质量应该达到 1 类标准，各类声环境功能区噪声限值如表 11-4 所示。

表 11-4 环境噪声限值

单位：dB（A）

时段 \ 声环境功能类别		昼间	夜间
0 类		50	40
1 类		55	45
2 类		60	50
3 类		65	55
4 类	4a 类	70	55
	4b 类	70	60

11.2.4 景区环境监测管理的典型任务处理

11.2.4.1 景区自行处理环境问题

面对景区内部原因产生的环境问题，景区往往会动用自身的力量进行快速处理。对于损害比较轻微的投诉，应该做到及时处理，如叫卖声太大影响游赏体验、烧烤区浓烟太大影响就餐环境、游客向水中丢弃杂物影响景观等。有些严重的，甚至造成景区环境危机的情况，景区应该及时采取有力措施，甚至暂时封闭景区来进行集中的环境治理，从而保证景区的可持续发展。

【延伸案例】

盐湖常年有很浅的积水，水面平整，湖的面积也足够大，使得光线充足的情况下可以很轻易地出现反射效果。由于盐滩上所呈现的天空与地面融为一体的画面太过梦幻，所以称为“天空之镜”。中国的茶卡盐湖便是这样的一个人间仙境。

暑假期间，青海乌兰县的“天空之镜”茶卡盐湖正值旅游旺季，但是迎来大批游客后，该地却变成了“巨大的垃圾场”。湖面走廊上的游客无视垃圾桶，将穿过的鞋套遍地乱扔。据景区环卫工人介绍，为收捡这些垃圾，他们每天要工作 13 个小时。工作人员也表示，现在的工作时间都是从早上 7 点半到晚上 8 点半，即便如此，也还是不能及时地处理每一处的垃圾。

因为暑假的到来，全国各景点客流量暴增，在抖音上爆红的“天空之镜”也成为诸多游客的打卡地点。数以万计的游客踩在盐湖上，湖面上原有晶体已经不见，湖底的淤泥被带出，再加上天气的缘故，湖水干旱，“天空之镜”几乎遭到了毁灭性的破坏。

随着茶卡盐湖的名气越来越大，环境被破坏的问题越来越严重。景区于 2017 年 11 月 1 日开始不得不闭园改造，直到 2018 年 4 月 26 日才正式重新开园了。

11.2.4.2　景区联合相关部门处理环境问题

有些景区的环境问题，其污染源不在景区内部，甚至不在景区管理委员会的管辖范围内。这时，就需要景区及时与当地政府相关职能部门进行沟通，一起协商解决。景区环境管理人员面对这样的情况，应该积极搜集关于外部污染源污染景区环境的证据，配合好相关职能部门的整治工作，从而保障景区的环境质量。

【延伸案例】

茅山风景名胜区位于江苏省镇江市句容市，风景区内植被茂密，风景秀丽，是中国道教名山和国家 4A 级旅游景区。而被群众投诉的这家石子厂就位于茅山风景区辖区内西侧上杆村的林山山下，石子厂周围是戴庄村、袁巷村、顶冲村和上杆村。

林山此前属于句容市天王镇袁巷村所有，后因区划调整，林山目前归属句容市茅山风景名胜区管理委员会下属的上杆村所有。

“这个厂子已经存在好几年了，污染严重。尤其在夜里，大车往下卸石头、机器敲石头、破碎石头的声音一直不断，尘土飞扬，我们夜里都没法睡觉。”村民们对这家石子厂意见很大，多次向有关部门举报。

因为该石子厂没有通过规划和环保审批，而且污染严重，村民意见很大，再加上林山已划入茅山风景区，景区联合有关部门多次试图关停这家石子厂。为了关停石子厂，当地政府停止给石子厂供电，现在是石子厂自己购置的发电机组在发电支持生产。该企业因涉嫌违法，已由国土部门移交给了公安机关办理，目前案件还在调查中。

11.3　景区环境绿化管理

景区优美的环境很大程度上依赖其中的植被状况，随着近年来景区的发展，人造植物群落成了景区景观中重要的组成部分。人造植物群落，也就是常说的园林绿化，主要是通过对区域内环境、风景、植物的合理设计及配置来形成具有特色的植物景观。

中国园林植物区划　　　　园林植物的常用搭配

植物是有生命的，是会动态生长的，园林绿化最主要的一个特点就是有着季相的变化。然而，要使园林植物或景区植被风貌维持在最佳的状态，需要通过精心的养护工作。一般而言，当景区开发完成后需要长期进行养护工作，使得植被风貌在最大程度上维持最初设计的绿化成果，甚至好的后期养护可以使植被景观变得更加美丽，从而保证景区在运行过程中对游客保持足够的吸引力。

11.3.1 景区绿化管理的岗位职责

景区的绿化管理的目的在于维护、更新植被状态，有针对性地优化改进措施。岗位职责在于日常养护好植被的状态，并配合节假日或者景区特定活动布置临时的植被景观，甚至对一些景点的绿化景观进行更新设计；并要求岗位工作人员能及时预防威胁到景区植被生存的危险，如极端天气和病虫害。具体的职责如下：

（1）遵守公司的规章制度，服从工作安排，自觉维护景区形象。

（2）绿化养护：浇灌、松土及不良土壤的更换、施肥、修剪、造型、除草、病虫害防治、补植、树木扶正、绿地保养及绿化垃圾的清运。

（3）绿化防护设施的维护及景区安排节假日或主题节庆活动前的花卉、景点布置、检查前现场准备等临时性、突发性的任务等。

（4）植物调整：按景区的要求，以及游客的游赏需要进行植物园区品种的优化、调整种植，植被景观的美化更新。

（5）时花摆设：按景区规定提供重点景点节日摆花方案、负责摆花和养护。

（6）极端天气预防，以及灾后植被的恢复工作。

（7）绿化遭遇人为破坏（如游客践踏）后，及时修补恢复绿化景观。

（8）植物病虫害防治。

（9）注意绿化维护设备的保养，如果出现设备故障，应及时通知维修员进行维修。

（10）负责新入职员工的岗前培训。

（11）完成领导交办的其他工作。

11.3.2 景区绿化管理的规章制度

11.3.2.1 绿化景观管理制度

（1）充分领会节庆日的内涵，配合景区相关节庆活动，选择合适的植物品种进行节庆氛围的营造。

（2）深入了解游客需求，从景区自身的实际情况出发，对景区中的重点景点进行绿化景观的更新改造，使其更加具有吸引力。

（3）保障在绿化工程施工期间，景区可以正常运营。绿地、草坪内无堆物堆料、搭棚或侵占等现象，行道树树干上无钉拴刻画的现象。

（4）加强节庆花坛保洁，确保各类绿地的花坛整洁有序。

（5）新增设的植物景观，应该与原有植被充分结合，不能侵占原有植被的生存环境，破坏原有植物绿化景观。

11.3.2.2　养护档案管理制度

（1）建立完整的绿化养护台账，并由专人负责、专人管理。绿化资料记录详细，分类清楚，数据翔实。各种档案按系统分类，园林植物、草坪、地被等统一存放于档案盒并贴上标签，编制档案目录。

（2）月度养护计划及养护作业按时记录、及时上报，并结合现状和季节时令，针对性强，养护档案做到完整、真实，不得弄虚作假。

（3）建立景区养护数据库，并根据实际情况进行变动。

（4）考勤登记表每月由养护负责人填写，月底交景区环境部。

（5）养护负责人应按时参加由景区环境部组织的周、月工作例会、专项养护等会议。

11.3.2.3　养护人员管理制度

（1）养护人员须熟悉所管区域的绿化面积和布局、花草树木的品种和数量，并熟悉花草树木的名称、特性和培植方法，了解其生长特征和养护方法等。

（2）养护人员必须持卡上岗，即进入景区工作时要从值班室拿卡，离开景区后将卡交回。每月统计一次人数，如有擅自离岗的情况，每人每次罚款 100 元（具体处罚金额景区可根据实际情况作出相应调整）。

（3）养护人员须每日到位，统一着装，佩戴工号牌。工人工衣每年夏、冬装各两套，并需备有安全生产必需的劳保用品。

（4）养护人员应持身份证、健康证等必要证件，并且证件交由有关人员审核同意后，方能上岗。人员上岗前须接受岗前培训。

（5）养护人员必须按规定上下班，不得串岗、偷懒、吸烟、聊天睡觉或做与工作无关的事情，如有以上行为，景区应做出相应处罚。多次警告不听者，劝其离职。

11.3.2.4　绿化养护安全管理制度

（1）树立安全第一的思想，增强安全思想意识，注重安全，把安全工作放在首位，确保生命、财产不受损失。

（2）做好安全工作的宣传与检查，对新员工上岗前要进行安全知识的培训，切实落实各项安全措施。

（3）员工在喷药工作时，要戴口罩、眼镜与胶手套，然后才能操作。在喷药过程中，原则上不能吸烟与不能接触食品，更不能将食品入口而食。喷药后要清洗干净手、脸与更换衣服后，才能饮食，切实防止人员中毒的事故发生。

（4）员工在进行剪草与修剪树木等维护工作时，应按技术规范进行操作，正确使用剪草机、绿篱修剪机与喷药机等，防止机具伤害人员的事故发生。

（5）仓库内的各种物品，如农药、化肥、易燃物品等要分类堆放，做好防潮、防火、防盗安全措施。库内应按规定配备灭火器，绿化工作人员要学会使用灭火器。

（6）员工在绿化管理工作过程中，凡是高空作业，要采取安全防护措施，必须系好安全带才能进行作业，切实防止人员伤亡事故的发生。

11.3.3 景区绿化管理的工作流程与规范

为了更好地进行景区的绿化管理和养护，各个景区往往会从自身的条件出发，编制适用于景区范围内的绿化管理和养护规范。景区的绿化管理分为绿化工程和绿化管护两个部分。相应的流程与规范也被分为这两个部分。

11.3.3.1 景区绿化管理的工作流程

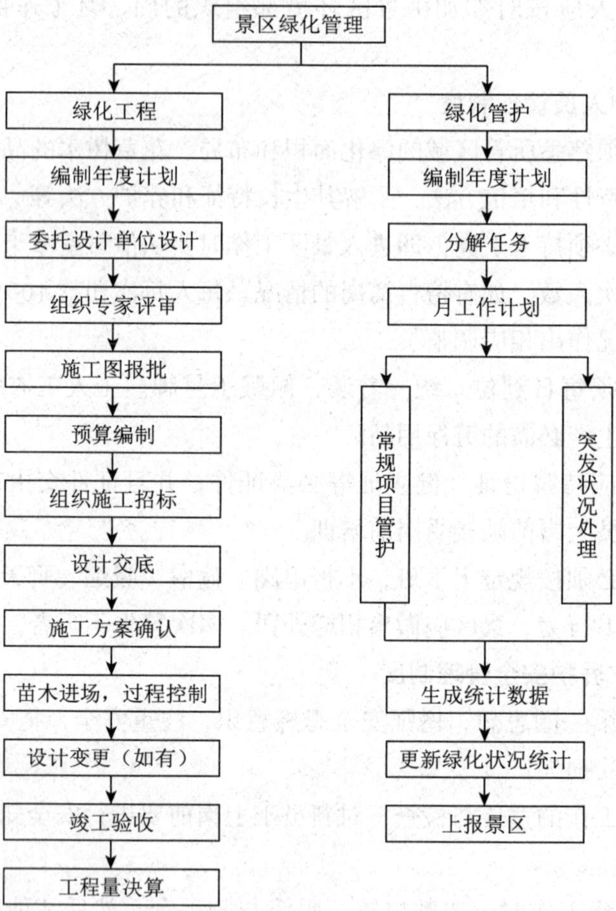

图 11–3 景区绿化管理工作流程图

11.3.3.2 景区绿化工程的工作规范

（1）景区绿化工程应该充分考虑景区游赏氛围的营造，节庆日的植物景观应该充分与主题结合。

（2）根据景区所在地区的气候特点，宜在设计中大量运用植物群落造景，达到丰富的观赏效果。群落应具有以下层次结构：上层大乔木以落叶阔叶树为主（种植条件允许的情况下），形成上层界面空间，以保证夏季的浓荫和冬季充足的阳光；中层乔灌木以常绿阔叶树为主，同时结合花、叶、果、秆及芳香树种，形成主要植物景观感受界面空间；下层地被以耐荫的低矮灌木、藤本及草坪为主，其中修剪灌木密度不少于 36 株 / ㎡。

（3）植物品种的选择应以景区所在地乡土植物品种为主，做到适地适树。并应充分考虑植物的季相变化，创造四季都有景可看，四季景色都各具特色。

（4）植物规格的选择，大乔木胸径不应小于 12cm，小乔木胸径不应小于 6cm。

（5）在乔木移栽的过程中，应尽可能保持树冠完整，从而保障景观效果。

（6）在绿化树种的选择上注重慢生树种与速生树种相结合，从而使场地景观既可在近期达到一定规模，又能随着时间的延续逐渐形成自身的植物景观特色与历史文化积淀。

（7）创造丰富的植物空间形态，注重人在不同空间场所中的心理体验与感受的变化，从主入口、缓坡草坪到建筑周边绿化，形成疏密、明暗、动静的对比，并充分利用自然力在富有生命的自然中创造出具有生命活力的多元化感悟空间。

（8）植物种类的选择应充分考虑其本身的文化内涵，应充分结合景区文化，与景点总体文化氛围相一致。

（9）时花摆放、花境、绿植雕塑等临时性植物景观的设计，应该充分考虑景区需求，选择合适的造型与植物品种。

（10）花坛、花带轮廓清晰，花坛地势平整或顺平，浇灌不积水，边缘留深不低于 7cm。

11.3.3.3 景区绿化管护的工作规范

（1）树冠完整，树形整齐美观，分枝点合适，主侧枝分布均匀、数量适宜，内膛不乱、通风透光，无枯枝、死杈挂树，无徒长直立枝、交叉枝，树基部无萌蘖，树体无倾斜现象，修剪科学合理。

（2）行道树定干高度相同或相近，规格一致，修剪造型美观，不妨碍行人、车辆通过和影响交通视线，无缺株，树上无枯死枝条、折断枝条存在，种植穴无垃圾，土质疏松，墒情良好，每年秋季施基肥一次。行道树树穴平整留深不低于 7cm，浇灌不漏水。重要地段有植物、树穴砖等材料或设施覆盖，每年适时刷白一次。

（3）落叶树生长健壮，返绿、发芽、抽梢正常，叶片大小、颜色正常，一般条件下，无黄叶、卷叶、焦叶，正常叶片保存率 95% 以上。针叶树针叶寄存 3 年以上，结果枝条在 10% 以下。

（4）乔木和小乔木被病虫危害株数不得超过 1%，无虫蛀、病害落叶、枯黄萎蔫、死亡等症状出现，主干、主枝上平均每 100cm² 害虫的活虫数不得超过 1 头，较细枝上平均每 30cm 长度不得超过 2 头，叶片上无虫粪、虫网，被虫咬的叶片每株不得超过 2%。

（5）病虫害观察仔细、全面，控制及时有效，用药科学，方法得当，无药害发生。

（6）花灌木：苗木生长旺盛，叶色鲜亮具有光泽，冠幅丰满，群植时株行距均匀，高低错落有致，无明显病虫害发生；栽植地或株下无垃圾、杂草；土壤疏松，墒情良好，每年秋季施基肥一次；根据其生物学特性进行修剪造型，确保植物造型美观大方；及时清理枯死衰败枝条，种植区域内无缺株现象。

（7）绿篱、模纹等整形植物生长旺盛，枝叶繁茂，整齐一致；一般条件下无黄叶、焦叶、卷叶，正常叶子保存率 95% 以上；无枯死衰败苗木，无明显病虫害发生，无杂草、野树，乱挂乱扯，无杂物及垃圾附着，无缺株，无脱脚、断带现象。株行距均匀，种植地土质疏松，肥沃，墒情好；修剪及时，达到图形清晰美观、曲线圆滑、三面平整。

（8）草花：生长旺盛，花繁叶茂，冠幅丰满，无明显病虫害发生，无杂草，无旱象；广场、街道、园内彩化造型新颖，整齐美观，无破损、凋谢、残缺现象。

（9）草坪：植物生长整齐，长势旺盛，色泽均匀嫩绿，无杂草、无疯长现象，覆盖率 99% 以上；修剪均匀整齐，无漏剪、少剪现象，草地平坪边缘切割整齐，效果好，修剪后及时清除草屑；适时、适量、适法施肥，无生长不良和任何肥害现象；及时浇水，无旱象，入冬后草坪全面浇冬灌水；冷季型草坪绿色期不得少于 300 天，暖季型草坪不得少于 10 天，病虫害观察仔细、全面，防治及时有效，用药科学，方法得当，无药害发生。

（10）地被：植物生长旺盛，叶色正常，开花适时繁盛，土壤疏松，覆盖率 99% 以上；栽植株行距均匀，高低整齐，品种或花期一致，及时清理残花败叶；绿地内无杂草，及时浇水，无旱象；适时、适量、适法施肥，无生长不良和任何肥害现象；病虫害观察仔细、全面，防治及时有效，用药科学，方法得当，无药害发生。

（11）按照宜植必植原则，棚架、花架处种植攀缘植物和藤本植物应根据不同的攀缘特点，及时采取相应的绑缚、牵引、设置网架等技术措施。生长良好、开花的攀缘植物应适时开花，且花繁色艳。

11.3.4 景区绿化管理的典型任务

11.3.4.1 营造景区氛围

景区绿化环境部门为了在特定节日，特别是春节、五一、国庆等重大节日，以及配合景区特殊节事活动营造氛围，常常会布置临时性或者半永久性的植物景观。这类植物景观通常会以花坛、花境、花海和植物雕塑这四种形式呈现。

（1）花坛：花坛是指在一定范围绿地或是专门设置的花池中，按照含有主题意义的图案栽植观赏植物的园林设施。景区中的花坛往往出现在游客中心的建筑前、景区主要出入口、活动广场、景区主要道路旁以及开放式草坪。

花坛通过在具有几何形轮廓的植床内，种植各种不同色彩的花卉，运用花卉的群体效果来表现图案纹样或绚丽景观，以色彩丰富、主题鲜明的图案或文字表达装饰效果，从而达到创造景区游赏气氛的作用。

景区在制作花坛时，必须从相关节庆活动和周围的整体环境来考虑所要表现的园景主题、位置、形式、色彩组合等因素。具体设计时可用方格纸，按 1：20 至 1：100 的比例，将图案、配置的花卉种类或品种、株数、高度、栽植距离等详细绘出，并附实施的说明书。设计者必须对园林艺术理论以及植物材料的生长开花习性、生态习性、观赏特性等有充分的了解。好的设计必须考虑到由春到秋开花不断，做出在不同季节中花卉种类的换植计划以及图案的变化。

花坛用草花宜选择株形整齐、具有多花性、开花齐整而花期长、花色鲜明、能耐干燥、抗病虫害和矮生性的品种。常用的有金鱼草、雏菊、金盏菊、翠菊、鸡冠花、石竹、矮牵牛、一串红、万寿菊、三色堇、百日草等。

（2）花境：花境是园林绿地中的一种特殊种植形式，是以树丛、树群、绿篱、矮墙或建筑物作背景的带状自然式花卉布置，是模拟自然界中林地边缘地带多种野生花卉交错生长的状态，运用艺术手法提炼、设计成的一种花卉应用形式。与突出规则图案造景的花坛不同，花境的造景方式突出自然生态的特点。

花境外轮廓多较自然，通常其内部花卉的配置成丛或成片，自由变化，多为宿根、球根花卉，亦可配置、点缀花灌木、山石、器物等。植床有围边材料，并高于周围地面。花境是现代园林环境绿化美化和生态造景发展的重要内容，广泛应用于景区建筑基础周边、坡地、园路边、水畔、绿地边界等小空间环境造景。

花境中的花卉植物应选择色彩丰富、形态优美的，花期或观赏期一般较长，不需经常更换，管理经济方便，能较长时间保持其群体自然景观；具有较好的群落稳定性，同时具有季相变化。

（3）花海：花海是一种开满鲜花的自然景观或人工景观。花海由很多的开花密集的花草或树木构成，人们远远望去，看不到边际，如海洋一般广阔；风吹来时，花浪起伏，如同大海的波涛翻滚，从而得名。花海由于其壮观的效果，往往非常容易震撼人心。目前，景区中流行通过人造花海的方式，打造让人流连忘返的拍照景点。

人工花海最早源于工业加工用花、种子种球生产用花的生产基地，如著名的普罗旺斯的薰衣草园、荷兰郁金香花海、保加利亚玫瑰谷等。除此之外，连片种植、观赏价值高、开花茂密的经济作物、留种蔬菜、观花类苗圃、果园等，也能形成优美花海景观，如油菜花、桃花等。

景区中的花海，通常会有鲜明的服务功能、文化定位以及产业定位，从而形成差异化经营和多元化格局。如有的景区花海以郁金香为景观特色，以婚庆为主要服务功能，以荷兰风情为文化定位，以郁金香种球国产化为产业定位，形成统一有效的资源配置，打造自己的旅游品牌。我国幅员辽阔、气候多样、物种丰富，不同的季节、地区，有不同的花卉竞相或次第开放，随着旅游产业的快速发展，花海旅游形成了四季兴旺、春秋爆满的局面，成为旅游热点。花海景观的观赏性、多样性、亲和性、文化性，可以对接婚庆、养生、亲子、文创、游乐、露营、民宿、餐饮、会务、培训等众多服务功能，甚至形成花海综合体，并有连锁经营的可能，因此花海旅游有巨大的发展前景。

（4）植物雕塑：景区中的植物雕塑通过艺术形象反映一定的主题特色，表现一定的思想内容，既可点缀园景，又可成为景点中某一局部甚至构图的中心。植物雕塑常采用植物整形修剪的方式，将观赏植物修剪成各种形状，使植物的叶、花、果等组成的图案相映成趣，并与周围的环境配置相得益彰，创造协调美观的景致来满足人们观赏的需要。

景区绿化环境管理人员根据当地的气候条件和土壤条件来选择适当的植物，按照植株的高矮、冠幅的大小、侧枝的分枝角度和基本长势形状，通过常年的修剪和养护，使它们始终保持完好的植物造型，进而提高了植物的利用价值。管理人员也可根据特定节事活动的需要选择可以移动的绿色雕塑或时令性花卉雕塑。植物雕塑常常布置在景区主要出入口、游客中心、集会广场、宾馆饭店等人流密集场所。该种雕塑仅需日常浇水养护即可保持完好的植物造型。

在制作植物雕塑时应注意，所选植物的生长习性和周围的配置紧密结合。选择侧枝茂密、枝条柔软、叶片细小且极耐修剪植物，通过扭曲和铅丝蟠扎等手段，按照一定的物体造型，或将植物的大侧枝和主枝构成骨架，对细小的侧枝通过线绳牵引等方法使它们紧密抱合或直接按照仿造的物体进行细致的修剪而成植物雕塑。也可用钢筋、模板、竹、石等材料按照设计模式建立骨架模型，然后用植物装饰而成雕塑。

植物雕塑在景区中的作用主要表现为突出特定主体和打造游赏氛围，其形体可大可小，刻画形象可自然可抽象，使人们在欣赏绿化美景中体验更深厚的文化氛围。同时植物雕塑在景区环境中使人们多视点、无时限、游动性地自由观赏，增添了人们游玩的兴趣。绿色雕塑在经费开支、美化效果和生态平衡等方面发挥着其他材料雕塑所不能比拟的作用。植物雕塑在景区中的广泛应用，必将更好地适应人们“回归自然”的潮流。

11.3.4.2　修复景区绿化景观

目前，景区游客采摘花果和踩踏花草、损坏景区绿化景观环境的现象十分普遍。这些行为直接影响到景区的旅游形象，也让景区遭受了不小的损失。因此，修复被损坏的绿化景观，就成为了景区绿化管理工作人员的重要工作。景区绿化的修复可以分为快速修复以及集中修复两种方式。

快速修复主要针对草坪、花卉、小灌木之类比较容易补种的植被，这类植被高度较低，在景区日常运行过程中也比较容易被游客踩坏。这类损坏的创面往往比较醒目，容易影响游客游赏体验，而且此类创伤的修复难度较低，适合进行快速地修复。景区绿化管理人员针对此类情况应该快速反应，随时发现，及时补种。

集中修复主要应对损坏情况比较严重，或者是乔木、大乔木这类补种难度比较高的植被。景区应该定期检查，汇总情况后在集中的时间进行统一的修复。选择的修复时间应该考虑到植被的生长情况以及景区运营两方面的因素，通常会在 4 月—6 月与 9 月—11 月两个时间段。在实际操作过程中，景区绿化管理人员可以配合五一劳动节、十一国庆节两个重要的节日，一方面可以在节日前进行修复，保障景区在节日期间以最好的面貌展现给游客；另一方面，两个节日的高游客量也会给植物环境造成比较大的影响，可在节后进行统一的修复。

11.3.4.3　日常维护景区植被

景区植物的日常维护工作，必须一年四季不间断地进行，其内容主要有淋水、施肥、整形与修剪、除草等。

一是淋水。根据不同生长季节的天气情况、不同植物种类、不同树龄及土壤情况进行淋水，确保植物生长所必需的水分。特别是夏、秋二季，每天淋水不少于两次，淋水时要求喷洒枝叶；对棕榈科植物在冬季（11 月—次年 2 月）每 2 天淋水一次，尤其需要对枝叶及生长点进行淋水。

二是施肥。肥料分无机肥和有机肥两大类。无机肥多系人工合成的化肥，有机肥多系厩肥、堆肥和农家肥。前者一般作追肥用，后者多作基肥用。

（1）施肥方式：以有机肥为主，适当施用化学肥料；以基肥为主，基肥与追肥兼施。施用的肥料种类应视树种、生长期及观赏等不同要求而定。早期欲扩大冠幅，宜施氮肥；观花、观果树种应增施磷、钾肥。

（2）施用的时间：树木休眠期可施基肥（如豆饼），每年 10 月中旬至 11 月进行一次。树木处于生长期，可依据植株的长势对其施追肥（注：花灌木应在花期前和花期后分别进行）。施肥以阴天、小雨天为佳，不能在大雨天或大晴天正午施肥，以避免肥料淋失或灼伤。绿地树木种类繁多，施肥用量和方法等方面存在差异，应根据栽培环境特点采用不同的施肥方法。同时对树木施肥时必须注意园容的美观，避免发生恶臭有碍游人的活动，做到施肥后随即覆土。

三是整形与修剪。树木应通过修剪调整树形，均衡树势，调节树木通风透光和肥水分配，调整植物群落之间的关系，促使树木茁壮生长。

（1）整形修剪的时间：树木的整形修剪常年可进行，但大规模整形修剪在休眠期进行为好，以免伤流过多，影响树势。休眠期修剪以整形为主，可稍重剪；生长期修剪以调整树势为主，宜轻剪。有伤流的树种应在夏、秋两季修剪。

（2）整形修剪方式：各类绿地中乔木和灌木的修剪以自然树形为主。乔灌木类主要修除徒长枝、病虫枝、干枯枝、弱枝、重叠枝。概括起来，即“一知、二看、三剪、四拿、五处理”。一知：修剪人员必须知道操作规程、技术规范及特殊要求。二看：修剪前先绕树观察，对实施的修剪方法心中有数。三剪：根据因地制宜、因树修剪的原则进行合理修剪。剪时由上而下、由外及里、由粗剪到细剪。四拿：修剪下的枝条及时拿掉，集中运走，保证环境整洁。五处理：剪下的枝条特别是病虫害枝要及时处理，防止病虫害蔓延。

（3）注意事项：修剪时切口都要靠节，剪口要平整；对于过于粗壮的大枝应采取分段截枝法，操作时必须注意安全。修剪高大乔木时应注意人身安全，防止人从树上或梯子上掉下。作业人员在高处工作时，应将工具放稳，防止掉下来伤人。

四是整地松土除草。

（1）每年不少于两次，一般定于每年的春、秋季，具体情况按时调整；松土时株行中间处应深，近植株处应浅。松土深度一般为5~8厘米。

（2）乔木、灌木周围的大型野草，应结合中耕进行铲除，特别注意具有严重危害的各类藤蔓。

（3）如迁移新种树木的应根据周围情况，为防止土壤板结，防止杂草丛生与树苗争夺营养，须经常对树苗周围进行松土除草，以促进树木的生长。松土还能起到调节土壤温度、促进土壤养分分解、保水、减少虫害等作用。

11.3.4.4　抵御恶劣天气

台风是景区最容易碰到的恶劣天气，也会对景区的绿化环境造成严重的负面影响。因此，在景区的绿化管理工作中，抗台风便是其中重要的一环，工作主要分为台风期间的抗台风工作和灾后的恢复工作两个方面。

台风期间抗台风工作：台风来临期间必须认真、负责地做好各项抗台风准备工作，并采取相应措施。大乔木类可采取立支架、攀扎防风绳、加固土球、适度修剪减小受风面积等措施。亚乔木和灌木类可采取立支架、加固土球等措施。近地面种植的花卉、草坪等植物可采取培土等措施。立支架不得损伤植物原有土球。攀扎防风绳其中一根必须在主风位。适度修剪可配合由上而下、由内而外收扎树冠。

灾后恢复工作：台风过后绿化人员应及时清理和恢复现场受灾情况，做好相关记录。加强养护管理，尽力挽救受损植物，补充或重建被毁景观，努力将损失减小到最低程度。

11.3.4.5　病虫害防治

病虫害的防治首先要了解病虫害发生的原因、浸染循环及其生态环境，掌握危害的时间、部位、危害范围的规律，才能找出较好的防治措施。

病虫害防治的原则是“以预防为主，综合防治”。在采用化学药剂防治病虫害时，必须注意防治对象、用药种类、用药浓度、施用方法、用药时间、施用部分和环境条件等。在综合防治中应以耕作防治法为基础，充分利用园林植物的多样性来保护和增殖天敌，防治病虫害，维护生态平衡。将各种经济有效、切实可行的方法协调起来，取长补短，组成一个比较完整的防治体系。

每星期巡视一次病虫害发生情况，如发现病虫害要及时采取有效措施，不要让其蔓延扩大。喷药时，要先小面积施用，再大量施用；喷药要周全、细致，一般喷药不要在气温最高的中午时间，以免发生药害；在阴雨天气不宜喷药，喷药后如遇降雨，必须在晴天后再喷一次，既做到除病灭虫又保证花卉生长不受害；喷药时要按规程进行，保证人和花的安全。如死亡或染上重传染病时，一定要于一星期内更新，重传染病植株要立刻烧毁，避免相互传染，扩大疫情。发现大面积的病虫害应及时通知周边地区。

预防病虫害方面：在植物生长期内每 10 天例行喷药。喷药时，应尽量降低对游人的影响。冬、春季翻土时，应适量加放石灰，以达到除菌目的。特别针对不同季节，对景区常年多发的常见病虫害，做针对性的预防措施。如：病害有白粉病、炭疽病、叶枯病等，虫害有金龟子、蚜虫、叶蝉、飞蛾等。对棕榈科植物常发生的椰心叶甲等免疫性害虫有针对性的防治。同时增加乔灌木白蚁防治，尤其是古树需要做好白蚁防治。

严禁使用剧毒化学药剂和有机氯、有机汞化学农药，使用化学农药应按有关安全操作规定进行作业。

任务小结

景区优良的自然环境与优美的绿化景观是游客游赏体验的重要保障。在目前景区内部游客激增与外部污染源侵袭的双重影响下，景区的环境问题变得越来越严重；与此同时，游客越来越高的观赏需求，也对景区环境的美化、气氛的营造提出了更高的要求。这就需要景区环境与绿化管理人员掌握更多的专业知识、标准规范，从景区的实际情况出发，用最合理的方式创造环境绿化效益的最大化。本任务重点介绍了景区环境管理与绿化管理两个方面的内容，在景区环境管理方面，细分为景区空气质量管理、地表水环境管理以及声环境管理三部分的内容，通过案例介绍的形式，阐释景区环境管理人员在面对上述三方面环境威胁时，应该采用何种措施；在景区绿化管理方面，重点讲解了景区绿化管理的主要任务，即营造景区氛围、修复景区绿化、日常维护景区植被、抵御恶劣天气以及病虫害防治，景区绿化管理人员可以从中掌握基本的原理与方式方法。

任务测验

一、名词解释

1. 景区自然环境
2. 大气环境
3. 水环境
4. 声环境
5. 绿化环境

二、填空题

1. 景区空气质量应达到 GB3095 中的一级标准，地表水质量应达到 GB3838 中的 II 类标准，噪声指标达到 GB3096 中的 1 类标准。对于景区中的污染源应该及时发现，尽早排除。

2. 在《地表水环境质量标准》（GB3838–2002）中，依据地表水水域环境功能和保护目标，按功能高低依次划分为五类：

Ⅰ类：主要适用于源头水、国家自然保护区；

Ⅱ类：主要适用于集中式生活饮用水地表水源地一级保护区、珍稀水生生物栖息地、鱼虾类产卵场、仔稚幼鱼的索饵场等；

Ⅲ类：主要适用于集中式生活饮用水地表水源地二级保护区、鱼虾类越冬场、洄游通道、水产养殖区等渔业水域及游泳区；

Ⅳ类：主要适用于一般工业用水区及人体非直接接触的娱乐用水区；

Ⅴ类：主要适用于农业用水区及一般景观要求水域。

3. 植物是有生命的，是会动态生长的，园林绿化最主要的一个特点就是有着季相的变化。然而，要使园林植物或景区植被风貌维持在最佳的状态，需要通过精心的养护工作。

三、选择题

1. 下列哪一项不属于景区自然环境管理的范畴？（D）

A. 大气环境　B. 水环境　C. 声环境　D. 固体废弃物管理

2. 依据《环境空气质量标准》（GB3095–2012），下列哪项不是影响空气质量的项目？（B）

A. 二氧化硫　B. 负氧离子浓度　C. 一氧化碳　D. 苯并芘

3. 景区的声环境质量应该达到 1 类标准，其昼夜分贝分别应达到多少以下？（C）

A. 60，55　B. 55，50　C. 55，45　D. 50，45

4. 对于水面宽 50~100 米的河流，在质检采样时需要几条采样垂线？（B）

A. 1　B. 2　C. 3　D. 4

5. 景区绿化管理的日常工作主要包括下列哪些？（ABCDE）

A. 浇灌　B. 极端天气预防　C. 时花摆放　D. 病虫害防治

E. 修剪

四、讨论题

1. 各种网红型景区的跟风发展，忽视环境因素可能会引起哪些问题？为什么？

2. 以某一个高等级景区为例，剖析其自然环境质量，并以具体案例予以佐证说明。

3. 以某一个旅游景区为例，结合现状绿化景观，提出其整改提升的对策与措施。

参考文献

[1] 北京青年报．北京遭遇雾霾困扰，景区游客量同比减一成［N/OL］．环球网（2016-10-03）［2020-3-20］.https：//china.huanqiu.com/article/9CaKrnJXUlc.

[2] 余雯雯，宗圣凯．太子湾的郁金香是怎么种的，快戳这里来看看［N/OL］．钱江晚报（2019.12.05）［2020-3-20］.https：//baijiahao.baidu.com/s?id=1652064838369241167&wfr=spider&for=pc.

[3] 石荣标．景区内开采石场，江苏镇江这家企业为何停不掉［N/OL］．中国商网（2019.06.01）［2020-3-20］.https：//baijiahao.baidu.com/s?id=1635101775282067071&wfr=spider&for=pc.

[4] 红网．"天空之镜"变成垃圾场，景区污染亟待解决［N/OL］．新浪网（2018.08.01）［2020-3-20］.http：//k.sina.com.cn/article_3363163410_c875cd1202000cpg0.html.

[5] GB/T17775-2003，旅游景区质量等级的划分与评定［S］．

[6] GB3095-2012，环境空气质量标准［S］．

[7] GB3096-2008，声环境质量标准［S］．

[8] GB3838-2002，地表水环境质量标准［S］．

[9] 蜗牛景区管理集团．景区运营工程师手册［R］．

[10] 广州珠江公园绿化养护管理服务项目服务方案［R］．

任务 12　景区营销管理

❖情景案例

—《案例 12-1》—

宁夏沙坡头：打好娱乐营销牌

2016 年 10 月，《爸爸去哪儿》第四季拍摄组重返港中旅（宁夏）沙坡头旅游景区的消息传出后，再次引起了各界关注。地处大西北的沙坡头旅游景区为何会有如此大的吸引力，让大热的真人秀节目打破常规再次选择它呢？

据介绍，自《爸爸去哪儿》第一季播出后，《极客出发》《西游奇遇记》《冲上云霄》等各种电视、网络热播的文娱节目纷纷把港中旅（宁夏）沙坡头旅游景区作为拍摄地。短短几年时间，沙坡头就依靠这些热播节目迅速提升了知名度，游客接待量成倍增长。

近几年，沙坡头旅游景区主动创新营销方式，积极与电视、网络热播的影视节目组联系，利用明星效应，采用娱乐营销方式，使景区的营销宣传达到事半功倍的效果。港中旅（宁夏）沙坡头旅游景区副总经理朱文军说，大众娱乐时代，“娱乐营销”能够起到四两拨千斤的作用，沙坡头适时选择，搭上了这趟顺风车。

首次结缘创造“奇迹”

然而，当初谁也没有想到，一档电视节目会让地处大西北的沙坡头红透半边天。在“爸爸去哪儿？就去沙坡！”这句广告语的背后，是 2014 年冬季本该进入淡季的沙坡头游客接待量同比增长了 4 倍多，年接待游客量增加了 30 万人次。

朱文军说，沙坡头景区首次与《爸爸去哪儿》节目组合作就创造了 4 个第一：成为《爸爸去哪儿》节目组第一个特约拍摄基地；作为《爸爸去哪儿》拍摄地中唯一一家 5A 级旅游景区，独特的旅游资源助节目在第三期时创下最高收视率；因参与《爸爸去哪儿》拍摄，景区获得了第一个中国营销整合奖；景区开业以来第一次实现了景区全年无淡季。

借势营销继续发力

据了解，《爸爸去哪儿》节目中明星所参与的项目由于人数相对较少，设施和服务相对完善，而为了将这些项目变为大众化的旅游产品，沙坡头景区将节目中展示的玫瑰湖基地、淘宝屋、羊皮筏子制作展示区、野营帐篷区、沙漠寻宝区等明星线路进行改进升级，让每一位游客在沙坡头都能找到做明星的感觉。

该系列服务推出的当年，宁夏中国国际旅行社、中国旅行社宁夏有限公司、宁夏中铁青年旅行社等宁夏几大知名旅行社共为景区带来中国台湾、中国港澳和南方几个省区亲子互动旅行团 100 多个，周边自驾游客更多到难以统计。

为了进一步扩大宣传，持续曝光，近两年，沙坡头又陆续邀请《西游奇遇记》《冲上云霄》《王者归来》《极客出发》等摄制组前来拍摄。笔者从沙坡头景区市场部了解到，截至 10 月，各种摄制组的拍摄计划已经排到了明年上半年。

重新定位放眼世界

今年，《爸爸去哪儿》第四季拍摄组打破常规，重返沙坡头，加之这一季的节目在国内各大网站同时上线，其影响力、关注度、参与度将再创新高，沙坡头也将随之迎来新一轮的游览高峰。

港中旅（宁夏）沙坡头旅游景区总经理韩忠胜说，景区以打造“中国沙漠迪士尼”为目标，以沙坡头旅游景区为半径（300 公里为本地市场，600 公里为周边市场，900 公里为中程市场，1200 公里为远程市场），将原来“立足宁夏，渗透周边，辐射中远，带动全国”的营销战略调整为“立足周边，渗透中程，辐射远程，带动全国，走向世界”。明年计划在全国落地 100 家沙坡头旅游营销运营中心，将销售渠道进一步拓展，打好“娱乐 + 营销”这张牌。

同时，景区还将以在沙坡头拍摄的各种娱乐节目为版本，打造更多线路产品，让游客在沙坡头体验到更多的乐趣。

多年从事景区营销的朱文军认为，现在的信息传播方式多样化、碎片化、移动化，娱乐营销能够更好地与各种信息传播方式融合，达到最佳的营销宣传效果。今后，沙坡头将加大这方面的营销力度，不断提高沙坡头的知名度和美誉度，打造更多更有趣的项目和产品，让更多的人来沙坡头旅游。

（资料来源：https：//new.qq.com/omn/20190911/20190911A0BZEQ00.html.）

想一想：沙坡头景区在第一次娱乐营销成功后的营销策略是什么？对其他旅游景区营销的启示是什么？

❖学习导引

“大连旅游”入驻天猫旗舰店

经市旅游局授权，由大连市智慧旅游电子商务有限公司建设的大连官方旅游门户——大连旅游官方旗舰店与淘宝达成合作，于10月31日正式进驻天猫商城，实现了大连旅游电子商务的一大跨越。

据介绍，该旗舰店是一个集门票、线路等基础产品和特色主题旅游活动于一体的优质平台，为游客提供全方位的旅游咨询服务。智慧旅游公司相关负责人说，我市旅游正在应对时代要求，正在努力改变传统对外促销的模式，加大利用网络“请进来”的手段，以低成本、高成效的方式吸引更多的游客。为突出大连特色，旗舰店已与市旅游咨询服务中心门店、96181旅游服务热线实现资源互补，线上线下统一的整合营销方案，旨在打造大连国际旅游城市优质旅游产品权威、诚信的展示平台、交易平台和推广平台，助力大连智慧旅游工程建设工作。

同时，该旗舰店针对大连不同季节的不同特色、不同游客的不同需求，会在每个特色季节推出大型优惠促销活动，活动期间将提供大部分大连优质景区的门票给游客进行1元秒杀以及推出9元抢购专栏。游客只需登录dltour.tmall.com，即可在线参与惠民月旅游特惠产品抢购、秒杀，足不出户，零距离惠享大连冬季旅游盛宴。

（资料来源：http：//www.tellingtech.com/archive/1824075634.）

想一想：大连旅游与互联网合作，开启了智慧旅游时代的旅游营销新方式。请思考在大数据时代，旅游市场需求瞬息万变，景区旅游营销的方式如何转变？

❖学习目标

素质目标

- 能充分认识景区营销管理在旅游景区服务与管理中的重要性；
- 培养行业道德规范或标准意识，强化职业道德素质。

知识目标

- 熟悉掌握旅游景区营销的基本概念、特点以及标准要求；
- 熟悉掌握旅游景区营销线下管理、网络营销等相关基础知识；
- 熟悉掌握景区营销管理相关岗位的职责与工作流程。

技能目标

- 能全面掌握旅游景区营销管理相关岗位的要求及工作流程；
- 能完成景区线下营销、网络营销服务与管理的实施与执行。

12.1　认识景区营销管理

12.1.1　景区营销管理的概念、类型与特点

景区营销概念与一般市场营销概念的本质相同，景区营销可以定义为旅游景区景点经营者为满足旅游者的需要并实现自身经营目标而通过旅游市场所进行的变潜在交换为现实交换的一系列有计划、有组织的活动。景区营销就是指在不污染和破坏旅游资源的前提下，旅游景区经营企业为满足旅游者观光游览、休闲度假、娱乐的需求和欲望，将旅游景区与游客之间的潜在交换变为现实交换的一系列活动。

景区营销管理人员的任务不仅仅是刺激游客对旅游景区的需求以扩大生产和销售，更重要的是调整市场需求，必要时还需要缩减甚至抵制市场需求。这是由旅游景区的环境容量和持续发展决定的。旅游景区市场营销管理的任务，是为了促使旅游景区企业目标的实现而调节游客市场的需求水平、需求时间和需求特点，谋求需求与供给相协调。因此，旅游景区市场营销管理的实质是需求管理，按照营销服务与管理方式，可进一步细分为景区线下营销服务与管理、景区网络营销服务与管理两大类型。

合理调节旅游市场供求关系的准则

鉴于旅游产品的特殊性，旅游景区营销也有不同于一般营销的独特性，如下几个方面：

游客访问景区的整个经历始于对产品的消费之前，并将持续到消费之后，而经营者所能控制的只占此过程中的一部分，但游客不会区分哪些是景区的责任，哪些超出了景区经营者的控制范围。因此，景区营销人员应当关心的是游客的整个经历。这里，交通是否方便是景区成功的关键；路标、恰当的方向指示和宣传品也都是景区营销的重要工具。

游客是生产过程的一部分，而员工是产品的一部分。前者是服务的对象，服务的过程就是生产过程，后者直接参与产品的生产和销售，他们的技术、态度和服务行为是游客服务体系的构成要素。因此，员工和游客都是营销的重要组成部分。

景区产品的无形性，决定了游客在购买之前无法体验或使用产品，所以要通过一定的渠道让公众产生对景点产品的认识。这些渠道的核心是借助公众舆论和公众关系传播景区的形象和信息，同时要十分重视让每一个游客都有满意的游览经历，因为他们会将这种经历推荐或介绍给潜在游客。

景区产品具有“不可储藏性”的特点。淡旺季、团队与散客可以实行差价以实现经济效益的最大化。由于景区的季节性特点，往往最大容量或需求量运营的时间只占一年中的一部分。如果一个景区靠近度假地，其年接待量的45%可能会在大约8周内实现。所以营销的主要职责就是在有限的高峰日之外创造尽可能多的需求。

景区产品的“不可移动性”使旅游者购买的只是特定时间的使用权而不是产权，无法将旅游景区带走。“购买者”身处异地，不促销就无法让他们获得信息并促使其前往观光。因此，旅游景区的营销就包括异地促销和本地促销两种形式。

旅游产品只提供售时使用权，由于游客的逗留时间决定着他们的消费额度，因此尽可能地延长逗留时间成为很多景区的重点工作。但这也不是绝对的，因为其逗留时间同时取决于景区的接待能力。所以，营销人员要以增加景区收入为目标，做好综合协调工作。

旅游产品只提供给游客以共享使用权而不是单独使用权。对景区而言，这意味着需求可能会有冲突，如学生和老年人彼此间需求的矛盾。因此如果有可能，最好避免将需求有冲突的游客混在一起。

旅游景区营销市场具有的区域性。任何一个旅游景区，其市场定位必须是区域性的。因为旅游产品所具有的感知形象是旅游者选择旅游地和进行旅游决策的考虑要素，而距离、时间、交通方式和旅行成本是次要因素。

旅游市场营销环境

12.1.2 景区营销管理的主要岗位

景区营销是一项长期而又复杂的工作，营销管理程序具有连贯性、集体性和程序性。旅游业经营管理的实践中，营销有一系列的策略和方法，这些策略和方法在营销管理程序中得到具体体现。一般来说，旅游景区营销管理主要岗位如下：

（1）营销服务。管理市场营销系统，进行市场调研，负责营销业务和营销人员的管理，负责市场营销的内部协调。

（2）品牌管理。负责景区的公共关系、宣传推广，制订和实施景区品牌培育、管理和提升计划。

（3）市场推广。执行游客 / 市场沟通计划、景区票务政策、促销计划，负责渠道管理，实施内部营销。

（4）游客服务。协助景区的咨询电话热线，相关电子商务活动，处理游客投诉、意见与建议处理。

（5）营销计划。制定游客与渠道发展及管理策略，制订景区活动计划等。

（6）票务销售。负责景区门票销售、对团体门票的管理。

（7）主题活动策划。负责大型主题活动的策划、大型主题活动的协调、中小型主题活动的实施与管理。

12.1.3 景区营销管理的基本要求

旅游景区所面临的客源市场的需求状况不一，可能存在没有需求或需求很小、很大需求或超量需求几种情况。营销管理就是针对这些不同的需求提出不同的任务。营销管理实质上就是需求管理；营销管理的任务是以帮助企业达到自己目标的方式来影响需求的水平、时机和构成。美国营销学家菲利普·科特勒（Philip kotler）将市场需求归结为8种不同状态，每种需求状态下有不同的营销管理任务。

12.1.3.1 开导需求

旅游者可能对旅游景区提供的服务项目或活动丝毫不感兴趣甚至回避，针对这种负需求，旅游景区的营销工作就是开导需求，营销者的任务是分析旅游者对旅游景区不感兴趣的原因，考虑能否通过旅游景区重新设计、降低门票价格和加强推销等营销方案来改变旅游者的信念和态度。

12.1.3.2 创造需求

当市场处于无需求状态时，旅游景区营销的主要工作是进行刺激性营销，以创造需求。旅游景区新推出几项娱乐项目、增设服务功能或联票优惠措施，许多游客因不了解这些而处于无需求状态。产生无需求的原因很多，很可能是旅游景区游玩内容陈旧或与其他旅游景区内容雷同、交通不便，或是辅助设施缺乏等。分析这些原因，制定适当的营销策略，设法使旅游者产生需求是十分重要的。

12.1.3.3 开发需求

市场潜在游客所感兴趣的旅游景区内容，虽然具有心理上的需求，但没有真正购买，这种情况便是潜在需求。游客对门票价格适中、交通便利、经营项目灵活多样、内容富有特色、新鲜又奇特的旅游景区有强烈的潜在需求。营销人员应努力开发潜在游客的需求，并开发潜在游客的游览兴趣，以满足潜在游客的需要。

12.1.3.4 再创造需求

当游客对旅游景区不像过去那样抱有强烈的兴趣时，若不及时采取一定措施，需求便会持续下降，这种需求状态便是下降性需求。需求下降的原因可能是旅游景区产品内容处于生命周期的衰退阶段、旅游者需求发生变化、经营同类旅游景区的竞争者增多。面对下降需求状态，营销人员应采取再营销策略来扭转趋势。如我国许多人造旅游景区内容相同，这类景点的需求下降主要是由于重复建设致使竞争加剧引起的。针对这种情况，可以通过降价、开拓新市场、旅游景区内容更新等措施应对竞争对手，从而创造良好的需求水平。

12.1.3.5　平衡需求

旅游者对旅游景区的需求会随时间、季节的不同而发生变化，这种时间性和季节性造成了旅游市场的不规则需求。不规则需求会引致一系列经营管理及经济、社会问题，不利于旅游企业开展正常经营活动。对此，营销人员的工作是平衡需求，即通过灵活定价、淡季促销等措施来平衡需求，使旅游景区的供求达到相对平衡，避免经济损失。

12.1.3.6　维持需求

当旅游景区经营者对其业务感到满意时，即达到了充分需求，这时旅游景区的客流量与旅游景区的供给能力持平，经营处于最佳状态。这种需求状态又称饱和性需求。营销人员应采取维持性营销来维持这一最佳需求状态。

12.1.3.7　降低需求

市场需求过于强烈，超过供给能力，则处于超饱和需求状态。在这种状态下，旅游景区如果超量接待游客，一方面人满为患会带来旅游景区的环境污染、空气污染和噪声污染，另一方面也会使旅游资源遭受一定程度的破坏，结果是游览者游兴大减，旅游者的需求因此往往不能很好地满足，从而影响旅游景区未来的经营。这种状况下的旅游景区经营者应采取低营销策略，可以通过提高价格、减少广告宣传投入、削弱销售渠道等措施来减少顾客的需求。

12.1.3.8　破坏需求

有些产品的市场需求，从消费者、供应者的立场来看，对于社会有不良影响，这种需求称作有害需求或不健康需求。对这种需求，必须采取反营销措施，来降低甚至消除这种需求。

表 12-1　不同需求状态下的营销管理任务

需求状态	营销管理任务	专门名词
负需求	开导需求	扭转性营销
无需求	创造需求	刺激性营销
潜在需求	开发需求	开发性营销
下降需求	再创造需求	再营销
不规则需求	平衡需求	同步营销
充分需求	维持需求	维持性营销
超饱和需求	降低需求	低营销
不健康需求	破坏需求	反营销

12.2 景区线下销售服务与管理

12.2.1 景区线下销售服务与管理的岗位职责

景区企业市场营销部门作为企业与市场之间的桥梁，不管其具体名称与设置如何，它的根本任务都在于：围绕满足旅游消费的需要的目标，指导和协调企业的经营活动，以保证旅游企业目标的顺利实现。就其直接承担并为之负责的具体任务而言，则可划分为三个领域：计划与管理性任务、执行性任务和协调性任务。

12.2.1.1 计划与管理性任务

计划与管理性任务主要包括以下 7 项内容：

（1）市场调研：包括组织调研项目、搜集市场信息以及分析调查结果。市场调研由市场营销部门自己承担，也可委托外界有关的市场调研机构进行。

（2）市场预测：包括确定预测目标，收集有关资料，选择某种定性或定量的预测方法或模型对营销环境、市场需求等进行预测，并对预测结果进行分析和修正。

（3）编制市场营销计划：包括选择目标市场、制订营销战略和策略及设计营销组合方案。

（4）策划产品的沟通与宣传：包括确定信息沟通的对象和目标、设计促销信息、选择信息沟通渠道、进行促销预算、决定沟通与促销组合、衡量沟通与促销效果等。具体的沟通与促销工具包括广告、营销推广、公共关系、人员推销、网络、各种旅游印刷品等。

（5）策划产品的销售渠道：根据旅游产品的特点，选择适当的渠道模式，确定销售渠道的长度、宽度，选择适合的旅游中间商，管理并激励高质量、高效率的旅游中间商。

（6）计划和编制营销预算：在旅游市场调研、预测的基础上，利用量入为出法、收入百分比法、目标任务法等预算方法，测算出在确保目标利润的前提下计划期的营销费用和收支状况。

（7）评价和控制营销效果：计划与管理性任务结束后，通过总体工作评价来总结经验教训，为以后的营销工作积累经验。

12.2.1.2 执行性任务

执行性任务主要包括以下四项内容：

（1）出席业务洽谈和交易会：指企业的营销组织有选择性地参加一些业务洽谈和交易会，适时把企业的部分营销计划通过业务洽谈和交易会传播出去，并在洽谈和交易会上捕捉商机。

（2）开展针对旅游中间商的推销性外联工作：开展针对旅游中间商的推销性外联工作指企业的营销组织在总体营销战略的指导下，积极拓展中间商，开展以沟通与促销为主导的外联性工作，以扩大中间商的选择范围，为企业选择最合适的旅游中间商。

（3）定期访问已建立业务合作关系的旅游中间商：定期访问已建立业务合作关系的旅游中间商是指企业的营销组织对于已经建立了业务合作关系的旅游中间商进行定期访问，以了解这部分中间商在经销或代理本企业产品过程中所遇到的问题，倾听中间商的心声，及时改进营销工作。

（4）开展广告、公共关系等沟通与促销活动：开展广告、公共关系等沟通与促销活动指企业的营销组织部门要根据营销计划的安排，开展广告、公共关系等沟通与促销活动，以达到加强与目标公众沟通、销售产品、树立企业和产品形象等目的。

12.2.1.3　协调性任务

协调性任务主要是同营业部门、财务部门、人事部门以及其他部门及相关企业的管理人员进行联络，就有可能影响营销效率和效果的有关问题进行沟通、说服和协商，以保证产品的推出时间、质量和价格与沟通促销不出现矛盾。另外，对旅游消费者在信息反馈中提出的问题，营销部门也有责任通知各有关部门，以便及时采取纠正措施。

由于旅游服务的整体性、时效性和高接触度，使得旅游产品的质量很难控制。而任何一个细节出现疏漏，都有可能导致顾客的不满乃至投诉，进而影响企业整体形象。因此，有效的营销工作不仅仅是专职营销人员的事情，更需要各部门、各环节的密切配合，才能最终让客人满意。企业营销部门如果不能与其他部门、相关企业进行有效沟通与协调，会引发严重后果。

12.2.2　景区销售服务管理的规章制度

（1）为确保景区营销工作高效、有序地运作，塑造良好的景区形象，特制定本制度。

（2）本规定适用于营销系统的所有部门、人员，是本景区营销业务工作政策及实施标准。营销人员包括营销系统的管理人员和业务人员，分为销售人员、营业人员、公关人员、市场调研人员。

（3）根据市场需要和景区能力，编制营销工作的年度、季度、月度计划，使营销系统的各项工作在统一的计划下协调进行。

（4）营销系统各级部门的工作重点，应放在各项业务计划的编制、执行、检查和考核上，确保营销计划的实现。

（5）定期和不定期召集各类业务会议，综合考虑景区内外环境的各方面因素，包括业界发展趋势和同业、市场、客户信息及景区内部状况等，检查并修正营销计划，调整营销策略组合，提高景区的市场竞争力。

（6）营销系统各部门的职能确定了营销机构的设置，营销人员的岗位描述确定了营销人员工作责任与权力，是营销组织的基础。

（7）营销人员严格按照营销系统的工作程序开展营销业务工作，保证高效、有序地运作，充分发扬团队精神，拓展营销业务。

（8）营销组织随市场及景区环境的变化要不断修正，使之具有更强的适应性，确保营销效率的最大化。

（9）市场营销科根据景区营销计划和营销策略制订并实施年度、季度、月度销售计划，巩固已有市场，全力开拓新市场。

（10）销售计划包括以销售额为主体的预算数值及计划的实施步骤、销售组织、销售政策等。

（11）定期和不定期拜访旅行社，密切联系，努力建立长期合作关系。

（12）定期做好各项销售统计和利用工作，对照计划与实绩分析原因，制定预防和纠正措施。

（13）旅游产品销售价格原则上一经制定，不得随意变动。但根据具体情况规定价格浮动百分比和相应审批权限。

（14）严格遵守景区的财务制度和营销方面的财务规定。

（15）按照有关工作程序加强与相关部门的联络和协调，必要时由景区负责人召集工作会议协商处理复杂或重要的工作。

（16）为塑造景区良好形象，增进景区的经济效益和社会效益，定期开展公关、广告、促销活动。

（17）公关活动可采用多种形式，如新闻发布会、展览会、联谊活动、专题活动等。公关活动、广告的主题应与景区的经营战略相一致。

（18）景区市场营销处负责促销活动、市场调研活动、方案的制订和组织实施。促销渠道主要包括以下几种：广告、销售激励、宣传与公共关系、直接营销、个人推销。

12.2.3 景区销售服务管理的工作流程与规范

12.2.3.1 客户拜访工作

掌握客户的详细资料，掌握客户所在单位的运营情况。准备好企业的宣传资料、工作记录本、名片、礼品等，出发前仔细检查有无遗漏。拜访时要向客人详细介绍企业的产品及服务，积极介绍旅游企业最新销售政策。争取或稳定客户与企业的合作意向。一定要对拜访记录进行整理，形成报告提交上级。撰写的报告中一定要有对市场动态、客户需求等的分析。

工作流程如下：

第一步：做好拜访前的准备工作，充分了解要走访的客户情况。

第二步：准备拜访客户时所需的各种资料。

第三步：与客户及时联系沟通，对客户进行拜访。

第四步：拜访时记录各种信息。

第五步：拜访结束后对记录的各种信息进行整理、归档。

第六步：撰写拜访工作的总结报告。

第七步：向上级提交工作报告，并存档。

12.2.3.2 对客销售工作

销售人员要定期按时对市场变化进行分析。定期通报客户信息，根据旅游景区情况确定拜访顾客。销售人员一定要对目标顾客进行电话拜访或上门拜访，建立对客日常联系机制。适时推介企业产品及服务，逐步建立目标顾客群。有技巧地向客户介绍企业的特色、产品及服务、各项优惠政策。销售人员在接待客户来店消费时，尤其是第一次到景区消费的客户，一定要提前做好准备，与各部门协调合作，保证服务质量。在接待过程中要全程跟进，及时处理和解决出现的问题，保证客户的满意度。多做总结。客户消费结束后要征求客户的消费意见，及时加以改进，并保持与客户的后续联系。

工作流程如下：

第一步：研究分析市场情况，了解顾客需求变化。

第二步：明确销售目标。

第三步：与目标顾客取得联系并开展推销工作。

第四步：推销过程中尽量争取客户的合作意向。

第五步：与有合作意向的客户签订协议或合同。

第六步：接待客人来店消费。

第七步：后续跟进。

12.2.3.3 大型活动组织程序

活动方案的内容主要包括活动主题、活动形式、活动规模。一定要做好活动费用的预算。明确参加人员的要求、分工，环境布置要注意所需物品的供应情况及价格等。对参加活动的工作人员进行细化的分工，并进行相应的培训。准备活动所需的设备、器材、陈列物、宣传品等，并在规定时间内完成设备、器材等的安装调试工作，在规定时间内完成场地布置。

工作流程如下：

第一步：策划活动内容。

第二步：制定实施方案。

第三步：进行具体的工作分配。

第四步：准备活动的物资。

第五步：拟定邀请嘉宾名单，向嘉宾发送邀请函，并进行确认。

第六步：正式开展活动。

第七步：总结活动经验。

12.2.4 景区客户拜访的典型任务处理

（1）注意对拜访客户背景资料的收集，并应熟练掌握。

（2）景区销售人员还必须对自己即将拜访的客户非常了解。要注意对客户个人资料的假定（如假定对方非常喜欢收集挂历等），并要根据假定进行个性沟通、准备拜访材料或小礼品。

（3）在拜访资料的准备方面，不仅要有完备、详尽的资料，同时还要注意资料的美观、大气，它们代表景区和个人形象，影响着客户对景区和销售人员的印象。应准备的资料包括：个人名片、用于个人记录的纸和笔、景区介绍材料、宣传册、产品介绍材料、产品组合线路材料、报价、优惠折扣、消费奖励或消费积分等。另外，还应准备赠送给客户的小礼品，如景区纪念品、光碟、景区挂历、印有景区标志的办公文具等。

（4）拜访客户，可以遵循以下五个环节进行：

第一步，称呼对方，感谢对方接见。

第二步，寒暄，表明拜访来意。

第三步，询问、倾听、介绍。

第四步，简要总结或再次确定相关重要事宜。

第五步，道别，尽量约定下次拜访。

（5）拜访完毕，销售人员要认真填写拜访记录，包括拜访的简要过程、获得的客户最新信息、销售进展、未来跟进的建议以及对本次拜访行为的反省。

12.3 景区 OTA 管理

12.3.1 景区网络营销管理的岗位职责

12.3.1.1 网络推广员

也称网络业务员，即通过为网站或商家在网络上推广、推销业务产品而获得提成报酬的互联网新兴人群之一。目前的网络推广员一般是指：网络游戏推广员和网站联盟推广员。网络推广员负责网络推广，包括问答平台、论坛、百度贴吧、百度百科、博客监看以及网站日常维护、文章的每日上传更新、网站数据备份等工作。

网络推广员的岗位职责是根据网络营销推广的要求，对公司的网站建设提出合理化建议，并配合网站建设人员对网站进行优化和完善，同时负责公司网站后台的管理和内容的及时更新。

（1）维护与监控公司网站运行，通过网络进行品牌形象的传播、业务开拓和客户挖掘，利用网络营销方式提高公司产品和网站的用户量和知名度。

（2）制定并执行公司网络营销方案和流程，通过网络联盟推广、网站流量推广、网络社区推广、搜索引擎优化及推广、论坛、博客、SNS、网络发稿推广、邮件群发、QQ 群推广、病毒式营销推广、友情链接交换、网络广告置换等形式，开拓网络营销资源和渠道。

（3）负责管理公司网络推广团队，提高团队成员网络推广能力和水平。维护与发展目标网络媒体与网络资源的关系，并建立长期稳定的合作关系。

（4）定期对网站流量、在线咨询数据进行分析，以及对同行业网络信息进行收集分析，监测品牌的互联网口碑，及时做出反应；严格监控网站的推广效果，并根据推广效果提出调整建议。

12.3.1.2　网络运营专员

负责网络运营部产品文案、品牌文案、深度专题的撰写、执行工作，对网站销售力和传播力负责。具体职责如下：

（1）负责网络营销项目总策划、战略方向规划、商业全流程的规划和监督控制，对部门绩效目标达成总负责。

（2）负责网站平台的策划指导和监督执行。

（3）负责网站产品文案、品牌文案、资讯内容、专题内容等的撰写指导和监督执行。

（4）负责网站推广策略总制订，以及执行指导和监督管理。

（5）负责网站数据分析、运营提升。

（6）负责本部门的筹划建立，员工招聘、考核、管理，部门规划、总结。

12.3.1.3　活动策划专员

按公司或客户要求策划、组织、实施各种项目活动及跟进项目进度，协助上级与媒体进行沟通，完成上级安排的其他工作任务。具体职责如下：

（1）协助上级对公司活动的策划、组织、执行、跟进、总结。

（2）负责活动策划的制定和实施、项目总体策划与定位、客户提案。

（3）针对各团队活动要求进行项目策划的总体构思，并编写策划文案。

（4）有效地与各方面开展沟通，以达到内、外方的工作要求。

（5）策划后续工作的跟进、效果的跟踪分析和总结。

（6）依公司确定的市场推广计划和方案，撰写所需宣传文案。

（7）与媒体沟通，建立媒体资源，并扩展其他推广渠道。

（8）完成上级领导安排的其他任务。

12.3.2　景区网络营销管理的规章制度

（1）协助部门做好对公司总部及各案场办公环境、秩序的监督，规范员工礼仪、仪容仪表，做好公司保洁质量监管等方面工作。

（2）严格遵守景区的财务制度和营销方面的财务规定。

（3）每月月底前统计当月各部门工作遵章守纪、工作能力、廉洁自律等方面审查情况以及对相关考核、建议、整改、反馈等资料进行汇总，重大事项予以公示通报。

（4）对公司各案场管理工作质量进行督查，及时掌握各类信息，上报领导，包括各案场的工作动向、员工的思想动态、员工的考勤管理以及各类违章违纪等。

（5）对各销售案场定期巡查，包括销售任务与达成、销售数据、结算数据的统计与检查，员工仪容仪表和礼仪、日常接待流程、会议流程、宿舍卫生和作息制度等的检查，上报巡查报告。

（6）对公司各案场存在的管理、服务质量问题进行专项检查，上报专项检查报告。

（7）协助部门做好公司网站、公司企业报所需资料的催促整理与收集工作，做好公司企业文化宣传。

12.3.3　景区网络营销管理的工作流程与规范

（1）参与公司各部门相关方案或工作计划等需要督办、考核事项的讨论制定工作。对公司各项规章制度和文件精神的执行情况、公司重大经营决策的贯彻落实情况进行监督检查。

（2）做好日工作总结，做到工作日清日结，每天下班前发至经理邮箱。

（3）做好公司各部门工作总结的撰写及工作计划的制订的催收、组织实施和日常督查工作。

（4）跟进部门领导安排的各项工作任务、会议决议事项的完成情况，检查、监督各部门的工作进度和质量。

（5）协助部门经理做好运营管理的相关工作。

12.3.4　景区网络营销产品开发的典型案例处理

（1）提出初步设想。必须建立在对景区充分分析研究的基础上，包括对景区资金、经营情况、管理情况、服务能力、市场目前认同度、景区现有客源、现有竞争对手的分析。

（2）目标市场分析。这里的目标市场，是初步设想中新旅游项目产品的目标市场，它或许和景区原有的目标市场重叠，也或许是全新细分出来的目标市场。主要分析消费者接受新产品的可能性。

消费者个性

（3）营销环境和竞争分析。初步设想中的新产品所面临的营销环境分析，初步设想中的新产品所面临的竞争对手情况分析，如经营情况如何、市场地位如何、客源市场如何、品牌如何等。

（4）旅游新产品、项目的设计、策划。在上述分析的基础上，对原来的初步设想方案进行修正，推出符合当前营销环境和市场需求的、具有较强竞争力和特色的新项目策划方案。

（5）旅游新产品、项目的测试。可在景区内部人员中选取或选取一小部分市场客户，进行新产品测试。注意测试过程中出现的问题，收集测试者的意见和建议。

（6）修正方案。根据测试反馈，进一步修改方案。

任务小结

本任务主要明确了旅游景区营销管理的相关内容。旅游景区营销管理是景区运营过程中的重要内容，与游客对景区的游览印象息息相关。按照营销服务与管理方式，可进一步细分为景区线下营销服务与管理、景区网络营销服务与管理两大类型，所涉及的岗位内容有市场调研、市场预测、编制市场营销计划、策划产品的沟通与宣传、策划产品的销售渠道、评价和控制营销结果七大块。本任务针对景区线下、景区网络两大营销服务与管理岗位类别，从岗位职责、规章制度、工作流程及典型任务处理等方面进行了详细阐述。

任务测验

一、简答题

1. 简述旅游景区营销管理的概念。
2. 简述旅游景区营销管理的类型与特点。
3. 简述旅游景区营销管理的主要岗位。
4. 简述旅游景区网络推广员的岗位职责。
5. 简述旅游景区网络运营专员的岗位职责。

6. 简述旅游景区销售服务管理的工作流程与规范。

7. 简述旅游景区线下销售服务管理的岗位职责。

8. 简述旅游景区营销管理岗位拜访客户的基本流程。

二、讨论题

1. 做好景区网络营销产品开发需要从哪些方面着手?

2. 景区营销人员在拜访客户前要做哪些准备?

3. 旅游景区营销渠道有什么作用?

三、案例题

前文学习导引中提到大连旅游与互联网合作，开启了智慧旅游时代的旅游营销新方式。请思考在大数据时代，旅游市场需求瞬息万变，景区旅游营销的方式如何转变?

参考文献

[1] 周国忠. 旅游景区服务与管理实务 [M]. 南京：东南大学出版社，2007.

[2] 温燕. 旅游景区服务与管理 [M]. 武汉：华中科技大学出版社，2017.

[3] 吕汝健. 景区市场营销实务 [M]. 北京：清华大学出版社，2013.

附　件

附件 1：国家 5A 级景区名录（截止到 2020 年 1 月底）

序号	省（直辖市、自治区）	景区名称	验收时间	批次	备注
1	北京	故宫博物院	2007 年 3 月	第 01 批	
2	北京	天坛公园	2007 年 3 月	第 01 批	
3	北京	颐和园	2007 年 3 月	第 01 批	
4	北京	八达岭长城	2007 年 3 月	第 01 批	
5	天津	天津古文化街旅游区（津门故里）	2007 年 3 月	第 01 批	
6	天津	天津盘山风景名胜区	2007 年 3 月	第 01 批	
7	河北	秦皇岛市山海关景区	2007 年 3 月	第 01 批	2018 年复牌
8	河北	保定市安新白洋淀景区	2007 年 3 月	第 01 批	
9	河北	承德避暑山庄及周围寺庙景区	2007 年 3 月	第 01 批	
10	山西	大同市云冈石窟	2007 年 3 月	第 01 批	
11	山西	忻州市五台山风景名胜区	2007 年 3 月	第 01 批	
12	辽宁	沈阳市植物园	2007 年 3 月	第 01 批	
13	辽宁	大连老虎滩海洋公园 – 海洋极地馆	2007 年 3 月	第 01 批	
14	吉林	长春市伪满皇宫博物院	2007 年 3 月	第 01 批	
15	吉林	长白山景区	2007 年 3 月	第 01 批	
16	黑龙江	哈尔滨市太阳岛公园	2007 年 3 月	第 01 批	
17	上海	上海东方明珠广播电视塔	2007 年 3 月	第 01 批	
18	上海	上海野生动物园	2007 年 3 月	第 01 批	
19	江苏	钟山风景名胜区 – 中山陵园风景区	2007 年 3 月	第 01 批	
20	江苏	中央电视台无锡影视基地三国水浒景区	2007 年 3 月	第 01 批	

续表

序号	省（直辖市、自治区）	景区名称	验收时间	批次	备注
21	江苏	苏州市拙政园	2007年3月	第01批	
22	江苏	苏州市周庄古镇景区	2007年3月	第01批	
23	浙江	杭州市西湖风景名胜区	2007年3月	第01批	
24	浙江	温州市雁荡山风景名胜区	2007年3月	第01批	
25	浙江	舟山市普陀山风景名胜区	2007年3月	第01批	
26	安徽	黄山市黄山风景区	2007年3月	第01批	
27	安徽	池州市九华山风景区	2007年3月	第01批	
28	福建	厦门市鼓浪屿风景名胜区	2007年3月	第01批	
29	福建	南平市武夷山风景名胜区	2007年3月	第01批	
30	江西	九江市庐山风景旅游区	2007年3月	第01批	
31	江西	吉安市井冈山风景旅游区	2007年3月	第01批	
32	山东	烟台市蓬莱阁旅游区	2007年3月	第01批	
33	山东	济宁市曲阜明故城（三孔）旅游区	2007年3月	第01批	
34	山东	泰安市泰山景区	2007年3月	第01批	
35	河南	郑州市登封市嵩山－少林寺景区	2007年3月	第01批	
36	河南	洛阳市龙门石窟景区	2007年3月	第01批	
37	河南	焦作市云台山风景名胜区	2007年3月	第01批	
38	湖南	衡阳市南岳衡山旅游区	2007年3月	第01批	
39	湖南	张家界武陵源旅游区	2007年3月	第01批	
40	湖北	武汉市黄鹤楼公园	2007年3月	第01批	
41	湖北	宜昌市三峡大坝旅游区	2007年3月	第01批	
42	广东	广州市长隆旅游度假区	2007年3月	第01批	
43	广东	深圳华侨城旅游度假区	2007年3月	第01批	
44	广西	桂林市漓江景区	2007年3月	第01批	
45	广西	桂林市乐满地度假世界	2007年3月	第01批	
46	海南	三亚市南山文化旅游区	2007年3月	第01批	
47	海南	三亚市南山大小洞天旅游区	2007年3月	第01批	
48	四川	青城山都江堰风景名胜区	2007年3月	第01批	

续表

序号	省（直辖市、自治区）	景区名称	验收时间	批次	备注
49	四川	乐山市峨眉山景区	2007年3月	第01批	
50	四川	阿坝藏族羌族自治州九寨沟旅游景区	2007年3月	第01批	
51	贵州	安顺市黄果树大瀑布景区	2007年3月	第01批	
52	贵州	安顺市龙宫景区	2007年3月	第01批	
53	云南	昆明市石林风景区	2007年3月	第01批	
54	云南	丽江市玉龙雪山景区	2007年3月	第01批	
55	重庆	重庆大足石刻景区	2007年3月	第01批	
56	重庆	重庆巫山小三峡－小小三峡	2007年3月	第01批	
57	陕西	西安市秦始皇兵马俑博物馆	2007年3月	第01批	
58	陕西	西安市华清池景区	2007年3月	第01批	
59	陕西	延安市黄帝陵景区	2007年3月	第01批	
60	甘肃	嘉峪关市嘉峪关文物景区	2007年3月	第01批	
61	甘肃	平凉市崆峒山风景名胜区	2007年3月	第01批	
62	宁夏	石嘴山市沙湖旅游景区	2007年3月	第01批	
63	宁夏	宁夏沙坡头国家级自然保护区	2007年3月	第01批	
64	新疆	乌鲁木齐市天山天池风景名胜区	2007年3月	第01批	
65	新疆	吐鲁番市葡萄沟风景区	2007年3月	第01批	
66	新疆	阿勒泰地区喀纳斯景区	2007年3月	第01批	
67	江苏	无锡灵山大佛景区	2009年3月	第02批	
68	江苏	苏州同里古镇景区	2010年4月	第03批	
69	江苏	南京夫子庙－秦淮河风光带景区	2010年4月	第03批	
70	江苏	常州市环球恐龙城休闲旅游区	2010年4月	第03批	
71	江苏	扬州瘦西湖景区	2010年4月	第03批	
72	浙江	杭州淳安千岛湖风景区	2010年4月	第03批	
73	浙江	嘉兴桐乡乌镇古镇	2010年4月	第03批	
74	浙江	宁波奉化溪口雪窦山－滕头旅游景区	2010年4月	第03批	
75	浙江	金华东阳横店影视城景区	2010年4月	第03批	
76	上海	上海科技馆	2010年4月	第03批	

续表

序号	省（直辖市、自治区）	景区名称	验收时间	批次	备注
77	陕西	渭南华阴市华山景区	2011年1月	第04批	
78	陕西	西安大雁塔－大唐芙蓉园景区	2011年1月	第04批	
79	山东	烟台龙口南山景区	2011年1月	第04批	
80	山东	威海刘公岛景区	2011年1月	第04批	
81	山东	青岛崂山风景区	2011年1月	第04批	
82	河南	洛阳嵩县白云山景区	2011年1月	第04批	
83	河南	开封清明上河园景区	2011年1月	第04批	
84	河南	安阳殷墟景区	2011年1月	第04批	
85	宁夏	银川镇北堡西部影视城	2011年1月	第04批	
86	河北	野三坡风景名胜区	2011年1月	第04批	
87	新疆	伊犁地区新源县那拉提旅游风景区	2011年1月	第04批	
88	辽宁	大连金石滩景区	2011年1月	第04批	
89	黑龙江	黑河五大连池景区	2011年1月	第04批	
90	黑龙江	牡丹江宁安市镜泊湖景区	2011年1月	第04批	
91	吉林	长春净月潭景区	2011年1月	第04批	
92	山西	晋城阳城县皇城相府生态文化旅游区	2011年1月	第04批	
93	甘肃	天水麦积山景区	2011年1月	第04批	
94	内蒙古	鄂尔多斯达拉特旗响沙湾旅游景区	2011年1月	第04批	
95	内蒙古	鄂尔多斯伊金霍洛旗成吉思汗陵旅游区	2011年1月	第04批	
96	广东	广州市白云山景区	2011年1月	第05批	
97	广东	梅州市雁南飞茶田景区	2011年1月	第05批	
98	河南	平顶山市尧山－中原大佛景区	2011年5月	第06批	
99	安徽	天柱山风景区	2011年5月	第06批	
100	安徽	皖南古村落—西递·宏村	2011年5月	第06批	
101	湖北	武当山风景区	2011年5月	第06批	
102	湖北	三峡人家风景区	2011年5月	第06批	
103	湖北	神农溪纤夫文化旅游区	2011年5月	第06批	
104	北京	明十三陵景区	2011年5月	第06批	

续表

序号	省（直辖市、自治区）	景区名称	验收时间	批次	备注
105	广东	深圳市观澜湖休闲旅游区	2011 年 5 月	第 06 批	
106	云南	大理市崇圣寺三塔文化旅游区	2011 年 7 月	第 07 批	
107	云南	丽江市丽江古城景区	2011 年 7 月	第 07 批	
108	云南	中国科学院西双版纳热带植物园	2011 年 7 月	第 07 批	
109	四川	乐山市乐山大佛景区	2011 年 7 月	第 07 批	
110	重庆	武隆喀斯特旅游区	2011 年 7 月	第 07 批	
111	福建	福建土楼（永定·南靖）旅游景区	2011 年 9 月	第 08 批	
112	福建	三明市泰宁风景旅游区	2011 年 9 月	第 08 批	
113	江西	上饶市三清山旅游景区	2011 年 9 月	第 08 批	
114	湖南	岳阳市岳阳楼君山岛景区	2011 年 9 月	第 08 批	
115	湖南	湘潭市韶山旅游区	2011 年 9 月	第 08 批	
116	广东	清远市连州地下河旅游景区	2011 年 9 月	第 08 批	
117	青海	青海湖景区	2011 年 9 月	第 08 批	
118	浙江	嘉兴市南湖旅游区	2011 年 9 月	第 08 批	
119	河北	石家庄平山县西柏坡景区	2011 年 9 月	第 08 批	
120	湖北	神农架生态旅游区	2012 年 1 月	第 09 批	
121	湖南	岳麓山－橘子洲风景区	2012 年 1 月	第 09 批	2017 年复牌
122	河南	洛阳市栾川老君山－鸡冠洞旅游区	2012 年 1 月	第 09 批	
123	浙江	西溪湿地旅游区	2012 年 1 月	第 09 批	
124	四川	黄龙景区	2012 年 1 月	第 09 批	
125	广东	丹霞山景区	2012 年 1 月	第 09 批	
126	重庆	酉阳桃花源景区	2012 年 2 月	第 10 批	
127	海南	呀诺达雨林文化旅游区	2012 年 2 月	第 10 批	
128	北京	恭王府景区	2012 年 2 月	第 10 批	
129	江苏	濠河景区	2012 年 2 月	第 10 批	
130	新疆	富蕴县可可托海景区	2012 年 2 月	第 10 批	
131	江西	鹰潭龙虎山旅游景区	2012 年 4 月	第 11 批	
132	江苏	姜堰区溱湖旅游景区	2012 年 4 月	第 11 批	

续表

序号	省（直辖市、自治区）	景区名称	验收时间	批次	备注
133	江苏	金鸡湖景区	2012 年 7 月	第 12 批	
134	福建	屏南白水洋－鸳鸯溪旅游景区	2012 年 8 月	第 13 批	
135	江苏	镇江市三山景区（金山·焦山·北固山）	2012 年 9 月	第 14 批	
136	安徽	六安市天堂寨	2012 年 9 月	第 14 批	
137	重庆	万盛经开区黑山谷－龙鳞石海景区	2012 年 10 月	第 15 批	
138	安徽	绩溪龙川景区	2012 年 10 月	第 15 批	
139	浙江	鲁迅故里沈园景区	2012 年 10 月	第 15 批	
140	福建	清源山景区	2012 年 10 月	第 15 批	
141	江苏	鼋头渚景区	2012 年 10 月	第 15 批	
142	北京	北京奥林匹克公园	2012 年 11 月	第 16 批	
143	青海	青海湟中县塔尔寺	2012 年 11 月	第 16 批	
144	广西	广西桂林独秀峰－靖江王城景区	2012 年 11 月	第 16 批	
145	云南	云南省迪庆州香格里拉普达措国家公园	2012 年 11 月	第 16 批	
146	江苏	吴中太湖旅游区	2013 年 1 月	第 17 批	
147	江西	婺源江湾景区	2013 年 1 月	第 17 批	
148	山东	台儿庄古城景区	2013 年 1 月	第 17 批	
149	河南	洛阳龙潭大峡谷景区	2013 年 1 月	第 17 批	
150	湖北	长阳清江画廊景区	2013 年 1 月	第 17 批	
151	广东	西樵山景区	2013 年 1 月	第 17 批	
152	海南	分界洲岛旅游区	2013 年 1 月	第 17 批	
153	西藏	布达拉宫景区	2013 年 1 月	第 17 批	
154	江苏	常熟沙家浜－虞山尚湖旅游区	2013 年 4 月	第 18 批	
155	江西	景德镇古窑民俗博览区	2013 年 4 月	第 18 批	
156	四川	汶川特别旅游区	2013 年 7 月	第 19 批	
157	四川	绵阳市羌城旅游区	2013 年 7 月	第 19 批	
158	浙江	开化根宫佛国文化旅游区	2013 年 9 月	第 20 批	
159	山西	绵山风景名胜区	2013 年 9 月	第 20 批	
160	黑龙江	汤旺河林海奇石景区	2013 年 9 月	第 20 批	

续表

序号	省（直辖市、自治区）	景区名称	验收时间	批次	备注
161	山东	天下第一泉风景区	2013 年 9 月	第 20 批	
162	江苏	常州溧阳天目湖旅游度假区	2013 年 10 月	第 21 批	
163	安徽	颍上八里河景区	2013 年 10 月	第 21 批	
164	四川	邓小平故里景区	2013 年 10 月	第 21 批	
165	四川	阆中古城旅游区	2013 年 10 月	第 21 批	
166	福建	福鼎太姥山旅游区	2013 年 10 月	第 21 批	
167	湖北	武汉东湖风景区	2013 年 10 月	第 21 批	
168	贵州	百里杜鹃景区	2013 年 10 月	第 21 批	
169	西藏	大昭寺	2013 年 10 月	第 21 批	
170	新疆	泽普金湖杨国家森林公园景区	2013 年 10 月	第 21 批	
171	湖南	花明楼景区	2013 年 11 月	第 22 批	
172	广东	罗浮山景区	2013 年 12 月	第 23 批	
173	山东	沂蒙山景区	2013 年 12 月	第 23 批	
174	新疆	天山大峡谷景区	2013 年 12 月	第 23 批	
175	重庆	金佛山 – 神龙峡风景区	2013 年 12 月	第 23 批	2016 年摘牌
176	新疆	博斯腾湖景区	2014 年 6 月	第 24 批	
177	陕西	法门寺佛文化景区	2014 年 10 月	第 25 批	
178	湖北	屈原故里文化旅游区	2014 年 11 月	第 26 批	
179	山西	乔家大院	2014 年 11 月	第 27 批	2019 年摘牌
180	江苏	镇江市句容茅山景区	2014 年 11 月	第 27 批	
181	安徽	黄山市古徽州文化旅游区	2014 年 11 月	第 27 批	
182	河南	中国西峡恐龙遗迹园 – 伏牛山 – 老界岭旅游区	2014 年 11 月	第 27 批	
183	湖北	武汉市黄陂木兰文化生态旅游区	2014 年 11 月	第 27 批	
184	广东	佛山市长鹿旅游休博园	2014 年 11 月	第 27 批	
185	广西	南宁市青秀山旅游区	2014 年 11 月	第 27 批	
186	山西	平遥古城	2015 年 7 月	第 28 批	
187	辽宁	本溪水洞景区	2015 年 7 月	第 28 批	
188	吉林	长影世纪城旅游区	2015 年 7 月	第 28 批	

续表

序号	省（直辖市、自治区）	景区名称	验收时间	批次	备注
189	黑龙江	北极村旅游风景区	2015 年 7 月	第 28 批	
190	浙江	南浔古镇景区	2015 年 7 月	第 28 批	
191	福建	三坊七巷景区	2015 年 7 月	第 28 批	
192	湖北	恩施大峡谷景区	2015 年 7 月	第 28 批	
193	湖南	东江湖风景旅游区	2015 年 7 月	第 28 批	
194	甘肃	鸣沙山月牙泉风景名胜区	2015 年 7 月	第 28 批	
195	四川	剑门关风景区	2015 年 7 月	第 28 批	
196	贵州	荔波樟江风景名胜区	2015 年 7 月	第 28 批	
197	宁夏	水洞沟文化遗址	2015 年 7 月	第 28 批	
198	江西	瑞金共和国摇篮景区	2015 年 7 月	第 28 批	
199	新疆	喀什噶尔古城景区	2015 年 7 月	第 28 批	
200	海南	槟榔谷黎苗文化旅游区	2015 年 7 月	第 28 批	
201	河北	唐山市清东陵景区	2015 年 10 月	第 29 批	
202	河北	邯郸市娲皇宫景区	2015 年 10 月	第 29 批	
203	吉林	敦化市六鼎山文化旅游区	2015 年 10 月	第 29 批	
204	江苏	淮安市周恩来故里旅游景区	2015 年 10 月	第 29 批	
205	江苏	盐城市大丰中华麋鹿园景区	2015 年 10 月	第 29 批	
206	浙江	台州市天台山景区	2015 年 10 月	第 29 批	
207	浙江	台州市神仙居景区	2015 年 10 月	第 29 批	
208	安徽	合肥市三河古镇景区	2015 年 10 月	第 29 批	
209	福建	龙岩市古田旅游区	2015 年 10 月	第 29 批	
210	河南	驻马店市嵖岈山旅游景区	2015 年 10 月	第 29 批	
211	江西	宜春市明月山旅游区	2015 年 10 月	第 29 批	
212	重庆	江津四面山景区	2015 年 10 月	第 29 批	
213	广东	阳江市海陵岛大角湾海上丝路旅游区	2015 年 10 月	第 29 批	
214	陕西	商洛市金丝峡景区	2015 年 10 月	第 29 批	
215	安徽	芜湖市方特旅游区	2016 年 8 月	第 30 批	
216	江苏	徐州市云龙湖景区	2016 年 8 月	第 30 批	

续表

序号	省（直辖市、自治区）	景区名称	验收时间	批次	备注
217	江苏	连云港市花果山景区	2016 年 8 月	第 30 批	
218	湖南	邵阳市新宁县崀山景区	2016 年 8 月	第 30 批	
219	云南	昆明市昆明世博园景区	2016 年 8 月	第 30 批	
220	云南	保山市腾冲市火山热海旅游区	2016 年 8 月	第 30 批	
221	内蒙古	内蒙古自治区满洲里市中俄边境旅游区	2016 年 10 月	第 31 批	
222	安徽	安徽省六安市万佛湖景区	2016 年 10 月	第 31 批	
223	河南	河南省安阳市红旗渠－太行大峡谷旅游景区	2016 年 10 月	第 31 批	
224	广东	广东省中山市孙中山故里旅游区	2016 年 10 月	第 31 批	
225	海南	海南省三亚市蜈支洲岛旅游区	2016 年 10 月	第 31 批	
226	陕西	陕西省宝鸡市太白山旅游景区	2016 年 10 月	第 31 批	
227	四川	四川省南充市仪陇朱德故里景区	2016 年 10 月	第 31 批	
228	新疆	伊犁州喀拉峻景区	2016 年 10 月	第 31 批	
229	新疆	巴音州和静巴音布鲁克景区	2016 年 10 月	第 31 批	
230	河北	河北省邯郸市广府古城景区	2017 年 2 月	第 32 批	
231	河北	河北省保定市白石山景区	2017 年 2 月	第 32 批	
232	山西	山西省忻州市雁门关景区	2017 年 2 月	第 32 批	
233	内蒙古	内蒙古自治区兴安盟阿尔山・柴河旅游景区	2017 年 2 月	第 32 批	
234	辽宁	辽宁省鞍山市千山景区	2017 年 2 月	第 32 批	
235	吉林	吉林省长春市世界雕塑公园景区	2017 年 2 月	第 32 批	
236	江苏	江苏省常州市春秋淹城旅游区	2017 年 2 月	第 32 批	
237	浙江	浙江省嘉兴市西塘古镇旅游景区	2017 年 2 月	第 32 批	
238	浙江	浙江省衢州市江郎山・廿八都旅游区	2017 年 2 月	第 32 批	
239	江西	江西省抚州市大觉山景区	2017 年 2 月	第 32 批	
240	江西	江西省上饶市龟峰景区	2017 年 2 月	第 32 批	
241	山东	山东省青州市青州古城景区	2017 年 2 月	第 32 批	
242	山东	山东省威海市威海华夏城景区	2017 年 2 月	第 32 批	
243	河南	河南省永城市芒砀山汉文化旅游景区	2017 年 2 月	第 32 批	
244	广西	广西自治区桂林市两江四湖・象山景区	2017 年 2 月	第 32 批	

续表

序号	省（直辖市、自治区）	景区名称	验收时间	批次	备注
245	重庆	重庆市云阳龙缸景区	2017年2月	第32批	
246	四川	四川省甘孜州海螺沟景区	2017年2月	第32批	
247	贵州	贵州省贵阳市花溪青岩古镇景区	2017年2月	第32批	
248	青海	青海省海东市互助土族故土园旅游区	2017年2月	第32批	
249	新疆	新疆生产建设兵团第十师白沙湖景区	2017年2月	第32批	
250	西藏	林芝市工布江达县巴松措景区	2017年8月	第33批	
251	西藏	日喀则市桑珠孜区扎什伦布寺景区	2017年8月	第33批	
252	山西	临汾市洪洞县洪洞大槐树寻根祭祖园旅游景区	2018年10月	第34批	
253	内蒙古	赤峰市克什克腾旗阿斯哈图石阵旅游区	2018年10月	第34批	
254	浙江	宁波市天一阁·月湖景区	2018年10月	第34批	
255	江西	南昌市滕王阁旅游区	2018年10月	第34批	
256	湖北	咸宁市赤壁市三国赤壁古战场景区	2018年10月	第34批	
257	广东	惠州市惠州西湖旅游景区	2018年10月	第34批	
258	广西	崇左市大新县德天跨国瀑布景区	2018年10月	第34批	
259	贵州	铜仁市梵净山（江口·印江）旅游区	2018年10月	第34批	
260	陕西	西安市城墙·碑林历史文化景区	2018年10月	第34批	
261	北京	海淀区圆明园景区	2020年1月	第35批	
262	河北	保定市清西陵景区	2020年1月	第35批	
263	山西	长治市壶关太行山大峡谷八泉峡景区	2020年1月	第35批	
264	内蒙古	阿拉善盟胡杨林旅游区	2020年1月	第35批	
265	辽宁	盘锦市红海滩风景廊道景区	2020年1月	第35批	
266	吉林	通化市高句丽文物古迹旅游景区	2020年1月	第35批	
267	黑龙江	虎林市虎头旅游景区	2020年1月	第35批	
268	江苏	无锡市惠山古镇景区	2020年1月	第35批	
269	浙江	丽水市缙云仙都景区	2020年1月	第35批	
270	江西	萍乡市武功山景区	2020年1月	第35批	
271	山东	东营市黄河口生态旅游区	2020年1月	第35批	
272	河南	新乡市八里沟景区	2020年1月	第35批	

续表

序号	省（直辖市、自治区）	景区名称	验收时间	批次	备注
273	湖北	襄阳市古隆中景区	2020年1月	第35批	
274	湖南	株洲市炎帝陵景区	2020年1月	第35批	
275	广东	肇庆市星湖旅游景区	2020年1月	第35批	
276	广西	百色市百色起义纪念园景区	2020年1月	第35批	
277	重庆	彭水县阿依河景区	2020年1月	第35批	
278	四川	雅安市碧峰峡旅游景区	2020年1月	第35批	
279	贵州	黔东南州镇远古城旅游景区	2020年1月	第35批	
280	陕西	延安市延安革命纪念地景区	2020年1月	第35批	
281	甘肃	张掖市七彩丹霞景区	2020年1月	第35批	
282	新疆	喀什地区帕米尔旅游区	2020年1月	第35批	

附件2：中国的世界文化遗产名录（截止到2019年7月底）

序号	遗产名称	遗产性质	所属地区	晋级年份
1	长城	文化遗产	黑龙江、吉林、辽宁、河北、天津、北京、山东、河南、山西、陕西、甘肃、宁夏、青海、内蒙古、新疆	1987年
2	莫高窟	文化遗产	甘肃	1987年
3	明清皇宫	文化遗产	北京、辽宁	1987年
4	秦始皇陵及兵马俑坑	文化遗产	陕西	1987年
5	周口店北京猿人遗址	文化遗产	北京	1987年
6	布达拉宫（大昭寺、罗布林卡）	文化遗产	西藏	1994年
7	承德避暑山庄及周围寺庙	文化遗产	河北	1994年
8	曲阜孔府、孔庙、孔林	文化遗产	山东	1994年
9	武当山古建筑群	文化遗产	湖北	1994年
10	庐山	文化遗产	江西	1996年
11	丽江古城	文化遗产	云南	1997年
12	平遥古城	文化遗产	山西	1997年

续表

序号	遗产名称	遗产性质	所属地区	晋级年份
13	苏州古典园林	文化遗产	江苏	1997 年
14	天坛	文化遗产	北京	1998 年
15	颐和园	文化遗产	北京	1998 年
16	大足石刻	文化遗产	重庆	1999 年
17	龙门石窟	文化遗产	河南	2000 年
18	明清皇家陵寝	文化遗产	湖北、河北、江苏、北京、辽宁	2000 年
19	青城山－都江堰	文化遗产	四川	2000 年
20	皖南古村落（西递、宏村）	文化遗产	安徽	2000 年
21	云冈石窟	文化遗产	山西	2001 年
22	高句丽王城、王陵及贵族墓葬	文化遗产	吉林、辽宁	2004 年
23	澳门历史城区	文化遗产	澳门	2005 年
24	安阳殷墟	文化遗产	河南	2006 年
25	开平碉楼与村落	文化遗产	广东	2007 年
26	福建土楼	文化遗产	福建	2008 年
27	五台山	文化遗产	山西	2009 年
28	“天地之中”历史建筑群	文化遗产	河南	2010 年
29	杭州西湖文化景观	文化遗产	浙江	2011 年
30	元上都遗址	文化遗产	内蒙古	2012 年
31	红河哈尼梯田文化景观	文化遗产	云南	2013 年
32	中国大运河	文化遗产	北京、天津、河北、山东、河南、安徽、江苏、浙江	2014 年
33	丝绸之路	文化遗产	河南、陕西、甘肃、新疆	2014 年
34	土司遗址	文化遗产	湖南、湖北、贵州	2015 年
35	左江花山岩画文化景观	文化遗产	广西	2016 年
36	鼓浪屿	文化遗产	福建	2017 年
37	良渚古城遗址	文化遗产	浙江	2019 年
38	泰山	双重遗产	山东	1987 年
39	黄山	双重遗产	安徽	1990 年
40	峨眉山－乐山大佛	双重遗产	四川	1996 年

续表

序号	遗产名称	遗产性质	所属地区	晋级年份
41	武夷山	双重遗产	福建、江西	1999 年
42	黄龙	自然遗产	四川	1992 年
43	九寨沟	自然遗产	四川	1992 年
44	武陵源	自然遗产	湖南	1992 年
45	三江并流	自然遗产	云南	2003 年
46	四川大熊猫栖息地	自然遗产	四川	2006 年
47	中国南方喀斯特	自然遗产	云南、贵州、重庆、广西	2007 年
48	三清山	自然遗产	江西	2008 年
49	中国丹霞	自然遗产	贵州、福建、湖南、广东、江西、浙江	2010 年
50	澄江化石地	自然遗产	云南	2012 年
51	新疆天山	自然遗产	新疆	2013 年
52	神农架	自然遗产	湖北	2016 年
53	可可西里	自然遗产	青海	2017 年
54	梵净山	自然遗产	贵州	2018 年
55	中国黄（渤）海候鸟栖息地	自然遗产	江苏	2019 年